죽음과 죽음 이후

테렌스 니콜스 지음 | 김연수 옮김

그리스도인의 위대한 희망, 죽음을 어떻게 대할 것인가?

죽음과 죽음 이후

테렌스 니콜스 지음 **김연수** 옮김

추천사

김 명 용 (장신대 전 총장/온신학아카데미 원장)

이 책은 가톨릭 신학자(테렌스 니콜스, 성 토마스 대학교 신학 교수, 1941-2014)가 쓴 죽음과 사후세계에 대한 책으로서, 매우 관심이 가는 저술이다. 오늘의 발전된 가톨릭 신학의 관점에서 죽음 이후의 문제들을 매우 알기 쉽게 썼지만 수준 높게 쓴 책이기도 하다. 가톨릭 신학의 관점에서 쓰여졌기 때문에 연옥설이나 구원론의 문제에 있어서 개신교의 관점과는 분명한 차이가 있다. 그러나 오늘의 새로운 학문적 정황에서 가톨릭의 관점에서 죽음 이후에 대해 매우 잘 설명한 좋은 책이다. 가톨릭 성도들에게는 너무나 좋은 안내서로 보이고, 개신교 성도들에게도 죽음 이후의 가톨릭의 관점이 무엇인지를 쉽게 알 수 있는 좋은 책이다.

이 책에서 설명하는 사후세계에 대한 유대교적, 성경적 근거들에 대한 설명은 매우 학문적으로 잘 정리되어 있고, 오늘의 과학적 도전과 임사체험 및 영혼의 존재에 관한 저자의 설명은 매우 유익하고 설득력이 있다. 그러나 부활, 심판, 천국, 연옥, 지옥에 관한 저자의 견해는 경쟁이 되는 다른 관점들이 존재한다는 것을 유념할 필요가 있다. 그러나 사후세계를 탐구하고자 시도하는 모든 사람들에게 이 책은 좋은 안내서이자 연구를 위한 기초가 될 것이다.

죽음은 모든 인간에게 터부시되는 주제이다. 모든 인간이 벗어나고 싶지만 벗어날 수 없는 불가피한 현실, 이것이 죽음이다. 역자는 젊은 시절부터 인간의 삶과 죽음에 대해서 많은 생각을 했다. 이십 대 초반에 갑작스럽게 아버지께서 하늘나라로 가신 것이 시발점이 된다. 인간의 삶과 죽음에 대해서 많은 사색을 하면서 이십 대를 보냈고, 이러한 사색이 신학교에 들어가면서 더 구체화 되었다. 장로회신학대학교에서 신학 공부를 하는 내내 '죽음 이후에 인간의 존재성'에 대해서 깊이 사색하게 되었다. 그런데 이 시대는 이런 사색을 어리석음으로 치부한다. 여기저기 만연된 과학주의와 유물론과 무신론으로 인해서 죽음 이후의 세계가 부정되고 있다. 인간을 죽음과 더불어 없어지는 물질로 보고 있다. 이러한 현실 속에서 역자는 죽음이라는 주제에 있어서 이 시대의 사람들이 성서와 기독교 신학이 말하는 것에도 귀를 기울여야 한다고 여긴다. 이유는 성경과 신학이 수 천 년 동안 우리에게 지대한 영향을 끼쳐왔기 때문이다. 인간이 죽음 이후에도 그 존재성이 유지된다고 보는 성서와 기독교 신학의 목소리에도 귀를 기울여야 한다는 것이다. 이 점에 있어서 본서는 여러 면에서 우리에게 인간 존재의 삶과 죽음과 관련해서 깊은 영적 통찰을 제공해 준다. 먼저 고대 유대교의 죽음 이해와 신약성서의 죽음 이해를 소개하고 있고, 이어서 여러 신학자들의 죽음 이해를 소개하고 있다. 그리고 이 시대의 사후세계에 대한 과학적 입장들을 다양하게 소개한다. 나아가서 사후세계와 관련된 여러 신학적 개념들, 예를 들면 영혼, 부활, 칭의, 심판, 천국, 연옥, 지옥 등을 소개한다.

바라기는 본서가 힘들게 믿음의 끈을 붙잡고 있는 이 시대의 신앙인들에게 깊은 위로가 되고 소망을 품도록 도움을 주는 책이 되기를 소망한다. 우리의 믿음의 삶이 이 세상에서 끝나는 것이 아니라 저 세상으로까지 이어진다는 소망, 저 세상에 나를 반갑게 맞아주시는 예수님이 존재하신다는 소망, 믿음으로 인해 하나님의 자녀인 내가 저 세상에서 예수님과 더불어서 영생을 누린다는 소망, 독자들이 이 책을 통해서 이런 소망을 다시금 가슴에 깊이 새기고 이 땅에서의 신앙 여정을 힘차게 내디뎠으면 좋겠다는 바램을 갖는다.

그리고 책을 꼼꼼하게 교정해주고 예쁘게 디자인을 해준 김민규 청년에게 감사한다. 김민규 청년은 서울대학교 고고미술사학과 3학년을 마치고 지금 군입대를 앞두고 있다. 군입대를 앞두고 여러가지로 바쁠텐데도 세심하게 책을 교정해 주고 깔끔하게 디자인을 해 준 김민규 청년에게 고마운 마음을 갖는다.

책을 출판하면서 한 가지 밝히고 싶은 것이 있다. 가톨릭 신학자이기 때문에 저자가 본서의 9장에서 '연옥' 교리에 대해서 설명을 하는데, 역자는 개신교 목사로서 연옥 교리를 수긍하지 않음을 밝힌다. 개인적으로 연옥 교리를 수긍하지는 않지만, 독자들이 연옥에 대한 설명을 통해서 사후세계에 대해서 풍부한 상상력을 갖게 될 수 있으리라 생각한다. 바라기는 독자들의 상상력이 하나님의 조명하심 속에서 이 세상에서의 신앙 여정을 굳건하게 걸어가게 만드는 단초가 될 수 있기를 소망한다.

00

들어가는 말

"맨 마지막에 멸망받을 원수는 사망이니라" (고전 15:26)

좋은 죽음?

다이애나는 20년 전에 죽었다. 우리 교회의 은사기도그룹의 일원인 그녀는 40대 중반으로 남편과 두 명의 십대 아들이 있었다. 우리는 수개월 동안 다이애나의 백혈병의 치유를 위해 기도했지만, 결국 우리의 기도는 기대와는 달리 응답을 받지 못했다. 젊은 나이에 죽었음에도 불구하고 평화롭게 죽음을 맞이한 다이애나는 죽음을 자신이 하나님과 함께 있는 더 나은 삶으로 가는 것임을 확신했고, 남겨진 그녀의 가족도 잘 지낼 것임을 확신했다. 다이애나는 자신의 장례식에 대해 계획하면서 낭독할 글귀를 선택했고 자신의 장례식이 즐거운 행사가 되도록 부탁했다. 죽기 전에 다이애나는 사랑했던 모든 사람에게 작별인사를 했고 그들에게 자신의 죽음을 슬퍼하지 말라고 부탁했다. 그녀의 장례식은 애도라기보다는 축제와 같았다. 가족조차 그녀의 장례식을 축제처럼 생각했다. 그녀가 죽고 난 후에 다이애나의 가족과 친구들은 그녀의 죽음에 대해 말로 설명할 수 없는 평안과 기쁨을 느꼈다. 육 개월 정도가 지난 후에 다이애나의 남편은 다른 도시에서 일을 시작했고 결국 다이애나가 바라던 대로 재혼을 했다.

다이애나가 선한 죽음을 맞이한 것인가? 많은 사람들은 아니라고 말할 것이다. 인생에서 가장 좋은 시기에 죽으면서 어린 가족들을 남겨두는 것보다 더 나쁜 것이 있을 수 없다는 것이다. 보통 이런 사건은 비통함과 계속되는 마음의 상처들을 남긴다. 그러나 이것이 다이애나의 경우에는 해당되지 않았다. 사람들의 일반적인 예상과는 반대로 다이애나의 죽음은 즐거운 죽음이었다. 다이애나는 자신의 가족이 잘 지낼 것이라고 확신했고 자기가 하나님께로 간다고 확신했다. 만일 누군가가 인생의 가장 좋은 시기에 죽어가면서 사랑하는 가족을 남겨두는 입장이 된다면, 그는 다이애나처럼 평화로운 죽음을 맞이하지 못할 것이다. 다이애나의 죽음을 보통의 죽음과 다르게 만든 것은 계속해서 하나님과 함께 살게 된다는 그녀와 그녀 가족의 확신이었다. 그녀를 위해 기도하는 모든 사람들도 이러한 믿음을 갖도록 도와주었다. 다이애나의 죽음 이전의 수개월은 삶을 정리하는 시간이었고 죽음을 받아들이고 준비하는 시간이었다. 다이애나는 하나님께로 가는 자신의 여행이 계속될 것이라고 확신하면서 죽음을 맞을 준비를 했다. 이것이 그녀와 그녀 주변의 사람들에게 있어서 다이애나의 죽음에 관한 모든 생각을 바꾸어 놓았던 것이다.

다음의 세 가지가 다이애나의 죽음을 기쁜 죽음으로 만들었다. 첫째 다이애나는 하나님과 함께 있는 사후의 삶을 확신했다. 둘째 다이애나는 자신의 죽음에 대해 감정적으로나 영적으로나 준비되어 있었다. 셋째 다이애나는 자기가 사랑하는 사람들과 기도하는 분위기 속에서 하나님을 가까이 한 채 죽음을 맞았다.

사후의 삶에 대한 몇 가지 질문들

많은 사람들이 다이애나처럼 죽는 것은 아니다. 많은 사람들이 하나님과 함께 있는 미래의 삶에 대해 확신하지 못하고 죽는다. 죽음을 맞을 준비도 하지 못한 채 자주 우울해하고 자신 없어하고 두려워한다. 예컨대 최근에 하나님 존재에 대한 기독교적 신념과 관련해서 스웨덴인들을 기사로 다룬 미국잡지가 있었다. 대략적으로 스웨덴 인구의 9%가 기독교인이지만 그들 가운데 실제로 교회에 나가는 이들은 3% 정도 밖에 되지 않는다. 나머지 사람들은 불가지론자로 여겨진다. "스웨덴인들은 하나님에 대해서 얘기할 수 없다고 확신한다. 하나님이 존재하는가? 하나님이 존재하지 않는가? 이 질문에 그들은 '모르겠다'고 대답한다."[01] 스웨덴보다 미국에 하나님 존재에 대해서 기독교적 신념을 가진 사람들이 더 많은 것이 사실이지만, 그러나 미국에서도 스웨덴과 같은 세속화된 경향들이 생겨나고 있다. 여러 해 동안 나는 세인트 토마스 대학교University of St. Thomas 에서 '죽음과 사후세계'라는 제목의 과목을 가르쳐왔다. 이 과목은 학생들 사이에서 인기있는 과목이었다. 그런데 놀랍게도 '사후세계'와 '죽음의 두려움'에 대해 학생들 가운데 불확실성을 가진 학생들이 있음을 종종 발견하게 된다. 불확실성과 두려움은 서로 밀접한 상관관계를 이룬다. 사후세계에 관한 긍정적인 비전이 없기 때문에 사람들은 죽음을 두려워한다. 이와 달리 고통스러운 죽음을 맞이한 기독교 순교자들은 죽음을 두려워하지 않았다. 이유는 그들이 그리스도에 의해 보호받을 것과 천국에서 그리스도와 함께 있을 것임을 확신했기 때문이다. 그러나 이러한 생각을 진부하다고 여기는 학생들이 있다. "그렇게 죽은 사람도 없고, 또 그것을 우리에게 말해주기 위해서 되돌아온 사람도 없다." 죽음에 대한 전형적인 견해는 수 세기 동안의 기독교적 가르침과 달리, 빠르게 고통 없이 죽는 것을 최고의 죽음으로 여기는 것이었다. 이러한 죽음관은 죽음을 맞이할 준비를 해야 함을 강조한다. 죽음을 준비하는 기독교인들조차도 사후세계에 대해 확신하지 못하고 죽음에 대해서 곤경에 처하는 경우가 있다. 목사들도 점점 더 사후세계에 대해 말하지 않는다. 이따금씩 목사들은 "그가 지금 하나님과 함께 있다"고 짧게 말할 뿐이다. 한번은 불가지론자들이 모이는 클럽에서 한 목사에게 신자들에게 영혼이 사후세계에서 존재하는지에 대해서 가르치는지를 물었다. 그 목사의 대답은 "신학자들이 우리에게 사후세계에서의 영혼에 대해 말해주지 않는다"는 것이었다. 이것이 주류 개신교회에 만연되어 있는 실태로서 몇몇 가톨릭교회들도 이런 실태에 노출되어 있다. 또한 대중문화도 점점 더 이런 입장을 취하고 있다. 나는 한 파티장에서 사람들에게 죽음과 사후세계라는 주제를 논하는 사람이 있는지를 물었다. 그 사람들은 비웃으면서 아니라고 얘기했다. 이렇듯 사람들은 죽음과 사후세계에 대해서 얘기하지 않는다. '사후세계에 대한 불확실성'이라는 귀결은 사람들이 죽음에 대해서 생각하지 않는 것과 더불어서 죽음에 대해 준비하지 않음을 의미한다. 그들은 죽음을 부인하는 것을 더 편안하게 여긴다. 왜 바꿀 수 없는 것을 놓고 깊이 생각하려고 하겠는가? 따라서 사람들은 죽음에 임박할 때까지 일반적으로 죽음에 대해서 생각하려고 하지 않는다. 사람들은 죽음을 맞을 준비를 하지 않는다. 오히려 달려드는 트럭과 같이 죽음이 사람들을 향해 돌진할 뿐이다.

따라서 '왜 죽음 이후의 삶에 대해서 이러한 불확실성이 존재하게 되었는가' 하는 질문이 제기된다. 어쨌든 기독교는 여러 세기 동안 인간의 영혼이 죽음 이후에도 살아있다는 것을 가르쳐 왔고, 마지막에 가서 그 영혼이 부활한 몸과 하나가 될 것이라고 가르쳐왔다. 따라서 실상 거의 모든 기독교 역사에 있어서 사람들은 자신들이 죽음 이후에도 존재할 것인지를 놓고 염려하지 않았다. 대신에 그들은 자신들의 죽음 이후의 상태, 즉 자신들의 궁극적인 구원을 염려했다. 즉 그들이 천국에 갈 것인지, 지옥에 갈 것인지를 놓고 염려했다는 것이다. 중세의 샤르트르 대성당 출입문에는 사람들이 두려워하면서 마귀들의 손아귀에 사로잡혀서 지옥에 떨어진 사람들을 보도록 하기 위해서, 또한 무덤에서 부활해서 천국에서 예수님과 천사들과 함께 있는 성자들의 몸을 보도록 하기 위해서, 마태복음 25장 31-46절에 등장하는 '최후의 심판 장면'을 새겨 넣었다. 어거스틴과 루터와 칼빈도 구원에 대해서 큰 관심을 가졌다. 그들은 많은 사람들이 구원받을 것이라고 생각하지 않았다.

게다가 세상의 거의 모든 종교들은 '인간의 영 또는 영혼'이 육체적인 죽음 이후에도 살아남는다고 가르쳤다. 우리는 전 세계의 종족적이고 정령숭배적인 종교들 속에 이런 믿음이 있음을 보게 된다. 즉 미국의 인디언들과 아프리카인들 사이에 이런 믿음이 있다는 것이다. 또한 고대의 이집트 종교와 힌두교, 대부분의 불교들(예를 들면 대승불교와 티벳불교), 중국의 여러 종교들, 전통적인 유대교, 모든 이슬람교, 그리고 전통적인 기독교에도 이런 믿음이 있다. 그런데 왜 이 시대의 미국인들과 유럽인들은 사후세계에 대해서 불신하는 것일까?

사후세계에 대한 몇 가지 도전들

사후세계를 불신하는 몇 가지 이유가 있다. 첫째로 그 선두에 '철학적 자연주의' 또는 '유물론'의 도전들이 자리하고 있다. 자연주의는 자연 또는 물질이 실제로 존재하는 모든 것이라는 철학적인 믿음이다. 작고한 코넬 대학교의 천문학자 칼 세이건Carl Sagan이 그의 텔레비전 시리즈 「우주」cosmos에서 자연주의에 대해서 얘기했듯이, "우주는 존재하는 모든 것이고, 존재해왔던 모든 것이며, 존재할 모든 것이다."[02] 세이건은 이러한 자신의 생각을 과학적 세계관으로 승화시켰다. 그러나 일반적으로 자연주의가 과학과 관련되는 것이 사실이긴 하지만, 그렇다고 해서 자연주의가 과학에 본질적으로 수반되는 것은 아니다. 하나님을 믿는 독실한 신자도 훌륭한 과학적 연구를 할 수 있다. 대부분의 위대한 현대 과학의 창립자들 즉, 갈릴레오Galileo, 뉴튼Newton, 로버트 보일Robert Boyle, 호이겐스Christian Huygens, 마이클 패러데이Michael Faraday, 제임스 클라크 맥스웰James

Clerk Maxwell, 막스 플랑크Max Planck 등, 이들 모두가 하나님을 믿었다.[03] 이들과 반대로 자연주의나 유물론을 지지하는 수많은 사람들은 과학자가 아니며, 과학에 대해서 거의 알지 못하는 사람들이다. 이런 까닭에 자연주의는 철학적 믿음에 불과하다. 즉 자연주의가 과학과 관련이 있을 수도 있고 그렇지 않을 수도 있다는 것이다. 그런데 하나의 세계관으로 자리 잡은 자연주의가 각종 매스컴과 수많은 책들과 여러 대학들과 학교의 교실에 교묘하게 스며들었다. 그래서 자연주의는 현재 우리가 살고 있는 세상에서 지배적인 위치를 차지하게 되었다. 자연주의와 관련해서 존 힉John Hick은 다음과 같이 말한다. "자연주의는 우리 시대의 문화에 있어서 '합의된 사실'을 창출해 냈다. 자연주의는 매우 고질적인 것이어서 우리는 더 이상 자연주의를 제대로 파악할 수 없게 됐고, 단지 모든 것을 자연주의를 통해서 바라보게 되었다."[04] 점차적으로 자연주의는 확신에 차서 자연 안에 존재하시는 하나님을 드러내주는 '성례전적 우주'sacramental universe라는 오랫동안 이어져 온 기독교 세계관을 다른 것으로 대체시켰다. 세이건은 현재 우리가 기독교 세계관 대신에 자연주의적이면서 자급자족할 수 있는 우주, 즉 존재하는 모든 것인 동시에 하나님이 필요없는(하나님이 잔존하는 기억에 불과하다고 여겨지는) 우주에 살고 있다고 말한다.[05]

둘째로 오늘날의 세계관 속에서 기독교의 주요한 희망인 '몸의 부활'(전통 유대교와 이슬람교도 역시 몸의 부활을 믿는다.)을 믿기 어렵게 된 점을 들 수 있다. 만일 몸이 부활한다면 그 몸이 어디로 가는가? 우주로 가는가? 우리는 천국이 "저 위 어딘가"에 있지 않고, 지옥 또한 "저 아래 어딘가에"에 있는 것이 아니라고 알고 있다. 즉 천국과 지옥이 우리가 살고 있는 지구의 한복판에 있다는 것이다. 현대 우주론은 우리에게 사람들이 일반적으로 믿고 있듯이, 천국이 하나님과 신들과 천사들이 거하는 곳이 아니라고 가르쳐 왔다. 차라리 모든 사람이 천국은 별들로 에워싸인 곳에 있고 지옥은 화염으로 뒤덮인 지구 내부에 있다고 믿던 시절에는, 부활에 대한 주장이 더 설득력을 가질 수 있었다. 그러나 지금 우리는 별들이 텅 빈 우주 공간에 존재하는 불타오르는 천체일 뿐, 거기에 생명체가 살 수 없다는 것을 잘 알고 있다. 즉 오늘날의 우주 공간에 천국이나 지옥 같은 물리적인 장소가 존재하지 않는다는 것이다. 이러한 사실이 사람들로 하여금 몸의 부활과 천국과 지옥에 관한 전통적 가르침을 믿지 못하도록 만들었다.

　그럼에도 불구하고 종교를 가진 수많은 사람들(기독교인들, 이슬람교도들, 유대교인들, 힌두교인들 그리고 기타 종교인들)은 여전히 계속해서 자기들이 사랑했던 사람들의 영혼이 신과 함께 있다고 믿고 있다. 하지만 동시에 이 시대는 영혼을 믿는 것에 큰 어려움을 느낀다. 즉 '영혼'이라는 실재existence가 과학적인 지지를 받지 못한다는 것이다. 또한 '정신'이 육체적 죽음 이후에 살아남는다는 것 역시 과학적인 지지를 받지 못한다. 신경과학은 우리의 생각들과 감정들이 두뇌의 상태와 밀접한 상관이 있음을 입증했다. 예컨대 시티촬영CAT scans은 보통 사람들이 생각하고 상상하고 명상할 때 뇌의 특정한 부위들이 활발해진다는 것을 드러내 주었다. 두뇌에 타격을 가하는 행위들과 뇌의 특정한 부위를 손상시키는 행위들은 상당한 정도의 정신적 능력의 손실을 가져오게 만든다. 예컨대 이런 행위들이 낯익은 얼굴들을 인식할 수 있는 능력의 손실을 가져올 수 있다는 것이다. 또한 알츠하이머병Alzheimer's disease과 같은 뇌손상은 그 사람의 성격을 완전히 다르게 바꿔놓을 수 있다. 따라서 우리의 자아의식이 비물질적인 영혼으로부터 온다고 주장하기가 어렵게 되었다. 이와 달리 우리의 성격이나 지각은 우리의 뇌의 발전의 결과물인 것처럼, 또한 우리의 뇌의 발전에 의존하는 것처럼 보이게 되었다. 이러한 입장으로 인해 우리의 뇌가 죽을 때 우리의 인격도 죽게 된다는 필연적인 귀결이 초래되었다. 즉 죽음 후에는 정신이나 영혼이 생존할 수 없다는 것이다. 이것이 오늘날의 신경과학이 우리에게 주는 가르침이다.

마지막으로 천국과 지옥에 관한 전통적인 가르침에 대항하는 철학적, 신학적 도전들이 있다. 많은 사람들에게 있어서 천국은 정적이면서도 따분한 곳처럼 보인다. 왜 우리가 천국에 대해서 이렇게 생각하게 됐을까? 또한 영벌eternal punishment의 장소(또는 상태)인 지옥을 믿는 데에도 어려움이 있다. 하나님이 무엇 때문에 사람들을 영원한 고통의 장소나 상태에 처하게 하신다는 말인가? 흥미롭게도 힌두교나 대승불교 같은 전 세계의 수많은 종교들이 지옥의 실재를 가르치고 자신들의 예술 작품 속에서 지옥을 극적으로 묘사하고 있다. 하지만 그 종교들은 사람이 단지 일정 기간 동안에만, 즉 그 사람의 업보karma나 죄의 대가를 치루는 시간 동안에만 지옥에 거한다고 가르친다. 그런 후에 그 사람이 지옥에서 나오게 된다는 것이다. 오늘날 정통 유대교(이것은 개혁된 유대교가 아니라 보수적인 유대교이다.)와 일부 이슬람교와 정통 기독교가 영원한 지옥을 가르치는 주요 종교들에 속한다. 그러나 많은 기독교인들이 영원한 지옥 개념에 대해서 의심하기 시작했다. 예컨대 매우 보수적인 가톨릭 신학자인 발타잘Hans Urs von Balthasar은 자신의 책 「모든 사람이 구원받기를 희망해야 하는가?」Dare we hope that all men be saved?[06]에서 위의 내용을 다루었다.

이런 이유들로 인해서 많은 사람들이 사후세계에 관한 전통적인 설명들에 이의를 제기하면서, 죽음에 대해서 영적인 준비를 하지 않게 되었다.

세 가지 주제

이 책에서 나는 이런 의심들과 도전들과 함께 세 가지의 주요한 주제를 다룰 것이다. 첫째로 이 시대에 과학적·철학적 도전들이 우리로 하여금 영혼과 부활과 천국과 지옥에 대한 개념들을 다시금 재고하도록 만든 것에 대항하면서, '죽음 이후 하나님과 함께 하는 삶'과 '몸의 죽음 이후에도 영혼이 계속 살아있다는 것'과 '몸의 부활과 천국과 지옥'에 대해서 우리가 이것들을 여전히 신뢰할 수 있음을 다룰 것이다. 이 책의 1장부터 9장까지에서 이런 사례들을 다룰 것이다. 내가 가진 주요한 관심 가운데 하나는 영혼과 부활과 천국과 지옥에 관한 과학적·자연주의적 도전들에 응답하는 것이 될 것이다.

두 번째의 주요한 주제는 죽음을 준비해야 하는 필요성에 관심을 기울이는 것이다.(10장) 만일 우리가 잘 죽기를 원한다면, 그리고 죽어서 하나님께로 가기를 원한다면, 우리는 하나님과 더불어 다른 사람들과도 좋은 관계를 맺어야 한다. 즉 죽음이 문을 두드리는 삶의 마지막 시기가 아니라 젊고 건강한 시기에 하나님과 더불어 다른 사람들과도 좋은 관계를 맺어야 한다는 것이다. 하나님과 관계를 형성하는 것은 시간과 희생, 회심과 회개, 훈련과 기도를 필요로 한다. 이것은 마치 스포츠와 음악과 직업에 능숙해지기 위해서, 시간과 훈계와 실천과 자기희생이 필요한 것과 같다. 물론 하나님은 이슬람 경전 코란이 말하는 것처럼, 우리의 '경정맥'jugular vein,頸靜脈보다 더 가깝게 항상 우리와 함께 계시는 분이시다. 하지만 우리 대부분이 하나님을 향해서 방향을 돌리지 않는다는 데에 문제가 있다. 이것은, 우리의 주변 환경이 라디오와 텔레비전의 물결들로 둘러싸여져 있는데도, 우리가 라디오와 텔레비전을 보지 않는 것과 유사하다고 할 수 있다. 마찬가지로 하나님이 항상 우리와 함께 계시는데도 하나님을 향해 방향지어진 수신자가 되지 않았기 때문에, 우리는 하나님과 의사소통할 수 없다. 여기서 수신자가 된다는 것은 우리가 하나님을 향해서 방향을 잡음을 의미한다. 또한 이것은 자기중심주의를 떨쳐내고 하나님 중심으로 나아가는 것을 의미한다. 예수는 이것을 '회개 또는 회심에로의 나아감'이라고 칭했고, '정신과 마음의 전적인 변화'라고 칭하기도 했다. 보통 이렇게 하는 데에는 단지 몇 주나 몇 개월 동안의 시간이 아니라 여러 해 동안의 기도와 훈련의 시간이 요구된다. 나는 가르치는 학생들에게 죽는 것이 대학졸업과 같다고 말한다. 우리가 잘 준비한다면, 죽음은 더 밝은 미래로 나아가는 통로가 될 것이다. 그러나 우리가 준비하지 않거나 형편없이 준비한다면, 죽음은 끔찍한 실패가 될 것이다. 따라서 두 번째 주제는 죽음 이후에 우리가 이르게 될 하나님과의 관계를 발전시키는 데에 주안점을 두었다. 초기 기독교의 명칭인 "하나님께로 가는 길"the Way은 이런 개념을 함유하고 있다. 즉 기독교인들의 삶이 이 세상에서 시작해서 죽음 이후에도 계속 이어지는, 하나님께로 가는 준비요 여행을 의미했다는 것이다. 어떤 여행이든지, 첫째 날과 둘째 날에 어디로 가야 하는지를 아는 것이 중요하다. 그리고 그 여행의 마지막 목적지가 어디인가 하는 것을 아는 것도 역시 중요하다. 우리가 가야 하는 마지막이 어디인가? 그 여행의 마지막 목적지가 우리로 하여금 여행의 첫 번째 단계에서부터 방향 전환해야 하는 길을 찾도록 만든다. 여행에 있어서도 그렇듯이 삶에 있어서도 마찬가지이다. 즉 우리 삶에 있어서도 궁극적인 목적지가 어디인가를 아는 것이 중요하다는 것이다. 많은 사람들이 자신들의 삶의 마지막 목적지가 어디인지를 모른다는 것은 놀라운 일이다. 내가 가르치는 일부 학생들처럼 그들은 죽음 이후의 삶에 대해서 확신이 없다. 따라서 그들은 죽음을 어떻게 준비해야 하는지를 알지 못하고 있다.

이 책의 세 번째 주제는 희망이다. 기독교인들에게 있어서(이것은 유대교인들과 이슬람교인들과 다른 종교인들도 마찬가지이다.) 궁극적인 희망은 곧 사후세계에서 하나님과 함께 있는 삶이다. 이 땅에서 아무리 성공한 삶이라 할지라도, 이 세상에서의 삶은 실망감과 잦은 실수와 실패, 그리고 상실감과 소외됨으로부터 자유로울 수 없다. 따라서 이 땅에서의 삶은 우리에게 궁극적인 희망에 대한 기초를 제공해 주지 못한다. 우리는 다음과 같은 전도서의 말씀을 접하게 된다. "내가 해 아래에서 행하는 모든 일을 보았노라 보라 모두 다 헛되어 바람을 잡으려는 것이니라."(전 1:14) 바울도 다음과 같이 기록했다. "만일 그리스도 안에서 우리가 바라는 것이 다만 이 세상의 삶뿐이라면 모든 사람 가운데 우리가 더욱 불쌍한 자이리라."(고전 15:19) 그 출발점에서부터 '하나님과의 화해'reconciliation와 '천국에서의 축복'이 기독교인들의 희망을 지탱해 왔다. 다이애나로 하여금 기쁘게 죽음을 통과하도록 한 것은 천국에 대한 커다란 희망 때문이었다. 우리 역시도 천국에 대한 커다란 희망 때문에 기쁘게 죽음을 통과할 수 있다. 이러한 세 가지 주제가 이 책의 핵심 내용에 해당된다. 이 책은 잘 죽기 위한, 말하자면 하나님의 임재 안에서 죽음을 맞기 위한, 일종의 신학안내서이다.

이 책의 개요

이 책은 서문을 포함해서 열 개의 장으로 구성되어 있다. 1장의 내용인 "고대 유대교에서의 지하세계, 영혼, 부활"은 구약성서와 신구약중간기 작품들에서 다루는 죽음에 관한 견해들을 소개하고 있다. 초기 히브리인들은 죽은 자들의 망령이 지하세계로 가라앉았다는 믿음을 갖고 있었다. 히브리인들에게 있어서 몸의 부활에 관한 믿음은 후대의 작품에, 특히 다니엘서에 등장한다. 그리고 헬라사상에 영향을 받은 유대교 작품들(예를 들면 지혜서 같은 작품들)은 죽음 이후 의인들의 영혼이 하나님의 손안에 있다고 말한다. 우리는 또한 심판과 세상의 종말과 관련해서 유대교 묵시문학 작품들을 다룰 것이다.

2장의 내용인 "신약성서에서의 죽음과 사후세계"는 신약성서를 여러 견지에서 검토하고 있다. 예수가 영혼과 몸의 부활과 마지막 때에 대해서 가르친 것이 무엇을 의미하는가? 바울이 말한 부활의 몸이 무엇을 의미하는가? 요한계시록은 마지막 때와 심판에 대해서 어떤 견해들을 가지고 있는가? 2장에서는 이러한 문제들을 다룰 것이다.

3장의 내용인 "기독교 전통 안에서의 죽음과 사후세계"에서는 초기 기독교에서부터 현대까지, 기독교 전통에서 논해지는 죽음과 사후세계에 대한 개념들을 간략하게 조사할 것이다. 전 세대를 망라해서 기독교 사상가들 가운데 이러한 논제들에 대해서 다양한 여러 견해가 있어왔다. 이 주제에 대해서 여러 사람들이 생각한 것 이상의 많은 견해들이 있어왔다는 것이다.

4장의 내용인 "사후세계에 대한 과학의 도전들"은 뇌사brain death 이후에도 살아서 생존하는 영혼의 실재에 관한 도전들과 몸의 부활에 관한 도전들을 다룰 것이다.

5장의 내용인 "죽음에 가까운 경험들"에서는 최근의 죽음에 가까운 경험들에 관한 몇 가지의 현저한 사례들을 고찰하면서, 4장에서 다뤘던 몇 가지 도전들에 대해서 답할 것이다. 또한 우리가 사후세계와 관련해서 그러한 사례들로부터 배울 수 있는 점에 대해서도 다룰 것이다.

6장의 내용인 "영혼에 대해서"에서는 영혼의 본질에 대해서, 그리고 영혼이 몸의 죽음 이후에도 살아있는지를 토의할 것이다.(나는 이것이 가능하다고 본다.) 나는 이 세상에서 인간이 정신-물리학적으로 일치를 이루기 때문에 (두뇌가 정신에 영향을 끼치고, 정신도 두뇌에 영향을 끼친다고 주장하지만), 하지만 하나님과 각 개인과의 인격적 관계성 때문에 우리의 영혼(인간의 의식과 자유와 의지)이 죽음 이후에도 생존한다고 주장하는 바이다.

"부활"을 다루는 7장에서는 똑같이 어려운 문제인 몸의 부활에 대해서 논할 것이다. 몸의 부활이 어떻게 가능한가? 기독교인들에 따르면 예수만이 부활했다. 그의 몸은 현재 어디에 있는가? 부활한 예수의 몸이 우리 인간의 몸과 육체적인 유사성을 갖는가? 성서적 증언을 기반으로 하는 동시에 과학적 반론들에 대해서 숙고하면서, 나는 부활의 몸이 영적인 동시에 물리적인 상태(이것은 단순한 물질 이상의 지고한 형태이다.)로 존재해야 한다고 주장할 것이다. 이것을 톰 라이트N. T. Wright는 초-물리적 상태라고 칭한다.

"칭의와 심판"을 다루는 8장에서는 우리가 하나님 앞에서 어떻게 의롭게 되며, 심판 앞에서 구원이 무슨 가치를 갖는가 하는 것을 다룰 것이다. 다시 말하면 우리가 어떻게 천국에 가는가? 믿음을 통해서인가? 행함을 통해서인가? 둘 다인가? 이 문제는 종교개혁 이래 계속해서 논쟁되어 왔던 문제이다. 8장에서는 이 문제에 관해서 기본적인 논의들을 다루면서 몇 가지 결론들을 제시할 것이다.

9장의 내용인 "천국, 연옥, 지옥"에서는 우리가 천국, 연옥, 지옥을 어떻게 이해해야 하는가에 대해 숙고할 것이다. 신학적으로 볼 때 천국은 하나님과의 완전한 사랑의 연합 가운데 있는 '존재됨의 상태'이다. "주의 앞에 충만한 기쁨이 있나이다."(시 16:11) 하지만 천국이 장소는 아닌지? 천국이 우주에 상응하는 것인지? 천국에 시간이 존재하는지? 아니면 천국이 무시간적 영원성의 상태인지? 충만한 기쁨을 천국이라고 할 때, 천국은 곧 '바램의 성화'일 뿐 아니라, '하나님께 향한 무한한 사랑과 깨달음에로의 끝없는 성장'이라는 것이 나의 견해이다. 천국은 또한 새로워진 창조를 포함할 것이다. 따라서 아마도 천국에 동물도 존재할 것이다. 왜냐하면 만일 몸을 위한 환경이 존재치 않는다면, 부활의 몸이라는 것도 없을 것이기 때문이다. 이와 대조적으로 지옥은 하나님과 다른 이들로부터 단절된 상태를 말한다. 하나님은 지옥에 있는 사람들에게도 여전히 임재하시지만, 그러나 지옥에 있는 사람들은 하나님으로부터 스스로 자신들을 차단시키는(또는 하나님을 개의치 않는) 사람들이다. 전통 기독교는 지옥이 영원하다고 가르쳐 왔지만, 그러나 최근에 와서 이러한 가르침은 여러 분야로부터 도전받아왔다.

"건강하게 죽는 것"을 다루는 10장에서는 죽음을 하나님께로 가는 우리의 여행의 완성으로 보고, 어떻게 우리가 죽음을 다루어야 하는가를 논할 것이다.

본서가 얇은 책이기에, 나는 본서와 관련된 모든 자료들을 학문적으로 포괄성 있게 다루지 않을 것이다. 단지 예수의 부활을 다루는 톰 라이트N. T. Wright의 최근의 책의 817쪽에 나오는 것처럼,[07] '예수의 부활'과 같은 단일한 주제에 대해서만 학문적으로 포괄성 있게 여러 번 다룰 것이다. 따라서 나는 많은 학문적인 저작들을 다양한 주제들로 나눠서 요약할 것이고, 마지막의 미주 부분에서 독자가 학문적인 저작들에 더 광범위하게 접근하도록 할 것이다. 나는 될 수 있는 대로 일차자료보다는, 특히 성서에 대해서 학자들이 추정하는 일치사항 보다는, 나의 논의들을 가지고 직접적으로 접근할 것이다. 이유는 학자들이 추정하는 일치사항이 잘못된 것일 수 있고, 또 시시각각으로 변하기 때문이다.

기독교적 관점에서 쓰여졌기 때문에 본서가 주로 기독교 청중을 향해서 방향지어진 것이 사실이지만, 이 책의 거의 모든 논의 사항들은 유대교, 이슬람교 그리고 다른 형태의 유신론에도 동등하게 적절하게 적용될 수 있다. 비록 나는 궁극적으로 구원받은 모든 사람은 성육신한 로고스인 예수 그리스도의 사역을 통해 구원받았다는 믿음을 갖고 있지만, 그렇다고 해서 단지 공인된 기독교인들만 구원받는다고 생각하지는 않는다. 베드로는 고넬료에게 다음과 같이 말했다. "내가 참으로 하나님은 사람의 외모를 보지 아니하시고 각 나라 중 하나님을 경외하며 의를 행하는 사람은 다 받으시는 줄 깨달았도다."(행 10:34-35)

마지막으로 사후세계를 주장함에 있어서 나는 현재 이 세상에서의 삶을 무시하지 않는 것처럼 말하게 되기를 소망한다. 전적으로 아름답고 축복받은 이 세상은 하나님께서 창조하심으로 우리에게 주어진 것이고, 우리는 청지기로서 하나님 앞에서 이 세상을 관리해야 한다. 사후세계가 곧 올 것이기 때문에(마가복음 13장 32절에 따르면, 우리는 그때가 언제인지를 알 수 없다.), 하나님의 선한 창조에 대한 우리의 책임을 태만하게 여겨도 괜찮다고 말하는 것은 하나님을 모욕하는 것이다. 만일 우리가 이 세상에서 하나님이 우리에게 주신 선물들을 남용한다면, 어떻게 우리가 사후세계에서 하나님의 상급을 기대할 수 있겠는가? 가난한 자들과 불행한 자들을 돌보는 문제도 마찬가지이다. 만일 우리가 가난한 자들과 불행한 자들을 무시하고 정의를 외치는 그들의 급박한 요청들을 외면한다면, 어떻게 우리가 다가올 세상의 축복을 그들과 함께 나누게 되길 기대할 수 있겠는가?(마 25:31-46)

이 책을 쓰는데 있어서 많은 사람들의 도움이 있었다. 개별 장들이나 원고의 확장된 부분들을 검토해 준 세인트 토마스 대학교의 동료들, 특히 코린 카발로Corrine Carvalho와 폴 니스카넨Paul Niskanen과 캐서린 코리 Catherine Cory와 피터 펠드마이어Peter Feldmeier와 필립 개그넌Phillippe Gagnon과 마이클 홀리치Michael Hollerich와 필립 롤릭Philip Rolnick에게 감사드린다. 아내 마벨Mabel과 누이동생인 게이돈 팩Gaydon Peck이 전체 원고를 읽고 귀중한 제언을 해 주었다. 끝부분의 각주 부분을 완성하는데 딸 셀라Michele Cella의 도움이 있었다. 그리고 마지막으로 로드니 클랩Rodney Clapp과 제퍼리 윗텅Jeffery Wittung과 브라조스 출판사Brazos Press의 편집자들에게 원고에 대한 주의 깊고 비판적인 책읽기와 본서의 개선을 위해 많은 제안들을 해 주신 것으로 인해 감사드린다.

01

고대 유대교에서의 지하세계와
영혼과 부활

내가 받는 고난으로 말미암아 여호와께 불러 아뢰었더니 주께서 내게 대답하셨고
내가 스올의 뱃속에서 부르짖었더니 주께서 내 음성을 들으셨나이다 (욘 2:2)

고대 유대교의 저작들(히브리 성서와 소위 중간기 작품들)은 대략 천 년 동안에 걸쳐 기록됐다.[08] 당연히 그런 저작들이 쓰여지는 동안에 죽음과 사후세계를 이해하는 데 있어서 발전이 있었음을 상정해 볼 수 있다. 가장 초기의 히브리 저작들에는 천국이나 지옥에 관한 개념이 등장하지 않는다. 그 시기는 죽은 자들의 영혼이 (보통 스올이라고 칭해지는) 지하세계로 가라앉는 것으로 여겨졌다. 지하세계에서 죽은 자들의 영혼은 하나님이 주시는 위로가 없는, 미약하고 희미한 어두움 속에 거한다. 죽음 이후에 가질 수 있는 실제적인 유일한 단 하나의 희망은 그의 후손들이 그를 기억하는 것 뿐이다. 이런 맥락에서 아브라함은 많은 후손들을 주시겠다는 약속의 맥락에서 하나님께 복을 받은 것이라 할 수 있다.(창 22:17-18)

하지만 시간이 지나면서 유대교 예언자들은 하나님이 후손들의 죄악들이 아니라("아들이 아버지의 죄악을 담당하지 아니할 것이요" 겔 18:20), 각 사람의 죄악들로 인해서 그 사람에게 상을 주시거나 벌을 주신다는 사상을 발전시켰다. 후대의 유대교 성서에서 이러한 믿음은 하나님이 의인을 지하세계로 버리지 않으신다는 사상으로 발전되었다. 다니엘서(이것은 기원전 150년경의 작품이다.)에서 볼 수 있듯이, 하나님은 죽음 이후 부활한 이들 가운데서 각각의 의로운 자들에게는 상을 주시지만 사악한 자들에게는 벌을 주신다. 대략 1세기 이후의 작품인 지혜서에서 우리는 '하나님과 함께 살고 있는 의인들의 영혼'(지혜서 3:1-9절)이라는 전망을 발견하게 된다. 사후의 삶에 관한 이러한 견해들이 유대교 사상과 예수 시대의 기독교인들에게 지속적으로 영향을 끼쳐왔던 것이다.

따라서 고대 이스라엘에는 죽음 이후의 사망과 생명과 관련해서 광범위한 범주의 사상이 존재했다고 말할 수 있다. 이제 사후의 삶에 관한 여러 견해들을 다루는 특정한 본문들을 고찰한 후에 결론 부분에서 우리가 조사한 결과들을 요약하도록 하겠다.

지하세계

고대 이스라엘의 초기 작품들에서는 죽은 자가 지하세계로 떨어지는 것으로 생각되었다. 지하세계는 무덤 또는 암흑지대와 관련이 있다.[09] 거기는 죽은 자들의 '망령'rephaim이 아무런 힘과 활력과 희망도 지니지 못한 채 존재하는 곳이며, 거기는 또한 하나님께 예배조차 드릴 수 없는 곳이다.

나의 영혼은 재난 가운데 있으며 나의 생명은 스올에 가까웠사오니 나는 무덤으로 내려가는 자 같으니이다 나는 도움이 없는 자 같고 죽은 자들 중에서 버려진 자와 같고 무덤에 누운 자 같고 주께서 그들을 다시 기억하지 아니하시니 그들은 주의 손에서 끊어진 자니이다 ... 주께서 죽은 자에게 기이한 일을 보이시겠나이까 유령들이 일어나 주를 찬송하리이까(시 88:3-5, 10)

지하세계를 묘사하는 또 다른 본문은 이사야서이다. 이사야서에서 예언자는 바벨론 왕을 다음과 같이 조롱한다.

아래의 스올이 너로 말미암아 소동하여 네가 오는 것을 영접하되 그것이 세상의 모든 영웅을 너로 말미암아 움직이게 하며 열방의 모든 왕을 그들의 왕좌에서 일어서게 하므로 그들은 다 네게 말하여 이르기를 너도 우리 같이 연약하게 되었느냐 너도 우리같이 되었느냐 하리로다(사 14:9-10)

이 구절에서 쉽게 알 수 있듯이 망령은 지하세계에서 인격적 정체성을 갖는다. 말하자면 망령들이 물리적인 견지에서 묘사되고 있다는 것이다. 이 구절을 이렇게 바라보는 것이 몇 가지 해석상의 문제점들을 야기할 수 있지만, 한 가지 분명한 것은 망령들이 부활한 것은 아니라는 점이다. 나는 이 구절 속에서 망령들이 유비의 방식으로 물리적인 견지에서 설명된다고 말하는 로버트 건드리Robert Gundry의 입장에 동의한다. 이사야서 기지가 달리 어떤 방식으로 망령들을 설명할 수 있겠는가![10]

구약성서에 육체의 죽음 후에도 인격적 정체성이 지속된다는 것을 나타내주는 다른 많은 구절들이 있다. "그러나 하나님이 내 영혼을 스올의 권세에서 건져내시리이다."(시 49:15) "당신이 그의 생명을 스올에서 구원하리라."(잠 23:14) 이사야 38장은 유다 왕 히스기야와 관련해서 한 편의 감동스러운 이야기를 소개한다. 이 이야기는 히스기야 왕이 치명적인 질병에서 고침을 받은 다음에 나온다. 히스기야는 다음과 같이 기록했다.

나의 전성기 때에 내가 죽게 되었나이다. 내가 스올의 문에 들어가고 나의 여생을 빼앗기게 되었나이다 … 그러나 당신이 나의 생명을 파멸의 구덩이에서 건지셨나이다.[11] … 스올은 당신께 감사할 수 없고 당신을 찬송할 수 없나이다. 파멸의 지하세계로부터 온 죽은 자의 영혼을 만난, 가장 두드러진 기사[12]가 엔돌의 무당을 방문하는 사울의 이야기에서 발견된다.(삼상 28장) 과거에 그 땅에서 무당들과 박수들을 쫓아냈음에도 불구하고, 사울은 블레셋과의 전투를 앞두고 두려워서 이미 죽은 선지자 사무엘의 충고를 구하려고 했다. 사울은 변장을 하고 무당의 조언을 구하러 가서 사무엘의 영을 불러 달라고 요청한다. 무당은 사울의 요청을 들어주면서 다음과 같이 말했다. "내가 신적 존재divine being, elohim가 땅에서 올라오는 것을 보았나이다." 사울이 무당에게 그의 외모가 어떠한가를 묻자, '노인이 올라오는데, 그가 겉옷을 입었다'고 무당이 말했다. 사울은 그가 사무엘인 것을 알고 땅에 얼굴을 대고 절했다. 사무엘이 사울에게 말했다. "네가 어찌하여 나를 불러올려서 나를 성가시게 하느냐?"(삼상 28:13-25) 사울은 사무엘에게 블레셋이 자기를 대항하여 전쟁을 일으켰는데, 하나님이 꿈으로도, 선지자로도 대답하지 않으시기에 자기가 행할 일을 알아보기 위해서 사무엘을 불렀다고 말했다. 이에 사무엘은 항거하기 어려운 답변을 했다. 사무엘은 내일 "여호와께서 이스라엘을 너와 함께 블레셋 사람들의 손에 넘기시리니, 너와 너의 아들이 나와 함께 있을 것이라"고 말했다.(19절) 그리고 실제로 사울과 그의 아들들은 다음 날 길보아 산에서 죽임을 당했다.[13]

이처럼 지하세계는 그들의 선조들이 거하는 저승으로서, 죽은 자들이 거하는 무덤과도 같은 곳이다.[14] 시편 139편 8절은 하나님이 지하세계(스올)에도 계신다고 선언한다. "내가 하늘에 올라갈지라도 (여호와께서) 거기 계시며, 스올에 내 자리를 펼지라도 거기 계시니이다." 그러나 하나님이 지하세계에 계신다 하더라도, 거기는 하나님의 빛이 아니라 어두움이 지배적인 곳이다. 따라서 지하세계에 있는 죽은 자들에게 위로가 제공된다는 언급이 없다. 죽은 모든 이들이 지하세계로 가서 다시는 돌아오지 못한다. 거기에는 선행에 대한 보상도 없고 잘못된 행실에 대한 처벌도 없다. 가장 위대한 예언자 사무엘조차도 다른 죽은 이들과 함께 지하세계에 거했다. 이처럼 지하세계는 인간의 희망이 성취된 곳이 아니다. 사무엘상의 이야기에서 볼 수 있듯이 죽은 자의 정체성이 존재하지만, 그들의 영혼은 하나님의 임재로 말미암는 위로를 받을 수 없다. 거기서는 의인들도 보상을 받지 못하고 악인들도 처벌을 받지 않는다. 죽은 모든 이들이 같은 곳으로 갈 뿐이다. "모든 사람이 동일한 운명에 처해진다. 의인과 악인 그리고 선한 자와 악한 자가 동일한 운명에 처해진다."(전 9:2)

지하세계에 관한 고대 히브리인들의 생각은 호머Homer.(기원전 850년)의 작품에 나타나는, 죽은 자들에 관한 생각과 매우 유사하다. 호머는 수많은 죽은 자들이 힘과 삶의 활기를 상실한 채 실체가 없는 '망령들'의 장소인 지하세계Hades에 거한다고 말한다. 호머의 오디세이의 인상적인 장에서, 오디세우스Odysseus는 죽은 자들의 여신인 페르세포네Persephone의 땅으로 항해한다.(11장을 보라.) 거기서 오디세우스는 죽은 자들의 망령이 피를 취해서 말할 수 있는 힘을 얻도록 하기 위해서 작은 구덩이를 파도록, 그리고 검은 암양과 숫양을 희생제물로 바치도록, 나아가서 양들의 피를 그 구덩이로 떨어뜨리도록 요청받는다. 오디세우스는 제의를 행하면서 '호흡을 멈춘 희미한 죽은 자들에게' 말을 한다. 그러자 죽은 자들의 영이 모인다. "바스락거리는 소리와 함께 모든 곳에서 죽은 자들의 영이 와서 구덩이를 에워쌌다. 잠시 후에 나는 두려움에 휩싸였다." 이처럼 죽은 자들의 운명은 결코 부러움의 대상이 아니다. 예언자 테이레시아스Teiresias의 망령이 오디세우스에게 다음과 같이 말한다. "그 피가 있는 곳으로 들어가도록 그대에게 허용해 준 망자가 그대에게 거짓 없는 진리를 말할 것이오. 그러나 그대가 그렇게 하지 못하게 막는다면 그는 도로 물러갈 것이오."

오디세우스는 죽은 자들 가운데 있는 자신의 어머니를 보면서 그녀에게 말했다. 그리고 어머니를 얼싸안았다. "어찌할 바를 몰라서 나는 입술을 깨물면서 어머니를 얼싸안으려고 했다. 하지만 세 번씩이나 어머니는 그림자처럼, 꿈처럼 내 두 손에서 날아가 버렸다." 위대한 군인 아킬레우스 Achilles의 망령도 오디세우스에게 나타나서 이렇게 말한다. "당신은 어떻게 어두운 곳으로 내려가는 길을 찾았소? 어떻게 아무 의식이 없는 죽은 자들, 지쳐버린 인간들의 환영이 영원히 살고 있는 이곳으로 왔소?" 오디세우스가 아킬레우스에게 대답한다. "우리는 당신이 살아 있을 때에 당신을 신처럼 추앙했소. 여기서는 그대가 죽은 자들 사이에서 강력한 통치자이오. 그러니 아킬레우스여, 그대가 죽었다고 슬퍼하지 마시오!" 그러자 아킬레우스가 대답했다. "영광스런 오디세우스여! 죽음에 대해서 내게 그렇게 말하지 마시오. 세상을 떠난 모든 죽은 자들을 통치하느니, 차라리 지상에서 머슴이 되어 농토도 없고 재산도 많지 않은 가난한 사람 밑에서 품이라도 팔고 싶소이다."[15]

초기 히브리 사상과 초기 헬라 사상 모두에서, 죽은 자들의 망령과 그들의 인격들이 지하세계에 생존해 있음을 알 수 있다. 지하세계에서 오디세우스는 자신의 어머니에게 말을 건네고, 어머니도 오디세우스에게 말을 건넨다. 그러나 오디세우스가 자신의 어머니를 끌어안으려 했지만, 그녀의 그림자는 실체를 갖지 않았다. 또한 오디세우스는 아킬레우스도 알아봤고, 그와 대화도 했다. 그러나 지하세계에서의 아킬레우스의 망령은 생명력이나 힘은 없었다. 오디세우스의 어머니와 아킬레우스는 말할 수 있는 힘을 갖기 위해서 피를 흡입해야 했다. 이것은 히브리 성서에서 보여지는 죽은 자들의 상태와 매우 유사한 것처럼 보인다.

우리는 죽은 자들의 망령이 실체가 없는 영혼들인 것에 주목해야 한다. 죽은 자들의 망령이 얼굴 모습과 육체적 생김새를 유지하고 있기에, 그 망령은 인식가능하다고 여겨진다. 이것은 무당이 죽은 사무엘의 모습을 설명했을 때 사울이 무당의 설명을 듣고 사무엘인 것을 알아 챈 것과 유사하다. 생존하는 것은 실체가 없는 영혼이 아니라 육체를 가진 사람의 생명력이나 외형이 결핍된 '망령' 또는 '유령'인즉, 이 망령은 인격적 정체성을 지닌다고 할 수 있다.[16]

이런 이유 때문에 초기 히브리 성서에 나타난 사후세계에 관한 희망은 지하세계에서의 개인적인 생존이 아니라, 이스라엘 백성과 그 땅과 그들의 후손들의 존속과 관련이 있다.[17] 이것은 하나님이 아브라함에게 '사후세계에서의 행복'이라는 약속이 아니라, 많은 후손들을 갖게 된다고 축복하신 것에서 그 예를 찾아볼 수 있다. "내가 네게 큰 복을 주어 네 씨가 크게 번성하여 하늘의 별과 같고 바닷가의 모래와 같게 하리니 네 씨가 그 대적의 성문을 차지하리라 또 네 씨로 말미암아 천하 만민이 복을 받으리니 이는 네가 나의 말을 준행하였음이니라 하셨다 하니라."(창 22:17-18) 이것을 영국국교회 성서학인 톰 라이트는 다음과 같이 요약 정리한다.

고대 이스라엘의 대다수에게 있어서, 창조주요 언약의 하나님의 성품에 기반을 두는 원대하면서도 견실한 희망은 이스라엘 민족과 그 땅에, 궁극적으로 모든 땅에 공평과 번영과 평화를 주시겠다는 여호와의 축복에 기초한다. 족장들과 예언자들과 왕들과 평범한 이스라엘 사람들이 실제로 그들의 조상들과 함께 잠자기 위해 누웠다. 그러나 여호와의 목적은 앞을 향해 나아갈 것이고, 그들의 시간 속에서 성취될 것이다.[18]

몸의 부활에 관한 믿음

시간이 지나면서 사후세계에 관한 이스라엘의 기대는 하나님이 당신의 의로운 자들을 사후세계에서 영원히 초췌한 채로 두시지 않고, 죽은 자들로부터 의로운 자들을 부활시키신다는 사상으로 발전한다. 이런 비전들 가운데 가장 초기에 해당되는 것이 이사야서에서 발견된다.

주의 죽은 자들은 살아나고 그들의 시체는 일어나리이다 티끌에 누운 자들아 너희는 깨어 노래하라 주의 이슬은 빛난 이슬이니 땅이 죽은 자들을 내놓으리로다(사 26:19)

우리는 여기서 사후세계에 관한 비전이 개인에 국한되지 않음에 주목해야 한다. 또한 천국에서 하나님과 함께 거하는 영혼들을 육체와 구분시키고 있음에 대해서도 주목해야 한다. 이것이야말로 회복되고 구체화된 사후세계에 관한 비전(사후세계에서 죽은 다른 이들과 함께 거하는 영혼 개념)으로서, 우리는 고대 히브리 사상이 헬라 사상과 다르게 발전되었음을 알 수 있다. 기원전 500년경의 헬라 사상은 사후세계에 '몸'이 아니라 '인간의 영혼'이 살아있다고 전망했다.[19] 이러한 사상이 플라톤의 작품에 잘 표현되어 있다. 「파이돈」Phaedo에서 플라톤은 소크라테스의 죽음에 대해서 자세히 열거한다. 소크라테스는 감옥에 투옥되어 있는 자신의 몸과 비교하면서 자신의 영혼이 보다 나은 곳으로 갈 것이라고 확신했다. 그러나 히브리 사상은 사후세계를 배타적으로만 생각하지 않았다. 히브리 사상은 주로 여호와께서 통치하시는 정의와 평화의 세계에서 다른 사람들과 함께 살아가는, 소생되고 부활된 몸의 견지에서 사후세계를 다루고 있다.

이스라엘 백성들이 함께 교제한다는 이러한 구체화된 사후세계상(또는 새로워진 생명 사상)을 드러내고 있는 또 다른 유명한 본문이 에스겔서이다.

여호와의 손이 내게 임하시고 나를 골짜기 가운데 두셨는데 거기 뼈가 가득하더라. … 여호와께서 내게 이르시되 "인자야, 이 뼈들이 능히 살 수 있겠느냐?" 내가 대답하되 "주 여호와여 주께서 아시나이다." 또 여호와께서 내게 이르시되 "너는 이 모든 뼈에게 대언하여 이르기를 너희 마른 뼈들아 여호와의 말씀을 들을지어다. 주 여호와께서 이 뼈들에게 이같이 말씀하시기를 내가 생기를 너희에게 들어가게 하리니 너희가 살아나리라 너희 위에 힘줄을 두고 살을 입히고 가죽으로 덮고 너희 속에 생기를 넣으리니 너희가 살아나리라 또 내가 여호와인줄 너희가 알리라 하셨다 하라." 이에 내가 명령을 따라 대언하니 대언할 때에 소리가 나고 움직이며 이 뼈, 저 뼈가 들어맞아 뼈들이 서로 연결되더라. 내가 또 보니 그 뼈에 힘줄이 생기고 살이 오르며 그 위에 가죽이 덮이나 그 속에 생기는 없더라. … 내가 여호와의 명령대로 대언하였더니 생기가 그들에게 들어가매 그들이 곧 살아나서 일어나 서는데 극히 큰 군대더라 그때 여호와께서 내게 말씀하시되 "인자야 이 뼈들은 이스라엘 온 족속이라 그들이 이르기를 우리의 뼈들이 말랐고 우리의 소망이 없어졌으니 우리는 다 멸절되었다 하느니라" 그러므로 너는 대언하여 그들에게 이르기를 주 여호와께서 이같이 말씀하시기를 "내 백성들아 내가 너희 무덤을 열고 너희로 거기에서 나오게 하고 이스라엘 땅으로 들어가게 하리라(겔 37:1-12)

에스겔서는 이스라엘 백성의 포로기 시절(바벨론 포로기, 기원전 550년경)에 쓰여졌다. 몸의 부활에 관한 가르침을 나타내는 듯 하지만, 실상 위의 구절은 이스라엘 백성들이 자신들의 땅을 회복한다는 유비의 말씀이다. 하지만 이 구절은 이스라엘 백성들의 포로기의 종결을 예언하는 것이면서, 또한 이스라엘 백성들의 회복과 함께 몸의 부활을 나타내는 전망과도 밀접히 관련된다. 이러한 전망이 신약성서의 하나님 나라에 대한 예수의 가르침에도 등장한다.

나아가서 구약성서의 마지막 시기에 우리는 다니엘서에서 미래에 죽은 자의 몸의 부활이 이뤄진다는 매우 명백한 진술을 발견하게 된다.

그때에 네 민족을 호위하는 큰 군주 미가엘이 일어날 것이요 또 환난이 있으리니 이는 개국 이래로 그때까지 없던 환난일 것이며 그때에 네 백성 중 책에 기록된 모든 자가 구원을 받을 것이라. 땅의 티끌 가운데 자는 자 중에서 많은 사람이 깨어나 영생을 받는 자도 있겠고 수치를 당하여서 영원히 부끄러움을 당할 자도 있을 것이며 지혜 있는 자는 궁창의 빛과 같이 빛날 것이요 많은 사람을 옳은 데로 돌아오게 한 자는 별과 같이 영원토록 빛나리라(단 12:1-3)

다니엘서는 이스라엘이 헬라의 통치 하에 있을 때에 쓰여졌다. 헬라는 유대인들을 억압하는 통치를 감행했다. 안티오쿠스 4세 에피파네스는 유대인들의 관행인 할례 행위를 금지했고, 유대인들의 희생 제사를 돼지를 희생제물로 바치는 헬라의 희생제사로 바꾸었다. 심지어 그는 예루살렘 성전 일대에 제우스에게 제사 지내는 제단을 세우기까지 했다. 이로 인해서 마카비 반란이 일어나게 된다.(기원전 167-164년) 다니엘서는 안티오쿠스에게 저항했던 사람들과 자신들의 믿음으로 말미암아 기꺼이 순교의 희생을 감당했던 사람들을 위해서 기록되었다. 죽음 이후 순교자들이 스올로 가라앉음으로 그들의 삶이 끝나는 것은 아니다. 다니엘서는 역사의 마지막 때에 커다란 재난의 시기와 우주적 전쟁이 있을 것을 예견한다. 마지막 때에 천사 미가엘이 일어나서 그의 백성인 유대인들을 위해서 싸울 것이다. 그때에 먼지 가운데 잠들어 있는 수많은 사람들, 즉 수많은 죽은 사람들이 죽음으로부터 부활할 것이다. 이후에 우주적 심판이 있을 것이다. 그때 의인들은 자신의 의인됨이 입증될 것이고, 악인들은 처벌을 받게 될 것이다.

악인들의 처벌받음의 본질은 그 처벌로 인해서 그들이 영원한 수치와 치욕을 받게 된다는 것 외에, 다른 것이 없다. 그리고 이와 유사하게 의로운 자들의 부활한 상태의 본질도 분명치 않다. 즉 두 본질(악인들의 처벌받음의 본질과 의로운 자들의 부활한 상태의 본질)이 상징으로 주어졌다는 것이다. 톰 라이트는 의로운 자들의 부활한 상태의 본질이 부활한 자들이 하나님의 새로운 창조 안에서 통치자로 부활하게 됨을 의미한다고 여긴다. "그들은 세상에서 영광의 상태로 부활할 것이다. 이러한 영광의 상태에 관한 가장 격조 높은 유비는 피조된 질서 내에서 별들과 달과 해의 지위를 부여받는 것이다."[20] 고대의 우주론은 별들이 지구상의 물질과 동일한 형태를 구성한다고 여겨지지 않았다. 따라서 별들의 지위와 유사한 상태로 부활한다는 것은 일종의 다른 물질로 부활하게 되는 것을 의미했다. 즉 '몸의 부활'과 '단순한 소생'이 똑같지 않고 차별화된다는 것이다. '소생된 사람들'은 궁극적으로 다시금 죽음을 당하게 되고, 그들의 몸도 썩게 된다. 반면에 소생된 사람들과는 달리, '몸이 부활한 사람들'은 또다시 죽게 되지 않을 것이다. 이것은 부활한 그 몸의 상태가 여기 이 땅에서의 우리의 몸, 즉 나이를 먹음에 따라서 소멸하게 될 우리의 몸과 다르다는 것을 의미한다. 우리는 이러한 개념을 몸의 부활에 관한 신약성서의 기사에서 다시금 접하게 될 것이다.

우리는 다니엘서의 비전에서 논해진 부활이 악인들을 심판하는 상황과 의로운 모든 유대인들을 옹호하는 상황으로 나뉘어져 있음을 다시금 주목해야 한다. 다니엘서에서의 부활이 단순하게 개인적인 차원에 국한되지 않는다는 것이다. 메마른 뼈들이 다시금 소생한 에스겔의 비전과 마찬가지로(겔 37:1-12), 다니엘서의 비전 역시 전체 백성을 옹호하고 있다는 것이다.

그렇다면 헬라사상과 다른, 몸의 부활에 대한 개념은 어디서부터 온 것인가? 일반적으로는 몸의 부활이 유대인들이 바벨론에서 포로 생활을 겪던 시절(기원전 587-539년)에 페르시아의 조르아스터교에서 온 것이라고 여겨지지만, 그러나 라이트는 이와 다르게 생각한다. 라이트는 몸의 부활을 스올에 관한 초기의 믿음에서 발전된 것이라 여긴다. 궁극적으로 볼 때 피조물에게 선함을 부여하시고 이스라엘과 언약을 맺으신, 정의로우신 하나님에 대한 이스라엘인들의 믿음이 죽임당한 의로운 자들이 하나님의 임재가 격리된 스올에서 영원히 쇠해지는 것을 하나님이 허용하지 않으실 것이라는 믿음으로 이어졌다는 것이다. 하나님이 구체화된 형태로 죽은 자들을 회복시키신다는 것이다. "이러한 믿음은 인간들이 본유적으로 불멸성을 가졌다는 것에 기인하는 것이 아니라, 여호와의 사랑과 그의 창조적인 권능이 매우 강력해서 죽음조차도 인간들을 단절시킬 수 없다는 것에 기인한다. ... 이러한 믿음은 직접적으로 피조물의 선함을 강조하는 것에서 왔고, 죽이기도 하시고 살리기도 하시는 여호와 하나님을 강조하는 것에서도 왔으며, 이스라엘 민족과 나라의 미래를 강조하는 것에서도 왔다."[21]

중간상태

죽은 자들의 부활에 관한 믿음은 죽음으로부터 부활한 자들이 죽음과 마지막 때의 부활 사이에 놓여진 중간상태 속에서 자신들의 존재를 계속 유지하고 있다는 믿음을 가정하고 수반한다. 이것을 라이트는 다음과 같이 설명한다.

　다니엘부터 바리새인들에 이르기까지, 부활을 믿는 유대인들은 자연스럽게 육체적 죽음과 부활로 인한 육체적 체현(體現)의 기간 중에 일종의 인격적 정체성이 보존된다고 말하는 중간상태를 믿었다. 만일 우리가 "부활"이 즉시 사망으로부터 다시금 살아난, 일종의 새롭게 구현된 존재를 의미한다고 여기지 않는다면, 또한 이 시기의 유대인들이 이런 것을 믿었다는 증거가 없다면, 유대인들에게 죽음 후에도 계속 진행 중에 있는 존재됨이 상정되었음은 자명한 일이라 할 수 있다.[22]

　이 점을 강조하는 것이 중요하다. 이유는 최근의 많은 성서학자들이 성서(특히 구약성서)가 영혼불멸이 아니라 몸의 부활을 가리키고 있다고 주장하기 때문이다.[23] 신학에서 영혼불멸과 몸의 부활은 상반된 것으로 간주되어 왔다. 즉 부활은 히브리인들의 믿음인 반면에, 영혼불멸은 헬라적 믿음에 속한다는 것이다.[24] 톰 라이트는 이 문제에 대해서 다음과 같이 논평한다.

　일반적으로 볼 때 유대인들은 부활을 믿었던 반면에, 헬라인들은 영혼불멸을 믿었다고 여겨진다. 하지만 대부분의 반쪽짜리 진리들처럼 여기에는 유익한 점과 함께 오해의 여지도 존재하는데, 이러한 주장에 덧붙여서 다른 내용이 추가되어야 한다. 만일 성서가 죽음 이후에 생명이 존재한다는 믿음의 스팩트럼을 제공한다면, 두 번째의 성전 시기는 우리에게 예술가의 팔레트palette 이상의 무엇인가를 제공해 준다. 여기에는 많은 선택 사안들이 존재한다. 즉 이 문제에는 동일한 입장들을 설명하는 다양한 방식들이 존재함과 동시에, 다양한 입장들을 설명하는 동일한 방식들도 역시 존재한다는 것이다.[25]

이 문제와 관련해서 저명한 비평가인 구약성서학자 제임스 바James Barr는 「에덴동산과 영원불멸에 관한 희망」The Garden of Eden and the Hope of Immortality에서 이러한 경향을 탐구했다. 제임스 바도 동일한 입장을 취하는데, 그는 구약성서에 사후세계에 관한 다양한 믿음이 존재한다고 말한다. 따라서 단지 하나의 입장만 있다고 말하거나, 단지 하나의 입장만이 진정성이 있다고 말하는 것은 성서적 증거보다도 추상적 관념에 우위를 두는 오류라 할 수 있다. 제임스 바는 "영혼불멸에 상반되는 많은 이론들이 성서적 증언의 근원에로 회귀하는 것이 아니라, 현대의 진보적 사상의 흐름에 편승하는 것이라고 주장한다. 그럼에도 불구하고 영원불멸에 대한 반론이 오늘날까지 계속 이어지고 있다. 일반적으로 볼 때 이러한 반론은 성서에로 돌아가는 것이라고 여겨지고 있다."[26]

구약성서 시기의 중간상태에 관한 믿음을 나타내주는 또 다른 표징은 관행적인 주술행위, 즉 죽은 자들의 충고를 구하는 행위이다. 하지만 구약성서의 몇몇 본문은 이러한 행위들에 대해 경고하고 있다. 예컨대 이사야는 다음과 같이 말했다. "어떤 사람이 너희에게 말하기를 주절거리며 속살거리는 신접한 자와 마술사에게 물으라 하거든 백성이 자기 하나님께 구할 것이 아니냐 산 자를 위하여 죽은 자에게 구하겠느냐 하라 마땅히 율법과 증거의 말씀을 따를지니 그들이 말하는 바가 이 말씀에 맞지 아니하면 그들이 정녕 아침 빛을 보지 못하고"(사 8:19-20) 율법서의 몇몇 본문들도 죽은 자들의 조언을 구하는 행위를 금지하고 있다.(레 19:31; 20:6; 신 18:11) 만일 백성들이 일상생활에서 실제로 이러한 행위들을 행하지 않았다면, 단정컨대 율법이 이러한 행위들을 금지할 필요가 없었을 것이다. 따라서 구약성서학자 헬머 링그렌Helmer Ringgren은 다음과 같이 결론짓는다. "(히브리인들에게) 주술행위는 사후세계에 관한 믿음을 가리키는 것으로 여겨진다."[27]

존 쿠퍼John Cooper도 사후세계에 관한 구약성서적 개념을 오래토록 주의깊게 분석한 후에, 죽은 자들에 대한 히브리적 사상이 통전적이면서 이원론적이라고 결론짓는다. 죽은 자들에 대한 히브리적 사상은 '통전적'이다. 이유는 히브리인들은 인간이 몸과 영혼으로 나뉜다고 생각하지 않고, 인간을 정신적이면서 물질적인 일체성을 가진 존재로 생각했기 때문이다. 나아가서 죽은 자들에 대한 히브리적 사상은 '이원론적'이다. "이유는 비록 죽음 이후의 삶이 이 땅에서의 삶보다 훨씬 못한 상태임에도 불구하고, 히브리인들은 인간이 죽음 이후에도 계속해서 존재한다고 믿었기 때문이다."[28] 쿠퍼는 이러한 믿음을 '통전적 이원론'이라고 칭하면서, 통전적 이원론이 토마스 아퀴나스 계열의 기독교 전통과 유사하다고 본다.(3장을 보라.)

헬라적 유대교와 영혼 불멸

구약성서 시기 말경에, 즉 기원전 첫 번째 세기의 후반쯤에 가서 우리는 사후세계에 관한 또 다른 믿음을 발견하게 된다. 이것은 상당히 발전된 믿음으로서, 의인들의 영혼이 스올이 아니라 하나님의 임재 안에서 존재한다는 믿음이다. 이러한 사상이 알렉산드리아(알렉산드리아에 헬라어를 사용하는 커다란 유대인공동체가 있었다.)에서 헬라어로 기록된 「솔로몬의 지혜서」에 나타난다. 이 책은 히브리 성서의 헬라어 번역판인 '70인역'에 포함되었고, 초대교회에서 사용하던 성서의 일부에도 포함되었다.[29] 이 책에 있는 적절한 구절은 충분히 인용할만한 가치를 지닌다.

그러나 의인들의 영혼은 하나님의 손안에 있는 것으로서, 어떤 고통도 그들에게 범접할 수 없다. 어리석은 자들이 보기에는 의인들이 죽은 것처럼 보이고, 그들의 죽음이 재앙인 것으로 여겨지며, 의인들이 현세로부터 떠나는 것이 파멸인 것처럼 여겨지지만, 그러나 의인들은 죽음 후에 평화 가운데 거하게 된다. 다른 사람들의 눈에는 의인들이 처벌을 받은 것처럼 보이지만, 의인들은 불멸에 대한 충만한 소망을 품고 있다. 이 땅에서 약간의 어려움을 겪었을지 모르지만, 저 세상에서 의인들은 매우 좋은 상을 받게 될 것이다. 이유는 하나님이 그들을 시험하셨던바, 의인들이 상 받을만한 가치가 있음을 아셨기 때문이다. 용광로 안에서 불순물을 제거해 내는 금처럼 하나님은 의인들을 시험하셨고, 불에 그슬린 희생제물처럼 하나님은 의인들을 받으셨다. 재난의 시기에 의인들은 빛을 발할 것이고, 그루터기를 뚫고 불꽃을 발하게 될 것이다. 의인들이 여러 나라를 지배하고 여러 민족들을 통치할 것이며, 주님께서 의인들을 영원히 다스리실 것이다. 주님을 믿는 사람들은 진리를 이해하게 될 것이고, 신실한 믿음을 가진 사람들은 사랑 가운데 주님과 함께 살게 될 것이다. 이유는 하나님의 은총과 자비가 당신의 거룩한 백성들 가운데 임하기 때문이고, 하나님이 당신의 선택받은 백성들을 지켜보시기 때문이다.(솔로몬의 지혜서 3:1-9)

보통 로마가톨릭의 장례식에서 읽혀지는 인상적인 이 구절은 헬레니즘의 영향, 특히 플라톤과 중기 플라톤주의의 영향을 반영한 것이다. 플라톤은 인간의 본질이 영혼에 있으며 영혼이 본래 불멸성을 갖는 반면에 육체는 감옥과 같다고 가르쳤다.[30] 솔로몬의 지혜서가 다음과 같이 말하고 있음을 볼 때, 이 책은 몸과 관련해서 플라톤의 영향을 받았다고 할 수 있다. "죽을 육체가 영혼을 짓누르고 이 육체의 장막이 사려 깊은 정신에 짐을 지운다."(솔로몬의 지혜서 9:15)

그러나 명백하게 몇 가지 히브리적 특징들을 담고 있다는 점에서 볼 때, 솔로몬의 지혜서는 플라톤주의와는 다르다고 할 수 있다. 첫째로 솔로몬의 지혜서는 하나님의 '은총과 자비'로 인해서(솔로몬의 지혜서 3:9) 하나님이 그들을 시험하신 후에 의인들이 상 받을만한 가치가 있음을 아셨기 때문에(솔로몬의 지혜서 3:5) 의인들의 영혼이 하나님의 임재 안에 거한다는 사상을 가지고 있다. 즉 유대인들이 하나님이 항상 모든 생명과 축복의 근원이시기 때문에 축복받은 사후세계에서의 생명도 하나님으로부터만 온다는 사상을 가졌다는 것이다. 둘째로 이 구절은 의로운 자들이 여러 나라를 지배하고 여러 민족을 통치할 것이라고 말한다(8절). 이것은 다니엘서의 본문과 유사한 것으로서, '형체가 없는 불멸의 상태'가 아니라 '형체를 가진 부활의 상태'를 말하고 있는 것처럼 보인다. 우리는 "재난의 시기에 의인들은 빛을 발할 것이고, 그루터기를 뚫고 불꽃을 발하게 될 것이라는"(7절) 특이한 구절이 해석의 필요성을 가짐을 알아야 한다. 라이트는 이 구절이 심판을 가리킨다고 본다. 즉 사악한 자들이 심판으로 인해서 불타 없어질 '그루터기'라는 것이다. 이렇게 읽을 때 이 본문은 부활과 심판 후에 이어질 천국에서의 삶이 '형체가 없는 영혼의 영속적인 체류'를 의미하지 않는다. 이와 달리 천국에서의 의인들의 삶은 하나님의 손안에 거하는 상태로서, '일시적인 형태의 영혼'으로 존재한다. 그렇게 의인들은 자신들의 의인됨이 증명된 후에, 부활한 상태로 여러 민족들에 대한 통치권을 갖게 된다는 것이다.[31]

따라서 솔로몬의 지혜서는 의인들의 영혼이 하나님의 손안에 거한다는 헬라적 믿음과 궁극적인 몸의 부활에 대한 믿음을 결합하고 있다고 할 수 있다. 그리고 이러한 사상이 기독교의 주요한 믿음이 된다.

유대교의 묵시 문헌, 종말론적 문헌, 신구약 중간기의 문헌

헬라어 '아포칼립시스'apokalypsis는 '묵시'를 의미한다. 묵시문학은 '신적 비밀들의 계시' 또는 '천국과 초자연적인 세계의 비밀들과 천상의 사자인 선견자의 환상들을 통해 주어진 미래'와 관련이 있다.[32] 묵시문학이라는 용어는 매우 상징적인 의미를 갖는데, 묵시문학의 저자는 대개 옛날의 유명한 인물로 여겨진다.(예컨대 에녹, 바룩, 에스라 등) 묵시문학은 사악한 권세들이 세상을 지배하고 있다고 보면서 현재를 매우 염세적으로 바라본다. 또한 묵시문학은 마지막 때에 선과 악 사이에 우주적 전쟁이 벌어진다고 보며, 마지막 때에 하나님이 철저하게 간섭하시면서 현재의 악한 세대를 파멸시키실 것이라고 본다. 그때 몸의 부활이 있을 것이고 모든 죽은 자와 산 자에 대한 우주적 심판이 있을 것이다. 그때 사악한 자들은 심판을 받고 의로운 자들은 하늘과 땅의 영광스러운 새 왕국에서 상을 받을 것이다. 구약성서의 다니엘서가 묵시문학에 속하고, 신약성서의 요한계시록이 묵시문학에 속한다. 마지막 때(막 13장)와 최후의 심판을 다루는(마 25:31-46) 신약성서의 개별 장도 역시 묵시문학으로 분류된다.

일반적으로 볼 때 묵시문학은 종말론적 비전과 상관이 있다. 이 비전은 역사의 마지막에 관한 것으로서, 그때에는 하나님께서 의인들의 나라를 세우기 위해서 역사에 개입하실 것이다. 하지만 묵시문학이 단지 마지막 때와만 관련이 있는 것은 아니다. 바렛C. K. Barrett은 다음과 같이 말한다.

묵시문학이 단순히 미래, 즉 다가올 세대에 관한 비밀들만을 다루는 것은 아니다. 천상 세계의 현재의 상태와 관련된 비밀들도 묵시문학이 다루는 비밀들에 속한다. 사실상 '천상 세계'와 '미래'라는 두 개의 비밀들은 매우 가깝게 연결되어 있다. 이유는 묵시문학에서 중대한 미래란 천상의 세계가 이 세상 가운데로 돌입

하는 것을 의미하기 때문이고, 지금 현재 천상에서 일어나는 것을 아는 것이 지상에서 일어날 바를 아는 것과 거의 같은 것이기 때문이다.[33]

로랜드Christopher Rowland도 묵시문학을 '수직적 차원'의 계시로 이해해야 한다고 말한다. 즉 로랜드는 요한계시록을 지금 현재 가운데로 수직적으로 전해지는 천상의 비밀의 계시로 이해해야 하고, 나아가서 '수평적이고 미래적인 차원'에서도 이해해야 한다고 주장한다.[34]

죽음과 사후세계를 다루는 우리의 연구에 있어서 묵시문학이 매우 중요하다. 이유는 묵시문학에서 다루는 수많은 내용이 생명과 죽음과 관련이 있기 때문이다. 실제로 묵시문학적 전망이 신약성서에 스며있는데, 예수의 가르침에 특히 하나님 나라에 대한 예수의 가르침과 바울의 가르침(2장을 보라)에 묵시문학적 전망이 나타난다. 따라서 신구약중간기의 묵시문학은 구약성서의 마지막 책(다니엘서, 기원전 165년경)과 신약성서를 잇는 다리인 셈이다. 신구약중간기에 죽은 자들의 '체류'라는 개념이 발전했고 몸의 부활에 관한 개념도 발전했으며 최후의 심판에 관한 개념도 발전했다. 이 주제와 관련해서 나는 러셀D. S. Russell의 견해를 지지한다.[35]

우리는 위에서 구약성서에서 지하세계(스올)가 죽은 자들의 거류지로 논해지고 있음을 살펴보았다. 죽은 자들은 지하세계에서 오로지 활력이 없는 망령으로만 존재한다. 의로운 자들과 사악한 자들을 막론하고 모든 사람이 지하세계로 가라앉는다. 지하세계는 그들에게 상을 제공하지 않고 하나님의 임재로부터 오는 위로도 제공하지 않는다. 하지만 이러한 사고가 신구약중간기의 묵시문학에서 변화를 겪는다. 러셀은 다음과 같이 얘기한다.

첫 번째 변화는 (신구약중간기의 묵시문학에서) 죽은 자들은 더 이상 '망령'으로 묘사되지 않고 '영혼'souls 또는 '영'spirits으로 묘사된다는 것이며, 개인적인 의식을 가진 존재로 존재한다는 것이다. 지상에서의 삶과 스올에서의 삶 사이에 '연속성'이 있는 것처럼 보인다. 저승에서도 하나님의 통치가 이루어지는데, 죽은 자들은 이제 하나님과의 교제 가운데서 살 수 있다. 사후세계에서 죽은 자들은 자신들의 분깃에 따라 불안 또는 안식을, 후회 또는 감사를, 두려움 또는 잠잠한 확신을 경험한다.(에스드라 2서 7장 80절 하반절)[36]

두 번째 변화는 이 세상에서 도덕적으로 구별된 삶을 사는 것이 스올에서의 사후세계의 삶에 주요한 요인이 된다는 것이다. 사후세계에서 인간들은 하나님의 도덕적인 판단에 근거해서 두 개의 범주로, 즉 사악한 자들과 의로운 자들로 구분된다. 인간들은 이 세상에서의 자신들의 선택에 기반해서 스올에서의 자신들의 운명을 결정한다. "아담이 먼저 범죄함으로 시기적으로 부적절한 사망이 모든 사람에게 임했다. 이제 아담의 모든 후손들은 자신들에게 임할 영혼의 고통에 대비해야 하며, 자신들에게 임할 영광을 위해서 선택해야 한다."(바룩서 하 54장 15절, 참조. 51장 16절)[37]

세 번째 변화는 스올이 인간들의 영혼이 부활과 최후의 심판을 기다리는 중간상태로 간주된 것이다. 거기서 인간들은 자신들의 공적에 맞는 대우를 받는다. 예컨대 스올이 임시적인 보상과 처벌의 장소가 된다는 것이다.[38] 그런 책들 중에는 현세의 사람들이 죽은 자들의 중보기도로 말미암아 도움을 받았음을, 특히 아브라함이나 모세와 같은 예언자들의 기로로 말미암아 도움을 받았음을 다루는 책이 있다. 그러나 대다수의 책들에서 죽은 자들의 운명은 죽음에로 방향지어져 있다. "스올이나 최후의 심판에 있어서 인간의 운명은 이 땅에서의 그의 삶에 따라 결정된다. 적어도 스올의 문 안에서는, 죽은 자들에게 있어서 위쪽과 아래쪽을 막론하고 어떤

변화의 가능성도 존재치 않는다."(에녹 1서 22장)[39]

　　마지막 네 번째 신구약중간기의 묵시문학 책들에서 스올은 여러 구역 들로 나뉜다. 스올은 사악한 자들이 거하는 곳과 의로운 자들의 거하는 곳으로 나뉜다. 예컨대 에녹 1서 22장은 죽은 자들이 거하는 곳을 네 개 의 구역으로 나누었다. 첫 번째 구역은 의인들이 머무는 곳으로서, 거기 에는 흐르는 샘이 있다. 두 번째 구역은 죄인들이 머무는 곳으로서, 그들 은 이 세상에서 범한 죄들에 대해서 아직 처벌을 받지 않았다. 따라서 그 들은 거기서 큰 고통을 겪는다. 세 번째 구역은 의로운 순교자들이 머무 는 곳이다. 네 번째 구역은 이 세상에서 저지른 자신들의 죄에 대해서 이 미 처벌을 받은 죄인들이 머무는 곳이다. 러셀은 "묵시문학 작품들의 여 러 구절들에서 고통의 장소로서의 지옥 개념이 언급되고 있음에 주목한 다. 지옥이라는 말이 실제적으로 사용된 것이 아닌데도, 지옥 개념이 묵 시문학에 등장한다는 보는 것이다."[40]

　　유대교 묵시문학에서 부활과 부활한 몸과 관련해서 다양한 범주의 비 전들이 발견된다. 어떤 본문들에서는 부활이 '육체적이고 지상적인 부활 의 몸'으로 이 땅에서 발생하는 것으로 여겨지는 반면에, 다른 본문들에 서는 천상의 부활이 천상의 환경에 상응하는, 영적으로 부활된 몸을 가진 것으로 그려진다. 러셀은 말한다.

　　이러한 영적인 몸이 몇 개의 묵시서에서 '빛의 옷'으로(cf. 에스드라 2서 2장 39, 45절) 또는 '영광의 옷'으로(cf. 1 En. 62.15, etc) 묘사된다. … 따라서 에 녹 1서 37-71절에서 새 하늘(45.4; 51.4)과 새 땅(41.2; 45.5)에 왕국이 건설 되었을 때, 죽은 의인들은 '영광의 옷'을 입고 거룩한 천사들과 함께 거하게 된다 (39.4-5).[41]

묵시서의 많은 구절에서 부활의 몸이 변형된 육체의 몸으로 묘사되는데, 이것이 신약성서에서 발견되는 부활의 몸이라는 개념의 예시가 된다.(2장을 보라.)

마지막으로 유대교 묵시문학은 최후의 심판을 강조한다. 러셀은 말한다. "최후의 심판 교리는 유대교 묵시문학에 있어서 가장 특징적인 교리이다. 최후의 심판은 전체 우주가 움직이는 대사건이고, 인간과 모든 피조물을 향한 하나님의 의로우신 목적이 단번에 드러나는 대사건이다."[42] 일반적으로 그 심판은 그 사람의 행실에 기초한다.

모든 사람이 자신이 행했던 의로움이나 악한 행실에 따라 심판받는다. … 아브라함의 유언에 두 천사가 죽은 자들의 죄와 의로운 행실을 기록하는 기사가 나온다(13장). 죽은 자들의 영혼은 두 가지 시험을 겪는다. 하나는 불의 시험(13장)이고 다른 하나는 악한 행실들에 견주어서 인간의 선한 행실들을 달아보는 저울의 심판에 따른 시험이다.(12장, cf. 에녹 1서 41.1; 61.8)[43]

위 구절은 최후의 심판에 관한 신약성서의 예시에 해당되는 구절이다. 신약성서에 심판주이신 그리스도가 등장하는데(마 25:31-46; 고후 5:10), 위의 구절이 신약성서의 최후의 심판에 대한 예시가 된다는 것이다.

결론

고대 유대교는 죽음과 사후세계에 대해서 다양한 믿음의 스펙트럼을 갖고 있다. 또한 고대 유대교는 지하세계와 심판과 관련해서, 그리고 죽은 자들의 최종적인 몸의 부활과 하나님의 손안에 거하는 의로운 자들의 영혼과 마지막 때와 관련해서, 묵시적이고 종말론적인 비전들을 갖기도 한다. 이 모든 사안들은 유대교 경전과 신구약중간기 작품들로부터 유래한 것이다. 나아가서 유대교의 다양한 종파들은 사후세계에 관한 다양한 신념들 가운데 하나의 신념 내지 또 다른 신념들을 채택하기도 했다. 그 증거가 신약성서와 유대교 역사가 요세푸스의 작품들 속에서 발견된다. 예루살렘 성전을 감독했고 유대를 통치하는데 있어서 로마와 협력했던, 귀족적 유대교인들이었던 사두개인들은 부활과 사후세계를 부인했다. 고대 유대교 역사가 요세푸스에 따르면 사두개인들은 "인간 영혼이 몸과 함께 죽는다"고 주장했다.[44] 율법에 대한 분명한 입장을 가진 '당파' 내지 '종파'였던 바리새인들은 몸의 부활을 가르쳤으며, 죽음 이후에도 영혼이 존재한다고 가르쳤다. 바리새인들에 대해서 요세푸스는 다음과 같이 말한다.

바리새인들은 인간 영혼이 불멸의 생기를 갖는다고 믿었으며, 이 세상에서 착하게 살거나 악하게 살았던 삶에 기초해서 저세상에서 보상이나 처벌이 있을 것이라고 믿었다. 사악한 자들은 영원한 감옥에 억류될 것이지만, 의로운 자들은 다시금 되살아날 힘을 갖게 될 것이다. 자신들의 교리에 따라 바리새인들은 사람들에게 몸의 부활을 믿도록 설득했다.[45]

신약성서에 언급되지는 않지만 쿰란공동체와 사해사본과 묵시적·종말론적 전망과 관련있는 그룹인 에세네파도 분명히 육체의 죽음 이후에 영혼이 살아남는다는 것을 믿었다. 또한 그들은 임박한 미래에 종말론적 전쟁과 심판이 있을 것이라고 여겼다. 라이트는 에세네파가 부활을 믿었을 가능성이 있지만, 이것은 확실치 않다고 주장한다.[46] 마지막으로 '땅의 백성'으로 칭함받았던 대부분의 평범한 유대인들은 위의 여러 종파 중 어느 종파에도 속하지 않았던 것으로 추정된다. 이들은 이스라엘의 구원을 고대했고 마지막 날의 부활을 고대했다.[47] 라이트는 다음과 같이 추정한다.

이러한 증거가 예수 시대에 대부분의 유대인들이 몇몇 형태의 부활을 믿었다는 것을 말해주며, 또는 적어도 그들이 부활을 규범적인 가르침으로 알고 있었다는 것을 말해준다. 비교적 소수의 유대인들만이 부활에 대해서 회의적이었다. 어떤 유대인들은 일종의 중간상태를 믿기도 했다. 그들은 비록 육체를 떠나긴 했지만, 불멸의 축복이 죽음 이후에 의로운 자들을 기다린다고 믿었다. 이와 달리 다니엘서 12장의 마지막 때가 임한다는 믿음이 표준으로 여겨지게 되는, 여러 다양한 증거도 역시 존재한다.[48]

즉 고대 이스라엘에 지하세계를 자각하지 못하는 상태에서부터 축복받은 자들의 영혼의 생존과 마지막 날에 죽은 자들의 부활에 이르기까지, 죽음과 사후세계와 관련된 믿음이 오래토록 발전되어 왔고 정련되어 왔음을 알 수 있다. 부활은 곧 심판을 의미한다. 부활은 의로운 자들에 대한 변호와 사악한 자들에 대한 처벌일 뿐 아니라, 이스라엘의 의로운 백성들의 회복이기도 하다.[49] 따라서 부활은 개인적인 측면과 공동체적인 측면 모두를 가졌다. 우리는 이러한 부활의 특징을 신약성서에서 발견하게 된다.

이 모든 믿음들은 여호와YHWH 하나님이 세상의 창조주시요 왕이며, 여호와가 이스라엘과 맺은 언약에 신실한 분이라는, 이스라엘의 근본적인 믿음으로부터 온 것이다. 사악한 자들 앞에서, 또한 죽음과 지하세계의 힘 앞에서, 하나님은 당신의 신실한 자들을 버리지 않으실 것이다. 마지막 때의 어느 날에 하나님이 다시금 공평과 평화와 번영의 나라를 회복시키실 것이고, 당신의 부활한 백성들을 그들의 땅으로 돌이키실 것이다. 주의 날인 그날이 '다가올 세대'의 시작이 될 것이다. 그날에는 모든 이방인들이 여호와가 모든 땅의 하나님이신 것을 인정할 것이고, 이스라엘 백성들을 이방의 빛인 교사로 따르게 될 것이다.(이사야 49장 6절을 보라.) 라이트는 다음과 같이 말한다. "이 모든 것이 수많은 유대인들 속에서 의로운 순교자 이야기들에 집중되어 있다. 순교자들은 여호와와 토라Torah 때문에 고난을 받고 죽은 사람들이다. 여호와가 창조주이시고 정의의 신이시기 때문에, 순교자들은 다시금 살아날 것이고 이스라엘 전체의 정당함이 입증될 것이다."[50]

기독교인들에게 지금까지 우리가 다룬 모든 것들은 나사렛 예수의 삶과 가르침과 죽음과 부활로 이어지고, 그 안에서 완성된다. 이제 다음 장에서 그 내용을 살펴볼 것이다.

02

신약성서에서의 죽음과 사후세계

생각하건대 현재의 고난은 장차 우리에게 나타날 영광과 비교할 수 없도다 (롬 8:18)

신약성서는 나사렛 예수의 삶과 가르침과 죽음과 부활을 전한다. 고대 유대교에서도 그렇지만, 오늘날에 있어서도 예수의 가르침들과 기적들과 부활은 혁명적인 사건들이다. 그때와 오늘날 모두에 있어서, 예수 사건은 부유한 사람들과 부패한 사람들과 호전적인 사람들에게 지배력을 행사하는 사건이다. 하지만 예수는 이 모든 것이 변형될 것임을 가르쳤고, 또한 결국에 가서 이 모든 것이 중요한 하나님의 나라(또는 하나님의 통치)라고 가르쳤다. 예수의 죽음이 명백한 오류처럼 보였지만, 그러나 하나님의 통치 안에서 예수와 예수의 기대는 나중에 예수 자신의 부활로 인해 그 정당함이 입증되었다.

예수의 이야기는 죽음과 사후세계에 관한 우리의 탐구와 상당한 밀접성을 갖는다. 이유는 그때 당시와 지금 현재 모두에 있어서 예수가 선포한 하나님 나라가 기독교인의 삶과 사후세계에 관한 전체 목표와 상관이 있기 때문이다. 천국은 단지 하나님 나라의 충만한 현존에 다름이 아니다. 즉 여기 이 땅에서 시작된 천국이 사후세계에서 완성되면서 절정에 이른다는 것이다.

예수의 가르침과 선포

예수의 가르침과 선포의 핵심은 하나님 나라에 관한 그의 선포에 있다. 이것이 산상수훈인 예수의 팔복선언(마 5; 눅 6)과 하나님 나라에 관한 비유들(마 13:25; 막 4장)에 나타나 있다. 여기서 말하는 '나라' kingdom는 '하나님의 권세' 내지 '하나님의 통치'에 대해서 말해주는 것으로서, 그 나라는 묵시적 개념을 내포하고 있다.(1장을 보라.) 하나님의 천상의 세계가 이 세상 가운데로 침입해 들어온다. 하나님의 정의와 자비와 사랑의 권능이 사탄에 의해 지배되는 이 세상 가운데로, 즉 억압과 두려움과 연약함과 죄의 세상 가운데로 침범해 들어온다.(이것이 신약성서의 관점이다.) 이러한 하나님 나라의 침입에 있어서 예수는 그 대리자이다. 즉 예수가 하나님 나라를 선포하는 동시에 직접 기적들을 행하고 귀신들을 쫓아냄으로써 하나님 나라를 세워나간다는 것이다. 따라서 하나님 나라는 사회적 신분의 전복을 불러일으킨다. 부유한 자들과 권세있는 자들이 낮아지게 되고 낮은 자들이 높아질 것이다. 우리는 이러한 표상이 팔 복 선언과 누가복음 6장 20-25절의 '평지설교에서의 화 선언'에 나타나는 것을 볼 수 있다.

너희 가난한 자는 복이 있나니 하나님의 나라가 너희 것임이요 지금 주린 자는 복이 있나니 너희가 배부름을 얻을 것임이요 지금 우는 자는 복이 있나니 너희가 웃을 것임이요 ... 그러나 화 있을진저 너희 부요한 자여 너희는 너희의 위로를 이미 받았도다 화 있을진저 너희 지금 배부른 자여 너희는 주리리로다 화 있을진저 너희 지금 웃는 자여 너희가 애통하며 울리로다.

그 나라에서 하나님께 복 받을 자들은 가난한 자들과 애통하는 자들과 억압받는 자들이다. 반면에 부유한 자들은 큰 슬픔을 겪게 될 것이다. 신약성서학자 마이어 John Meier는 다음과 같이 논평한다. "이러한 팔복 선언의 배경에는 언약공동체인 이스라엘과 관련해서 진정 공평한 왕이신 하나님이라는 구약성서적 심상이 놓여져 있다. 이스라엘의 여러 왕들은 번번이 실패를 범했던 반면에, 왕이신 하나님은 과부와 고아를 위로하시고 억압받는 자들의 권리를 보호하시고 정의롭게 심판하신다.(시편 146: 5-10)"[51]

마태복음판 산상수훈(마 5:3-11)은 누가복음판 산상수훈보다 더 많이 알려진 것으로서, 이것은 하나님 나라의 내적 차원과 더불어 사회적 정의의 차원을 다루고 있다. 하나님 나라에 들어가기 원하는 사람은 "심령이 가난해야 하고"(겸손) 자비로워야 하며 온유해야 하고 화평케하는 자가 되어야 하고 순전한 마음을 가져야 하고 모세의 율법을 실천하는 의로운 자가 되어야 한다. 마태복음 5장의 예수의 담화가 명백하게 가르쳐 주듯이, 우리가 순전한 마음과 의향을 품고 죄를 범하지 않는다는 것은 악한 마음까지도 품지 않는 것을 말한다. 음욕을 품고 다른 이를 바라보는 사람들까지도 그 마음에 간음죄를 범한 것이다.(마 5:28) 형제에 대해 화를 내면서 모욕을 주는 사람들까지도 심판에 처하게 된다.(마 5:22) 마지막으로 예수는 제자들에게 그들의 친구들만이 아니라 원수들까지도 사랑하라고 말씀하셨다. "내가 너희에게 이르노니 너희 원수를 사랑하며 너희를 박해하는 자를 위하여 기도하라."(마 5:44)

예수의 인격과 사역 속에서 이뤄지는 하나님 나라의 침입은 인간에게 '수락' 아니면 '거절'의 태도를 요청한다. 마가복음에 요약적으로 나타나듯이 예수의 메시지의 핵심도 하나님 나라였다. "때가 찾고 하나님 나라가 가까웠으니 회개하고 복음을 믿으라."(막 1:15) 여기서 '회개하라'는 말은 헬라어 '메타노인'metanoein을 번역한 것으로서, 이 말은 '마음이나 정신의 전적인 변화', 즉 '회심'을 의미한다. '회개'라는 말은 또한 탕자의 비유에서도 언급이 된다.(눅 15장) 마이어는 다음과 같이 말한다.

예수는 하나님 아버지의 용서하시는 사랑을 선포하셨다. 이것은 아버지의 자비를 간절히 요구하지 않는 죄인들을 자유롭게 용서하시는, 아낌없이 주시는 아버지의 용서하시는 사랑을 의미한다.(탕자의 비유, 잃어버린 동전의 비유, 잃어버린 양의 비유, 무자비한 종의 비유, 최후의 만찬과 두 빚진 자의 비유, 부자와 나사로의 비유, 바리새인과 세리의 비유를 보라.) 마지막 때에 당신의 정의와 사랑의 나라를 세우시는 분은 오직 하나님이시다.[52]

이 진술은 하나님 나라가 언제 임할 것인가 하는 문제를 가져오는데, 한편으로 볼 때 그 나라의 성취는 '미래'에 놓여져 있다. 따라서 예수는 제자들에게 '주기도문'에서 그 나라가 임하게 해 달라고 기도하라고 가르쳤다. "아버지여, 이름이 거룩히 여김을 받으시오며 나라가 임하시오며"(눅 11:2). 다른 한편으로 볼 때 하나님의 권세 있는 통치는 이미 예수의 가르침과 기적들과 축귀 사역을 통해서 '지금 현재' 가운데 활발하게 임하고 있다. 이것은 누가복음의 예수의 말씀에서 확증이 된다. "그러나 내가 만일 하나님의 손을 힘입어 귀신을 쫓아낸다면 하나님의 나라가 이미 너희에게 임하였느니라."(눅 11:20) 이렇게 그 나라는 이미 예수의 사역 속에서 시작되었다. 하지만 그 나라는 역사의 마지막 때까지 성취되지는 않을 것이다. 그 나라가 성취되기까지, 하나님의 나라와 사탄의 나라가 투쟁 가운데 있을 것이다.

또한 그 나라는 심판을 수반하는데, 사악한 자들은 심판을 받을 것이고 선한 자들은 상을 받을 것이다. 이러한 이미지가 복음서의 몇 개의 비유들에서, 예를 들면 그물의 비유에서 발견된다. 그물의 비유에서 예수는 그 나라를 그물 속의 가득 찬 물고기에 비유한다. 고기 잡는 자는 그물에서 좋은 물고기는 취하는 반면에 나쁜 물고기는 내 버린다. 마찬가지로 마지막 때에 천사들이 악한 자들로부터 선한 자들을 분리시킬 것이다.(마 13:47-50)

역사의 마지막 때의 심판을 나타내는 최후의 심판 비유가 마태복음 25장 31-46절에 나온다. 그때는 곧 예수가 영광 가운데 산 자와 죽은 자를 심판하러 오시는 때를 말한다. 이 비유는 신약성서에서 하나님 나라와 심판과 마지막 때와 천국과 지옥에 대해 논하는, 가장 명백한 진술들 가운데 하나이다. 이 비유가 기독교 신학과 역사에 있어서 큰 영향을 끼쳐왔던바, 이것은 충분히 인용할만한 가치를 지닌다.

인자가 자기 영광으로 모든 천사와 함께 올 때에 자기 영광의 보좌에 앉으리니 모든 민족을 그 앞에 모으고 각각 구분하기를 목자가 양과 염소를 구분하는 것 같이 하여 양은 그 오른편에 염소는 왼편에 두리라 그때에 임금이 그 오른편에 있는 자들에게 이르시되 내 아버지께 복 받을 자들이여 나아와 창세로부터 너희를 위하여 예비된 나라를 상속받으라 내가 주릴 때에 너희가 먹을 것을 주었고 목마를 때에 마시게 하였고 나그네 되었을 때에 영접하였고 헐벗었을 때에 옷을 입혔고 병들었을 때에 돌보았고 옥에 갇혔을 때에 와서 보았느니라 이에 의인들이 대답하여 이르되 주여 우리가 어느 때에 주께서 주리신 것을 보고 음식을 대접하였으며 목마르신 것을 보고 마시게 하였나이까 어느 때에 나그네 되신 것을 보고 영접하였으며 헐벗으신 것을 보고 옷 입혔나이까 어느 때에 병드신 것이나 옥에 갇히신 것을 보고 가서 뵈었나이까 하리니 임금이 대답하여 이르시되 내가 진실로 너희에게 이르노니 너희가 여기 내 형제 중에 지극히 작은 자 하나에게 한 것이 곧 내게 한 것이니라 하시고 또 왼편에 있는 자들에게 이르시되 저주를 받은 자들아 나를 떠나 마귀와 그 사자들을 위하여 예비된 영원한 불에 들어가라 내가 주릴 때에 너희가 먹을 것을 주지 아니하였고 목마를 때에 마시게 하지 아니하였고 나그네 되었을 때에 영접하지 아니하였고 헐벗었을 때에 옷 입히지 아니하였고 병들었을 때와 옥에 갇혔을 때에 돌보지 아니하였느니라 하시니 그들도 대답하여 이르되 주여 우리가 어느 때에 주께서 주리신 것이나 목마르신 것이나 나그네 되신 것이나 헐벗으신 것이나 병드신 것이나 옥에 갇힌 것을 보고 공양하지 아니하더이까 이에 임금이 대답하여 이르시되 내가 진실로 너희에게 이르노니 이 지극히 작은 자 하나에게 하지 아니한 것이 곧 내게 하지 아니한 것이니라 하시리니 그들은 영벌에, 의인들은 영생에 들어가리라 하시니라(마 25:31-46)[53]

여기서 말하는 그 나라에 들어가는 기준이 우리가 예상하는 것과 다른 것을 보게 된다. 다시 이 땅에 오시는 왕이신 예수는 사람들이 자신을 믿었는가 하는 것을 질문하지 않으신다. 위 구절은 마태복음 7장 21절에 있는 예수의 말씀과 관련이 있다. "나더러 주여 주여 하는 자마다 다 천국에 들어갈 것이 아니요 다만 하늘에 계신 내 아버지의 뜻대로 행하는 자라야 들어가리라" 가난한 자들과 버려진 자들에게 자비를 베푸는 행위와 사랑을 베푸는 행위가 마지막 심판의 대상이 됨을 알 수 있다. 사랑이 곧 그 나라에 들어가기 위한 마스터 키라는 것이다. 또한 이 비유를 통해서 완성된 형태의 그 나라가 마지막 때에 도래함을 알게 된다. 그때에 예수는 모든 영광 가운데 다시금 이 땅에 올 것이다. 즉 그 나라는 예수의 삶과 가르침들과 죽음과 부활 속에서 이미 시작되었다고 할 수 있다. 하지만 신약성서에 따르면 이 세상 속에서 그 나라는 과격한 악의 세력(이것은 인간의 악한 세력과 사탄의 악한 세력 모두를 포함한다.)에 의해서 도전을 받는다.[54] 그러므로 그 나라는 이 세상 가운데 현존하지만, 다음 세상에 가서야 완성될 것이다. 즉 과격한 악의 세력이 최종적으로 패배당할 그때에 하나님 나라가 완성된다는 것이다.[55] 죽음과 사후세계에 관한 우리의 이해에 있어서, 또한 건강한 죽음을 맞는 기독교적 방식에 있어서, 이러한 앎이 중요하다. 그 나라는 이미 현재 우리 가운데 현존하며, 우리는 지금 그 나라에 반응해야 한다. 궁극적으로 그 나라가 하나님을 사랑하고 이웃을 사랑하는 쪽으로의 근본적인 회심을 요청한다는 것이다. 근본적인 회심이 빨리 일어날 수도 있지만,(누가복음의 십자가 상의 죽어가는 강도가 이에 해당된다.) 그러나 대개의 경우에 있어서 근본적인 회심은 몇 년에 거친, 수 십년에 걸친, 심지어는 평생에 걸친 시간을 필요로 한다. 결국 우리가 얼마나 살 것인가 하는 것을 우리 스스로가 모르기 때문에 그 날을 준비하는 것이 중요하다고 할 수 있겠다. 예수는 자신의 많은 비유들에서 '준비됨'의 중요성을 강조했다. 예를 들면 현명한 신부들과 어리석은 신부들의 비유에서 예수는 다음과 같이 말했다. "그런즉 깨어있으라 너희는 그 날과 그때를 알지 못하느니라."(마 25:13)

예수의 죽음

2004년 멜 깁슨의 영화 「그리스도의 수난」이 방영된 후에 이 책의 독자들에게 십자가의 고난을 상기시키는 것이 불필요한 일처럼 여겨진다. 십자가는 가장 극악한 범죄자들과 반역자들을 죽일 때 사용하던 방법으로서, 최대한의 고통과 오명과 굴욕감을 주기 위해 고안된 방법이었다. 수많은 구경꾼들이 십자가를 보면서 예수를 실패한 메시아로 생각했다. 하지만 기독교인들은(이후에 일어났던 부활의 관점에서 볼 때) 예수의 죽음을 끔찍하고 부끄러운 죽음이 아니라 승리의 죽음으로 해석한다. 어떻게 기독교인들이 십자가의 의미와 해석을 이렇게 뒤엎을 수 있었을까?

초대교회에서 예수의 죽음은 주로 주후 70년 로마에 의해서 멸망된 유대교 성전에 봉헌된 제물들을 대체하는 '희생'으로 해석됐다. 이러한 십상이 히브리서에 명백하게 등장한다. 히브리서 기자는 그리스도는 진정한 대제사장으로서, 그의 죽음이 곧 죄로부터 구원받는 최종적이고 완결적인 희생이라고 주장한다.

그리스도께서는 장래 좋은 일의 대제사장으로 오사 … 염소와 송아지의 피로 하지 아니하고 오직 자기의 피로 영원한 속죄를 이루사 단번에 성소에 들어가셨느니라 … 이로 말미암아 그는 새 언약의 중보자시니 이는 첫 열매 때에 범한 죄에서 속량하려고 죽으사 부르심을 입은 자로 하여금 영원한 기업의 약속을 얻게 하려 하심이라(히 9:11-15)

요한복음도 역시 예수의 죽음의 희생적 성격을 강조한다. 예수를 보았을 때 세례요한은 다음과 같이 선포했다. "보라 세상 죄를 지고 가는 하나님의 어린 양이로다."(요 1:29) 여기서 요한은 유월절 양을 언급하고 있다. 이 양은 유월절 축제에 제물로 바쳐진 것이다. 요한복음에서 예수는 정확하게 정해진 시간(유월절 예비일 오후 3시)에 죽는 것으로 나온다. 그 시간에 성전에서 제사장들은 유월절을 준비하기 위해서 양들을 잡고 있었다. 곧 예수가 유월절 양인 셈이다. 또한 요한복음 기자의 관점에서 볼 때 유대교의 낡은 언약 하에서의 동물 희생들은 예수의 죽음으로 대체되었다. 그렇기 때문에 기독교에서는 예수의 죽음 이후에 어떤 동물의 희생들도 요구되지 않는 것으로 이해되었다.[56] 희생제물로서의 예수의 죽음의 효력은 신자들을 하나님과 화해시키는 것이다. 이것이 신학에서 '대속'(문자적으로 '단번에')이라고 일컬어지는 표상의 기초가 되는데, 예수의 대속의 죽음으로 인해서 신자가 하나님과 하나가 되었다는 것이다. 기독교의 가르침과 신학에 있어서 대속은 수세기 동안에 걸쳐서 주요한 주제로 자리매김했다. 하지만 예수의 죽음이 죄를 정확하게 어떻게 대속하는가와 관련해서는 많은 다양한 이론들이 있다.[57] 또한 기독교인들 사이에 대속의 과정에 있어서 믿음이 어떤 역할을 감당하는가와 관련해서도 많은 불일치가 있다.(우리는 8장에서 이러한 점들에 대해 살펴볼 것이다.)

　최근의 신학은 십자가 상에서 예수가 사랑 때문에 자기 자신을 아버지와 인류에게 전적으로 드린 것임을 강조하고 있다. 예수의 죽음은 자기 자신과는 무관하다. 우리는 신약성서가 의미하는 예수의 죽음의 의미를 다음의 구절에서 가장 분명하게 보게 된다. "하나님이 세상을 이처럼 사랑하사 독생자를 주셨으니 이는 그를 믿는 자마다 멸망하지 않고 영생을 얻게 하려 하심이라."(요 3:16) 여기서 사랑에 해당되는 헬라어는 아가페 agape로서, 이것은 형제사랑과 같은 '자기희생적인 사랑'을 말한다. 아가페는 성부 하나님의 사랑과 십자가 상에서 드러난 성자 예수님의 사랑이다. 예수의 죽음이 선한 죽음이었는가? 또한 예수의 죽음이 우리를 위한 것이었는가? 예수의 죽음이 고난을 수반했음을 생각할 때에, 예수의 죽음은 분명히 끔찍한 죽음이었다. 그러나 예수가 십자가상에서 구원의 사역을 성취한 것으로 봤을 때, 또한 그가 진정 죄 많은 인류를 하나님과 화해시킨 것으로 봤을 때, 우리는 예수의 죽음이 선한 죽음이었다고 말해야 한다. 사실상 지금까지의 모든 죽음 중에서 예수의 죽음이야말로 가장 선한 죽음이었다. 전쟁터에서의 영웅적인 죽음이 선하다는 견지에서 볼 때, 예수의 죽음이야말로 선한 죽음이었다. 전통적으로 기독교인들은 예수의 죽음을 부활과 연관시킨다. 즉 기독교인들이 예수의 죽음을 죽음에 대항하는 생명의 궁극적인 승리로, 그리고 악에 대항하는 사랑과 선의 궁극적인 승리로, 또한 사탄에 대항하는 하나님의 궁극적인 승리로 본다는 것이다. 고통과 고난이 있었음에도 불구하고 그의 죽음은 승리의 죽임이었다. 교회가 시작된 이래로 예수의 죽음은 기독교인들에게 있어서 하나의 모델이었다. 예수가 죽었던 것처럼 죽임당한 사람들(자신들의 믿음을 증거하는 사람들)은 '순교자'로 인정받아왔다. 순교자라는 말은 헬라어로 '증인'을 의미한다. 전승에 따르면 베드로, 바울, 그리고 수많은 사도들이 순교자로 죽임을 당했다. 교회의 첫 세기 이후에 수 세기가 지나기까지 성자로 존경받은 대부분의 사람들이 순교자였다.

영생과 부활

예수는 제자들에게 영생의 선물을 약속했다. "내가 진실로 너희에게 이르노니 나를 위하여 집이나 형제나 자매나 어머니나 아버지나 자식이나 전토를 버린 자는 현세에 있어 전토를 백 배나 받고 내세에 영생을 받을 것이니라."(막 10:29-30) 불멸한다는 의미에서 볼 때, 영생은 현세의 삶과는 다르며 현세와 다른 특성을 갖는다. 말하자면 영생은 더 높은 권능으로 고양된 삶이라 할 수 있다. 영생에는 고난과 두려움과 권태와 슬픔과 외로움이 없다. 영생은 곧 하나님과 예수와 공동체의 충만한 현존 속에서 살아가는 삶이다. 죽음의 문을 넘고 부활하심으로 예수는 영생 가운데로 들어가셨다. 역사상 예수의 부활은 가장 놀랄만한 예기치 않은 사건 가운데 하나로서, 이 사건은 설명하기에 매우 어려운 점을 지닌다. 많은 사람들에게 예수의 부활은 단지 불가능한 사건에 불과하다. 죽은 사람들 중에 다시 부활한 사람이 없고, 부활을 과학적으로 입증하는 것이 불가능하며, 정상적인 역사의 규범들이 부활을 다루지 않는다. 이유는 만약 부활이 발생한다면 그것이야말로 지금까지 우리가 알고 있는 것과는 완전히 다른 독특한 사건이 발생하는 것이 되기 때문이다. 우리는 오늘날 부활 사건이 발생하는 것을 보지 못한다. 또한 부활은 과학적으로 증명된 자연법칙들의 규칙성에 위배되는 것처럼 보이기도 한다. 따라서 많은 이론들이 부활에 대해서 설명하기를 주저해 왔다. 따라서 보통 예수의 제자들이 무덤에서 예수의 몸을 훔친 것이라고, 그들이 부활 이야기를 유포시킨 것이라고 일컬어져 왔다. 또한 예수가 십자가 형벌에서 살아났다거나, 차가운 무덤에서 다시금 소생된 것이라고 일컬어져 왔다. 또한 빈무덤과 전체 부활 이야기가 초대교회에 의해서 날조된 사건이라고도 일컬어져 왔다.

나는 7장에서 부활에 관한 믿음에 있어서 이 시대의 문제점들을 다룰 것이다. 여기서는 단지 부활에 관한 신약 성서적 입장만을 논하고자 한 자. 나는 예수의 부활이 고대 시대에 있어서도 믿기 어려운 사건이라는 것과 또한 부활에 관한 매우 강력한 증거가 제자들로 하여금 예수가 죽음으로부터 부활하셨음을 확신시켰다는 것에 주목하고자 한다.

첫 세기 바리새인들의 부활에 관한 믿음이 죽은 자들이 마지막 때에 부활할 것이라는 믿음이었다는 것을 상기해 보자. 바리새인들이 이해한 마지막 때의 부활은 의인들의 정당함에 관한 입증보다도, 사악한 자들에 대한 처벌보다도, 억압과 불의와 고난과 죽음이 없는 하나님 나라에서의 하나님의 백성들의 새롭게 구체화된 삶보다도 앞서서 발생한 사건이다. 하지만 그들 가운데서 마지막 때가 되기 이전에 부활이 일어날 것을 기대한 사람은 없었다. 톰 라이트는 다음과 같이 설명한다. "생명으로 부활한 메시아적 존재를 논하는 전승들이 없었다. 그 시기의 대부분의 유대교인들이 부활을 기대했고 메시아를 갈망했지만, 그들 가운데 초대 기독교인들이 가졌던 것만큼 이 두 개의 희망('부활 기대'와 '메시아 갈망'-옮긴이)을 붙잡고 있었던 사람은 없었다."[58] 이와 달리 기독교인들은 이 두 개의 희망을 붙잡고 있었다. 이유는 그들이 예수를 메시아로 보았기 때문이고, 모든 사람들의 예상과는 반대로 예수가 죽음에서 부활했기 때문이다.

예수의 부활을 기록한 가장 초기의 진술들이 바울서신에서 발견된다. 바울서신은 신약성서에서 가장 초기 작품에 속한다.[59] 따라서 우리는 부활에 관한 바울의 설명을 가장 먼저 고찰할 것이다. 바울서신에서 부활과 관련된 가장 긴 설명은 고린도전서 15장이다. 고린도전서는 고린도에 있는 초대교회를 위해 기록된 것으로서, 그 교회에서 발생한 몇 가지 문제점들을 다루고 있다. 그 교회가 가진 여러 문제점 가운데 하나는 몸의 부활을 부인하는 사람들이 있다는 것이었다.(12절) 바울은 이것을 기독교 믿음을 부인하는 것으로 간주한다. "만일 죽은 자가 다시 살아나는 일이 없으면 그리스도도 다시 살아나신 일이 없었을 터이요 그리스도께서 다시 살아나신 일이 없으면 너희의 믿음도 헛되고 너희가 여전히 죄 가운데 있을 것이요."(16-17절) 이런 이유로 바울은 부활한 그리스도를 목격한 증인들의 목록을 인용한다.

내가 받은 것을 먼저 너희에게 전하였노니 이는 성경대로 그리스도께서 우리 죄를 위하여 죽으시고 장사 지낸 바 되셨다가 성경대로 사흘 만에 다시 살아나사 게바(베드로)에게 보이시고 후에 열두 제자에게와 그 후에 오백여 형제에게 일시에 보이셨나니 그 중에 지금까지 대다수는 살아있고 어떤 사람은 잠들었으며 그 후에 야고보에게 보이셨으며 그 후에 모든 사도에게와 맨 나중에 만삭되지 못하여 난 자 같은 내게도 보이셨느니라(3-8절)

이 편지를 56-57년 경에 썼긴 했지만, 바울은 이 이야기가 자신이 믿음 가운데 처음으로 훈련받았을 때 어떤 사람에게 '건네받은 것이라고'(예컨대 '가르침받은 것'이라고) 호소하면서 설명하고 있다. 즉 예수의 죽음 이후 3년이 지난 시기인 대략 36년 경 자신의 회심 직후에 바울이 이 이야기를 건네받았다는 것이다. 인용한 증인들 가운데 한 사람인 바울 자신은 부활한 예수가 나타나기 전까지 예수를 믿지 않았다. 바울은 그가 편지를 쓸 당시 대부분의 증인들이 여전히 살아있음에 주목한다. 이것은 만일 바울이 쓴 것이 사실이 아니라면, 자신이 인용한 증인들에 의해서 반박될 수 있음을 의미한다. 이것으로 인해서 예수의 부활이 단지 초대교회에 의한 날조된 사건(많은 사람들이 이러한 조작설을 지지해왔다.)이라는 주장은 타당성을 잃게 된다. 게다가 자신의 초창기 사역 기간 중 예수를 알지 못함으로 인해서 회심 이전에 교회를 박해했기 때문에 바울은 사도로서의 자격을 의심받았다. 이로 인해 우리는 만약 부활이 일어나지 않은 상태에서 바울이 거짓으로 알고 있는 바를 기록했다는 것 역시 타당성이 없음을 알게 된다. 마지막으로 바울이 인용한 많은 증인들(여기에 바울 자신도 포함되어 있다.)이 순교자로 죽임을 당했다. 이것으로 인해서 예수의 부활에 관한 증인들의 이야기가 거짓이었다면, 과연 그들이 순교자로 죽었을까 하는 것을 믿는 데에 어려움이 생기게 된다. 따라서 이로 인해서도 우리는 예수의 부활이 실제로 일어난 사건인 것을 알 수 있다.

다음으로 바울은 어떻게 죽은 자들이 살아나는가 하는 문제(아마도 이 문제는 고린도교회에 의해 제기된 것으로 보인다.)로 관심을 돌린다. 부활한 자들이 어떠한 몸을 갖게 되는가?(고전 15:35) 이 질문에 대해서 바울은 물질적 세상에서도 다른 종류의 몸이 있다는 것에 주목한다. "육체는 다 같은 육체가 아니니 하나는 사람의 육체요 하나는 짐승의 육체요 하나는 새의 육체요 하나는 물고기의 육체라 하늘에 속한 형체도 있고 땅에 속한 형체도 있으나 하늘에 속한 것의 영광이 따로 있고 땅에 속한 것의 영광이 따로 있으니"(고전 15:39-40) 마찬가지로 부활한 몸은 이 세상의 육체들과는 다른 종류의 몸이다. 이유는 부활한 몸이 불멸의 몸이기 때문이다.

죽은 자의 부활도 그와 같으니 썩을 것으로 심고 썩지 아니할 것으로 다시 살아나며 욕된 것으로 심고 영광스러운 것으로 다시 살아나며 약한 것으로 심고 강한 것으로 다시 살아나며 육의 몸psychikon으로 심고 신령한 몸pneumatikon으로 다시 살아나나니 ... 첫사람(아담)이 땅에서 났으니 흙에 속한 자이거니와, 두 번째 사람(예수)도 하늘에서 나셨느니라 ... 우리가 흙에 속한 자의 형상을 입은 것 같이 또한 하늘에 속한 이의 형상을 입으리라. 형제자매들아 내가 이것을 말하노니 혈과 육은 하나님 나라를 이어 받을 수 없고 또한 썩는 것은 썩지 아니하는 것을 유업으로 받지 못하느니라 ... 우리가 다 죽을 것이 아니요 우리가 다 변화되리니 ... 나팔 소리가 나매 죽은 자들이 썩지 아니할 것으로 다시 살아나고 우리도 변화되리라 이 썩을 것이 썩지 아니할 것을 입겠고 이 죽을 것이 죽지 아니함을 입으리로다(고전 15:42-53)

상당한 정도의 해석상의 논쟁을 불러 일으켰음에도 불구하고, 이 구절이 갖는 일반적인 의미는 충분할 정도의 명확성을 갖는다. 바울은 여러 종류의 몸을 논증함에 있어서 고대의 물리학을 사용하고 있다. 즉 바울이 살아있는 피조물들과 지구와 별들을 사용해서 여러 종류의 몸을 논증한다는 것이다. 또한 부활한 몸은 다른 종류의 '몸성'materiality을 갖게 될 것이다. 부활한 몸은 이 세상의 썩을 육체와는 다른 것으로서, 썩지 아니할 몸이다. 하지만 '이 세상적인 몸'과 '부활한 몸' 모두의 상태가 몸성을 갖는바, 이것이 바울 논증의 핵심이다. 이 점에 있어서 영어식 번역은 오해의 여지를 갖는다. 영어식 번역에 따르면 우리의 현재의 몸은 몸성을 갖는 반면에 부활의 몸은 영적인 몸으로서 육체적인 몸이 아닌 것을 가리키는 것처럼 보일 수 있다는 것이다. 그러나 이것이 바울이 말하고자 하는 것은 아니다. 우리의 현재의 몸들은 물리적인 것으로서 소멸되며, 따라서 하나님의 나라를 상속받을 수 없다. 이 땅에서의 우리의 몸은 '썩지 아니하는 육체의 몸'으로, 즉 바울이 말하는 '영광의 몸'으로 변화되어야 한다. "그러나 우리의 시민권은 하늘에 있는지라 거기로부터 구원하는 자곧 주 예수 그리스도를 기다리노니 그는 만물을 자기에게 복종하게 하실 수 있는 자의 역사로 우리의 낮은 몸을 자기의 영광의 몸의 형체와 같이 변하게 하시리라."(빌 3:20-21) 톰 라이트는 부활의 몸이 '변형된 몸'이라고 주장한다. 다시 말해서 부활의 몸이 물질성을 갖는 동시에 우리의 시공간의 우주의 한계를 초월한다는 것이다.[60] 따라서 '지상에서의 썩을 몸'과 '부활의 몸' 사이에는 연속성이 존재하는 동시에 불연속성도 함께 존재한다. 부활의 몸은 나사로의 몸과 같이 단순히 다시 살아난 몸이 아니다. 다시 살아난 후에 나사로는 또다시 죽었다. 이처럼 다양한 이유로 인해서 부활한 몸의 상태가 어떤지를 설명하는 것이 쉽지가 않다. 우리는 바울이 이 문제와 씨름하면서 그의 시대 물리학에서 은유적 심상들을 가져온 것을 보게 된다. 이러한 은유적 심상들은 오늘날에는 적합하지 않은 것이다. 이유는 현재 우리는 모든 물질이 동일한 성분으로 이루어졌다고 보기 때문이다. 쿼크들(quarks, 양성자, 중성자와 같은 소립자를 구성하고 있다고 여겨지는 기본적인 입자-옮긴이), 글루온들(gluons, 쿼크 간의 상호 작용을 매개하는 입자-옮긴이), 전자들, 원자들, 분자들 등. 그러나 이런 것들이 부활이 물리적으로 불가능하다는 것을 의미하지는 않는다. 단지 이것은 부활이 현대 과학과 우리 인간의 경험을 초월함을 의미한다.

우리는 예수의 부활을 다루는 복음서의 기사에서 이와 유사한 입장들을 보게 된다. 부활한 예수는 '영'도 아니고 '혼령'도 아니었다. 부활한 예수는 손으로 만질 수 있었지만, 또한 나타났다가 사라지기도 했다. 이것은 예수의 부활의 몸이 시공간의 법칙들에 의해서 제한받지 않았음을 보여준다. 복음서의 기사들 대부분이 예수의 부활이 일어난 것을 기록하고 있지만 각 복음서 기사들의 내용은 제각기 다르다. 각 복음서들이 예수의 부활과 관련해서 수많은 다양한 구전 전승들을 포함한다는 것이 예수의 부활에 관한 일반적인 설명이다.[61] 누가복음 24장은 부활한 예수의 출현을 두 번 기록하고 있다. 첫 번째는 엠마오로 가는 이름이 알려지지 않은 두 명의 제자와 관련된 것이고, 다른 하나는 예루살렘에서의 열 한 명의 제자들과 관련된 것이다. 여기서는 부활한 예수의 몸의 물리적 성격을 강조한다.

어찌하여 두려워하며 어찌하여 마음에 의심이 일어나느냐 내 손과 발을 보고 나인 줄 알라 또 나를 만져보라 영은 살과 뼈가 없으되 너희 보는 바와 같이 나는 있느니라 이 말씀을 하시고 손과 발을 보이시나 그들이 너무 기쁘므로 아직도 믿지 못하고 놀랍게 여길 때에 이르시되 여기 무슨 먹을 것이 있느냐 하시니 이에 구운 생선 한 토막을 드리니 받으사 그 앞에서 잡수시더라(38-43절)

한편 누가는 부활한 예수가 시공간의 일반 법칙들에 의해서 제한받지 않으셨음을 또한 기록하고 있다. 엠마오로 가는 두 명의 제자는 예수와 더불어 먹기 전까지, 또한 예수가 갑자기 그들의 시야에서 사라지기 전까지, 예수를 알아보지 못했다. 계속해서 자신의 책 끝부분과 사도행전의 서두에서, 누가는 예수가 하늘로 올라갔음을 기록하고 있다.(눅 24:51; 행 1:9) 이로 인해 우리는 부활한 예수가 물리적인 몸을 가지고 있으면서, 동시에 시공간에 의해 제한받지 않은 분이셨음을 알게 된다. 이러한 부활의 초월적인 속성이 마태복음과 누가복음에 기록된 부활에 관한 예수 자신의 말씀에 의해서도 언급되고 있다. "부활 때에는 장가도 아니 가고 시집도 아니 가고 하늘에 있는 천사들과 같으니라."(마 22:30; 또한 누가복음 20:25절을 보라.)

사도 요한도 부활한 예수의 출현을 네 번 기록하고 있다. 부활절 아침의 막달라 마리아에게, 부활절 저녁 닫혀있던 방의 제자들에게, 그때로부터 한주가 지나서 다시금 제자들과 도마에게, 그리고 마지막으로 21장에서 갈릴리에 있는 몇 명의 제자들에게, 부활한 예수가 나타났다.[62] 이것으로 인해 우리는 누가복음에서 봤던 동일한 역설을 접하게 되는데, 곧 부활한 예수가 육체적인 몸을 가졌다는 역설을 접하게 된다. 부활절 저녁에 예수가 첫 번째로 제자들에게 나타났을 때, 그 자리에 없었던 사도 도마는 다음과 같이 말한다. "내가 그의 손의 못 자국을 보며 내 손을 그 옆구리에 넣어 보지 않고는 믿지 아니하겠노라."(요 20:25) 하지만 한 주일이 지난 후 예수가 제자들에게 나타나서 이렇게 말했다. "네 손가락을 이리 내밀어 내 손을 보고 네 손을 내밀어 내 옆구리에 넣어 보라 그리하여 믿음 없는 자가 되지 말고 믿는 자가 되라 도마가 대답하여 이르되 나의 주님 이시요 나의 하나님이시니이다."(요 20:27-28) 다른 한편 물리적인 법칙들을 초월하는 것처럼 보이는 바, 예수는 닫혀있는 방의 제자들에게 두 번 나타났다.(요 20:19, 26)

한 편으로 신약성서의 기사들은 예수의 무덤이 비었다는 것과 예수가 육체로 나타나서 만져졌고 음식을 취했고 제자들에게 말했다고 주장하는 동시에, 다른 한편으로는 예수가 물질과 공간의 일반 법칙들에 의해서 제한받지 않은 것과 제자들에게 나타난 이후에 하늘로 올라갔다고 주징한다.

부활과 마찬가지로 승천도 현대 우주론에 맞지 않는다. 예수가 어디로 올라갔는가? 지구 밖의 혹성인가? 명백하게 아니라고 할 수 있다. 승천은 예수가 더 지고한 존재에로 고양되었음을 의미한다.(신약성서는 예수가 "하나님 보좌 우편에 앉으셨다"고 말한다. 이것은 명백한 메타포이다.) 더 지고한 존재됨이라는 것이 현대의 우주론에서는 상상하기 어려운 개념임에도 불구하고(7장을 보라.), 이러한 더 지고한 존재됨의 개념은 승천교리에 있어서 반드시 요청되는 개념이다. 중요한 문제는 예수가 올라간 하늘이 어디인가 하는 것이다. 이에 대해서 톰 라이트는 다음과 같이 말한다.

하늘은 약간 스칠 정도로만 땅과 관련된다. 따라서 하늘에 계시는 예수는 땅의 어느 장소에라도, 즉 모든 장소에 동시적으로 존재하신다. 따라서 승천은 예수가 어디라도 접촉할 수 있으며 접근할 수 있음을 의미한다. 따라서 사람들은 예수를 만나기 위해서 지구상의 특정한 지점을 찾아갈 필요가 없다. ... 성서가 하늘과 땅에 대해 말할 때, 그것은 동일한 시공(時空) 연속체space-time continuum,(4차원-옮긴이) 내에 있는 서로 다른 두 개의 지역localities에 대해서 말하는 것이 아니다. 또한 물질적인 세상과 반대되는 비물질적인 세상을 말하는 것도 아니다. 그것은 일상적으로 알고 있는 두 개의 서로 다른 공간, 두 개의 서로 다른 물질, 두 개의 서로 다른 시간을 말하는 것이다.[63]

또한 우리는 두 개의 서로 다른 삶에 대해서도 말해야 한다. 서로 다른 두 개의 삶이란 '생물학적이고 물질적인 삶'과 이 땅에서 시작되었지만 하늘로 옮겨지게 될 '영원한 삶'을 말한다.

예수의 부활은 지상의 기독교인들에 의해서 마지막 때가 가까워졌다는 (또는 이미 시작되었다는) 징조로 받아들여졌고, 예수의 신실한 추종자들이 당대에 주님이 다시 오시기를 기대하게끔 만들었으며, 또한 그 추종자들로 하여금 자신들도 부활할 것이라고 생각하게끔 만들었다. 바울은 자신의 가장 초기 서신인 데살로니가 전서에서 이 문제를 다루고 있다.(50-51년)

형제자매들아 죽은 자들(헬라어로는 '잠든 자들')에 관하여는 너희가 알지 못함을 우리가 원하지 아니하노니 이는 소망없는 다른 이와 같이 슬퍼하지 않게 하려 함이라 우리가 예수께서 죽으셨다가 다시 살아나심을 믿을진대 이와 같이 예수 안에서 죽은 자들도 하나님이 그와 함께 데리고 오시리라 우리가 주의 말씀으로 너희에게 이것을 말하노니 주께서 강림하실 때까지 우리 살아남아 있는 자도 죽은 자보다 결코 앞서지 못하리라 주께서 호령과 천사장의 소리와 하나님의 나팔 소리로 친히 하늘로부터 강림하시리니 그리스도 안에서 죽은 자들이 먼저 일어나고 그 후에 우리 살아남은 자들도 그들과 함께 구름 속으로 끌어 올려 공중에서 주를 영접하게 하시리니 그리하여 우리가 항상 주와 함께 있으니라(살전 4:13-17)

여러 면에서 볼 때 이 구절은 매우 중요하다. 바울이 "구름 속으로 함께 끌려 올려진다고" 말하듯이, 이 구절은 최종적인 부활에 관한 바울과 초기 기독교인들의 이해가 단지 육체적인 부활과 이 땅으로 돌아옴을 말하는 것이 아니라, 영광으로 상승하는 것을 가리킨다. 예수가 하늘로 올라간 것처럼 예수가 재림할 때 예수의 제자들도, 심지어는 그때까지 여전히 살아있는 자들도 하늘로 올라간다. 따라서 부활은 우리가 알고 있는 것처럼 지상의 생명으로 회귀하는 것이라고 말할 수 없다. 부활은 육체성을 포함한다. 따라서 신자들은 그 몸 그대로 구름 속으로 끌려 올려질 것이다. 또한 부활은 '몸의 변형'과 '변형된 물질적 상태로의 상승'을 포함한다. 바울이 고린도전서 15장 51절에서 말하듯이 우리 모두는 죽지 않고 변화될 것이다. 데살로니가전서를 쓸 당시만 해도, 바울은 당시의 살아있는 자들이 예수의 승리의 재림을 볼 수 있을 정도로 충분히 오래 살 것을 믿었던 것처럼 보인다. 구름 속으로 끌어 올려질 때, 그들의 몸이 하나님 나라에 들어가기 위해서 변화되어야 한다고 생각했다는 것이다.

주목해야 하는 두 번째 사안은 예상된 주님의 재림과 관련해서 첫 번째로 기록된 조항을 우리가 갖고 있다는 것이다. 바울은 주님의 재림이 그때까지 살아있는 사람들의 당대에 일어날 것이라고 기대했다. 비록 바울이 주의 날이 밤에 도둑 같이 온다는 것을 알았음에도 불구하고, 즉 주의 재림의 때를 아무도 알지 못한다고 생각했음에도 불구하고(살전 5:2), 그는 임박한 주님의 재림을 기대했다. 하지만 주님이 당대에 오신다는 바울의 생각은 실수였다. 바울이 주님의 재림의 시기를 몰랐던 것을 볼 때, 또한 예수가 그 날을 자신도 모르고 천사도 모르고 오직 아버지만 아신다고 언급한 것을 볼 때(막 13:32), 주님의 재림이 언제 어떻게 일어난다는 것을 안다고 추정할 사람은 아무도 없다. 이와 달리 재림의 의미는 "주의하라 깨어 있으라 왜냐하면 그때가 언제인지를 너희가 알지 못하기 때문이라"(막 13:33)는 예수의 말씀에 그 초점이 있다. 즉 이 말씀이 우리 세대를 위한 현명한 충고의 말씀에 해당된다는 것이다. 우리가 해야 하는 것은 주님이 곧 오신다고 가정하는 것이 아니라, 그날을 준비하는 것이다. 특히 이 말씀은 우리 각 사람에게 있어서 우리가 알지 못하는 죽음의 시기와 관련해서도 오류없이 정확한 말씀이다.

중간상태

데살로니가 교회에 보내는 첫 번째 편지의 구절이 가리키듯이, 신약성서에 나타난 기독교인의 희망의 핵심은 신자들이 예수와 함께 끌어올려진다는 것이다. 하지만 이러한 심상이 예수와 그의 추종자들이 죽음 이후에 존재됨이 멈춘다고 생각했음을 가리키는 것은 아니다. 라이트가 주목하듯이(1장), 마지막 때의 부활에 관한 믿음은 죽음 이후에도 죽은 사람의 인격이 살아남아서 몸의 부활을 기다리는 중간상태에 대한 믿음을 수반한다. 앞에서 우리는 또한 죽음과 부활 사이의 중간상태 속에서 영혼이 생존한다는 믿음이 신약성서의 배경이 되는, 신구약 중간기의 묵시문학 작품에서 일반적으로 다뤄지고 있음을 살펴봤다.

많은 신약성서 학자들은 신약성서적 믿음이 영혼의 불멸성이 아니라 몸의 부활에 대한 믿음이라고 주장해 왔다. 이 점과 관련해서 몇 가지의 사실이 존재한다. 즉 사후세계에 관한 신약성서적 개념이 플라톤주의자들이 믿는 것처럼 영혼이 본래 불멸성을 갖기 때문에 부활이 불필요하다고 생각하는 것이 잘못이라는 것이다. 그러나 신약성서의 입장이 불멸이 아니라 부활에 있다는 것은 오해의 여지를 갖는다. 이렇게 생각하는 것은 부활과 불멸을 서로 상반되는 것처럼 보이게 만든다. 톰 라이트는 다음과 같이 논평한다.

일반적으로 유대인들은 부활을 믿었던 반면에, 헬라인들은 불멸을 믿었다. 대부분의 반쪽짜리 진리처럼 이것은 유익한 점과 함께 오해의 여지를 갖는다. 성서는 죽음 이후의 삶이라는 믿음의 스펙트럼을 갖는다. … 플라톤적 불멸성은 여호와와 자신들의 관계가 죽음 이후에도 지속될 것이라는 믿음을 가졌던, 성서 기자들의 견해가 아니다. 그러한 연속성은 인간 존재 내에 선천적으로 내재한 힘에 기초한 것이 아니라 오직 어호와의 성품(풍성한 사랑과 더불어서 상한 권능을 가진 창조주)에 기초한 것이다. 따라서 어떤 점에서 볼 때 '부활'을 믿는 사람들은 장차 일으켜 세워지게 될 사람들이 죽음 이후에도 이 땅에서의 삶과 존재론적 연속성을 갖게 됨을 믿는 사람들이라 할 수 있다. 부활은 '사후세계'에서의 삶을 의미한다. 따라서 미래에 관한 두 가지 단계의 희망이 존재한다고 할 수 있다. 이 두 가지 단계의 희망은 미래적 삶이 비육체적인 삶이라고 믿었던 사람들(예컨대 '부활'이 아니라 '불멸'을 믿었던 플라톤주의자들)이 생각했던, 단일한 단계에 관한 희망과 반대되는 개념이다.[64]

사실상 대부분의 신약성서 구절들은 죽음 이후부터 부활하기 이전 시기까지, 각 사람이 개인적으로 생존한다는 믿음을 가졌음을 보여준다. 이 점과 관련해서 나는 신약성서의 다양한 책들과 다양한 장르들을 가지고 몇 가지 사안을 논할 것이다.[65] 자주 인용되는 하나의 구절은 마태복음 10장 28절이다. 거기서 예수는 다음과 같이 말했다. "몸sōma은 죽여도 영혼psychē은 능히 죽이지 못하는 자들을 두려워하지 말고 오직 몸과 영혼을 능히 지옥에서 멸하실 수 있는 이를 두려워하라." 이 구절의 영어 번역판은 지나칠 정도로 단순해 보이는데, 즉 영혼이 죽임을 당하는 것과 무관하게 몸이 죽임을 당할 수 있음을 말하는 것처럼 보인다. 이 점에 있어서 영혼과 몸은 뚜렷한 차이점을 가지면서 서로 구분된다. 그러나 헬라어에서 '프쉬케'는 영어의 '영혼'보다 더 넓은 의미를 갖는다. 헬라어의 프쉬케는 넓은 의미에서 '생명'을 의미할 수 있다. 따라서 우리가 몸의 죽음 이후에도 계속 살아있는 누군가의 '생명'에 대해 말할 때, 이것은 그 사람의 개인적인 생존을 포함한다고 말할 수 있다.

두 번째 구절은 누가복음 16장 19-31절에 있는 유명한 부자와 나사로의 비유이다. 이 비유에 따르면 부유한 사람은 자기 집 문 앞에 버려진 나사로라고 불리는 가난한 사람을 무시했다. 나사로는 죽어서 "천사들에게 받들려 아브라함의 품에 들어갔다."(눅 16:22) 부자도 역시 죽어서 음부에 갔고 거기서 괴로움을 당했다. 부자가 눈을 들어 아브라함과 그의 품에 있는 나사로를 봤고, 자기의 고통을 덜기 위해서 아브라함에게 나사로에게 물을 줘서 자기에게로 보내 달라고 간청했다. 그러나 아브라함은 부자의 간청을 거절했다. 그러자 부자는 나사로를 자기의 형제들에게 보내서 이곳에 오지 않도록 그들에게 경고해 줄 것을 간청했다. 그러나 이 역시도 거절된다. "아브라함이 이르되 그들에게 모세와 선지자들이 있으니 그들에게 들을지니라 부자가 이르되 그렇지 아니하니이다 아버지 아브라함이여 만일 죽은 자에게서 그들에게 가는 자가 있으면 그들이 회개하리이다 아브라함이 이르되 모세와 선지자들에게 듣지 아니하면 비록 죽은 자 가운데서 살아나는 자가 있을지라도 권함을 받지 아니하리라 하였느니라."(눅 16: 29-31) 본래 이 비유는 사후세계에 관한 것이 아니라 가난한 자들을 향한 부자의 의무와 관련된 비유였다. 그런데 이 비유는 비유를 듣는 이들(신약성서의 사람들)이 죽음 이후부터 부활하기 이전 시기까지 각 개인의 생존을 믿었음을 상정하고 있다. 어쨌든 여전히 살아있는 형제들을 둔 죽은 부자가 의식을 가진 채 아브라함과 대화를 하고 있다는 것이다. 마찬가지로 선한 사마리아인의 비유에 있어서도 그 관심은 길과 여행자들과 여관 등에 있지 않다. 이 비유는 그 주변 문화 내부의 것들이 나름대로의 생활방식을 갖고 있음을 추정케 한다. 만일 이러한 추정이 잘못이라면, 이 비유는 아무런 의미도 갖지 못하는 셈이다. 따라서 이 비유에 근거해서 볼 때 죽음 이후부터 부활하기 이전 시기까지 '개인적 생존'이라는 개념이 누가의 청중과 예수의 청중에 의해서 수락되었음을 상정해 볼 수 있다. 우리는 이 비유 속에서 죽은 자들의 부활이 아직 일어나지 않은 것(부자에게 지상에 여전히 살아있는 형제들이 있었다.)을 주목해야 한다. 라이트가 주목했듯이 그때 당시에는 역사의 마지막 이전에 일어나는 부활을 어느 누구도 생각하지 못했다. 그렇기 때문에 이 비유는 숙음 이후의 중간상태를 언급하고 있는 것으로 봐야 한다는 것이다.

한편 신약성서 학자 조엘 그린Joel Green은 비유 속의 여러 양상들(부자의 갈증, 부자와 아브라함의 대화 등)을 볼 때 거기에 육체가 현존하는 것으로 여겨질 수 있다고 보면서, 예수가 이 비유를 통해 형체 없는 존재를 말하고자 함이었는가에 대해서 의구심을 갖는다.[66] 하지만 이 비유와 관련해서 비유 속의 여러 양상들이 물리적인 방식이 아니라, 다른 방식으로 어떻게 설명될 수 있을까 하는 것을 가늠해 보기란 그리 쉬운 일이 아니다. 따라서 나는 이 비유의 양상들이 갖는 '육체적 성질'이 듣는 이들로 하여금 비유를 듣고 나서 강한 충격을 받도록 하기 위해서 고안된 이야기적 장치라고 생각한다. 몸 밖에 존재할 인격적인 '영혼' 또는 '영'의 가능성을 믿는 유대인들이 예수 당시에 많이 있었음을 가르쳐주는 또 다른 구절은 누가복음 24장으로서, 여기에 부활한 예수의 출현을 대하는 제자들의 반응이 소개된다. "예수께서 친히 그들 가운데 섰을 때에 그들이 놀라고 무서워하여 그 보는 것을 영pneuma으로 생각하는지라 예수께서 그들에게 자신이 몸으로 존재하심을 분명히 말씀하여 이르시되 내 손과 발을 보고 나인 줄 알라 또 나를 만져보라 영은 살과 뼈가 없으되 너희 보는 바와 같이 나는 있느니라."(눅 24:36-39) 조엘 그린이 이 구절에 대해 논평했듯이, 제자들의 반응 속에 이원론적인 인간 이해가 들어있음이 쉽게 발견된다. 즉 자신들의 상상의 범위 내에서 예수의 제자들은 부활한 예수를 보면서 육신을 떠난 영혼, 즉 환영을 만나고 있다고 생각했다는 것이다.[67] 따라서 이로 인해서 예수의 제자들(그 당시의 다른 유대인들도 역시)이 육신을 떠난 인격적 실재가 가능하다고 생각했음이 명백히 드러난다. 이것은 위에서 말한 바를 지지해 주는데, 즉 예수의 부자와 나사로의 비유가 말하고자 하는 바가 죽은 자들의 영혼들 또는 영들이 죽음 이후에도 계속해서 존재할 수 있음을 지지해 준다고 할 수 있다. 죽음 이후와 부활하기 이전 '상태의 본질이 무엇인가' 하는 것이 그들의 문화 속에서 다양한 방식으로 묘사됨에도 불구하고, 어쨌건 우리는 예수 당시의 유대인들이 죽은 자들의 영혼 또는 영이 죽음 이후에도 계속 존재하는 것으로 생각했다고 분명히 상정할 수 있다는 것이다.

죽음과 부활 사이의 중간상태 속에서 개인적 생존이 가능함을 가리키는 것으로 해석되는 또 다른 구절은 십자가상에서 죽어가는 강도에게 한 예수의 말씀들이다. "진실로 너에게 이르노니, 오늘sēmeron 네가 나와 함께 낙원에 있으리라."(눅 23:43) 이 구절에서 말하는 '오늘'은 강도가 천국에 있을 시간을 의미하는 것으로서, 이것은 예수가 십자가에 매달려 있는 그 시간과 똑같은 시간에 해당된다.(조엘 그린도 이것을 이렇게 이해한다.)[68] 따라서 여기서 다음과 같은 문제가 발생한다. '낙원'이 강도가 죽은 후에 존재하게 될 천국을 말하는 것인가? 또는 이것이 여전히 보편적인 부활 이전의 상태에 해당되는 천국을 말하는가? 아니면 이것이 강도가 영원한 부활의 상태로 직접 들어간다는 것을 의미하는가?[69] 후자보다는 전자에 더 개연성이 있다. 우리는 예수 당시의 유대교가 사후세계의 중간상태에 대해서 만연된 믿음을 갖고 있음을 살펴봤다.[70] 이와 달리 그 강도가 죽음 후에 즉시 부활하게 될 것을 예수가 말한 것이라고 생각한다면, 우리는 '즉각적인 부활'immediate resurrection이라고 칭해지는 신념이 예수에게서 기인했다고 말해야 한다. 하지만 오늘날 몇 명의 신학자들에 의해서 지지되고 있음에도 불구하고, 이러한 신념(즉각적인 부활-옮긴이)은 신약성서의 어디에서도 발견되지 않는다. 마지막 때에 대해서 논하면서(막 13장), 예수는 부활이 일어나기 전에 먼저 어려운 재난의 시기가 선행할 것임을 언급했다. 바울 또한 '주의 날'(심판의 시기)을 미래에 일어날 일로 여겼다. "누가 어떻게 하여도 너희가 미혹되지 말라 먼저 배교하는 일이 있고 저 불법의 사람 곧 멸망의 아들이 니다나기 전에는 그날이 이르지 아니하리니"(살후 2:3) 따라서 그 강도는 '부활한 상태'에 있는 것이 아니라 '지금' 천국에서 예수와 함께 있는 것이라고 보는 것이 더 개연성이 있다. 다시 말해서 그 강도가 죽은 자들의 부활이 일어나기 전에 천국에서 중간상태로 예수와 함께 있다는 것이다. 이것은 그 강도의 '몸'이 아니라 그의 '영혼'이 천국에 있다는 것을 의미한다.(그의 몸은 여전히 지상에 남아있다.)

중간상태는 또한 바울이 말한 다음의 진술 속에서도 암시되고 있다.

만일 땅에 있는 우리의 장막 집이 무너지면 하나님께서 지으신 집 곧 손으로 지은 것이 아니요 하늘에 있는 영원한 집이 우리에게 있는 줄 아느니라 참으로 우리가 여기 있어 탄식하며 하늘로부터 오는 우리 처소로 덧입기를 간절히 사모하노라 이렇게 입음은 우리가 벗은 자들로 발견되지 않으려 함이라 참으로 이 장막에 있는 우리가 짐진 것 같이 탄식하는 것은 벗고자 함이 아니요 오히려 덧입고자 함이니 죽을 것이 생명에 삼킨 바 되게 하려 함이라 곧 이것을 우리에게 이루게 하시고 보증으로 성령을 우리에게 주신 이는 하나님이시니라 그러므로 우리가 항상 담대하여 몸söma으로 있을 때에는 주와 따로 있는 줄을 아노니 이는 우리가 믿음으로 행하고 보는 것으로 행하지 아니함이로라 우리가 담대하여 원하는 바는 차라리 몸을 떠나 주와 함께 있는 그것이라(고후 5:1-8)

언뜻 볼 때 이 구절은 우리를 혼동스럽게 만들기 때문에 이 구절에 대해서 상당한 정도의 훌륭한 주석적인 논평이 요구된다. 바울이 우리의 육체와 피(이 땅에서의 우리의 장막)가 하나님 나라에 들어가기 위해서 영광스러운 몸으로 변형되어야 한다고 말한 것을 우리가 기억할 때, 이 구절이 좀 더 명확하게 이해될 수 있다. 손으로 짓지 아니한 하늘에 있는 영원한 집은 우리가 부활 시에 덧입게 될 영화스럽게 변화된 우리의 몸을 말한다. 이 지상의 몸을 벗었지만 그러나 영광스럽게 된 몸으로 옷 입기 전에, 우리가 어떻게 '벗은 자'로 발견될 수 있는가? 여기서 '벗었다는 것'은 중간상태를 말하는 것처럼 보인다. 죽고 나서 지상의 몸을 벗은 후에 우리가 이러한 상태가 될 것이다. 그러나 이것이 우리가 부활 시의 영광스럽게 변화된 몸을 입었음을 말하는 것은 아니다. 부활 시의 영광스럽게 변화된 몸은 마지막 때(파루시아)에, 즉 주님께서 다시 오실 때에 일어나는 일이다. 나는 바울이 여기서 두 가지 상태의 몸('이 땅에서의 장막집'과 '부활의 몸')을 말하는 것이 아니라 세 가지 상태의 몸을 말한다는 마이어Ben Meyer의 견해에 동의한다. 즉 이것이 '지상의 몸'과 '영혼으로부터 분리된 벗은 상태의 몸'(이것은 영화롭게 된 몸으로 옷 입기를 기다리는 상태를 말한다.)과 '부활 되고 변형되었으며 영화롭게 된 몸'을 말한다는 것이다. 이 셋 가운데 마지막 상태가 가장 좋은 것이고, 두 번째 상태(이것은 지상의 몸으로부터 분리되었지만, 그러나 주님과 가까이 있는 상태이다. 고후 5:8)가 우리의 지상의 몸을 의미하는 첫 번째 상태보다 좀 더 나은 상태이다. 이유는 우리가 지상의 장막 또는 몸의 상태 하에서는 '신음' 가운데 있을 수 밖에 없는 존재이기 때문이다.[71] 또한 이 구절에 관한 또 다른 해석으로 '두 상태' 이론이 있다. 두 상태 이론은 바울이 믿는 것으로서, 우리에게 '지상의 몸'과 천국의 '영화된 몸' 모두가 있다는 것이다. 하지만 '두 상태이론'은 죽음과 관련해서 즉각적인 부활을 상정할 수 밖에 없는 단점을 지닌다. 또한 이 이론은 '변형된 몸'이라는 개념과 비교했을 때 모순점을 갖기도 한다. 바울은 모든 사람들이 알고 있는 것과 마찬가지로 인간이 죽을 때 그들의 몸이 사라지는 것이 아니라 즉시 부활된다고 알고 있었다. 그러나 바울이 데살로니가 전서에서 언급한 대로 죽은 자들의 몸은 지상에 계속 남아 있다가 주님의 재림 시에 부활하게 될 것이다. 따라서 이 이론은 타당치 못하다고 할 수 있다.

바울이 인간의 영혼 또는 정신이 몸이 부활하기 전에 지상의 몸으로부터 벗어나는 것이 가능하다고 생각했음을 보여주는 또 다른 구절이 고린도후서 12장 2-4절이다.

내가 그리스도 안에 있는 한 사람을 아노니 그는 십 사년 전에 셋째 하늘에 이끌려 간 자라 그가 몸somati 안에 있었는지 몸 밖에 있었는지 나는 모르거니와 하나님은 아시느니라 내가 이런 사람을 아노니 그가 몸 안에 있었는지 몸 밖에 있었는지 나는 모르거니와 하나님은 아시느니라 그가 낙원으로 이끌려가서 말로 표현할 수 없는 말을 들었으니 사람이 가히 이르지 못할 말이로다.

일반적으로 여기서 말하는 사람은 바울 자신이라고 생각된다. 바울은 몸에서 떨어진 채 의식상태에 있는 것이 가능하다고 상정한다. 그는 부활되기 이전 상태에서 몸 가운데 있었던 때와 마찬가지로 여전히 '동일한 그 자신'이다. (여기서 '몸에서 벗어나 존재한다는 것'이 부활을 말하는 것은 아니다. '몸에서 벗어나 있는 상태'가 아니라 '부활된 몸'을 말한다.) 그렇기 때문에 비록 바울은 자기가 몸 밖에 있었는지를 몰랐다 하더라도, 그는 자기가 몸 밖에 있는 것이 분명히 가능한 것으로 생각했다고 여겨진다. 따라서 이 구절을 통해 우리는 바울이 '정신'이나 '인격적 정체성'이 몸으로부터 떨어진 채로 존재할 수 있다고 생각했음을 가리킨다고 봐야 한다.

내가 다루고자 하는 네 번째 구절은 계시록 6장 9-10절이다.

다섯째 인을 떼실 때에 내가 보니 하나님의 말씀과 그들이 가진 증거로 말미암아 죽임을 당한 영혼들psychas이 제단 아래에 있어 큰 소리로 불러 이르되 거룩하고 참되신 대 주재여 땅에 거하는 자들을 심판하여 우리 피를 갚아주지 아니하시기를 어느 때까지 하시려 하나이까 하니

이 구절의 의미를 파악함에 있어서 우리가 영혼에 해당되는 헬라어 '푸쉬케'psyché를 어떻게 해석하는가 하는 것은 그리 중요한 문제가 아니다. 이유는 이 구절의 문맥이 이미 죽임을 당한 순교자들의 의식이 죽음 후에도 여전히 살아있다는 것을 분명하게 보여주고 있기 때문이다. 그 사람들은 육체적으로는 죽었지만 아직 부활하지는 않은 상태이다. 하지만 그들은 의식을 갖고 있고, 또한 그들의 인격성들도 여전히 살아있는 상태이다. 분명히 이것은 환상에 속한다. 하지만 계시록의 또 다른 본문 6장에서 계시록의 저자는 죽은 자들의 영혼이 몸의 죽음 후에도 살아있을 수 있음을 당연한 것으로 여긴다. 구약성서학자 제임스 바James Barr도 역시 순교자들이 살아있는 채로(이것이 몸이 살아있다는 것을 말하는 것은 아니다.), 하나님의 임재 앞으로 간다는 강력한 전승이 있었음에 주목한다.

기독교의 특징에 해당되는 부활에 관한 특별한 관심은 후대에 나타난 것으로서, 이것이 순교와 관련을 맺은 것처럼 보인다. ... 그러나 순교자들이 미래의 어느 순간에 가서 그들의 몸이 다시 만들어질 때까지, 단지 몸으로 존재하는 상태로부터 분리되는 것인가? 그렇지 않다. 죽은 사람들이 즉시 하나님의 임재 안으로 간다는 강력한 전승이 있었다.[72]

이러한 계시록의 구절들은 신약성서 저자들이 죽음과 부활 사이의 '생존'에 해당되는 '중간상태'를 예견하고 있었음을 증명해 준다. 즉 '중간상태'가 신약성서에서 일관성있게 다뤄지지 않는 것과 무관하게, 또한 영혼에 해당되는 신약성서의 일반적인 용어 '푸쉬케'psyché가 영어의 '영혼'보다 더 넓은 의미를 갖는 것과 무관하게, '중간상태'가 신약성서적 표상에 속한다는 것이다. 나아가서 유대 묵시문학(에녹 1서가 하나의 예가 된다.)의 지대한 영향과 죽음 이후 '중간상태'에 관한 유대 묵시문학의 믿음으로 인해서, 중간상태라는 가설에 가능성이 더해진다. 그러나 이것이 신약성서가 일종의 근대적 의미의 이원론, 예를 들면 데카르트의 이원론을 말한다는 의미는 아니다. 이유는 신약성서가 일관되게 '전인으로서의 부활'을 갈망하고 있기 때문이다. 영혼이 마지막 날에 그 사람의 인격적 정체성을 죽음 너머 몸의 부활로 이끌 것이다.[73]

신약성서의 묵시적 종말론

우리는 이미 하나님 나라에 관한 예수의 비전이 묵시적 종말론인 것을 살펴봤다. 묵시적 종말론과 마찬가지로, 하나님 나라는 하나님의 비밀들과 계획들이 드러나는 수직적 차원과 더불어서 다가오는 종말론적 심판과 죽은 자의 부활에 해당되는 수평적이고 미래적인 차원을 갖고 있다. 우리는 바울과 초기의 수많은 기독교인들이 이러한 심판이 임박했다고 여겼다는 것을 이미 살펴봤다.

마지막 때가 오기 전에 발생할 고난과 파괴에 관한 예수의 예언들이 마태복음 24장과 마가복음 13장 그리고 누가복음 21장에 나온다. 묵시문학이 흔히 그렇듯이, 묵시문학적 성서구절들을 어떻게 해석하는가에 있어서 학자들 사이에 의견이 분분하다. 톰 라이트는 파괴에 관한 예수의 예언들이 기원 후 70년 로마에 의한 예루살렘과 성전의 파괴를 말하는 것이라고 여겼다. 즉 예수의 예언이 우주 시공간의 마지막에 관한 예언이 아니라는 것으로서, 라이트는 유대인들이 우주 시공간의 멸망을 상상조차 할 수 없었을 것이라고 생각한다.[74] 하지만 대부분의 학자들은 예수의 예언들이 '예루살렘의 파괴'와 더불어서 '세상 마지막 일들' 모두에 해당된다고 말한다. 물론 세상 마지막 일들과 관련해서 예수의 예언은 올바르게 해석되어야 할 것이다. 분명히 마태복음 25장 31-46절의 마지막 심판 이야기는 마지막 때에 대해 말하는 것으로서, 이것은 예루살렘의 파괴와는 아무 상관이 없다. 이 구절이 목적하는 바를 확실하게 알 수는 없지만, 그러나 나는 예수의 메시지가 종말론적이었다는 것과 예수 자신은 아마도 가까운 미래에 그 세대의 마지막을 기대했던 것이라는 마이어의 견해에 동의한다.[75] 예수 또한 다음과 같이 말했다. "그러나 그 날과 그때는 아무도 모르나니 하늘의 천사들도 모르고 인자도 모르고 오직 아버지만 아시느니라. ... 그때에 두 사람이 밭에 있으매 한 사람은 데려가고 한 사람은 버려둠을 당할 것이요 두 여자가 맷돌질을 하고 있으매 한 사람은 데려가고 한 사람은 버려둠을 당할 것이니라 그러므로 깨어있으라 어느 날에 너희 주가 임할는지 너희가 알지 못함이니라."(마 24:36-42)

우리 각 사람에게 우리가 죽는 날이 주께서 심판 가운데 우리에게 임하시는 날이 될 것인 바, 여기서 교훈하는 바는 자명하다. 우리가 죽음에 대해서 준비하지 못하는 자가 되지 말고 그날이 언제가 되든 그 날을 준비해야 한다는 것이다.

신약성서에서 매우 철저한 묵시적 종말론에 해당되는 책은 요한계시록이다.[76] 이 책은 대략 기원 후 95년과 96년 로마 황제 도미티안 시기(기원후 81-96년)에 기록된 것으로 추정되며, 성서의 마지막 책 중 하나로 여겨진다. 그 당시 기독교 공동체들은 모진 박해로 인해서 고난을 받고 있었다. 유대교 공동체의 박해 시기에 기록된 다니엘서처럼, 요한계시록은 의로운 순교자들의 죽음이 헛되지 않다는 메시지를 담고 있다. 하나님께서 여전히 세상을 통치하고 계시기에, 현재의 고난이 끝날 것이고 심판이 있을 것이다. 즉 사악한 자들은 모진 처벌을 받는 반면에, 선한 자들은 보상을 받을 것이고 새 하늘과 새 땅에서 하나님의 어린 양(예수)과 함께 살게 될 것이다.(계 21장) 이처럼 계시록은 위기와 고난과 순교의 시기에서 희망을 제시하는 책이다. 다른 묵시문학처럼 요한계시록도 생생하면서도 색다른 비전들로 가득 차 있다. 즉 천국과 지옥에 관한 비전들과 기독교 미술에 해당되는 수많은 비전들이 계시록에 등장한다. 계시록에서 우리는 하나님 보좌와 어린양, 세상에 종말을 가져오는 네 기사, 어린 양 앞에 서 있는 많은 수의 성도들, 천사들, 해를 입은 여인, 큰 용(사탄), 악한 자들의 멸망, 바벨론의 멸망, 죽은 자의 부활, 마지막 일들, 하늘의 예루살렘 등, 수많은 비전들을 보게 된다. 이러한 비전들은 우리 마음을 사로잡는 매혹적인 것들로서, 기쁜 것이기도 하지만 무서운 것이기도 하다. 하지만 이러한 비전들을 지상에서의 문자적 사건들로만 보는 것은 잘못이다. 이것들은 천상에 해당되는 실재들에 관한 비전들, 즉 그리스도와 하나님의 천사들 그리고 사악한 사탄의 세력들 사이의 영적 전쟁을 가리키는 비전들이다. 이처럼 요한계시록은 알파와 오메가 되시는 부활하신 그리스도, 의로운 자들의 칭의, 천상의 예루살렘, 하나님께로부터 오는 빛에 대한 비전을 갖고 있는 책으로서 신앙인들에게 큰 희망을 준다. 그러나 우리는 '이러한 비전들이 언제 어떻게 지상에서 벌어지는가'에 대해서는 말할 수 없다. 따라서 우리는 모든 일들이 하나님의 손 안에 있음을 인정하면서 인내하면서 준비해야 한다.

신약성서 중에서 요한계시록만큼 하나님의 진노와 화에 대해서 관심을 갖는 책은 없다. 요한계시록은 무서운 형벌과 심판의 내용으로 가득 차 있다. 예를 들면 하나님이 지상에 무서운 전염병을 보내셔서 지상의 삼분의 일 가량의 수많은 사람들이 죽고 예리한 낫을 가진 천사가 나타나서 이 땅을 수확할 것이다. "천사가 낫을 땅에 휘둘러 땅의 포도를 거두어 하나님의 진노의 큰 포도주 틀에 던지매 성 밖에서 그 틀이 밟히니 틀에서 피가 나서 말굴레에까지 닿았고 이백 마일의 거리에까지 퍼졌더라."(계 14:19-20) 이 본문은 하나님과 인간의 고난에 있어서 심각한 오해를 가져오게끔 만들 수 있다. 보통 사람들의 마음 속에 하나님이 격노하시고 복수하시는 분으로 자주 묘사되고 있음에도 불구하고, 신학적으로 우리는 전염병과 질병과 재난으로 인해서 고난받는 사람들이 하나님의 진노 때문에 고난을 받는다고 생각하지 않아야 한다. 또한 그들이 마땅히 고난받아 마땅하다는 생각도 바람직하지 못하다. 예수는 누가복음에서 이 문제를 직접적으로 말씀하셨다. "비참하게 죽는 사람들이 악한 죄인들에 해당되는 것은 아니다."(눅 13:1-5) 한편 요한계시록은 사람들을 '선인' 또는 '악인'으로 나누는데, 여기에 중간입장에 속하는 사람들은 없다. 요한계시록에서 살아있는 사람들은 거의 없다. 우리 대부분은 성품에 있어서 선한 요인과 악한 요인을 동시에 가지고 있다. 선과 악 사이의 기준은 인간 집단들에 속하는 것이 아니라 모든 사람의 마음에 속한다. 만일 우리가 하나의 인간 집단을 전적으로 선한 집단으로 생각하거나 반대로 또 다른 인간 집단을 전적으로 악한 집단으로 생각한다면, 이러한 발상으로 인해 다툼이 일어날 수밖에 없다. 기독교인들에게 있어서 다툼은 미덕이 아니라 악덕에 속한다. 예수는 다음과 같이 말했다. "화평하게 하는 자는 복이 있나니"(마 5:9) 나아가서 하나님은 분노하시면서 사람들을 지옥으로 던져넣으시는 분이 아니다. 지옥에 있는 사람은 자신이 필사적으로 또는 의지적으로 하나님을 거부했기 때문에 거기에 있는 것이다. 사실상 하나님은 지옥을 포함한 모든 곳에 현존하시지만, 그러나 지옥에 있는 사람들은 하나님의 현존으로부터 자신들 스스로를 단절시킨 사람들로서 그들은 하나님을 거부한 자들이다. 그들의 고난은 영적인 것이지, 육체적인 것이 아니다. 지옥의 화염들은 은유적인 심상일 뿐, 이것들이 문자적인 심상은 아니다. 따라서 지옥의 화염들은 증오심과 같은 것으로 이해되어야 한다. 우리는 지옥과 천국의 문제를 9장에서 자세하게 논할 것이다.

결론

우리는 자주 땅과 하늘을 이원론적으로, 또한 이 세상과 저 세상을 이원론적으로 접근하려고 한다. 하지만 이러한 접근이 신약성서에 관한 올바른 이해는 아니다. 신약성서에는 세 종류의 이원론이 존재하는데, 그 가운데서 가장 중요한 것은 '선한 세력과 악한 세력'이라는 이원론, 즉 '하나님의 세력과 사탄의 세력'이라는 이원론이다. 이 세상에서는 악의 세력들이 승리하는 것처럼 보이지만, 그러나 하나님의 영광의 나라가 예수로 인해서 시작이 됐다. 예수가 하나님의 부르심에 응답한 사람들에게 영생으로 가는 길을 여셨다는 것이다. 그들에게 있어서 죽음은 더 완성된 고귀한 형태의 삶, 즉 영생으로 나아가는 전환점이다. 하지만 하나님의 부르심을 거절한 사람들에게 있어서 죽음은 하나님으로부터 단절되는 더 열등한 상태로 나아가는 전환점이 된다. 요한계시록은 이러한 상태를 '둘째 사망'이라고 부른다.(계 2:11) 따라서 영생은 일련의 비본질적인 보상이나 처벌과는 무관하다. 영생은 우리가 이 세상에서 선택한 사안들, 즉 하나님과 동행하려고 했거나 멀리하려고 했던 우리의 선택들의 '완성' 내지는 '성취'이다. 우리는 죽음을 영생으로 나아가는 전환점이라고 본다. 고난과 죽음은 이 세상에서 회피할 수 없는 문제로서, 성육신한 하나님의 말씀이신 예수조차도 고난을 받고 죽으셨다. 하지만 신약성서의 입장에서 볼 때 근본적으로 중요한 것은 우리가 우리 자신의 선택으로 말미암아 '영생'(하나님과 함께 있거나 하나님으로부터 단절되는 것) 가운데에 놓여진다는 점이다. 우리 삶의 여행이 죽음에서 끝난다고 생각할 수 있겠지만, 그러나 성경의 가르침은 이와는 다르다. 우리는 이 땅에서의 삶이 쏜살같이 지나가는 매우 짧은 삶(시편 90편)이라는 전망과 더불어서, 저 세상에서의 삶은 오래 지속된다는 전망을 가져야 한다.

03

기독교 전통에서의 죽음과 사후세계

하나님께로 나아감에 있어서 어떤 것도 우리를 가로막을 수 없다.

선하신 분께로 나아감에 있어서 어떤 제한도 없다.

선하신 분에 대한 점증하는 희망은 종결되지 않는다.

이유는 그 희망이 우리를 만족시키기 때문이다.

-니사의 그레고리-

이번 장에서는 죽음과 사후세계에 있어서 신약성서의 마지막 시기부터 근대 시기 초(17세기 과학의 혁명과 데카르트의 철학)까지의 기독교적 개념들의 발전을 다룰 것이다. 물론 이것은 방대한 작업이기 때문에 여기서 이 주제를 포괄적으로 다루지는 못할 것이다. 대신에 나는 이 시기의 전통에 있어서 중요한 주제들(순교, 영혼, 몸의 부활, 천국, 지옥, 연옥 등)과 인물들에 초점을 맞출 것이다. 또한 나는 여기서 순교자 저스틴, 터툴리안, 오리겐, 어거스틴[78], 아퀴나스, 루터, 칼빈, 데카르트 등, 중추적인 인물들에 대해서 살펴 볼 것이다. 여기서는 독자들에게 각주를 통해서 더 포괄적인 연구 사안들을 소개하도록 하겠다.

순교

초대교회에서 순교는 가장 영예스러운 죽음으로 여겨졌다. '순교'라는 말은 '증인'을 의미했다. 기독교인들은 순교자들을 기독교 믿음에 관한 궁극적인 증인들로 여겼다. 영웅적으로 고난을 감수하면서, 그들은 고통 속에서조차 기독교적인 덕목들을 강력하게 증언했다. 그리스도께서 순교자들에게 임하셔서 온갖 시련 속에서도 그들을 강하게 하시는 것으로 여겼다. 따라서 순교자들은 성자(당시 사람들은 성자가 그리스도께서 계신 천국으로 직접 간다고 생각했다.)로 추앙받았고, 초대교회는 그들이 죽은 날을 기념일로 정했다.

모든 기독교 문학을 통털어서 순교와 관련된 가장 감동적인 이야기 가운데 하나가 「순교자 퍼피튜아」The Marthyrdom of Perpetua의 이야기이다.[79] 20세 가량의 젊은 여인이었던 퍼피튜아는 203년 경 북아프리카 카르타고에서 다른 순교자들과 함께 순교를 당했다. 그녀의 이야기는 감옥에서 그녀가 쓴 일기를 통해서, 그리고 그녀의 죽음에 관한 기독교 증인들의 이야기를 통해서 전해졌다. 그녀와 그녀의 동료 기독교인들이 받은 고난 이야기는 고난을 통해서 순교자들을 승리의 죽음과 천국의 입구로 이끄시는 하나님의 권능과 은총을 강조한다. 특히 퍼피튜아와 다른 동료 기독교인들이 자신들에게 닥친 시련들을 감당하는 중에 본 환상들에서 그들이 천국에 가까이 다가간다는 내용이 강조되고 있다. 퍼피튜아의 첫 번째 환상, 즉 감옥에서 고문을 당하는 중에 본 그녀의 첫 번째 환상은 천국에 다다르는 청동 사다리 환상으로서, 이 사다리는 매우 좁아서 한 번에 한 사람만 그 사다리를 타고 천국에 다다를 수 있었다. 그 사다리 양편에는 천국에 올라가는 것을 위험하게 만드는 여러 무기들(칼들, 긴 창들, 단검들, 낫들 등)이 부착되어 있었다. 사다리 밑에는 괴물 같은 용이 있어서, 이 용이 천국에 올라가려는 사람들을 위협했다. 퍼피튜아는 환상을 통해서 자신이 천국에 올라가는 것을 보았다. 즉 자신이 예수 그리스도의 이름으로 보호받고 있음을 보았던 것이다. 그 사다리 꼭대기에 커다란 정원이 있었고, 거기에 흰옷을 입은 수천 명의 사람들이 있었다. 이 환상에서 깨어났을 때 그녀는 자신이 순교해야 함을 깨달았다. 이 세상에 대한 희망을 포기해야 한다는 것을 깨달았던 것이다. 이 이야기는 주목할 만하다. 이유는 그녀가 어린 아들을 돌봐야 하는 처지에 있었기 때문이다. 즉 나중에 엄마로서 감당해야 하는 아들에 관한 양육을 포기할 수밖에 없었기 때문이다.

그녀의 두 번째 환상은 그녀의 남자 혈육 디노크라테스Dinocrates에 관한 것이다. 디노크라테스는 암으로 인해서 얼굴이 추하게 됐다가, 수년 전에 죽은 그녀의 오빠이다. 그녀의 환상 속에서 디노크라테스는 열기와 갈증으로 인해서 고통당하고 있었고, 여전히 암으로 인해서도 고통받고 있었으며, 가장자리가 매우 높아 손을 뻗칠 수 없는 물웅덩이에서 허우적대고 있었다. 이 환상 이후에 그녀는 오빠를 위해서 여러 날 기도했다. 계속해서 그녀는 또 다른 환상을 보게 되었다. 이 환상 속에서 오빠의 모습은 치료를 받아 깨끗해졌으며 다시금 생기를 되찾은 모습을 하고 있었다. 그리고 그가 있었던 물웅덩이도 그의 허리가 닿을 정도로 수위가 내려가 있었다. 거기에 마실 수 있는 황금 대접이 있기 때문에 오빠는 더 이상 갈증을 느끼지 않았고 아이들처럼 기도하고 있었다. 환상에서 깨어난 그녀는 오빠가 고통에서 자유로워졌음을 알게 되었다. 퍼피튜아는 몇 개의 다른 환상들도 보았는데, 그중 하나는 그녀가 검투사와 싸우는 환상이었다. 그 검투사는 곧 사탄으로서, 사탄과의 싸움에서 그녀가 승리했던 것이다.

순교하던 날 그녀는 승리의 노래를 부르는 무대에 올라갔다. 그녀와 다른 기독교인들은 사나운 짐승들로부터 공격을 받아 상처를 입고 곧 죽음에 처해졌다. 고문 앞에서 그들이 보여준 용기있는 모습과 기뻐하는 모습이 매우 감동적이었기 때문에 그들을 본 수많은 사람들이 기독교로 회심을 했다. 고대교회는 이러한 순교자들에 관한 이야기를 성령의 권능이 명백하게 드러난 것으로 간주했다. 퍼피튜아의 환상은 죽음 이후의 '변화의 상태'에 관한 기독교적 믿음에 있어서 중요한 증거가 된다. 이 변화의 상태는 성자들의 계속되는 기도의 힘에 영향을 받는다. 하지만 로마제국이 기독교 제국이 됨에 따라서 순교가 점점 더 생겨나지 않게 되었다. 최근에 이르기까지도 공산주의 국가들에서 순교는 점증적으로 감소했다. 순교는 거의 발생하지 않는다. 이로 인해서 순교는 '육체적 희생' 뿐 아니라 '영적 희생'까지 포함하는 것으로 다시금 해석된다. 이런 점에서 교황 그레고리Gregory the Great는 기독교인의 삶을 영적 순교라고 단언했다. 일상의 삶에 있어서 자아와 이기심을 죽이고 타자를 위해서 자비를 실천하는 것이 모든 진정한 기독교인들의 삶에서 반드시 있어야 하는 일종의 순교라고 해석했던 것이다.

순교자들의 이야기는 잘 죽는 것과 관련해서 중요한 교훈을 제공해준다. 대부분의 죽음은 고통, 즉 일종의 순교자적 고통을 수반한다. 고통을 통해서 순교자들은 정화되고 순교자 자신들을 천국으로 이끄시기 위해서 고통당하신 그리스도께 더 가까이 다가간다. 죽음을 통하여 순교자들은 가장 위대한 순교자이신 예수와 하나가 된다. 예수가 이 세상의 괴로움으로부터 순교자들을 구원해서 천국으로 이끈다. 여기서 순교자들이 자신들이 죽는 즉시 천국으로 이끌려진다고 믿었다는 것이 주목할 만하다. 분명하게 부활을 믿었음에도 불구하고, 그들이 죽음 이후 영혼이 살아있다는 것도 믿었다는 것이다. 스미르나의 주교 폴리캅은 155-156년 경 순교시 마지막 기도에서 '영생의 부활과 성령의 불멸성으로 인한 영혼과 몸의 부활'에 대해서 말했다. "기꺼이 드리는 희생으로 말미암아 오늘 내가 성령의 임재 속에 거하게 되었다."[80] 3세기 알렉산드리아의 어느 기독교 주교는 박해의 위협 하에서 배교했던 기독교인들에게 자비를 베풀 것을 호소하면서 순교자들을 그리스도와 함께 있는 자비로운 공동통치자들이라고 힘주어 말했다. "지금 현재 그리스도의 나라에서 그리스도의 파트너의 자리에 앉아 있으며 그리스도의 권위를 가지고 동료재판관의 임무를 감당하는 우리 가운데 있는 신성한 순교자들도 비난받아 마땅한 타락한 형제들을 부둥켜안았다."[81]

순교자 저스틴

저스틴은 사마리아에서 태어나서 철학(주로 플라톤주의 철학)을 공부했으며, 나중에 기독교로 회심을 했다.[82] 165년경 로마에서 순교하기까지 그는 기독교 철학자들을 가르쳤다. 그는 초기 기독교 시절 소위 사도적 교부 가운데 한 사람으로서, 초대교회의 믿음을 증언해 주는 매우 중요한 인물이다. 기독교인들이 죽음을 두려워하지 않았던 것이 저스틴을 회심으로 이끈 중대한 사안이다. "플라톤 사상을 공부하면서 기뻐하고 있을 때, 나는 기독교인들이 사람들로부터 비방당하는 것을 들었고 그들이 두려움 없이 죽는 것을 보았다. 두려움으로 다가오는 여러 상황 속에서, 그들은 사악함과 쾌락 속에서 사는 것이 자신들에게 불가능하다는 것을 알고 있었다."[83] 궁극적으로 그는 철학자들로부터 배운 진리가 '성육신한 로고스' 안에, 즉 진리의 말씀이신 예수 그리스도 안에 풍성하게 표현되어 있다고 결론짓게 되었다. 저스틴은 인간의 정신이 하나님이 존재하고 계심을 알 수 있으며, 몸으로부터 해방된 영혼이 하나님을 볼 수 있다고 생각했다. 즉 지속적이면서도 전적으로 사랑하도록 정신을 습관화시킴으로 인해서 하나님을 볼 수 있다는 것이다.[84] 따라서 영혼은 죽음 이후에도 생존한다. "불의하고 사악한 자들의 영혼은 보다 나쁜 곳에 생존해 있는 반면에, 경건한 자들의 영혼은 심판의 때를 기다리면서 보다 좋은 곳에 생존해 있다."[85] 저스틴은 의로운 자들이 부활하게 된다는 것을 믿었고, 의로운 자들이 새 예루살렘에서 그리스도와 함께 통치하게 된다는 천년왕국의 도래를 믿었다. 천년왕국 후에 마지막 심판과 모든 죽은 자, 즉 선한 자와 악한 자의 부활이 있을 것이다. 의로운 자들은 부활된 몸, 즉 '부패하지 않는 깨끗한 몸'[86]을 가지고 하나님과 함께 살게 될 것이다. 반면에 바울이 말하는 것처럼 악한 자들은 사탄과 마귀들과 함께 영원한 불에 던져지게 될 것이다. 저스틴은 주로 신약성서의 가르침을 따르면서, 또한 그리스도와 요한계시록에서 발견되는 이미지, 즉 성도들이 천 년 동안 통치한다는 믿음도 가지고 있었다. 그는 몸의 죽음 후에도 영혼이 살아있다는 것과 몸이 부활한다는 것, 그리고 부활된 그 몸이 지상에서의 몸과 동일한 몸이라는 것을 분명하게 가르쳤다. 부활된 몸은 감각적인 동시에 변형된 것으로서, 하나님의 은총에 의해서 타락하지 않으면서 불멸하게 될 것이다. 여기서 당시의 기독교인들이 명백하게 이질적인 개념인 '영혼의 비물질성'과 '영혼불멸설'이라는 개념을 믿었음이 발견된다. 예컨대 위대한 기독교 교사였던 알렉산드리아의 오리겐 같은 사람은 영혼이 피와 같아야 하며[87], 따라서 몸과 함께 죽는다(이것은 "모든 육체의 생명이 피에 있다"고 말하는 레위기 17장 11절의 헬라어판으로부터 나온 것이다.)고 생각하는 동료 기독교인들과 공개적으로 논쟁했다.

더 많은 기독교 저술가들이 헬라 철학과 헬라 철학의 파생물인 로마 철학을 연구하면서, 위의 견해들이 다시금 재조명받게 되었다. 철학에 의존하면서 물질주의자들의 영혼에 관한 올바른 이해가 계속해서 풍성해져 갔다. 이러한 역사적 사실과 더불어서 우리는 라틴 교부 터툴리안의 사상을 살펴볼 필요가 있다.

터툴리안

터툴리안은 카르타고에서 155년경에 태어나서 220년경에 죽었다. 그는 라틴권 초대교회의 첫 번째 그룹에 속한 신학자들 가운데 한 사람이었다. 그의 많은 저작들 가운데 영혼에 관한 논문과 부활에 관한 단편집이 있다. 터툴리안의 영혼에 관한 논문은 이 주제와 관련해서 첫 번째로 광범위하게 다루어진 작품이다. 터툴리안은 그 당시 영혼과 관련해서 널리 만연되어 있던 모든 철학적 견해들에 대항을 하였다. 그가 볼 때 영혼은 물질적인 것이었으며(여기서 그는 스토아철학을 따른다.), 정화된 물질로 이루어진 것이다. 누가복음 16장에 나오는 부자와 나사로를 봤을 때 죽음 이후에도 몸이 존재함을 알 수 있는데, 그는 이것이 영혼의 물질성에 관한 근거가 된다고 말한다. 터툴리안은 영혼을 몸의 '생명력의 원리'로, 또한 '지성과 자유의지가 자리하는 곳'으로 이해한다. 그는 또한 몸이 성장함에 따라 영혼도 그 수용 능력이 성장한다고 여겼다. 첫 번째 인간인 아담의 영혼은 하나님의 호흡으로 인해 창조된 것이지만, 그러나 아버지로부터 파생되어 나온 각 인간의 영혼은 남성의 정액으로부터 나온 것이다. 이러한 입장을 영혼출생설traducianism이라고 한다. 궁극적으로 볼 때 몸의 죽음 이후에도 모든 영혼들은 살아남을 것이다. 터툴리안은 각 영혼들이 하데스 Hades,(이것은 땅 속에 있는 커다란 구멍을 말한다.)에 존재해 있으면서 마지막 심판을 기다린다고 생각했다. 하데스는 두 개의 구역으로 나뉘는데, 한쪽은 선한 자들을 위한 곳이고 다른 한쪽은 악한 자들을 위한 곳이다. 순교자들의 영혼은 직접 낙원으로 가지만, 다른 사람들은 하데스에서 심판과 부활을 기다린다.[88]

「육체의 부활」De carnis resurrectione을 다루는 논문[89]과 그 밖의 다른 저작에서 터툴리안은 부활한 몸이 죽은 몸과 동일하면서도 죽은 몸과는 근본적으로 다른 변형된 몸이라고 주장했다. 이교도 철학자들에 대항해서 그는 육체로서의 몸이 선하다고 말한다. 육체는 하나님께서 만드신 것으로서 영혼에 의해서 생명을 부여받았다. 따라서 육체는 하나님의 창조에 있어서 중요한 첫 번째 작품에 해당된다. 모든 인간 행위에 있어서 육체가 영혼과 동행하는데, 영원에 이르기까지 육체가 영혼과 동행한다고 봐야 한다. 사도 바울의 '씨의 비유'(고전 15장)는 영혼이 죽었다가 다시 살아날 몸과 동일하다는 것을 가르쳐 준다. 순교자들의 몸처럼 그 몸이 사망 시에는 불완전했지만, 부활 시에 다시 일으켜질 그 몸은 완전히 회복된 몸일 것이다. 마지막으로 터툴리안은 예수가 약속한 것처럼(눅 20:36) 부활한 성도들이 '천사들과 같을 것이라고' 주장한다. "그때에는 우리가 한순간에 천사의 속성으로 변화될 것이다. 그때에 우리는 썩지 않는 속성을 부여받게 될 것이다."⁹⁰ 따라서 초기 저자들처럼 터툴리안은 기독교인들이 역설의 양 측면을 갖는다고 주장한다. 한편으로는 우리의 살아 있을 때의 육체가 부활하게 될 것이고(하나님은 능히 우리의 육체를 다시 모으실 수 있는 분이다.), 다른 한편으로는 부활한 성도들이 천사와 같은 모습으로 변화될 것이다. 하지만 지옥에 떨어진 사람들은 영원한 불 못에서 심판받게 될 것이다.

오리겐

오리겐은 이집트 알렉산드리아에서 185년경에 태어났다가 팔레스타인의 가이샤라에서 253년에 죽었다. 총명하면서도 독창적인 사상가였던 오리겐은 보통 '가장 위대한 신학자'⁹¹로 정당하게 평가받는다. 그는 동방과 서방 전체 기독교 전통에 있어서, 또한 성서학과 웅변술과 영성신학과 조직신학에 있어서 하나의 큰 흔적을 남긴 사람이다. 오리겐의 사상들은 그 시대의 논쟁에 있어서 많은 영감을 제공했다. 오리겐의 사망 이후 그에 대한 정죄들로 말미암아, 특히 6세기 황제 유스티니아누스Justinian에 의해서 꾀해진 정죄들로 말미암아 오리겐의 많은 작품들이 유실되었다. 하지만 그럼에도 불구하고 오리겐의 신학에 있어서 좋은 사상을 제공해 주는 본래의 헬라어판과 라틴어 번역판들이 우리에게 풍족하게 남아 있다. 오늘날의 학자들은 오리겐에게 가해진 정죄들이 정확히 어떤 것인가를 놓고 논쟁하는데, 그 논쟁의 대상에 아직 기독교 전통에 의해서 공식적으로 규정되지 않은 문제들에 관한 오리겐의 가르침들, 예를 들면 삼위일체 교리와 같은 것이 포함되어 있다.[92]

오리겐과 관련해서 해결되지 않은 또 다른 주제는 영혼의 기원과 본질에 관한 것이다. 자신의 저작 중 사변신학과 관련해서 가장 중요한 저작인 「제 1원리에 대하여」 On First Principles에서, 오리겐은 사도적 전통은 영혼의 기원에 대해서 분명한 가르침을 제시하지 않는다고 주장한다. 그는 영혼의 기원에 있어서 세 가지 가능성들을 열거한다. 첫째는 '영혼출생설'로서, 이것은 터툴리안에 의해서 주장된 물질주의적 관점의 이론이다. 둘째는 어머니의 자궁 안에서 영혼이 하나님에 의해서 직접적으로 창조된다는 이론이다. 셋째는 몸 안으로 들어오기 이전부터 영혼이 천상에 선재한다는 이론이다.[93] 오리겐은 세 번째 이론을 지지하면서 이 이론을 자신의 신학에서 기본원리로 삼는다. 선재이론은 플라톤으로부터 비롯된 것이지만, 그러나 오리겐은 영혼의 선재성이 성경과 일치한다고 믿었다. 그러면서 그는 예레미야 1장 5절과 에베소서 1장 4절을 인용한다. 부활에 관한 오리겐의 이론들은 영혼에 관한 이론들보다 더 많은 논쟁의 여지를 갖는다. 사람들이 오리겐이 몸의 부활을 부인했다고 비난했는데, 이러한 비난은 거의 잘못된 것이다. 사람들의 비난과 무관하게 그는 고린도전서 15장에 있는 바울의 가르침을 충실하게 이해하려고 했다. 그는 그 당시에 있어서 가장 이해하기 쉬운 최상의 방식으로 '부활한 몸의 정체성과 연속성' 그리고 '영화로운 상태로 바뀐 변형'에 대해서 논했다.[94]

오리겐이 생각하기에 하나님은 진정 실체가 없는 무형의 존재이시다.

하나님은 먼저 '순전한 지성들'noes 내지 '거의 감지할 수 없는 육체를 지닌 영혼들'을 창조하셨다. 그리스도를 제외한 모든 영혼들은 자신들에게 향한 하나님의 사랑에 대해서 냉담했고, 하나님으로부터 때로는 '적게' 때로는 '상당히' 멀어졌다. 이들 중에는 천사가 된 영혼들도 있고, 인간이 된 영혼들도 있으며, 마귀가 된 영혼들도 있다. 하나님은 인간 영혼들이 거할 장소로서 물질계physical world를 창조하셨는데, 즉 이 세상이 인간 영혼들에게 있어서 구속의 장소가 된다. 이렇게 창조된 존재인 영혼들은 방대한 계층제도 속에 각각 속하게 된다. 즉 하나님과 가까운 영혼들이 있는가 하면, 하나님과 멀리 떨어진 영혼들도 있다. 이렇게 된 것은 그들 자신의 선택에 따른 것으로서, 세상이 만들어지기 전의 타락한 상태 속에서 그들이 이미 나름대로의 선택을 했다는 것이다. 오리겐은 인간 존재의 목적이 점점 더 하나님처럼 되는 것이고, 점점 더 신적 삶에 깊이 참여하는 것이라고 믿었다. 이 땅에서의 그리스도인들의 삶 속에서 시작된 이런 과정이 죽음 이후에도 계속된다. 브라이언 델리Brian Daley는 다음과 같이 말한다. "오리겐에게 있어서 종말론은 단지 더 커다란 도식의 한 부분일 뿐이다. 하나님의 은총이 하나님을 향하는 성숙(이것은 이미 기독교인의 믿음과 실천에 있어서 존재하고 있던 것이다.)이라는 최종적인 신비를 충족시킬 것이다."[95]

사후세계에 관한 오리겐의 개념은 '육체를 벗은 영혼'[96]인 '중간상태'interim state와 '부활' 모두를 포함한다. 터툴리안처럼 그는 육체로부터 분리된 영혼이 거할 장소에 있어서 의로운 자들의 영혼은 아브라함의 품에 거하지만 악한 자들의 영혼은 처벌의 장소에 거한다고 생각한 것 같다.[97] 한편으로 그는 사후세계에서 영혼은 물질적인 것으로서, 유령같이 미묘한 몸으로 구성되었다고 말한다. 알렉산드리아의 클레멘스처럼 그는 하나님의 처벌은 교육적인 목적을 갖는 바, 이것이 일종의 처벌받는 영혼들의 상태를 개선시키기 위해서 의도된 것이라고 믿었다. 따라서 오리겐은 마지막에 모든 인간들이 구원받을 가능성(현대에서 이것은 '보편주의'라고 칭해진다.)을 주장했다. 여기서 오리겐은 고린도전서 15장 24-28절에 나타나는 바울 사상, 즉 그리스도께서 모든 원수와 사망을 멸하실 것이고, 하나님께서 모든 것 안에서 모든 것이 되시도록 아버지께로 그 나라를 건네주실 것이라는 바울 사상에 기초해서 자신의 입장을 개진한다. 모든 삶과 역사를 하나님께로 나아가는 움직임(본질적인 일치 상태의 회복)이라고 보면서, 오리겐은 죽음과 부활 사이의 기간을 하나님과의 충만한 재결합을 위한 기나긴 교육과 준비의 기간이라고 여겼다. 따라서 그는 죽음 이후 인간 영혼이 '영혼을 훈련시키는 교육장소'로 보내질 것이라고 말한다.

따라서 '이 세상과 죽음 이후의 세상' 그리고 '부활' 사이의 연속성은 몸이라는 물질이 아니라 영혼에 해당된다. 오리겐은 영혼을 '몸의 형태' 또는 '몸의 형상'eidos이라고 생각했다. 영혼은 몸이라는 기관의 원리로서, 이것이 몸에 활력을 주고 몸을 온전한 통일체로 만든다. 시간이 지나감에 따라서 영혼은 인격적 정체성을 형성한다. 오리겐은 몸이라는 물질이 시간이 지남에 따라서 변화함에도 불구하고, 여전히 그 형태는 그대로 남는다고 생각했다.[98] 부활의 순간에 '몸의 형상'(영혼)이 '부활한 몸'으로 재구성된다. 부활한 몸은 즉시 알아볼 수 있을 정도로 부활 이전의 몸과 동일한 몸체이다. 하지만 부활의 순간에 그 몸체는 신령하고 영화롭게 된 몸을 소유하는데, 이유는 영혼이 스스로 새로운 환경에 적합하게 된 몸을 갖게 되기 때문이다.

바다 속에서 살고자 할 때 우리가 물고기의 아가미나 물고기와 같은 속성을 가져야 하듯이, 하늘나라를 상속받고자 하는 사람들, 즉 더 나은 곳에 거하고자 하는 사람들은 신령한 몸을 가져야 한다. 하지만 변화산에서의 예수와 모세와 엘리야의 몸의 형태가 이전의 몸과 다르지 않았던 것과 마찬가지로, 더 영화로운 상태

로의 변화가 생겨날 것이지만 이전의 몸의 형태는 사라지지 않을 것이다.[99]

'연속성의 원리'와 '부활의 환경에 적합한 몸'이라는 몸의 형태에 관한 오리겐의 생각은 현대의 부활에 관한 사고방식에 선행한다고 볼 수 있다. 하지만 이러한 오리겐의 견해는 올림푸스의 메토디우스Methodius of Olympus와는 완전히 상반된다. 「부활에 대해서」On the Resurrection에서 메토디우스는 부활한 몸이 우리가 현재 소유하고 있는 몸과 정확히 똑같을 것이라고 주장했다. 부활한 그리스도의 몸이 육체와 뼈를 가졌듯이, 우리의 부활의 몸도 그와 같을 것이다.[100] 따라서 성도들은 이 땅에서 지복상태beatitude를 즐기게 된다. 메토디우스와 대부분의 고대 사상가들에게 있어서, '이 땅에서의 몸'과 '부활한 몸' 사이의 연속성의 원리는 몸의 문제에 집중된다. 이러한 물질주의적 사고는 고대 시대에 지지받기 어려웠고 오늘에도 역시 지지받기가 어렵다.[101] 고대 시대에 물질주의의 입장을 지지하는 사람들은 하나님께서 다소 기적적인 방식으로 누군가의 몸에 해당됐던 물질 입자들을 모으셔서 부활한 몸으로 그 입자들을 다시 조립하신다고 주장했다. 단지 오리겐만이 물이 강 또는 수원지로부터 흘러나오는 것처럼, 물질은 항상 몸으로부터 흘러나온다고 이해했던 것처럼 보인다. 하지만 이렇게 몸에 해당되는 물질을 어느 한 사람의 정체성으로 규정하려고 했던 시도는 실패했던 것으로 보인다. 따라서 몸의 연속성의 원리가 '규범화된 방식' 내지 '모범적 패턴'이 되어야만 했다. 그러나 존 폴킹혼John Polkinghorne 같은 정교한 현대 사상가들은 오늘날의 관점에서 이 문제를 다루고 있다.[102] 카롤린 발커 비눔Carolyn Walker Bynum은 다음과 같이 말한다. "오리겐은 몸의 정체성의 문제를 고대의 다른 기독교 사상가들보다 더 성공적으로 해결했다."[103]

오리겐은 또한 부활한 몸이 '이 땅에서의 몸과 다른 물질'을 가져야 한다고 생각했다. 우리가 살펴봤듯이 바울도 역시 이러한 견해를 갖고 있었다. 따라서 천국이 이 땅의 것과 다른 물질로 구성되어 있다고 여겨진다고 할 때, 오리겐의 입장은 더욱 타당성을 갖는다. 이 시대의 부활에 관한 바람직한 개념에 있어서, 나는 부활의 몸이 물질성과는 다른 차원의 것을 지녀야 한다고 주장한다.

니사의 그레고리

그레고리(335-393년)는 갑바도기아에서 태어나서 갑바도기아 가이사랴의 보조도시인 니사의 주교가 되었다. 그레고리는 동방교회에서 가장 위대한 신학자들 가운데 한 사람으로 간주되며, 또한 동방교회와 서방교회 모두에서 신비신학의 아버지로 인정을 받는다. 신학에 있어서 그레고리는 오리겐과 가이사랴의 바질과 같은 사상가들을 따랐지만, 그러나 그는 어느 면에 있어서는 오리겐과는 달랐다. 예컨대 그레고리는 각각의 영혼들이 '타락' 이전에 다양한 유형으로 창조되었음을 부인했다. 그레고리는 영혼이 "유기체적인 몸에 감각이 작동할 수 있도록 생명력을 나눠주는 지적 본질"이라고 주장했다.[104] 다시 말하면 영혼이 물질적이지 않고 비물질적이라는 것이다. 그는 또한 마지막에 모든 인간의 영혼이 하나님의 구원으로 이끌려질 것이라고 주장했다. 이렇게 말하는 이유는 악이 '선의 부패'이므로 실제적인 내용을 갖지 못한다는 그의 믿음 때문이었다. (이것은 어거스틴의 신학에 있어서도 주요한 주제이다.) 따라서 악은 영원한 것이 될 수 없다. 오직 실재적 존재인 '선'만이 영원할 수 있다. 따라서 그레고리는 하나님을 알아가고 사랑하는 것이 영원한 진보의 과정 중에 있다고 생각했다.

하나님께로의 신비적인 상승이 끝이 없다는 것이다.

이것은 진정한 하나님의 비전에 속하는데, 즉 하나님을 보고자 하는 인간의 바람은 충족되지 않는다. 하지만 우리는 우리가 볼 수 있는 바를 바라봄으로써, 항상 하나님을 더욱 보고자 하는 바람을 새롭게 해야 한다. 따라서 선을 향함에 있어서 한계가 발견될 수 없는 것처럼, 또한 선을 향한 계속적인 바람이 끝이 없는 것처럼, 그 어떤 것도 하나님께로 올라가는 성장을 방해할 수 없다.[105]

하나님을 알고 사랑하는 인간의 충만한 능력이 원죄로 인해서 손상되었을 뿐 파괴된 것은 아니다. 원죄는 단지 인간에게 있어서 '죄짓고자 하는 습관'을 갖도록 할 뿐이다. 따라서 하나님께로 돌아선다는 것은 이 땅에서의 삶과 죽음 이후에 있어서, 어렵고 고통스러운 정화의 과정 또는 죄를 씻는 과정을 수반한다. 그레고리는 몸의 부활을 주장하면서 부활 시에 영혼이 한때 그 몸을 구성하고 있던 모든 물질적인 입자들을 다시 모은다는 것을 논증했다. 따라서 그 몸(부활 시의 몸-옮긴이)은 이 땅에서의 몸과 동일시 되시만, 그러나 그 몸은 더 고귀한 아름다움을 지닌 신비스러우면서도 천상적인 몸이다.[106] "우리가 이러한 상태의 몸을 볼 것인데, 이 몸은 죽음 시에 해체되었다가 나중에 동일한 원자들로 다시금 조립될 몸이다. 이 몸은 전반적으로 볼 때 무게가 나가는 직물로 구성된 조직체가 아니라 더 신비스러우면서도 천상적인 것으로 움직여나가는 얇은 실들로 구성된 조직체이다."[107] 이런 맥락으로 그레고리는 고대의 두 사상의 범주를 통합시킨다. 하나는 터툴리안, 아테나고라스, 메토디우스 그리고 부활의 몸이 지상에서의 몸과 동일한 물질로 구성되어 있다고 간주하는 물질주의자들의 범주이고, 다른 하나는 오리겐의 입장으로서 부활의 몸을 영적인 것으로 간주하는 영성주의자들의 범주이다.

그레고리 사상의 핵심은 하나님께로의 신비적 상승이라는 개념으로서, 이것은 무한한 하나님의 사랑과 지식에로 나아가는 영원한 여행을 의미한다. 이것은 매우 매력적인 개념으로서, 특히 천국을 '정적이면서도 지루한 것'으로 생각하는 현대인들에게 있어서 더욱 그러하다. 그러나 마지막에 모든 것이 구원받는다는 그레고리의 믿음이 주류 기독교 전통에서는 수락되지 않았다. 하지만 이것은 최근에 급박하게 등장한 문제, 즉 '저주받은 영혼들이 영원히 고통받는 장소가 어디인가'라는, 영원한 지옥 개념(많은 사람들이 이 문제를 궁금하게 여긴다.)이 하나님의 사랑에 모순된다는 문제를 고찰하게 한다. 따라서 그레고리의 사상은 오늘날에도 매우 적절한 것으로 여겨진다. 나는 그레고리의 보편주의(모든 것이 궁극적으로 구원받는다는 것)를 찬성하지 않지만, 그럼에도 불구하고 천국을 하나님께로의 더 충만한 참여 가운데 끝없는 성장 과정으로 보는 그의 사상이 천국에 관한 여러 방식 가운데서 최상의 방식이라고 생각한다. 따라서 우리는 그레고리의 개념을 9장에서 다시금 살펴볼 것이다.

어거스틴

어거스틴은 354년 북아프리카의 타가스테에서 태어났다. 그는 먼저 마니교도로부터 영향받았다가, 신플라톤주의에도 영향을 받았으며, 이후에 기독교로 회심해서 북아프리카 히포의 주교가 되었다. 그는 힘든 시기를 살았다. 그의 당시 로마제국이 해가 거듭될수록 쇠퇴해져 가다가, 410년에 서방의 고트족에 의해 멸망 당했던 것이다. 어거스틴은 430년 반달족이 침입해서 그 도시를 포위했을 때 히포에서 죽었다. 어거스틴의 사상과 저작들은 서방신학 전통을 지배했고, 그의 후기 저작들 중에서 특히 「신의 도성」과 「신앙 안내서」Enchiridion는 중세 기독교의 형성에 지대한 영향을 끼쳤다.

어거스틴은 이레니우스와 오리겐과 니사의 그레고리보다 더 염세적인 인간관을 가지고 있었다. 어거스틴에게서 아기를 포함한 모든 인간이 아담의 원죄 하에 놓여져 있다. 아담의 근본적인 죄가 모든 인간에게 전이 됐다. 그리스도께로 돌아서지 않는다면, 인간은 지옥에 갈 것이다. 세례 받지 않은 아기들조차도 이런 정죄를 받게 될 것이다. "원죄는 매우 가증스런 성격을 가지고 있어서 모든 인간이 근본적으로 저주받은 상태 하에 놓여져 있다. 하나님과 인간 사이에 한 분 중보자이신 인간 예수 그리스도를 말미암지 않으면, 이 죄는 용서받을 수 없으며 가리워질 수도 없다."[108] 어거스틴의 이러한 비관적인 인간관이 중세 서방으로 이어진다. 사도 바울을 따라서 어거스틴은 물리적 죽음 자체가 아담의 죄의 결과라고 주장했다. 바울은 다음과 같이 기록했다. "그러므로 한 사람으로 말미암아 죄가 세상에 들어오고 죄로 말미암아 사망이 들어왔나니 이와 같이 모든 사람이 죄를 지었으므로 사망이 모든 사람에게 이르렀느니라."(롬 5:12) 어거스틴에 따르면 최악의 죽음은 영혼의 죽음이다. 영혼의 죽음은 죄를 통해 발생하는데, 죄가 생명의 근원이신 하나님으로부터 영혼을 분리시킨다. 하지만 이것이 영혼이 소멸됨을 의미하는 것은 아니다. 영혼은 불멸성을 지니는바, 이 분리는 곧 영원에서 영혼이 하나님으로부터 분리되는 고통당함을 의미한다.[109] 어거스틴은 몸의 죽음을 '첫째 사망'이라고 칭한다. '둘째 사망'은 마지막 심판 이후 저주받은 영혼들의 죽음으로서, 이것은 각각의 영혼들이 결정적으로 하나님으로부터 분리되는 때를 말한다. 이것이 가장 끔찍한 죽음인데, 이유는 이 죽음이 영원히 지속되기 때문이다.

「신의 도성」에서 어거스틴은 지옥에서의 저주의 상태에 대해서 길게 논술한다. 그는 저주받은 자들이 영원히 꺼지지 않는 불 속에서 불살라질 것이라고 여겼다. 비록 저주받은 자들이 지옥에서 받는 고통의 강도가 자신들의 죄의 정도에 따라서 각각 다름에도 불구하고, 그들 모두는 불살라지는 고통을 당할 것이다. 어거스틴은 선한 마음을 가진 기독교 신자들과 달리, 지옥에서의 악한 자들의 처벌이 영원하다는 것을 성경을 통해서 논증한다. 그는 마태복음 25장 46절의 예수의 말씀을 인용한다. "악인들은 영벌에, 의인들은 영생에 들어가리라." 또한 그는 모든 사람이 구원받는다는 오리겐의 사상을 단호하게 거부한다. 중세에서부터 현대에 이르기까지, 서방교회의 교리는 어거스틴의 견해를 따랐다. 즉 지옥의 형벌이 영원하다는 것으로서, 최근에 와서야 어거스틴의 가르침에 의문이 제기되었다. 어거스틴에 따르면 몸의 죽음 이후에도 영혼이 살아있다는 것은 의심의 여지가 없는 분명한 사실이다. 정확하게 말해서 '첫째 사망'은 몸으로부터의 영혼의 분리됨을 말한다. 그는 순교자들의 영혼은 이미 천국에 있는 반면에, 악한 자들의 영혼은 처벌상태에 있다고 생각했다. "경건한 자들의 몸으로부터 분리된 영혼들은 휴식 가운데 있지만, 경건치 못한 자들의 영혼은 자신들의 몸이 다시금 부활하게 되기까지 심판의 고통을 당한다. 경건한 자들의 영혼은 영생에 들어가는 반면에, 경건치 못한 자들의 영혼은 '둘째 사망'이라고 칭해지는 영원한 죽음에 들어간다."[110] 하지만 어떤 사람들은 정화의 시기를 거친 후에 천국에 들어갈 것이다.

그러나 죽음 이후 일시적인 형벌을 견디는 모든 사람이 그 형벌 후에 뒤따르는 영원한 형벌에 들어가게 되는 것은 아니다. 내가 이미 말했듯이 어떤 사람들은 이 세상에서 용서받지 못한 것을 저 세상에서 용서받게 될 것이다. 그 사람들은 다가올 세상에서의 영원한 형벌로 인해서 고통당하지 않을 것이다.[111]

정화의 시기에 관한 어거스틴의 주장의 토대는 죽은 자들을 향한 교회 구성원들의 기도가 헛되지 않다는 믿음에 기초한 것이다.(이것은 서방교회의 오랜 전통이었다.) 북아프리카의 성인이었던 퍼페튜아가 자신의 죽은 오빠 디노 크라테스를 위해서 기도한 것을 생각해 보라. 「고백록」 9장 끝부분에서 어거스틴은 동료 기독교인들을 향해서 자신의 죽은 부모인 모니카와 파티시우스의 기도를 기억할 것을 요청한다. 어느 설교에서 그는 다음과 같이 말한다. "우리는 죽은 자들이 자신들의 죗값을 응당 받게 해 달라는 기도가 아니라, 하나님께서 죽은 자들을 더 자비롭게 대하시도록 기도해야 한다. 거룩한 교회의 기도와 성찬식과 같은 구원하는 희생과 죽은 자들의 영혼을 위한 자선 행위로 말미암아 죽은 자들이 도움을 받는다는 것은 의심의 여지가 없는 사실이다."[112] 이러한 사고가 연옥에 관한 서방교회의 믿음의 기초가 되는데, 가톨릭교회는 연옥 교리를 계속해서 지지해 왔다. 반면에 루터를 비롯한 거의 모든 개신교도들은 연옥 교리를 거부했다.

어거스틴에 따르면 부활 시에 실제적으로 몸에 해당되는 지상적인 요소가 영혼으로 돌아갈 것이고, 그 영혼이 몸에 다시금 활력을 줄 것이다. 하지만 모든 요소가 예전의 몸의 동일한 부분으로 돌아가야 하는 것은 아니다. 녹아졌다가 다시 만들어진 동상처럼, 동일한 요소가 몸 속에 있을 것이다. 하지만 그것은 아마도 다르게 배열될 것이다.[113] 바울을 따라서 어거스틴은 성도들의 부활한 몸이 '신령한 몸'이 될 것이라고 주장한다.(고린도전서 15장) "그때에 육체는 신령하게 되며 영을 필요로 할 것이다. 하지만 그럼에도 불구하고 육체는 여전히 육체일 뿐, 육체가 영이 되는 것은 아니다."[114] 그때에는 몸에 속한 물질이 변화돼서 부패하지 않게 될 것이다. 덧붙여 말하자면 그때에 '몸'은 전적으로 '영혼'을 필요로 할 것이고, 영혼도 '영'을 필요로 할 것이다. 따라서 몸은 더 이상 성화된 영혼의 의지에 저항하지 않게 될 것이다. 이렇게 니사의 그레고리처럼 어거스틴은 부활과 관련해서 물질주의적 전통과 영성주의적 전통을 통합한다. 그는 몸의 본래적인 물질의 입자들이 재결합되면서 신령한 몸으로 변화된다고 주장한다. 그러한 신령한 몸의 본질이 무엇인가에 대해서 어거스틴은 모른다고 솔직하게 고백한다. "우리의 어떤 경험을 통해서도, 신령한 몸의 본질과 하나님의 은총의 범위에 대해서 알 수 없다. 따라서 나는 신령한 몸을 설명하는 것이 분별없는 행동이 될 것이라고 주장하는 바이다."[115]

 계시록에 기록된 대로(요한계시록 20장 12절), 모든 죽은 자들이 자신들의 행위에 따라 심판받게 되는 최후의 심판 이후에 즉시 부활이 뒤따를 것이다. 어거스틴의 최후의 심판에 관한 설명은 계시록에 기초한 것이다. 그는 생명책(요한계시록-옮긴이)의 본질을 검토하기까지 하는데, 요한계시록은 각 사람의 생명과 행위들에 대해서 기록하고 있다. 우리는 여기서 "생명책"을 문자적으로 생각하지 않아야 한다. 이유는 각 사람의 삶 속에서 행해진 모든 사건들을 기록하고 있는 책이 있다고 하더라도, 우리가 장황하게 기록된 그 책의 내용을 전부 읽을 수 없기 때문이다. 대신에 그는 다음과 같이 말한다. "우리는 이 생명책이 특정한 하나님의 권능을 나타내는 것으로 이해해야 한다." 즉 선한 행실과 악한 행실 모두에 있어서 모든 사람이 자신들의 모든 행위를 기억하도록 하기 위해서, 그리고 그들이 불가사의한 속도로 자신의 모든 행위들을 검토하도록 하기 위해서, 또한 각 사람의 행위가 자신의 양심에 따라서 책망받거나 용서받는다는 것을 알도록 하기 위해서 생명책이 쓰여졌다는 것이다.[116] 5장에서 살펴보겠지만, 이것은 많은 사람들이 임사체험NDE에서 경험한 '삶에 대한 반성'과 관련해서 매우 정확한 설명이다. 최후의 심판이 이루어지고 나서 현재의 세상은 불로 씻음을 받음 후에 변형될 것이다.(베드로후서 3장 7절을 보라.)

그러한 화염으로 인해서 부패될 수 있는 몸의 요인들이 전적으로 소멸될 것이다. 그때에는 불가사의한 변형으로 인해서 우리 몸의 실체로부터 우리의 유한한 몸에 속하는 특성들이 제거되게 될 것인데, 이것은 세상을 보다 새롭고 좋은 곳으로 만들기 위함이다. 그 육체가 보다 새롭게 되고 좋게 변화된 사람들만이 그 세상에 적합하게 될 것이다.[117]

복 받은 자들은 시간 속에서가 아니라 하나님에 대한 영원한 관조 속에서, 하나님과 천사들과 함께 천국에서 살게 될 것이다. 하지만 어거스틴에 따르면 복 받은 자들은 인류 가운데 소수에 불과하다. 전반적으로 어거스틴은 보통 오늘날 대다수의 교회들이 가진 낙관적인 비전과 날카롭게 대조를 이루는 염세적인 비전을 갖는다고 할 수 있다.

토마스 아퀴나스

아퀴나스는 도미니크 수도회의 수도사이자 대학교수였다. 그는 1224년에 태어나서 1274년에 죽었다. 백과사전 같은 기억력과 인상적으로 종합해 낼 수 있는 능력을 가졌던 그는 당시의 수많은 서방전통의 신학서적을 일목요연하게 정리해 낼 수 있었다. 그는 또한 혁신가이기도 했다. 13세기의 첫 십 년 동안에 아리스토텔레스의 물리학과 형이상학이 라틴어로 번역되었다. 아퀴나스는 자신이 서방전통(특히 어거스틴)으로부터 물려받은 전통적인 신플라톤주의와 아리스토텔레스의 철학적 구조를 종합해냈다.[118] 아리스토텔레스 철학의 '형상'과 '물질' 개념이 아퀴나스로 하여금 영혼과 부활에 관한 전통적인 이해를 다시금 개념화하도록 만들었다. 영혼에 대한 아리스토텔레스의 논문 「영혼에 대하여」De Anima에 영향을 받아서, 아퀴나스는 합리성을 지닌 인간 영혼이 곧 실제적인 몸의 '형상'이라고 주장했다. 이것은 영혼이 '몸을 구성하는 근본적인 원리'일 뿐만 아니라 '몸의 생명의 원리'인 것을 의미한다. 또한 영혼은 '인간 지성' 또는 '인간 오성'의 근원으로서, 이것은 약간의 설명을 필요로 한다. 먼저 영혼은 '몸을 구성하는 근본적인 원리'로서, 영혼이 없다면 몸은 더 단순한 물질의 형태들로 붕괴될 것이다. 아퀴나스의 견해를 소개하면서 길손Etienne Gilson은 다음과 같이 말한다. "우리가 오늘날 생화학적 요소들이라고 부르는 것들을 모으고 구성하는 것은 영혼이다. 즉 영혼이 살아있는 몸을 만들기 위해서 생화학적 요소들을 모으고 구성한다는 것이다. 이런 점에서 볼 때 영혼은 몸을 존재케 하는 '제1원인'first act이다. '제1원인'인 영혼 덕분에 살아있는 것이 '제2원인'에 해당되는 모든 것들을, 즉 작용에 해당되는 중요한 여러 기능들을 실행할 수 있다."[119] 아퀴나스는 형상이 사물을 본유적으로 구성하는 원리라고 말한다. 즉 형상이 사물을 존재케 한다는 것이다. 이러한 '형상'(영혼)은 단순히 정적인 패턴이 아니라 능동적으로 통합하는 원리이다. 영혼이 몸을 실체가 되게 하고 몸을 독립적으로 존재하게 한다.(영혼은 색깔과 같이 내재하는 특성에 해당되는 우연성과는 다른 것이다.) 따라서 아퀴나스는 영혼을 실제적인 몸의 형상이라고 부른다.

아퀴나스는 '시간을 통해서 형성되는 그 사람의 정체성'이 '자신의 몸을 이루고 있는 물질'의 연속 선상에 놓이지 않도록 하기 위해서, 인간의 몸을 이루는 물질이 계속해서 다른 것으로 대체된다고 여겼다. 아퀴나스는 「신학개론」compendium of theology에서 다음과 같이 말한다. "현세에서의 삶을 살아가는 동안에 분명히 인간은 출생에서 죽음에 이르기까지 숫자상으로 동일한 한 인간으로 살아가게 된다. 하지만 그럼에도 불구하고 그의 몸을 구성하고 있는 각각의 부분들은 동일한 것으로 남아있지 않고 점진적인 변화를 겪는다. 그 변화하는 방식은 '통나무들이 다 타서 없어졌음에도 불구하고 불길을 유지하도록 만드는 다른 것들이 있기 때문에 계속해서 불이 타고 있는 것'과 유사하다고 할 수 있다."[120] 따라서 한 인간의 연속성과 정체성은 그의 몸이 아니라 영혼과 관련된다. 이런 이유로 우리는 영혼이 몸 안에 포함된 것이 아니라 몸이 영혼 안에 포함되었다고 말해야 한다. 시간 속에서 계속 지속되면서 우리를 변함없이 동일한 인격체로 만드는 것은 우리 몸을 구성하고 있는 '형상'(영혼) 또는 '패턴'이다. 아퀴나스에 따르면 영혼은 몸을 구성하는 원리이고 근원이다. 즉 유아기에서 성인기에 이르기까지 우리를 변함없는 인격체로 만드는 것이 우리의 영혼이라는 것이다.[121]

또한 아퀴나스는 인간 영혼이 이해할 수 있는 능력을 지녔다고 주장한다. 영혼은 지적이고 합리적이다. 이해를 한다는 것이 영혼이 가진 가장 독특한 행위이다. 아퀴나스는 영혼이 몸을 통해서 대부분의 기능들을 행사한다고 생각한다. 예컨대 감각이 몸의 기관을 사용하는 영혼의 행위라는 것이다. 이해하는 행위(아퀴나스에게 있어서 나무, 삼각형, 천사, 무한성, 하나님과 같은 것이 통상적인 이해의 범주에 속한다.)는 몸의 기관에 의존되는 것이 아니다. 이해하는 행위는 본질적으로 정신적인 특성에 해당된다.

이해한다는 것은 모든 동물들을 초월한 것으로서, 이것은 인간에게만 해당되는 것이다. 분명히 인간만이 지성을 통해서 인식될 수 있는 '우주'와 '사물들 사이의 관계성들'과 '영적인 대상들'을 이해할 수 있다. 몸의 기관으로는 '이해'할 수 없는데, 이해하는 것은 눈으로 무언가를 보는 것과는 다른 것이기 때문이다. 인간의 지성은 '영적인 방식으로 존재하는 것들' 뿐 아니라 '천연재료로 구성된 것들'에 대해서도 알 수 있다. 인간 지성은 개별화된 여러 물질 상태로부터 보편적인 형상을 이끌어 낸다.[122]

이해하는 행위가 본질적으로 비물질적이기 때문에, 아퀴나스는 영혼 자체도 비물질적인 것이며 비실체적이라고 주장한다. 그렇지 않다면 영혼이 비물질적인 행위들을 수행할 수 없다는 것이다. 아퀴나스는 '지적인 영혼의 궁극적인 목적'과 '인간의 완전성의 궁극적인 목적'이 하나님을 직접 보는 것이라고 여긴다.[123] 그는 성인들의 영혼이 죽음 이후 즉시 하나님을 직접 볼 수 있기 때문에 그들이 몸의 부활을 기다릴 필요가 없다고 한다. "인간의 영혼이 몸으로부터 분리되자마자 하나님을 보게 된다. 이것은 곧 최종적인 지복(至福)의 상태이다."[124] 하지만 죽음 이후 즉시 하나님을 보는 것은 하나님의 사랑 속에서 전적으로 정화된 사람들의 영혼에만 해당이 된다. 하나님으로부터 거절된 사람들은 죽음 이후 즉시 지옥에 가게 될 것이고, 하나님께 대한 사랑이 여전히 정화상태 가운데 있는 사람들은 연옥에 가게 될 것이다.[125]

몸의 부활과 관련해서 아퀴나스는 라틴 전통에 견고하게 서 있다고 할 수 있는데, 그는 우리가 지금 현재 우리의 몸과 동일한 몸으로 부활할 것이라고 주장한다. 적어도 부활의 몸이 현재의 몸과 동일한 물질을 공유한다는 것이다. 하지만 이 물질은 변형돼서 타락하지 않게 되고 영화롭게 될 것이다. 그러나 시간이 지나면서 아퀴나스는 현세에서 우리 몸의 부분에 속했던 모든 물질이 천국에서의 부활한 몸과 동일하지 않다는 것을 깨닫게 되었다. 따라서 우리는 "우리 몸의 각각의 부분들이 완전무결한 상태를 이룰 정도의 물질로 구성된 채로 부활하게 될 것이다."[126] 영혼이 몸의 형상이라는 자신의 이론으로 말미암아 아퀴나스는 부활에 관한 독특한 이해에 이르게 된다. 분명히 부활은 하나님의 권능을 통해서만 가능한 것으로서, 이것은 모든 자연의 권능을 넘어선 것이라 할 수 있다. 이런 주장과 더불어서 아퀴나스는 '영화로운 특성들'이 '부활의 몸'으로 전달되도록 만드는 것이 영혼이라고 말한다. 즉 영혼이 천국에서 하나님과의 완전한 일체성 가운데 있으면서 그 온전함을 부활한 몸으로 전달해 준다는 것이다.

　따라서 부활한 성도들의 몸은 현세에서처럼 타락하지 않을 것이고 영혼에게 부담이 되지 않을 것이다. 부활한 성도들의 몸은 청결할 것이고 전적으로 영혼에 순종하게 될 것이다. … 모든 것들의 '제 일 원리'(하나님-옮긴이)와의 합일로 말미암아 축복받은 영혼이 고귀함과 권능의 절정으로 끌어 올려질 것이기 때문에 영혼은 실질적인 존재됨을 가장 완전한 정도로 몸으로 전달할 것이다. … 영혼은 몸을 신비하면서도 영적인 몸으로 만든다. 영혼은 몸에 가장 고결한 특성인 매우 찬란한 아름다움을 수여할 것이다. 또한 영혼에서 나온 힘으로 인해서 몸은 고통을 느끼지 않게 될 것이다. 마지막으로 전적으로 영혼에 순종하게 됨으로써 몸은 매우 민첩하게 될 것이다.[127]

　말하자면 부활한 몸이 곧 하나님과 하나가 된 정화된 영혼의 표출이 된다는 것이다. 영혼은 근원적인 것이면서, 동시에 몸에 활력을 주기 위해서 예정된 것이다. 따라서 부활한 몸이 없다면 영혼은 불완전한 것이 될 수 밖에 없다. 사실상 아퀴나스에게 있어서 부활한 몸이 천국에 있는 영혼에게 '지식의 양태'를 더해주는 것처럼 보인다. 이유는 몸 없이는 단지 "대체적으로 불분명한 방식으로만, 즉 일반적인 원리들을 통해서 알게 되는 방식으로만"[128] 사물들을 알 수 있게 되기 때문이다. 또한 지복의 상태에 있는 영혼은 부활한 몸을 통해서 감각들을 사용하는 것을 알게 되고, 개별적인 것들에 대해서 알게 된다. 아퀴나스는 천국에서의 축복받은 영혼이 하나님을 온전히 본다는 것을 주장하는 동시에, 또한 부활한 몸이 천국에 있는 영혼에게 행복과 지식을 더해줄 것이라고 말한다.[129]

　마지막으로 아퀴나스가 부활한 몸에 대한 보충 설명으로서, 새롭게 된 피조물을 어떻게 생각했는지를 살펴보자. 새롭게 된 환경이 없다면, 부활한 몸이 무슨 의미를 갖겠는가? 로마서 8장 21절에서 바울은 다음과 같이 말한다. "피조물도 썩어짐의 종노릇한 데서 해방되어 하나님의 자녀들의 영광의 자유에 이르게 될 것이라." 피조물이 부활 시에 변형돼서 영화롭게 된다는 믿음이 동방정교회에 의해서 주장되어왔다. 하지만 아퀴나스는 서방 라틴 전통의 입장에 서서 마지막 날에 모든 피조물이 불로 정화되는데, 단지 네 가지 원소들과 성도들의 부활한 몸만 존재하게 될 것이라고 주장한다. 아퀴나스에게서 네 가지 원소들과 성도들의 부활한 몸은 더 나은 존재됨으로 변형되는 것을 가리킨다.[130](우리는 이 문제를 7장의 '새롭게 된 피조물'에서 다룰 것이다.)

영혼과 부활에 관한 아퀴나스의 사고들은 그의 시대에 이미 도전을 받았다. 그의 대부분의 명제들이 정죄를 당했다. 이유는 그가 주요한 영혼과 몸의 형태를 만듦으로써, 부활한 몸의 고체성을 약화시키는 것처럼 보였기 때문이다.[131] 하지만 아퀴나스의 사고들은 오랜 시간이 지났음에도 불구하고 건재해 왔으며, 영혼과 부활에 관한 이론들에 있어서 그의 선행자들보다 더 타당성을 지니게 되었다. 우리는 6장의 영혼의 본질과 7장의 부활에 대해서 토론하면서 아퀴나스의 사고들을 다시금 살펴볼 것이다.

마틴 루터

마틴 루터(1483-1546년)는 어거스틴 교단의 수도승이자 비텐베르크 대학의 성경교사였다. 교회를 분열시키는 것이 그의 의도가 아니었음에도 불구하고, 루터의 신학적 사고들과 개혁 사안들은 루터교회와 개신교 종교개혁의 기초가 되었다. 루터의 신학에 있어서 가장 중요한 것은 '칭의의 신학'이라고 불리워지는 것으로서, 이것은 어떻게 우리가 하나님 앞에서 의롭게 되는가 하는 것을 다룬다.(8장을 보라.) 루터는 우리가 믿음으로 의롭게 된다는 바울의 가르침을 강조한다. "그러므로 사람이 의롭다 하심을 얻는 것은 율법의 행위에 있지 않고 믿음으로 되는 줄을 우리가 인정하노라."(롬 3:28) 루터는 우리가 행함으로 의롭게 되는 것이 아니라 오직 우리의 죄의 댓가를 치루신 그리스도에 대한 믿음으로 인해서 의롭게 된다고 말한다. 따라서 구원에 있어서 행함은 무익하다. 오직 그리스도에 대한 믿음을 통해서만 의롭게 된다. 루터는 믿음의 항목을 슈말칼텐 조항 Smalcald Articles.(이것은 루터가 죽기 9년 전인 1537년에 쓴 것이다.)의 가장 중요한 곳에 위치시켰다.

첫째 되는 주된 항목은 우리의 하나님이고 주님이신 예수 그리스도께서 우리의 범죄함 때문에 죽으셨다가 다시금 우리를 의롭게 하시기 위해 부활하셨다는 것이다.(롬 4:25) 그리스도는 세상 죄를 짊어지신 하나님의 어린 양이시다.(요 1:29) … 또한 모든 사람이 죄를 범했으매, 그들은 피 흘리신 그리스도 예수 안에 있는 구속의 은총으로 인해서 의롭게 되었다.(롬 3:23-25) … 사도 바울이 로마서 3장에서 사람이 의롭다 하심을 얻는 것은 율법의 행위에 있지 않고 믿음으로 되는 줄 우리가 인정한다고 말하듯이(롬 3:28), 또한 의로우신 하나님께서 예수를 믿는 사람을 의롭게 하셨다고 말하듯이(롬 3:26), 오직 믿음만이 우리를 의롭게 한다.[132]

어떤 인간의 행위도 구원을 위해서 공헌할 수 없다고 믿으면서, 루터는 우리가 우리 자신의 구원을 위해서 하나님과 협력할 수 있다는 것을 인정하지 않았다. 구원은 전적으로 그리스도로부터 선물로서, 우리에게 주어진 것이다. 사소한 것들은 자유롭게 결정할 수 있지만, 인간은 구원받고자 하는 것은 스스로 결정할 수 없다. 이유는 구원받고자 하는 인간의 의

지조차도 그리스도로부터 주어진 것이기 때문이다. 루터는 다음과 같이 말했다. "나의 이성과 능력으로는 나의 주님이신 예수 그리스도를 믿을 수 없고 그에게 다가갈 수 없다."[133] 하지만 이 고백은 루터로 하여금 경건한 행위들의 중요성을 거부하도록 만들었다. 즉 믿음으로 의롭게 된 그리스도인이 선한 일들을 하는 것이 당연함에도 불구하고, 그런 자비의 행위들을 구원과 무관한 것으로 여기게 만들었다.[134] 따라서 루터는 '연옥'에 관한 가르침과 행함으로 말미암는 구원의 한 형태인 '성인들의 기도'의 효력을 거부한다. 각 개인은 죽은 성인들의 기도나 다른 사람들의 기도 또는 성직자들의 사역이나 성례전으로 인해서가 아니라 오직 그리스도에 대한 믿음으로만 구원을 받는다. "결국 연옥과 모든 허례허식과 여러 봉사들 그리고 구원과 관련된 상거래의 행위들은 마귀로부터 오는 환상에 불과하다. 연옥은 인간의 행위가 아니라 오직 그리스도만이 인간 영혼들을 도울 수 있다는 근본적인 성서의 가르침에 위배된다."[135]

영혼의 상태 또는 죽음 이후의 인간에 대해서 루터는 무엇을 가르쳤는가? 실상 그는 이 주제를 거의 다루지 않았다. 그는 마지막 심판이 있다는 것과 축복받은 성도들의 부활과 저주받은 자들의 부활에 대해서만 단정적으로 말했을 뿐이다. "교회 안에서 예수 그리스도는 나의 모든 죄와 모든 신자들의 죄를 매일 용서해 주신다. 그리고 마지막 날에 그는 나와 모든 죽은 자들을 일으키실 것이고, 그리스도를 믿는 나와 모든 신자들에게 영생을 주실 것이다."[136] 하지만 루터는 부활 시의 성도들의 상태에 대해서는 거의 말하지 않는다. 부활 이전의 죽은 자들의 영혼에 대해서 루터는 영혼들이 '잠을 잔다'고 여겼다.

일반적으로 루터는 죽음과 부활 사이의 상태를 의식이 없거나 느낌이 없는 깊은 수면의 상태로 이해한다. 마지막 날에 죽은 자들이 깨어났을 때, 그들(이들은 마치 아침에 잠에서 깨어난 사람과 같다)은 자신들이 어디에 있었는지에 대해서도 모르고, 자신들이 얼마나 오래토록 수면상태에 있었는지에 대해서도 모를 것이다. 잠든 후에 숙면을 취하는 사람이 아침에 깨어났을 때 자신에게 무슨 일이 일어났는지를 모르는 것처럼, 우리도 마지막 날에 갑작스럽게 일어나게 될 것이다. 그리고 죽음이 있었는지에 대해서와 우리가 죽음을 어떻게 통과했는지에 대해서도 모를 것이다.[137]

이 교리를 이해하는 가장 확실한 방법은 비록 그 사람이 죽음과 부활의 간격을 인식하지 못함에도 불구하고, 그의 영혼이 몸의 죽음 이후에도 살아있으면서 그의 몸을 죽은 사람의 인격적 정체성에 해당되는 부활의 상태로 옮긴다는 것에 있다. 즉 사람이 죽음과 부활 사이의 간격을 의식하지 못함에도 불구하고, 영혼은 죽음과 부활 사이에 있는 비존재가 아니다. 영혼은 수면 상태에서도 계속 존속한다. 이것은 '가톨릭의 죽음 이후 천국을 즉시 맛보는 성도들'이라는 개념과 매우 다른 것으로서, 초대교회의 가르침과 더불어 신약성서의 여러 구절들과도 다르다고 할 수 있다.(예컨대 요한계시록 6장 9-11을 보라.)

루터의 신학, 특히 구원을 위한 믿음과 성서에 중심을 두는 그의 가르침은 근대 개신교 신학의 기초를 형성했다.(비록 재세례파 전통이 구원을 위한 행함의 중요성을 계속해서 강조했음에도 불구하고, 개신교 신학의 기초가 된 것은 루터의 구원관이다.) 연옥을 거절하고 죽은 성인들의 기도를 거절하는 루터의 신학이 모든 개신교 교파들 가운데로 계승되었다. 또한 여전히 연옥 교리를 가르치는 로마 가톨릭 교회 내에서조차도, 연옥은 충분하게 논의되지 않았다.(우리는 연옥을 9장에서 살펴볼 것이다.) 한편 17세기의 루터주의는 재세례파 전통에 의해서 계승된 루터의 '영혼의 잠 교리'를 폐기했다. 그 시기 동안에 루터주의는 "다시 한번 더 중세의 전통을 채택해서 그것을 지속시켰다. 부활하기 전에 영혼은 비록 몸이 없음에도 불구하고 지복의 상태로 그리스도와 함께 살고 있다."[138] 또한 루터가 각 사람을 중재의 기도자들과 중보기도의 유익과 사제들 같은 중재자들 없이 하나님 앞에 단독자로 서 있다고 여겼던 점을 고려해 볼 때, 그는 현대 개인주의 신학에 기초를 제공했다고 할 수 있다. 그의 신학 대부분이 요한 칼뱅의 가르침으로 이어졌다. 이제 칼뱅에 대해서 살펴보도록 하겠다.

장 칼뱅

루터 이후 가장 중요한 개신교 종교개혁자인 장 칼뱅(1509-1564년)은 대개 루터의 가르침을 따랐다. 칼뱅은 헬라어와 라틴어와 성경, 그리고 초기 기독교 교부 신학자들(그는 자신의 주요작품 「기독교 강요」에서 자주 이들을 인용한다.)에 대해서 충분하게 교육을 받은 사람이다. 루터 이상으로 그는 성경을 자신의 가르침의 원천으로 삼았다. 개혁주의 교회들과 장로 교회들, 그리고 영국의 청교도들과 뉴잉글랜드의 순례자들 모두가 칼뱅의 작품을 자신들의 신학의 기원으로 여긴다. 확신하건대 칼뱅 신학에 있어서 중심 교의는 하나님의 절대주권이라 할 수 있다. 칼뱅에 따르면 그 누구도 하나님의 은총에 저항할 수 없다. 따라서 하나님께서 구원하시기 원하는 사람들(선택받은 사람들)은 틀림없이 구원받는 반면에, 하나님께서 구원하기를 원하지 않는 사람들은 틀림없이 저주를 받는다. 칼뱅이 보기에 인간은 궁극적인 구원의 문제에 있어서 자유의지를 갖지 못한다. 이것이 칼뱅의 유명한(또는 악명높은) 이중예정론에 관한 설명이다. 인간은 태어나는 순간에 이미 천국 또는 지옥에 가기로 예정되어 있다. 이 끔찍한 교리가 우리를 낙담케 한다고 생각할 수 있지만, 실제로는 그렇지가 않다. 선택받은 사람들은 이미 보증된 자신들의 구원에 대해서 걱정할 필요가 없기 때문이다. 그들은 단지 세상에서 기독교인으로서 감당해야 하는 사역으로 인해서 바쁘게만 살아갈 뿐이다. 죽음에 관한 기독교인들의 태도를 토론함에 있어서, 칼뱅은 허무함과 세상에서의 불행한 삶에 초점을 맞춘다. 또한 죽음을 묵상하면서 마음을 고양시키고 다음 세상을 희망하도록 만든다.

천국이 우리의 고향이라면, 땅은 단지 유배지일 뿐인가? … 우리는 이 땅에서 주님과 함께 살다가 죽게 된다. 우리는 이 땅에서 그리스도의 마음에 들도록 살다가 죽음을 맞아야 한다. 끊임없이 죽음을 열렬하게 갈망하고 변함없이 죽음을 묵상하도록 하자. 또한 미래의 불멸과 비교하면서 이 땅에서의 삶을 경시하도록 하자. 열등한 동물들과 무생물들 심지어는 현재의 허무함에 굴복하는 나무와 돌조차도 마지막 부활을 갈망한다. 이것들은 하나님의 아들들과 함께 허무함으로부터 구원받기를 원한다.(롬 8:19) 하나님의 영으로 깨달음을 얻은 우리가 타락한 이 땅보다 더 고귀한 곳으로 올라가야 하지 않겠는가? 그리스도의 학교에 있으면서도 자기의 죽는 날과 종말의 부활을 갈망하지 않는다면, 우리는 그가 성숙하지 못한 사람이라고 단정할 수 밖에 없다.(딤후 4:18; 딛 2:13) 왜냐하면 바울이 이 점을 기준 삼아서 신자들을 구분하기 때문이다.[139]

이 구절에서 칼뱅이 분명히 로마서 8장의 바울의 예언의 말씀, 즉 "인간 뿐 아니라 모든 피조물, 심지어는 나무와 돌조차도 부활에 참여할 것이라"는 예언의 말씀을 믿고 있음에 주목하라. 칼뱅은 영혼불멸을 강하게 주장하면서 이 교리를 지지하기 위해서 많은 성경 구절들을 제시한다. 그는 바울의 말씀을 인용한다. "우리가 몸으로 있을 동안에는 주와 따로 떨어져서 있는 것이다."(고후 5:6) 또한 그는 몸의 부활을 강하게 주장한다. 축복 가운데 다시 살아나게 될 의인들과 심판과 고통으로 다시 살아나게 될 악인들 모두에게 몸의 부활이 있을 것이다. 확신하건대 부활한 몸의 속성은 예전과 다름에도 불구하고, 부활한 그 몸은 죽었던 몸과 동일한 몸일 것이다. 칼뱅은 중간상태에 대해서 덜 확신하면서, 축복받은 자들이 기쁨의 장소에 거하지만 사악한 자들은 어둠의 장소에 거한다고 말한다.

하나님이 우리에게 허락된 한계에서만 만족하도록 하자. 의로운 자들의 영혼은 이 땅에서의 분투가 끝난 후에 축복의 안식처를 얻게 된다. 거기서 기쁨 가운데 의로운 자들의 영혼은 약속된 영광의 성취를 기다리고, 구속주이신 그리스도께서 나타나실 때까지 마지막 심판이 연기될 것이다. 사악한 자들이 동일한 운명에 처해진다는 것은 의심의 여지가 없는 사실이다. 또한 유다가 마귀들에게 할당했던 것, 즉 "타락한 천사들을 큰 날의 심판까지 영원한 결박으로 흑암에 가두셨다는 것"(유 6)도 역시 의심의 여지가 없는 사실이다.[140]

따라서 칼뱅은 루터의 '영혼의 잠' 교리를 수락하지 않고 죽음 이후에 영혼이 즉시 거하게 될 '상급과 심판의 장소들'을 지정함에 있어서, 또한 몸의 부활을 단정적으로 말함에 있어서 더 포괄적인 기독교 전통을 고수한다. 하지만 루터처럼 칼뱅은 가톨릭의 연옥개념을 거절한다. 이러한 칼뱅의 신학 체계는 루터 이상으로 상당한 영향력을 끼쳤다. 개혁주의, 장로교, 회중교회들은 이중예정론을 제외하고는 상당 부분 칼뱅의 방침을 따른다.

데카르트와 근대

루터와 칼뱅은 16세기에 속했지만, 그러나 여러 면에 있어서 그들의 전망들은 중세에 속했다. 특히 신학이 최고의 학문이라는 그들의 믿음에 견주어 봤을 때, 그 두 사람은 중세에 속했다고 할 수 있다. 그러다가 17세기 초 자연과학의 발전이 이루어졌는데, 이 시기의 자연과학은 물리적인 현상들에 대해서 성공적으로 설명을 하면서 빠르게 다른 모든 학문들의 본보기가 되었다. 따라서 과학의 발전으로 인해서 고대 사상과 중세 사상으로부터 단절한 채, 근대의 사유는 새로운 국면을 맞게 된다. 갈릴레오와 데카르트와 뉴턴의 시대에 아리스토텔레스의 물리학은 다른 물리학으로 대체되었다. 즉 기계론적인 과정들을 밝힘으로써 자연과정들을 설명해 내고, 또한 과학적인 설명들을 가지고 실체적 형상實體的形相과 형상인形相因 그리고 목적인目的因을 제거해 내는 수학적이고 기계론적인 물리학이 아리스토텔레스의 물리학을 대체시켰다.[141] 이로 인해 물리학과 철학과 신학의 전체 지형이 바뀌게 된다. 또한 이것은 하나님과 영혼, 부활과 사후세계를 설명함에 있어서 중대한 영향을 끼쳤다. 이제 사상적으로 이러한 변화들을 반영하고 있는 데카르트(1596-1650, 일반적으로 데카르트는 근대철학의 아버지로 불리워진다.)를 간략하게 살펴보자.

데카르트는 논리적이고 수학적인 증명들과 같은 '정확한 이성'을 통해서 입증할 수 있는 것을 제외하고, '모든 것'을 의심하면서 자신의 철학을 전개해 나갔다. 유클리드와 같은 기하학자처럼, 그는 자명하거나 정확한 이성을 통해서 입증할 수 있는 몇 개의 간단한 공리들에 기초해서 자신의 철학을 세우려고 했다. 그는 자신이 존재한다는 것이 의심하는 과정 중에 있는 자기 자신을 통해서 증명된다는 것을 깨달았다. 따라서 다음의 명제가 그의 철학의 기초가 되었다. "나는 생각한다. 고로 나는 존재한다." 생명 원리와 몸과 자아의 구성 원리를 놓고 아리스토텔레스나 아퀴나스가 했던 것과 마찬가지로, 영혼에 관한 데카르트의 분석은 '영혼 자체'보다는 '사고하는 것'에 강조점을 둔다. 사실을 말하자면 데카르트에게 있어서 '영혼'이 곧 '정신'이다. 따라서 어떻게 '정신'이 '몸'과 관련되는가 하는 것이 그의 철학에서 중대한 문제가 된다. 새로운 학문을 채용하면서, 데카르트는 몸이란 단지 기계론적 원리들로 구성된 원소들의 집합체에 불과하다고 결론지었다. 인간과 동물의 몸은 복잡한 기계로서, 새로운 과학적 역학의 법칙에 의해서 통제된다. 데카르트는 정신을 '생각하는 물질'로 여기고 몸을 '늘어나는 물질'로 여겼다. 데카르트에 따르면 정신과 몸은 송과선松科腺을 통해서만 서로 연결된다. 하지만 어떻게 정신과 몸이 연결되는가에 관한 그의 설명은 불합리한 것으로 여겨졌다. 데카르트 시대와 오늘날 모두에 있어서 사람들은 그의 설명을 지지하지 않는다. 데카르트의 사상에서 지속적으로 제기되는 문제는 다음과 같은 기본적 질문에 관한 그의 설명이다. 만일 인간이 정신과 몸으로 구성되어 있다면 어떻게 그 두 양상들이 상호 연결이 되는가? 실제로 이것은 전체 철학의 영역(이것을 정신의 철학이라고 명명할 수 있다.)에서 중요한 문제에 해당된다. 데카르트로 인해서 철학은 '영혼과 몸'이 아니라 '정신과 몸'에 관심을 갖게 되었다. 따라서 몇 사람의 토마스주의 철학자들과 아리스토텔레스 철학자들을 제외하고는, '생명의 힘과 몸의 구조적 원리로서의 영혼 개념'이 현대 철학자들의 범주에서 벗어나게 되었다. 데카르트의 철학은 이러한 변화에 있어서 전환점이 되었다. 즉 데카르트와 함께 '영혼'에 관한 담론이 과학과 철학에서 벗어나서 점차 종교와 신학의 영역으로 축소되었던 것이다.

하나님과 영혼과 부활과 같은 종교적 표상들과 관련된 전통적인 믿음들이 있었지만, 이러한 믿음들에 대한 수 많은 도전들이 데카르트로 인해 시작되었다. 데카르트의 시대 이후에 자연은 점차 새로운 과학들을 가지고 기계론적으로 설명되었다. 따라서 '본질', '형상', '목적인'과 같은 표상들은 새로운 방법론 이면으로 옮겨졌다. 이것은 영혼이 더 이상 '몸의 형상'으로 이해되지 않음을 의미한다. 따라서 우리는 아퀴나스가 행했던 것에, 즉 하나님을 증명해 주는 자연적 실체들의 결과나 목적에 별 의미를 두지 않게 되었다. 이유는 자연적 실체들이 갖는 내재적인 결과들이나 목적들이 과학적 사상 안에 존재하지 않기 때문이다. 또한 갈릴레오나 뉴턴이 제기했듯이 만일 하늘에 있는 물질과 지상에 있는 물질이 동일하다고 할 때, 이것은 부활을 논증함에 있어서 수많은 어려운 점을 야기시키게 된다. 새로운 우주 안에서 그리스도의 부활한 몸이 존재하는 곳이 어디인가? 우리는 이 문제들을 다음 장에서 다룰 것이다.

04

사후세계에 대한 과학의 도전들

오늘날 우리가 "정신"이라고 부르는 것은 단순히 뇌의 활동에 지나지 않는다.
정신은 뇌의 활동으로부터 나오는 것에 불과하다.

-제임스 나네(James S. Nairne)-[142]

마지막 세기에 사후세계에 대한 전통적 개념들의 신뢰성을 향해서 계속되는 도전이 있어왔다. 또한 '죽은 자의 부활의 실제성'과 '죽음 이후 인간 영혼의 존재' 그리고 천국과 지옥의 실제성 같은 또 다른 전통적 믿음들을 향해서도 도전은 계속되고 있다. 이번 장에서 우리는 주로 자연과학과 사회과학으로부터 제기된 도전들을 다룰 것이다. 이번 장을 다루면서 우리는 이러한 도전들에 어떻게 답할 수 있는가 하는 것을 토론할 것이다.

　　첫 번째 도전은 물리학과 우주론으로부터 왔다. 고대와 중세의 사상가들이 하늘과 땅이 다른 형태의 물질로 구성되어 있다고 믿었던 것과 달리, 갈릴레오나 뉴턴은 하늘과 땅이 동일한 물질로 구성되었고 동일한 자연법칙들에 놓여져 있다고 보았다. 이것은 다음과 같은 질문을 가져온다. 부활한 예수의 몸이 우주 어디에 있는 것인가? 만일 부활한 예수의 몸이 다른 물질로 구성되어 있으면서 다른 법칙들의 지배를 받게 된다면, 예수의 부활한 몸은 어디에 있는 것인가? 그리고 죽은 자들이 부활하게 된다면, 부활한 그들의 몸은 이 우주 안에 있는 것인가? 아니면 우주 밖의 다른 곳에 있는 것인가?

두 번째 도전은 역사 과학으로부터 왔다. 역사 과학은 르네상스 시기에 시작해서 19세기에 절정에 달했다. 19세기 당시 학자들은 성경연구에 있어서 소위 역사비평방법을 사용했다. 따라서 사람들은 성경의 이야기들이나 예수의 말씀들이 기록되기 이전에 구전으로 수십 년 동안 전해져 내려져 온 것임을 알게 되었다. 이로 인해 신약성서에 기록된 예수의 말씀들과 행위들의 진정성에 대해서 의구심이 제기되었다. 특히 학자들은 예수의 이적 이야기들과 부활에 관한 역사적 정확성에 대해서 의심하기 시작했다. 이러한 문제들은 여전히 우리에게도 남아 있는 문제들이다.

전통적 기독교 이야기를 향한 세 번째 도전은 진화론의 발전으로 말미암은 것이다. 진화론은 전적으로 자연과정을 가지고 종의 출현이나 인간의 출현에 대해서 설명하려고 하면서, 인간이 하나님에 의해서 창조되었다는 전통적 설명들에 도전해 왔다. 20세기에 팽배한 인간의 기원에 관한 지식으로 인해서, 창세기에 있는 에덴동산 이야기와 모든 인간의 선조인 아담과 하와 이야기를 변호하는 것이 어렵게 되었다. 또한 이 지식은 특히 전통적 기독교의 가르침 가운데서 어거스틴이 발전시킨 원죄 교리에 대해서도 중대한 도전을 가했다.

네 번째 도전은 최근에 해당되는 것으로서 심리학과 진화 심리학과 신경과학에 따른 도전이다. 심리학자들은 더 이상 영혼에 대해 말하지 않는다. 그들은 단지 정신에 대해서만 말할 뿐이다. 심리학책들은 인간의 자유의지를 다루지 않는다. 따라서 자유의지라는 주제가 철학의 영역에만 머물게 되었다. 진화 심리학은 '감정'과 '사랑'과 같은 '마음가짐들'을 진화와 유전의 산물로 간주한다. 마지막으로 현대의 신경과학은 뇌의 사고의 작용들과 정신적 사고의 작용들 사이에 강한 상관성이 있다고 주장해 왔다.[143] 그들은 우리의 정신 속에 있는 모든 사고나 경험이 뇌의 특정 부분에서 작용하는 물리적 과정에 상응하는 것처럼 보인다고 주장하는데, 이것은 다음의 문제를 가져온다. '정신'과 '인간으로서의 그 사람의 인격'(또는 강하게 말하자면 영혼)이 뇌의 죽음 이후에도 살아있을 수 있는가? 이 질문에 대해 신경과학은 "아니라"고 답변한다.[144] 우리는 이번 장에서 이 네 가지 도전들을 순서대로 다룰 것이다.

부활에 대한 물리학과 우주론의 도전

몸의 부활(이것은 '예수의 부활'과 '역사의 마지막 때의 모든 죽은 자들의 부활' 모두를 포괄한 부활이다.)에 관한 전통적 이해에 도전하는 문제에 있어서, 현대 우주론에 적어도 다섯 개의 영역들이 존재한다.

첫 번째 도전은 우주가 과거에 우리가 생각했던 것보다 훨씬 크고 광대하며, 우주 안에 있는 모든 물질이 동일한 형태를 갖는 것처럼 보인다는 것이다. 우리가 밤에 보는 별들은 동일한 물질(주로 소수와 헬륨)로 이루어진 것이다. 우리가 살고있는 지구도 역시 고대인들이 생각했던 것과 달리, 다양한 물질로 이뤄진 것이 아니다. 이것은 확실한 것으로 여겨지는데, 이유는 멀리 떨어진 별들로부터 오는 빛의 스팩트럼들이 지구상의 물질로부터 오는 빛의 스팩트럼들과 똑같기 때문이다. 게다가 우리는 매우 먼 거리의 은하계들에 작용하는 중력의 다양한 결과들을 발견하기도 한다. 이러한 이유로 물리학 법칙들이 관찰할 수 있는 우주 전체에 획일적으로 적용될 수 있는 것처럼 보이는데, 이것은 다음의 두 가지 질문들을 가져오게 만든다. 첫째로 예수의 부활한 몸이 현재 어디에 있는 것인가?

(만일 우주 안에 있는 모든 별들과 행성을 검색할 수 있다면, 부활한 예수의 몸을 찾을 수 있을지도 모른다.) 둘째로 죽은 자들이 부활할 때 그들의 몸이 어디에 거하게 되는가? 최근에 몇 명의 물리학자들은 다른 우주의 가능성에 대해서, 즉 우리가 속하는 우주와는 다른 영역들(여기는 다른 물리적 법칙들에 의해 지배받는 곳이다.)의 가능성에 대해서 논했다.[145] 하지만 다른 우주들이나 영역들은 관측되지 않았는데, 이로 인해 그곳들이 우리 인간의 도구들로 관측될 수 있는가 하는 의구심이 제기되었다. 따라서 그것들의 존재는 사변적이라 할 수 있다. 결국 몸의 부활을 지지하는 사람 중에서도 예수의 부활한 몸이 우리 우주 안에 있는 지역에서 발견될 수 있다고 생각하는 사람은 거의 없게 되었다. 만일 예수의 부활한 몸이 존재한다면, 그 몸은 우리의 우주와는 매우 다른 우주에 존재해야만 할 것이다. 우리의 우주가 부활로 인해서 변형되거나, 아니면 예수를 포함해서 죽었던 사람의 부활한 몸은 다른 곳(여기는 우리의 우주와 교차하는 곳이다.)에 존재해야 한다. 우리는 7장에서 이러한 가능성들에 대해서 살펴볼 것이다.

두 번째 도전은 첫 번째 도전과 관련된다. 현대 과학에서 물리학 법칙들은 매우 안정적으로 자리를 잡고 있다. 하지만 예수의 부활과 승천 그리고 죽은 자들의 부활은 현대의 물리학 법칙들을 초월한 것처럼 보인다. 특히 이것들은 가장 굳건하게 확립된 법칙들 가운데 하나인 '물질과 에너지의 보존법칙'을 넘어선다고 할 수 있다. 따라서 부활은 기적에 해당되는 것으로서, 적어도 자연법칙들의 변형을 요청한다. 이런 이유로 일반적으로 최근에 기적들은 '과학 분야들'과 '많은 수의 성서학자들' 모두에 의해서 거부되어왔다. 따라서 예수와 모든 죽은 자들의 부활을 납득하도록 입증하기 위해서, 우리는 기적들과 변화된 자연법칙들의 가능성을 입증해야만 한다.(이것을 우리는 7장에서 다룰 것이다.)

세 번째 도전은 현재 우리가 알고 있는 것처럼 '시간'과 '변화 내지 과정'이 물질과 몸이 가지고 있는 본질적인 특성들로 이해된다는 점이다. 절대영도absolute zero,(-273.16°C)를 제외하고는, 물질은 항상 움직임 가운데 있다. 심지어는 최소단위를 이루는 미립자들도 변화한다. 유기체적인 몸들 역시 항상 변화의 과정(성장, 변영, 죽음, 분해) 중에 있다. 따라서 '썩지 않는 물질'로 구성되어 있다고 여겨지는 부활한 몸에 관한 전통적인 기독교 믿음은 우리의 우주에서는 '모순' 내지 '불가능성'에 해당되는 것처럼 보인다. 이러한 관점에서 볼 때 '썩지 않고 변하지 않는 몸'이라는 표상이 가능할 수 있겠는가? 현재 우리는 몸이 만년필처럼 지속적으로 에너지를 섭취하면서 소비한다고 알고 있다. 이런 방식으로 몸은 그 형태를 유지하며, 에너지는 항상 몸을 통해서 흘러간다. 만일 에너지의 흐름이 멈춘다면 몸은 즉시 죽게 될 것이다. 그렇기 때문에 우리가 알고 있는 대로 '변화'라는 것이 몸이 가진 본질적인 특징처럼 보인다. 문제는 썩지 않는 몸이 가능하겠는가 하는 것이다. 이것은 부활한 상태의 시간에 있어서 상당히 중요한 문제를 가져온다. 천국에 시간이 존재할 수 있는가? 천국이 항상 똑같은 곳인가? 몇 명의 현대 사상가들은 어떤 형태로든 시간이 천국의 특징이 될 수 있다고 주장해 왔고, 또한 천국이 무시간성의 정적인 상태가 아니라 지식과 사랑이 성장해 가는 무한한 과정이라고 주장해 왔다.[146] 대조적으로 영원은 모든 시간을 포함하는 동시에 초월하는 것으로 여겨진다. 따라서 천국은 이러한 가능성들의 결합이라고 생각될 수 있다.

네 번째 도전은 현재 우리는 우리 인간의 몸이 우리를 둘러싸고 있는 물리적 환경과 격리된 것이 아니라는 이해와 관련이 있다. 우리의 물리적 환경들은 우주의 나머지 부분과 같이 동일한 물질로 구성되어 있으며, 계속해서 물질을 환경과 교환하고 있다.(예컨대 음식과 물을 섭취했다가 노폐물을 배설하는 것 등이 여기에 속한다.) 따라서 우리는 죽은 자의 부활이 더 커다란 환경(전체 우주와 같은 환경)의 부활을 수반한다고 생각할 수 있다. 이러한 가능성이 바울에 의해서 암시되는데, 그는 다음과 같이 말한다. "피조물이 바라는 것은 썩어짐의 종노릇한 데서 해방되어 하나님의 자녀들의 영광의 자유에 이르는 것이니라."(롬 8:20-21) 이것은 변형된 피조물, 즉 일종의 '변형된 물질성'materiality과 '부활한 몸의 환경으로서의 공간과 시간'이 새롭게 수반되어야 함을 말하는 것처럼 보인다. 과연 이것이 가능하겠는가? 우리가 '부활'을 우리 자신의 환경과 다른, '매우 다양한 조건들을 가진 우주가 나타나는 것'으로 생각해야 되는 것인가?

마지막으로 현대 우주론에 기인하는 종말론적 도전들에 대해서 살펴보자. 먼 미래가 현재 우리의 우주와 무슨 상관이 있는가?[147] 현재 우주가 계속 팽창하고 있다는 증거가 있는데, 이것은 단순한 팽창이 아니라 가속화된 팽창이다. 그렇다면 우주는 영원히 팽창할 것이다. 수십억 년이 지난 후에 언젠가 별들은 타버리거나 냉각상태에 이르게 될 것으로서, 우주는 빛이나 열이 없는 상태로 남게 될 것이다. 우리가 알고 있듯이 그러한 우주에 생명체는 존재할 수 없다. 이와는 다른 것으로서, 우주의 팽창이 멈출 것이고 중력이 우주를 붕괴시키도록 만들 것이라는 '대안이론'이 있다. 수십억 년이 흘러가는 과정 중에서 우주는 '특이점'singularity,(이것은 모든 물질이 사실상 무한한 밀접상태로 축소되는 것을 말한다.)으로 붕괴될 것이다. 다시 말하거니와 여기에도 생명체는 존재할 수 없다.

현재 은하계라는 우리의 공간적 영역보다 더 나은 전망들은 존재하지 않는다. 50억 년이 지난 후에 태양은 차갑게 되거나 팽창할 것인 바, 베텔게우스 별Betelgeuse,(오리온자리에 속하는 1등별)같이 적색 거성으로 변할 것이다. 화성의 궤도 역시 팽창할 것이다. 이런 과정 속에서 지구는 불에 타서 없어질 것이다.(이런 시나리오가 베드로후서 3장 7절의 예언과 유사한 것을 주목하라. 베드로후서 3장은 지구가 불로 인해서 파괴된 후에 제거될 것이라고 말한다.) 아마도 인간은 다른 행성들로 이동하게 될 것인데, 이렇게 하는 것은 단지 죽어가는 과정을 연장하는 행위가 될 뿐이다. 왜냐하면 태양이 결국 타 버려서 온 우주가 캄캄해지고 태양계가 열도 없고 빛도 없는 상태가 될 것이기 때문이다.[148] 따라서 이러한 미래의 과학적 시나리오들은 우리가 아는 대로 생명체의 생존에 대해서 희망을 갖지 못하도록 만든다. 우리의 우주가 나아가고 있는 '종말론적 곤경'cul-de-sac으로부터 벗어나는 유일한 방법은 현재의 우리의 우주와는 매우 다른 물질의 상태와 시간에 속하는, 우주에서 파생되어 나오는 '부활한 생명체'를 상정하는 것이다. 우리는 6장과 7장에서 그 가능성을 탐구할 것이다.

부활에 대한 역사학의 도전

고대와 중세의 성서해석은 성경을 명백한 하나님의 말씀으로 보는 경향을 가졌다. 고대와 중세에는 인간 저자들과 각각의 성서들을 기록하게 된 역사적 상황들, 그리고 각 성서들의 문학 장르에 대해서 거의 관심을 갖지 않았다. 초점은 오직 신적 메시지에만 맞춰져 있었다. 이러한 절대적인 접근방식이 르네상스 시대에 바뀌기 시작해서 19세기 역사비평의 도래와 함께 그 변화가 극적으로 가속화되었다. 이러한 역사학의 활용은 종교개혁에서도 주요한 요인이 된다. 본래의 언어로 성경을 연구했던 루터는 서방교회가 발전시킨 수많은 전통들, 예를 들면 교황의 권위나 연옥의 실재와 같은 서방교회의 전통들에 도전하기 위해서 역사학의 방법들을 사용했다. 실제로 본래의 성서 언어를 연구함으로써 본래의 성서 텍스트들로 돌아가는 것이 개신교의 특징이 되었다. 하버드나 예일 같은 대학들의 일부 분과들은 개신교도들이 본래의 성서 언어를 통해서 성서를 연구하는 법을 가르치기 위해서 세운 학교이다. 계몽주의 시기와 19세기까지도 성서 본문들을 연구하기 위해서 역사비평 방법들이 사용되었다. 성서 역사학자들의 목표는 성서 본문들의 형성과 그 본문들이 기록된 문화적 배경들을 가능한 한 많이 발견하는 데에 있었다. 즉 이들의 학문적인 목표가 신적 저자(하나님-옮긴이)에 있다기보다는, 인간 저자에 놓여져 있었다는 것이다. 예컨대 일찍이 다량의 복사본들을 포함하고 있는 모세오경을 보면서, 모세오경이 모세 한 사람에 의해서 쓰여진 것이 아니라 여러 개의 초기 문서들로 구성된 것임을 알게 되었다. 1860년 영국에서 출판된 「평론과 논평」 Essays and Reviews이라는 책이 영어권에서 표석이 되는데, 이 책은 저명한 영국성공회 신학자들이 성서해석에서 과학적 방법론들을 사용하는 것을 옹호했다. 그들 가운데 벤자민 조웻Benjamin Jowett이라는 옥스퍼드 대학의 헬라어 교수가 있었다. 그는 성서가 여타 다른 책들처럼 본래의 언어로 교육받은 전문 학자들에 의해서 해석되어야 한다고 주장했다.[149]

고고학의 출현 또한 성서 본문들에 관한 역사적 해석에 큰 기여를 했다. 예를 들면 앗수르의 수도이자 고대의 큰 도시인 니느웨Nineveh가 기원전 612년에 메대Medes에 의해서 파괴되면서 이후의 역사에서 사라지게 되었다. 따라서 니느웨의 행방들에 관한 지식까지도 사람들로부터 잊혀지게 되었다. 그러나 1847년 영국의 탐험가인 오스텐 앙리 라이어드 Austen Henry Layard가 니느웨에 있던 큰 궁전 센나케립Sennacherib과 잊혀졌던 아슈르바니팔Ashurbanipal의 서고 유적들(고대세계에서 가장 큰 서고 중 하나였던 이 서고에서 22,000개의 설형 문자판이 발견됐다.)을 발견했다. 그 설형 문자판들 가운데 아카드의 창조 신화인 「에누마 엘리쉬」 Enuma Elish가 있다. 에누마 엘리쉬의 내용은 창세기의 창조기사와 유사하다. 아마도 창세기 기자들이 에누마 엘리쉬에 영향을 받은 듯하다. 또한 이집트인들의 창조기사와 같은 또 다른 고대의 창조기사도 발견이 되었다. 이러한 여타의 다른 고대의 창조 이야기들이 학자들로 하여금 창세기의 창조기사가 기록된, 인간과 문화의 배경들을 다시 구성하도록 했다. 예컨대 우리가 창세기 1-11장에서 보게 되는 물리적 우주의 도식은 아카디아와 바벨론과 같은 다른 고대문화가 갖고 있는 우주의 도식과 유사하다. 평평한 지구, 기둥들이 세워져 있는 것, 바다로 둘러싸인 것, 반구형 모양의 지붕과 하늘, 위쪽에 위치하고 있던 물 등이 그것이다. 위쪽 지붕에 있었던 물이 밑으로 내려와서 비와 눈과 우박이 되었다. 이 물은 또한 대홍수의 시기에 범람함으로써 땅을 진압하며 위협하기도 했다. 물리적 우주에 대한 이러한 도식은 현대의 우주관과는 매우 다른 것으로서, 이것은 창세기 1-11장의 기자들이 기록했던 우주관과 유사하다. 왜 하나님이 고대인들에게 현대의 우주관을 계시하시지 않았는가라고 질문할 때, 그 대답은 매우 자명하다. 고대의 성서 독자들 중에서 현대의 우주관을 믿을 사람이 아무도 없었기 때문이다.(그들은 그것을 이해할 수 조차 없었을 것이다.) 좋은 교사들이 그렇게 하듯이 창세기 저자들은 학생들의 눈높이에서부터 시작했다. 창세기의 내용은 '하나님에 관한 심오한 계시'와 '하나님과 인간과의 관계성'을 포함하고 있다. 즉 인간이 하나님의 형상으로 만들어졌다는 것이다. 창세기 저술의 목적은 인간이 자신의 이성으로 이해할 수 있는 물리적 우주에 관한 진리를 드러내고자 함에 있지 않다. 그 목적은 인간이 자신들의 구원에 있어서 적절치 않은 존재임을 드러내고자 함에 있다. 즉 창세기의 목적이 하나님의 관한 믿음의 진리들과 인간에 관한 하나님의 관계성을 드러내는 데에 있다는 것이다. 이런 방식으로 이해했을 때, 창세기 1-11장은 더 이상 문자 그대로의 역사나 과학을 발견하기 위해서가 아니라 하나님과 인간에 관한 영적인 진리를 드러내 주는 상징적인 이야기(창조신화)로 읽혀져야 한다. 하지만 많은 기독교인들에게 창세기에 관한 이런 재평가가 중대한 도전이 되는데, 이러한 도전은 역사학으로부터 비롯되었다.

유사한 도전들이 성서학자들이 역사비평방법을 신약성서에 적용하기 시작했을 때부터 나타나기 시작했다. 이에 대한 좋은 사례가 루돌프 불트만이 1951년에 출판한 「예수 그리스도와 신화」[150]이다. 불트만의 논지는 예수의 근본적인 메시지가 하나님 나라의 선포에 있다는 것이다. 예수의 메시지는 종말론적이었다. 하나님 나라는 역사 속에서 천천히 드러나는 것이 아니라 하나님의 직접적인 개입을 통해서 갑자기 초자연적으로 드러난다. "하나님이 갑자기 세상과 역사를 끝내시고, 영원한 축복의 새로운 세상을 가져오실 것이다."[151] 예수는 이것이 '가까운 미래에' 일어날 것이라고 여겼다. 불트만은 다음과 같이 말한다.

예수와 그 땅 공동체의 기대는 성취되지 않았다. 동일한 세상과 역사가 여전히 존재하면서 지속된다. 역사의 과정이 신화에 이의를 제기했다. "하나님 나라" 개념은 신화적이다. ... 하나님 나라의 기대에 관한 가설들, 이름하여 하나님에 의해서 창조되었음에도 불구하고 마귀와 사탄에 의해 다스려진다는 세상 개념과 사탄의 군대와 마귀들이 모든 악과 죄와 질병의 원인이라는 개념도 신화적이다. 보통 신약성서에 있는 예수의 선포에 전제되는 모든 세상 개념은 신화적이다. ... 예컨대 세상이 하늘과 땅과 지옥이라는 세 가지 형태로 구성되었다는 것도 신화적이다. 사건들의 과정에 초자연적인 힘이 간섭한다는 개념과 기적 개념도 신화적이다. ... 우리는 이러한 세상 개념을 신화적이라고 부른다. 이유는 이것이 과학에 의해 발전되고 모든 현대인들에 의해 채택된 세상 개념과 다르기 때문이다. ... 현대 과학은 자연의 과정이 초자연적인 힘들에 의해서 간섭받을 수 있다고 생각하지 않는다. 마찬가지로 현대의 역사연구도 하나님 또는 사탄과 마귀들이 역사 과정에 간섭한다고 여기지 않는다. 현대인들은 자연과 역사의 과정이 초자연적인

힘들에 의해 간섭당한다고 여기지 않는다.[152]

기독교를 향한 현대 역사학의 도전에 있어서 불트만의 요약보다 더 명확한 것은 없다. 한편으로 현대 역사가들은 그 본래의 문맥 속에서 성서 본래의 의미를 발견하려고 했다. 이것은 결국 예수의 메시지가 종말론적이고 초자연적이라는 인식을 갖게 했다. 다른 한편으로 현대 역사는 현대 자연과학의 가설들(현대자연과학은 사건들이 초자연적 원인들 없이도 자연적 원인에 의해 설명될 수 있다고 말한다.)을 수용했다. 불트만은 기적들에 관한 자신의 비평서에서 이 점을 분명히 밝힌다.

현대인은 실재를 단지 하나의 현상으로만 여기며, 사건들을 우주의 합리적 질서 체제 내에서 이해할 수 있다고 여긴다. 현대인은 기적들을 인정하지 않는다. 이유는 기적이 합리적 질서에 들어맞지 않기 때문이다. 이질적이고 불가사의한 사건이 발생했을 때, 현대인은 합리적인 원인을 발견할 때까지 가만히 앉아만 있지 않는다. 고대의 성서적 세계관과 현대의 세계관 사이에 두 가지 형태의 사고의 차이점이 존재한다. 신화적인 사고와 과학적인 사고가 그것이다.[153]

이러한 비판은 분명히 이 책에서의 우리의 연구와 관련이 있다. 이유는 기적을 거부함에 있어서 불트만은 몸의 부활을 신화적인 것으로, 그렇기 때문에 더 이상 현대인들에게 신뢰할 수 없는 것으로 거부하기 때문이다. 불트만은 전통 기독교를 향한 현대자연과학과 역사학의 도전에 대해서 명료하게 진술했다. 하지만 여기서 그것을 논하는 것은 적절치 못하다. 불트만의 목표는 신화적인 개념들과 예수의 메시지의 핵심을 구별하는 것이었다. 본래의 예수의 메시지는 신화적으로 덧입혀진 것이다. 따라서 현대인들은 예수의 메시지가 갖고 있는 본래적 의미를 발견해야 한다. 본래의 예수의 메시지는 죽음과 어두움 앞에서 하나님의 미래를 준비하는 것에 있었다.

실제로 우리에게 임박한 하나님의 미래를 준비하는 것, 우리가 기대하지 않을 때 도둑과 같이 올 수 있는 이러한 미래를 준비하는 것, 이것이 예수의 신화적 선포가 가진 더 깊은 의미이다. 우리는 미래를 준비해야 한다. 이유는 이러한 미래가 모든 사람에게 향한 심판이기 때문이다. 즉 이 세상에 얽매여 있어서 자유롭지 못하고 하나님의 미래를 준비하지 않는 사람에게 향한 심판이기 때문이다.[154]

나는 이러한 불트만의 설득력 있는 충고에 동의한다. 나중에 논의하겠지만 우리의 생애 속에서 종말론적인 하나님 나라가 이루어지기를 기대하는 것은 오류이다. 매우 많은 사람들, 심지어는 바울이나 초대교회 대부분의 사람들이 과거에 이러한 실수를 범했다. 예수는 마지막 날이 언제 올지를 아는 사람이 없다고 말했다. "그 날과 그때는 하늘의 천사들도 아들도 모르고, 오직 아버지만 아시느니라."(마 24:36) 예수가 모르는 것을 우리가 어떻게 알 수 있겠는가? 우리는 단지 임종 시에 그리스도와 하나님의 임재 속으로 부름받게 된다는 것을 믿을 뿐이다. 하지만 그 죽음이 언제 일어나는지에 대해서는 알지 못하기 때문에 우리가 준비되어야 하는 것이다.

이제 전통 기독교를 향한 역사학의 도전의 몇 가지 양상에 대해서 들여다보려고 한다. 초기의 역사비평이 이룩한 업적 가운데 하나는 많은 성서의 책들(창세기, 출애굽기, 사복음서 등)이 단계적으로 구성되었다는 사실과 여러 편집자들이 자료들을 사용함으로써 성서를 편집했다는 사실을 밝힌 것이었다. 가장 초기의 복음서로 여겨지는 마가복음이 이에 대한 샘플이 된다. 마가복음은 대략 65-70년 사이에, 즉 예수의 죽음 이후 대략 35-40년이 지난 이후에 기록되었다. 마가복음의 기자라고 여겨지는 마가는 예수의 직접적인 제자가 아니라 베드로의 제자였다. 복음서를 기록하는 데 있어서 마가는 베드로와 같은 가장 초기 예수의 제자들의 직접적인 가르침을 통해서 전해진 예수의 말씀들과 행실들을 가져왔다. 그는 또한 수난 전승(이것은 현재 분실된 것이다.)을 사용했을 수도 있다. 이러한 사실들은 마가에 의해서 기록된 예수의 가르침들과 행실들이 구전으로 수십 년 동안 전해져 내려왔음을 의미하며, 예수의 행실들이 구전되는 과정에서 최종 기자에 의해서 변형되었을 수도 있음을 의미한다. 유사한 다른 복음서 본문들을 비교함으로써 이것이 사실이라는 것을 입증할 수 있다. 예컨대 주의 기도가 누가복음 11장 2-4절과 마태복음 6장 9-13절 모두에 나온다. 하지만 두 본문이 동일한 기도자의 것으로 여겨짐에도 불구하고, 누가복음의 주기도문은 그 분량이 마태복음에 나오는 기도의 절반밖에 되지 않는다. 따라서 주의 기도와 관련해서 실제적인 예수의 말씀에 접근하기 위해서는 학문적인 재구성을 시도해야 하는데, 우리는 헬라어로 쓰여진 누가의 버전과 마태의 버전을 예수가 말씀하신 본래의 아람어로 번역해야 한다. 하지만 이렇게 하더라도 우리는 예수가 가르쳤던 정확한 기록을 발견해 내지 못한다. 이유는 예수의 말씀들이 목격자들에 의해서 기록된 것이 아니라 두 기자(마태와 누가-옮긴이)에 의해서 기록되기 이전에 구전 전승에서 보존되었다가 수정되었기 때문이다. 여기서 마태복음과 누가복음의 기자들은 다른 신학적 의도들을 갖고 있었던 것으로 여겨진다.(아마도 그 의도에 따라서 그들이 기록한 것이 수정되었을 것이다.) 이것은 다음과 같은 문제를 가져온다. 우리가 예수가 자신의 생애 동안에 실제로 언급했고 행했던 것을 회복할 수 있는가? 현재 '역사적 예수'를 자신들의 버전들로 기록한 학자들의 저술 작품이 있다. '예수 세미나'에서 저자들이 역사적 예수를 자신들의 버전들로 재구성했고, 그런 과정에서 그들은 복음서들에 기록된 예수의 말씀 대부분을 버렸다. '예수의 부활'을 포함해서 일반적으로 소위 '자연 이적들'을 불트만이 문제 제기했다는 이유로 인해서 폐기처분했다. 따라서 예수의 부활은 초기 기독교공동체가 새로운 방식으로 예수의 임재를 경험했음을 의미하는 것으로 재해석되었다. 즉 예수가 죽은 자들로부터 부활한 것이 아니라는 것이다. 이러한 해석에 기초해서 봤을 때 부활은 예수에게 발생한 것이라기보다는, 초기 기독교공동체에서 발생한 것이다. 하지만 예수의 부활이 없다면 사후세계에 대한 기독교의 믿음은 허구가 된다. 이러한 것이 전통적 기독교를 향한 과학적·성서적 비평의 도전이다. 우리는 7장에서 이러한 반론들에 대해서 응수할 것이다.

부활에 대한 생물학과 진화론의 도전

진화론은 1859년 다윈의 「종의 기원」이 출판된 이래로 상당히 많은 변화를 거듭해 왔다. 진화론은 현대의 유전학과 인구통계학 그리고 매우 복잡한 이론인 신다윈주의 이론과 같은 다른 학문 분야를 통합했다. 하지만 신다윈주의가 전적으로 물질주의적이고 무신론적인 것은 아니다. 일부 진화 생물학자들은 기독교인들로서, 그들은 기독교와 진화론의 양립가능성을 주장한다. 이러한 견해를 '유신론적 진화론'이라 칭한다.[155] 하지만 그럼에도 불구하고 현대 진화론이 갖고 있는 대부분의 견해들은 인간 이해에 있어서 물질주의적이고 자연주의적인 견해를 강화하면서 비물질적 영혼에 관한 믿음을 신뢰하지 못하는 것으로 여기고 있다.

첫 번째 도전은 신다윈주의로서, 이 이론은 자연 진화가 어떻게 인간이 출현했는지에 대해서 답을 제시해 주는 완전한 설명이라고 주장한다. 이것은 오직 자연만이 인간들을 만들어 낼 수 있음을 의미하는 것으로서,

인간을 만들어 내는 데 있어서 하나님이 아무런 역할도 하지 않으셨음을 의미한다. 이런 사고방식이 근래 수십 년 동안에 더욱 두드러지게 되었다. 우리는 다윈의 저작들에서 이러한 사고방식의 기원을 발견하게 된다. 예를 들면 「인간의 유래」the Descent of Man의 마지막 부분에서 다윈은 인간의 도덕적 믿음들의 기원에 대해서 고찰한다. 다윈의 주장에 따르면, 이러한 믿음들은 자연선택의 산물인 인간의 사회적 본능들로부터 파생되어 나온 것이다. 말하자면 이러한 믿음들이 하나님의 계시(유대교, 기독교, 이슬람교 신학자들은 이러한 믿음들이 하나님의 계시로부터 온 것이라고 주장한다.)가 아니라 자연으로부터 왔다는 것이다. 이것은 이 시대의 사람들에게 다윈의 주장이 얼마나 타당한가 하는 것을 여실히 보여준다. 이유는 다윈의 주장이 자연주의적 특성에 해당이 되기 때문이다. 다윈은 자주 빅토리아 시대의 예절Victorian propriety에 대해서 관심을 가지고 기독교의 믿음들에 대해서 언급했음에도 불구하고, 그가 이해한 기독교적 믿음들은 '종' 또는 '인간의 기원'을 설명하는 데 있어서 중요한 역할을 하지 못했디. 이와 달리 다윈의 저술 작품들의 본래의 취지들은 오늘날 일반적으로 받아들여진 가설과 이론이 되었다. 진화 심리학과 같은 학문들은 진화과정들을 통해서 자연적으로 모든 인간의 특성을 설명하는 데 몰두하고 있다. 종교 자체는 공동체를 결속시키는 데 기여하면서 종교적인 그룹들에게 진화론적인 이점을 제공하는 것으로 여겨진다. 이런 이유로 자연적으로 설명된 진화가 어떻게 자연과 인간이 만들어지게 되었는가에 답을 제시해 주는 대안적인 이론이 되었다. 지적 범주들 안에서, 진화가 전통적으로 내려왔던 종교적 설명들을 거의 전적으로 대체했던 것이다.

두 번째 도전도 첫 번째 도전과 관련된다. 창세기 1장 27절은 인간이 하나님에 의해서 '하나님의 형상으로' 만들어졌다고 진술한다. 이 구절은 전통적으로 하나님과 인간 사이에 유사성이 있음을 의미하는 것으로서, 즉 인간이 하나님을 알고 사랑하며 하나님의 성령에 참여함을 의미하는 것으로 해석되었다. 유대교인들과 기독교인들 그리고 이슬람 교인들은 인간의 삶의 목표를 하나님을 알고 사랑하다가 사후세계에서 하나님과 함께 있는 것으로 이해한다. 하지만 인간에 관한 자연주의적 진화론의 이해는 인간 삶의 목적을 초자연적인 것에 두지 않는다. 따라서 인간이 하나님을 알고 사랑하면서 초자연적인 하나님의 뜻을 소유한다는 기독교의 가르침은 자연주의적 진화론으로 말미암아 약화 될 수밖에 없다.

세 번째 도전은 다음과 같다. 인간이 원시 조상들로부터 점진적으로 출현했거나 진화한 것이라고 할 때, 영혼이 어느 시점에서 발생했는가 하는 것이다. 진화 역사에 있어서 첫 번째 인간이 출현한 시점이 언제인가? 그런 시점을 결정짓는 것은 매우 어려운 문제로서, 이로 인해 영혼과 사후세계에 관한 기독교의 믿음이 훼손될 수 밖에 없다.

네 번째의 도전은 고통과 죽음 그리고 자연 속에 있는 악에 대한 인식의 변화에 초점이 맞춰져 있다. 창세기에는 타락 이전 시기에 인간 또는 짐승이 언젠가 반드시 죽게 된다고 하는 것이 분명히 기술되어 있지 않다. 죽음은 금지된 과일을 따 먹은 후에 첫 번째 남자와 여자에게 부여된 형벌들 가운데 하나일 뿐이다. "너는 흙이니 흙으로 돌아갈지니라."(창 3:9) 바울은 죽음이 죄에 대한 형벌이며 아담의 죄로 인해서 죄와 죽음이 세상에 들어왔다고 말했다.(롬 5:12) 하지만 자연에 관한 새로운 지질학적 지식과 다윈의 이론은 죽음과 소멸이 인류가 출현하기 이전인 영겁의 시기에서부터 자연에 광범위한 역할을 감당했다고 주장한다. 다윈은 다음과 같이 말했다. "유기체적인 세상의 역사에서 독특한 역할을 감당해 온 종의 소멸과 모든 종의 그룹의 소멸은 불가피하게 자연선택의 원리를 따를 수밖에 없다. 이유는 낡은 형태들이 새롭고 개선된 형태들로 대체되기 때문이다."[156] 다윈 이후에 서양의 자연관은 더욱더 모호해졌다. 자연선택과 다윈주의는 점진적으로 오래된 낭만주의적 전망(자연이 창조주와 조화를 이루는 방대한 흔적에 해당된다는 견해)으로 대체된 모든 자연의 실체와 관련해서 '투쟁'을 강조했다. 낭만주의적 전망은 주로 허드슨 리버 스쿨Hudson River School의 그림들이나 프레드릭 교회Frederic Church의 그림들 속에 잘 나타나 있다.[157] 자연 속에 있는 장대한 낭만주의적 전망(석양의 빛과 넓은 대양과 생명을 있게 하는 공기, 파란 하늘과 인간의 마음 등이 이러한 것들에 속한다. 워즈워스의 시 「틴턴 대사원」Tintern Abbey에 이러한 것들이 나타나 있다.)은 자연에 '적자생존'의 전망(이것은 허버트 스펜서의 표현법이다.)과 '맹위를 떨치는 냉혹한 자연'이라는 전망(이것은 테니슨의 표현법이다.)을 집어넣었다.[158] 따라서 인간은 갈등과 고난과 연민 그리고 자연에 본유적으로 내재되어 있는 죽음에 대한 깊은 인식 없이도, 자연을 성스러운 우주로 간주하게 되었다. 이러한 도전들을 5장과 6장에서 다룰 것이다.

부활에 대한 심리학과 신경과학의 도전

인간 기원에 관한 성서적 이해가 과학적 대안들로 대체되었던 것처럼, 심리학과 관련된 무수히 많은 전통적인 기독교의 이해들이 최근에 심리학과 신경과학의 이론들로 인해서 심각하게 도전받고 있다. 어원적으로 볼 때 심리학은 영혼과 마음과 정신에 관한 연구를 가리킨다. 서양에서의 심리학 연구는 아리스토텔레스나 플라톤에게까지 거슬러 올라간다. 그러나 심리학책들은 일반적으로 1879년 빌헬름 분트Wilhelm Wundt가 라이프찌히에 첫 번째 심리학 연구소를 세움으로써 과학으로서의 심리학이 시작되었다고 말한다. 1879년 이전에 심리학은 철학과 신학의 분과였다. 고대의 심리학은 그 방식에 있어서 현대 심리학과 상당히 달랐다. 플라톤

이래 플라톤주의에 영향받은 철학자들(예를 들면 어거스틴)은 정신의 일부분이 영적인 면을 갖기 때문에 인간이 하나님과 같은 영적 실재를 직접적으로 알 수 있다고 주장했다. 이러한 '앎'은 어떠한 개념들을 통해 중개된 것이 아니라 신적 은총에의 참여와 하나님의 선하심과 아름다움을 명상함으로써 갖게 된 것이다. 플라톤의 대화편 「향연」The Symposium에 나오는 유명한 구절은 정신이 아름다운 것들을 명상하다가 최상의 아름다움에 관한 명상으로 나아간다고 말한다.

멀리서부터 오는 사랑으로 훈련받은 사람과 질서와 연속 안에 있는 아름다움을 바라보도록 훈련받은 사람은 마지막 순간에 갑자기 놀라운 자연의 아름다움을 인식하게 될 것이다. … 자연이 가진 아름다움은 성장하다가 쇠하는 것이 아니고, 커지다가 작아지는 것도 아니며, 영원한 아름다움이다. … 행위의 상태 속에 있는 진정한 질서와 다른 사람에 의해서 사랑으로 이끌려진 존재는 땅과 산의 아름다움으로부터 시작되는 것으로서, 이 존재는 또 다른 아름다움을 추구하면서 단계를 밟아 위를 향해서 나아간다. 즉 한 사람에서 시작해서 두 사람이 함께, 두 사람에서 모든 사람에게로, 모든 사람이 올바른 실천들과 정당한 관념들로 나아가는 것이다. 그는 정당한 관념들을 가지고 '절대적 아름다움'이라는 관념에 도착한 후에 아름다움의 본질이 무엇인가 하는 것을 알 때까지 계속해서 위를 향해서 나아간다. 이것은 다른 사람들보다 높은 곳에 위치한 삶으로서, 인간은 절대적인 아름다움을 명상하면서 이러한 삶을 살아야 한다.[159]

수백 년이 지난 이래 신플라톤주의에 영향을 받은 어거스틴은 피조물이 하나님께로 올라간다는 '상승'이라는 견해를 다음과 같이 묘사했다.

나는 위로부터 와서 내 마음을 변화시키는 것이 불변하고 진실된 영원한 진리인 것을 깨달았습니다. 나는 육체로부터 영혼의 단계로, 영혼으로부터 외부의 사물들에 내재해 있는 영혼이 가진 내적인 힘에로 나아갔습니다. 동물들의 능력도 여기까지는 미치는데, 이 지점에서 나는 판단을 위해서 위탁된 이성의 능력으로 한 단계 더 나아갑니다. 나에게 있어서 이것은 변화시켜야 하는 대상으로 존재합니다. 또한 이것이 나를 나 자신이 지닌 본래적인 이해의 수준으로 이끌고, 습관으로부터 나의 사고를 자유롭게 하며, 모순적인 환영(幻影)을 가진 군중들로부터 나를 벗어나게 하기도 합니다. 따라서 나는 변화하는데 있어서 변하지 않는 것들이 요구된다고 외치면서, 또한 변하지 않는 것에 속한 본래의 지식이 어떻게 존재하는지에 있어서 나를 밝혀준 빛이 의미하는 것을 발견합니다. 만약 이것이 어떤 점에 있어서 변함없는 지식을 갖지 않았다면, 변화 가능하다는 믿음을 가지고 변함없는 지식을 추구하지는 않았을 것입니다. 흔들리는 섬광 속에서 나의 마음은 사물의 본래 상태에 도달했습니다. 이제 나는 당신(하나님-옮긴이)에게 속한, 볼 수 없는 것들을 바라봅니다. 이것들은 전적으로 당신께 속한 것입니다. 하지만 나는 지속적으로 나의 눈을 그것들에 고정시키지 못합니다. 연약함으로 인해서 나는 예전의 습관들로 돌아갑니다.[160]

플라톤이 「향연」에서 완전한 아름다움으로의 상승에 대해서 설명하는 것처럼, 어거스틴은 상승의 방식을 하나님께 향한 신비한 지식에 적용한다. 우리는 어거스틴에게서 인간 지성에 비춰진 빛이 곧 하나님의 빛인 것을 주목해야 한다. 대개 정신은 복잡한 모순의 잔상(殘像)들 속에서 사멸된다. 따라서 신적 '빛'의 조명은 하나님에 관한 신비적 지식에 도달하는 것을 필요로 한다. 하나님의 은총이고 하나님의 선물인 이 신적 '빛'은 정신이 지닌 자연적인 능력들을 넘어선다. 자연적인 분석이나 자연과학을 가지고는 이러한 신적 빛을 이해할 수 없다. 이유는 신적 빛이 자연의 힘을 능가하기 때문이다. 이것은 오직 신비적 상승의 경험 속에서만 이해될 수 있다. 따라서 어거스틴과 기독교 신비주의자들에 따르면, 인간의 정신은 신적 빛의 조명을 통해서 직접적으로 하나님을 알 수 있다. 모든 전통

적인 기독교 심리학은 우리의 추론적인 이성과는 다른 것으로서, 사랑의
행위와 같은 직관적이고 명상적인 과정을 통해서 '대상으로의 하나님'이
아니라 '주체로서의 하나님'에 대해서 아는 것이라고 말한다. 이런 류의
하나님에 대한 지식(이것은 하나님에 대한 사랑으로 말미암은 지식이다.)[161]은 기독교인
의 죽음의 전체 과정에 있어서 본질적으로 중요하다. 이유는 희망을 품고
죽음을 맞이함에 있어서 우리가 하나님께 나 자신을 내맡기면서 하나님
의 임재 속으로 나아가는 것이기 때문이다. 하지만 우리가 하나님을 '연
인 대 연인'의 관계로 친밀하게 알지 못한다면, 우리는 결코 이렇게 될 수
없을 것이다. 이러한 사고가 또한 신약성서에서, 특히 요한복음에서 발견
된다. 요한복음은 하나님을 향한 우리의 내밀한 지식이 하나님의 사랑을
통해서 전해진다고 말한다.

너희가 나를 사랑하면 나의 계명을 지키리라. 내가 아버지께 구하겠으니 그가
또 다른 보혜사를 너희에게 주사 영원토록 너희와 함께 있게 하리라. 그는 진리의
영이라 … 너희는 그를 아나니 그가 너희와 함께 거하심이요 너희 속에 계시겠음
이라. 내가 너희를 고아와 같이 버려두지 아니하고 너희에게로 오리라. 조금 있으
면 세상이 다시 나를 보지 못할 것이로되 너희는 나를 보리라. … 그 날에는 내가
아버지 안에, 너희가 내 안에, 내가 너희 안에 있는 것을 너희가 알리라. 나의 계
명을 지키는 자라야 나를 사랑하는 자니 나를 사랑하는 자는 내 아버지께 사랑을
받을 것이요 나도 그를 사랑하여 그에게 나를 나타내리라(요 14:15-23)

바울도 '내주하시는 성령'이라는 이미지에 대해서 논했다. "우리에게
주신 성령으로 말미암아 하나님의 사랑이 우리 마음에 부은 바 되었도
다."(롬 5:5) 보통 결혼식 때에 읽혀지는 고린도전서 13장의 유명한 구절에
서, 바울은 사랑(아가페)의 가치를 기술하면서 사랑이 이 세상에서 끝나는
것이 아니라 천국에서 완성된다고 말한다. 바울은 다음과 같이 말하면서

고린도전서 13장을 마무리한다. "지금은 내가 거울로 보는 것 같이 희미하나 그때에는 내가 얼굴과 얼굴을 대하여 볼 것이요 지금은 내가 부분적으로 아나 그때에는 주께서 나를 아신 것 같이 내가 온전히 알리라."(고전 13:12) 우리가 사랑을 통해서 하나님을 직접적으로 알긴 하지만, 그러나 이 세상에서 우리는 하나님을 온전히 알지 못한다. 이것은 천국에서만 가능한 일이다. 여기 이 땅에서 하나님을 아는 것은 사랑과 사랑의 영이신 성령을 통해서만 가능한 일이다. 하지만 이 세상에서 우리는 부분적으로만 성령의 삶에 참여한다. 믿음의 열매인 이러한 참여가 직관적으로 하나님을 아는 지식이 된다. 이 지식은 추론적인 개념들이나 이성을 통해서 전해진 것과는 다른 것이다.

이렇게 우리가 '참여'와 '신적 조명'을 통해서 하나님을 직접적으로 알 수 있다는 견해가 현대의 과학적 심리학에서는 완전히 자취를 감추게 된다. 즉 현대의 심리학에서 영혼은 '마음'으로, 마음은 '뇌'로, 뇌는 '자연선택의 산물'로 축소되었다는 것이다. 이러한 심리학의 도전은 관찰될 수 있고 측정될 수 있으며 테스트 될 수 있는 것들만을 다루는 과학에 기인한다. 자유의지를 배제하면서, 과학은 자유의지를 철학의 자리로 옮겨놓았다. 또한 과학은 측정될 수 없고 테스트 될 수 없는 영혼을 배제시켰다. 또한 과학은 대개 신학의 영역에 속하는 신비적인 지식과 영성도 빼버렸다. 이처럼 전통적인 기독교가 영혼의 영적인 능력들이라고 생각한 것들이 현대 심리학에서는 무시된다. 일반적으로 현대 심리학은 측정될 수 없고 테스트 될 수 없는 영적 요인들이라는 견지가 아니라, 사회적 원인들과 환경적 원인들과 심리학이라는 견지 하에서 인간의 정신적인 행동을 분석한다. 예를 들면 알코올 중독은 보통 유전의 산물이나 사회적 요인들, 또는 유아기 때의 요인들의 문제라고 여겨진다. 일반적으로 알코올 중독과 관련된 전문적인 과학적 논문에서는 인간의 자유의지와 영적인 요인들을 다루지 않는다. 즉 알코올 중독자 갱생회(이 모임은 알코올 중독자들로 하여금 "보다 높은 권능을 가진 존재"로부터 오는 도움을 구할 것을 촉구한다.)가 알코올 중독을 다룸에 있어서 오랜 역사를 가짐에도 불구하고, 자유의지와 영적인 요인들을 다루지 않는다는 것이다.

심리학책들은 심리학을 행동과 마음에 관한 과학적 연구라고 규정한다.[162] 제임스 나네James Nairne의 심리학책은 마음을 다음과 같이 규정한다. "오늘날 우리가 마음이라고 부르는 것은 다름 아닌 뇌의 활동일 뿐이다. 마음은 뇌의 행동에 불과하다."[163] 물론 이것은 뇌가 죽을 때 마음까지도 죽게 됨을 의미한다. 따라서 여기에 죽음 이후 생존해 있는 영혼 개념이 들어설 여지란 없다. 따라서 마음이 곧 뇌라는 견해는 자유선택의 실재성과 관련해서 여러 문제들을 야기시킨다. 유씨엘에이 대학UCLA의 신경 정신병학자인 제퍼리 쉬바르쯔Jeffrey Schwartz는 다음과 같이 말한다. "현대의 과학적 세계관에서는 인간의 의지가 자유롭지 못하다는 것이 사실로 여겨진다. 인간의 의지는 물질적인 힘들에게 사로잡힌 포로일 뿐이다. 더 근본적으로 말하자면 마음의 표명인 인간의 의지란 존재하지 않는다. 이유는 뇌와 무관한 마음이라는 것이 존재하지 않기 때문이다."[164] 이러한 것이 이 시대에 심리학과 신경과학의 도전이다. 우리는 이러한 도전을 5장과 6장에서 다룰 것이다.

05

임사체험

죽음은 허구에 불과하다.

-팜 레이놀즈Pam Reynolds-[165]

우리가 살펴봤듯이, 진화생물학과 신경과학에서 나온 증거는 몸의 죽음 후에도 영혼이 살아있다는 전통적인 기독교 믿음을 향해서 강하게 도전해왔다. 하지만 이와는 다른 흐름들도 있다. 이것들은 보통 과학적 증거들에 의해서 묵살된 것들로서, 마음이 물리적 죽음 이후에도 생존한다고 주장한다. 소위 임사체험NDEs이 그것이다.[166] 임사체험은 1975년 의사 레이몬드 무디Raymond Moody의 책 「생명 이후의 생명」Life after Life의 출판과 더불어서 대중적인 문학작품에서 다루어졌다. 무디는 자신의 책에 거의 죽었다가 다시 소생되는 기이한 경험들로 보고된 사람들의 이야기 백 오십 편을 수록했다. 이 사람들은 자기의 몸 밖에 있으면서 자신의 사고장면이나 수술장면을 보았다고 주장한다. 그들은 자신들이 어두운 터널 속으로 끌어 당겨졌다가 마지막에 가서 놀라울 정도의 사랑과 평안감을 주는 찬란한 빛을 보았다고 한다. 무디는 이 빛을 '빛의 존재', 즉 놀라운 사랑의 인격적 존재라고 기술했다. 이 빛의 존재가 그 사람들을 자세하게 알고 있으면서 살아생전에 무엇을 행했는가를 물었다고 한다. 한 여자는 이것을 다음과 같이 설명한다. "그 빛의 존재의 질문 후에 나는 그 빛의 존재에게 나의 삶 속에서 내가 행했던 일들을 보여주려고 했다."[167] 임사체험이 가진 또 다른 일반적인 특징은 소위 '삶에 대한 재고'이다. 임사체험을 경험한 사람들은 자신들의 전체의 삶이 매우 상세하게 자신들 앞에 비추어지는 것을 자주 접한다. 그들은 자신들에게 일어났던 사건들 뿐만 아니라 그 사건들이 다른 사람들에게 끼친 결과들까지도 보게 된다. 종종 그들은 예전에 자기들이 사랑했던 죽은 사람들(그 사람들은 몸으로부터 벗어나 있었다.)을 만나기도 한다. 과거에 죽은 사랑했던 사람들 중에는 그들이 알지 못하는 사람들도 있었고, 또 죽었는지 살았는지 몰랐던 친척들도 있었다. 임사 체험자들은 자신들의 육체로 돌아가도록 요구받았는데, 이유는 지상에서 그들이 해야 하는 일들이 아직 끝나지 않았기 때문이었다. 일반적으로 볼 때 이러한 경험들이 그 사람들의 삶을 변화시켰다. 그들은 죽음에 대해서 전혀 두려워하지 않았고, 물질에 대해서 덜 집착하면서 더 풍성한 이타적인 삶과 영적인 삶을 살기 위해서 노력했다.

이 책에서의 우리의 탐구에서 이런 이야기들이 중요하다. 만일 사람들이 임사체험 환자들이 주장하는 것처럼 자신들의 몸 밖에서 실제로 인식하고 생각하며 기억하면서 자신들의 정체성을 유지할 수 있다면, 이것이야말로 사후세계에 대한 강력한 증거가 될 것이기 때문이다. 하지만 임사체험 환자들의 주장들은 논쟁의 여지를 갖는다. 특별히 임사체험은 인간의 의식이 몸이나 뇌 밖에서 존재할 수 없음을 주장하는 과학자들에 의해서 반박된다. 하지만 죽음에 가까운 그러한 기이한 경험들을 한 사람들이 많다는 것에 대해서는 어느 누구도 부인하지 못한다. 문제는 어떻게 그러한 경험들이 설명될 수 있는가 하는 것이다. 회의론자들은 보통 그러한 경험들을 뇌 속에 있는 물리적 조건(산소의 부족과 엔돌핀들 그리고 환각 또는 뇌가 죽어가는 과정 등) 때문이라고 말한다. 하지만 임사체험을 경험한 사람들은 거의 만장일치로 자신들의 경험을 실제 경험이라고 주장한다. 즉 그들이 육체 밖에 있는 상태에서 영적 실체(이 실체는 이 땅에서의 실체보다 더 실제적인 존재이다.)를 만난 경험들을 실제라고 말한다는 것이다. 이번 장에서 우리는 임사체험에 관한 다양한 해석들을 고찰하면서 그러한 경험들을 사후세계에 관한 증거로 평가할 것이다.

유체이탈?

많은 임사체험 경험자들은 몸 밖에 있는 상태에서 자신들의 회생과 같은 사건들을 인식할 수 있다고 주장한다. 이런 경험을 소개하는 기사가 비비씨 방송사가 제작한 「내가 죽은 날」이라는 제목의 디브이디DVD로 출시되었다. 이 비디오는 수많은 임사체험자들과 임사체험을 연구하는 사람들, 그리고 임사체험을 반대하는 사람들과 인터뷰한 내용들을 담고 있다. 이 중에서 특히 몸 밖의 상태에서의 경험들에 있어서, 팜 레이놀즈 Pam Reynolds의 이야기가 타당성을 갖는다.[168] 1991년 아틀란타에서 온 작곡가인 레이놀즈는 지독한 현기증과 함께 두통 증상을 보이고 있었다. 그녀는 뇌의 맨 아랫부분에 상당량의 동맥류가 있다는 진단을 받으면서 의사로부터 오래 살지 못한다는 말을 들었다. 그녀는 의사 로버트 스패츨러 Robert Spetzler에게 '심장정지'라고 이름 붙은 수술을 받도록 피닉스에 있는 배로우 신경연구소Barrow Neurological Institute로 보내졌다. 수술 중에 환자의 몸은 10에서 15도의 차가운 상태에 놓여졌고, 모든 심장과 뇌의 활동이 정지상태에 있었다. 그녀는 뇌에서 피를 뺀 상태에서 동맥류 수술을 받았다. 이후에 다시금 피가 환자에게로 흘러 들어갔고 심장이 다시 뛰기 시작했다. 이것이 레이놀즈에게 일어난 일이다.[169] 그녀는 뇌파와 심장박동 그리고 혈압과 평균체온과 뇌의 체온 그리고 혈액산소 수준을 측정하려는 수술 도구들로 둘러싸여져 있었다. 그녀의 눈꺼풀이 덮여 있던 상태에서 누군가가 그녀의 귀에 대고 말을 걸었다. 그녀의 뇌간에 있는 청신경의 민감성을 측정하기 위해서 그녀를 향해 시끄럽게 찰칵거리는 소리가 반복해서 들렸다. 따라서 의식상태에 있었지만, 그녀는 아무것도 하지 못한 채 단지 듣기만 했을 따름이다. 펜타돌pantathol을 주입한 후에 전신마취 상태에서 그녀의 두개골은 열려져 있었고 동맥류에 접근하기 위해서 뇌는 절단되어 있었다. 그 순간에 피는 몸에서 더 이상 흐르지 않았고 그녀의 몸도 차가운 상태에 있었다. 그녀의 심장과 뇌 또한 정지상태에 있었다. 수술 기구들이 뇌의 무활동 상태를 가리키고 있었다. 의사 스패츨러는 동맥류의 위치를 발견해서 절단했고, 절단한 그 자리를 건강한 혈관으로 대체시켰다. 수술받은 부위들이 다시 봉해졌고 따뜻해진 피가 다시금 그녀의 몸으로 흘러 들어갔으며 심장이 다시 뛰기 시작했다. 그녀가 다시 살아났던 것이다. 수술하는 데 대략 4시간 정도 걸렸다. 수술받는 동안에 레이놀즈는 그녀의 몸이 당겨지는 경험을 했다. 자신의 몸 밖에서 그녀는 수술실 안에서 자기가 수술받는 장면을 보았다. 후에 그녀는 어두운 터널로 이끌려져서 매우 밝은 빛을 보았다. 거기서 그녀는 죽은 친척들, 즉 그녀의 할아버지와 할머니 그리고 삼촌과 조카를 만났다. 그들은 그녀에게 그녀의 몸으로 돌아가야 한다고 분명하게 말했다. 다음은 자기에게 일어났던 일에 대해서 그녀가 직접 한 말이다.

나는 누워서 수술실에서 일어났던 몇 가지 일들을 봤던 것을 기억합니다. 내가 생각하기에, 나는 나의 생애 중 가장 명료한 의식상태 속에 있었습니다. ... 그것은 일반적인 광경에서 벗어난 것으로서, 매우 밝았고 명료한 광경이었습니다. ... 수술실 안에 많은 사람들이 있었지만, 나는 그렇게 사람들이 많았다는 것을 알지 못했습니다. 나는 그 사람들이 나의 머리카락을 깎은 방식이 매우 독특하다고 생각했습니다. 그 사람들이 나의 머리카락 전부를 깎을 것이라고 생각했지만, 그렇게 하지 않았습니다. ... 전동칫솔처럼 보이는 톱날 같은 것이 있었는데, 그 톱날은 교체할 수 있는 칼날을 갖고 있었습니다. 그 칼날은 소켓 렌치처럼 보였습니다. ... 누군가 나의 정맥과 동맥이 매우 작다고 말했습니다. ... 내가 생각하기에 그 소리는 여자의 음성이었는데, 아마도 머레이 의사가 아닌가 생각합니다만 확실치는 않습니다. 머레이 의사는 심장병 전문의였습니다. 나는 그녀가 인공심폐기에 대해서 말했던 것을 기억합니다. 나는 인공호흡기를 싫어했습니다. ... 거기에 많은 수술 도구들이 있었지만, 나는 그 도구들을 알아보지 못했습니다. ... 몸이 끌어당겨지는 느낌이 들었지만 나는 저항하지 않았습니다. ... 그 느낌은 오즈의 마법사 같은 것으로서, 소용돌이 속으로 빨려 들어가는 것과 같았습니다. 회전하면서 현기증을 느끼는... 그 느낌은 엘리베이터를 타고 매우 빨리 올라가는 것과 비슷했습니다. ... 거기가 터널 같았지만, 터널은 아니었습니다. 터널의 어느 지점에서 나는 할머니가 나를 부르는 것을 알아차렸습니다. 하지만 그 소리는 나의 귀로 듣는 것이 아니었습니다. ... 그 소리는 귀로 듣는 것보다 더 명료한 소리였습니다. 나는 그 소리가 귀로 듣는 소리 이상으로 분명한 소리였다고 생각합니다. 할머니는 자기에게 오라고 말했고, 나는 두려워하지 않고 수직 통로처럼 된 곳 아래로 내려갔습니다. 내가 지나간 곳은 어두운 수직 통로였습니다. 그 끝에 작은 바늘 끝 같은 빛이 있었는데, 그 빛이 점점 더 커졌습니다. 그 빛은 믿을 수 없을 정도로 밝았는데, 나는 백열전구의 한 가운데 앉아있는 것처럼 느껴졌습니다. 그 밝은 빛 속에서 사람들을 보게 되기를 기대하면서 손을 흔들었지만, 사람들을 볼 수 없었습니다. ... 나는 빛 속에서 사람들을 분간하기 시작했습니다. 그들은 내가 알아보고 이해할 수 있는 형태들을 만들기 시작했습니다. 나는 그 사람들 가운데 한 사람이 나의 할머니인 것을 알아챘습니다. 나는 그것이 실재인지 투영인지를 알지 못하겠습니다. 하지만 나는 거기서 나의 할머니와 할머니의 목소리를 알아차릴 수 있었습니다. 내가 봤던 모든 사람에 대해서 나는 그 사람들이 자신들의 생애 동안에 가장 좋은 모습을 하고 있었다고 생각했는데, 그런 나의 생각은 틀린 것이 아니었습니다. 거기서 나는 많은 사람들을 알아 볼 수 있었습니다. 나의 삼촌 제네Gene도 거기 있었고, 할아버지도 거기 있었습니다. ... 그들은 특별한 방식으로 나와 내 뒤를 바라보고 있었습니다. 그들은 내가 더 앞으로 나가는 것을 허용하지 않았습니다. ... 나와 대화할 때 그들은 내가 이해할 수 있는 최상의 방법으로 대화했습니다. 내가 말하는 것처럼 말할 수 없었기 때문에, 그들이 그런 최상의 방법으로 나와 대화했던 것이라고 생각합니다. 그들은 나를 다시금 몸 안으로 밀어넣을 수 없었습니다. ... 한편으로 나는 그 빛 속으로 들어가고 싶은 마음도 있었고, 다른 한편으로 다시 몸으로 돌아가고 싶은 마음도 있었습니다. 양육해야 하는 아이들이 있었기 때문입니다. ... 할머니는 나를 그 터널 속으로 데려가지 않았습니다. ... 삼촌이 나를 터널로 데려가겠다고 말했습니다. ... 결국 나는 마지막에 가서 나의 몸을 봤습니다. 그 순간에 나는 몸 속으로 다시 들어가고 싶지 않았습니다. 누워있는 나의 몸이 전복당한 열차의 잔해처럼 매우 끔찍해 보였기 때문이며, 죽은 사람처럼 보였기 때문입니다. 나의 몸은 무언가로 덮여져 있었습니다. 그러한 두려운 상황으로 인해서 나의 몸을 보고 싶지 않았던 것입니다. 수영장으로 다이빙하는 것 같은 느낌이 나에게 전해졌습니다. ... 원하지 않았지만, 누군가 나를 밀치는 것을 뚜렷하게 느끼면서 동시에 나는 몸으로 집어넣어졌습니다. ... 그 느낌은 수영장에 있는 차가운 물 속으로 다이빙하는 것과 같았고, 나는 고통을 느꼈습니다.[170]

수술실에서 수술받는 장면에 관한 그녀의 설명을 포함해서, 이 이야기는 매우 상세하게 기술되어 있다. 처음에 수술실에 있었던 의사 마이클 사붐Michael Sabom은 수술시 사용된 수술 도구에 대한 그녀의 설명이 틀렸다고 증언했다. 그러나 이내 그는 수술실에 있던 톱날의 모습을 알아보기 위해서 사람을 보냈고, 그 톱날이 실제로 전동칫솔처럼 생겼음을 알게 됐다. 그 톱날에 많은 부착장치가 붙어 있었는데, 거기에 소켓랜치처럼 보이는 것이 포함되어 있었다. 따라서 수술 도구와 부착장치들에 관한 레이놀즈의 설명이 매우 정확했음이 밝혀졌다. 그녀는 톱날을 보기를 원했는데, 그녀가 실제로 봤던 그 톱날은 일반적인 톱날처럼 보이지 않았다. 하지만 수실 시 사용됐던 도구를 레이놀즈가 봤을 당시, 그녀의 몸은 전신 마취 상태에 있었고 그녀의 눈과 귀는 닫혀져 있었으며 그녀의 뇌는 정지 상태에 있었다. 레이놀즈는 또한 수실 시 의사들이 그녀의 넓적다리 동맥에서 피를 빼내면서 했었던 대화에 대해서 말했다. 레이놀즈는 여의사가 그녀의 동맥이 너무 작다고 말하는 것을 들었다. 실제로 의사들은 먼저 오른쪽 넓적다리 동맥에서 피를 빼내려고 했지만 그것이 너무 작았기 때문에 왼쪽 넓적다리 동맥에서 피를 빼내야 했다. 여기서 다시금 레이놀즈의 얘기가 정확하다는 것이 드러난다. 의사 스패츨러는 레이놀즈가 수술실의 톱과 그 부착장치들이 어떻게 생겼는지를 몰랐을 것이라고 증언했다. 이유는 그러한 수술 도구들이 살균 상태를 유지하기 위해서 수술 전에 봉해져 있었기 때문이다. 레이놀즈는 또한 자신의 동맥이 평범한 것에 비해서 매우 작다고 말하는 의사들의 대화를 듣지 못했을 것이다. 의사 스패츨러는 다음과 같이 말한다. "나는 레이놀즈기 겪은 생리학적인 상황에 대해서, 어떻게 이런 일이 가능한지를 모르겠다."[171]

레이놀즈의 이야기는 보통 임사체험에서 보여지는 많은 특징들, 예컨대 자신의 육체를 벗어난 상태에서 그곳의 장면들을 설명하는 것, 어두운 터널을 통과하는 것, 빛을 보는 것, 빛 속으로 들어가는 것, 죽은 친척들과의 만남, 비언어적인 의사소통, 매우 심오한 평화롭고 사랑스러운 감정, 빛 속에 있고 싶다는 바램, '죽은' 물리적 몸으로 돌아오기를 꺼려하는 것 등, 자신의 육체를 벗어난 상태에서 겪은 여러 특징들을 갖고 있었다. 또한 회복 이후에 나타나는 느낌도 전형적인 특징이 된다. 레이놀즈는 자신이 이제 죽음을 두려워하지 않는다는 것을 증언하면서, 죽음을 거짓말과 같다고 생각한다고 말한다. 임사체험 환자들이 수술실이나 수술실 밖의 다른 곳에서 일어났던 사건들을 정확하게 설명할 수 있는 능력이 임사체험을 이해하는데 있어서 매우 중요하다. 그런데 적어도 과학자들에게 있어서 그러한 경험들은 영적 실체와의 실제적 만남으로가 아니라, 뇌 속의 물리적 원인의 견지로만 설명될 뿐이다. 하지만 임사체험 환자들이 자신들이 목격하지 못했던 사건들을 정확하게 설명하는 것을 보면서(여기서 그 환자들이 그때 혼수상태에 있거나 아니면 그들이 말한 사건들이 그들의 감각기관의 범주 밖에 있던 일이거나 하는 것은 중요치 않다.), 임사체험을 단지 육체적인 뇌의 산물로 간단히 설명하기에 무리가 있음을 알게 된다. 임사체험 환자들이 혼수상태에서 자신들의 감각 범위를 넘어 경험한 사건들을 설명함에 있어서, 입증되지 않은 수백 개의 이야기들이, 아마도 수천 개의 이야기들이 존재한다. 레이놀즈의 이야기가 이에 해당되는 두드러진 사례인데, 이유는 임사체험을 경험한 그 순간에 그녀의 뇌의 활동이 측정되지 않았음을 제시해 주는 관찰기구들이 수술실에 있었기 때문이다.

레이놀즈의 임사체험 이야기가 몇 개의 과학 연구들에 소개가 되었다. 그 연구들 중 하나가 아틀란타의 심장병 전문의인 마이클 사붐에 의해서 행해졌다. 먼저 사붐은 레이몬드 무디의 유명한 책 「생명 이후의 생명」Life after Life에 관한 교회의 토론 모임에서 임사체험 환자들을 만났다. 처음에 사붐은 회의적인 반응을 보였다. "나는 임사체험을 믿지 않는다."[172] 하지만 심장마비에 걸렸다가 다시 살아난 환자들과 대화하면서, 그는 그 환자들 가운데 몇 사람이 무디가 말한 그러한 일들을 실제로 경험했다는 것을 발견하고는 깜짝 놀랐다. 그래서 그는 임사체험에 대해서 연구하기로 결심했다. 그는 자신들이 다시 살아난 것을 정확하게 설명할 수 있는 서른 두명의 환자들로부터 임사체험 이야기들을 수집했다. 이 이야기들 모두는 그 환자들이 혼수상태 하에 있을 때 일어난 것들이다. 그들의 이야기 가운데 몇 개는 자신들이 몰랐던 독특한 세부적인 내용들을 포함하고 있었다. 예를 들어 한 환자는 제세동기에 있는 바늘의 움직임에 대해서 설명했는가 하면, 다른 환자는 제세동기의 패들과 장비에 대해서 정확하게 설명했다. 또 다른 환자는 병원 밖의 복도에서 울고 있는 자신의 아내와 아들, 그리고 딸에 대해서 설명했다. 그때 그 환자는 무의식 상태에 있었기 때문에 자신의 식구들이 자신을 방문한 것을 모르는 상태였다. 사붐은 또한 스물 다섯 명의 통제그룹을 구성했는데, 그들은 소생의 경험과 임사체험을 경험하지 않은 사람들이었다. 사붐은 그 환자들에게 자신들의 의식의 회복에 대해서 설명하라고 요구했다. 의식의 회복을 설명함에 있어서 스물다섯 명 가운데 스무 명이 중대한 실수를 범했다.(그들은 구강 대 구강 인공호흡에 인공환기가 사용되었을 것이라고 생각했다.) 그 가운데 세 명만이 심폐소생술 절차에 대해서 모호하면서도 제한된 설명을 했다. 그리고 두 명은 심폐소생술에 대해서 전혀 설명하지 못했다. 따라서 일반적인 상식에 따라서 의식 회복에 대해서 설명할 수 없다고 여겨졌던 심장병 환자들로 구성된 통제집단은 대부분 실패한 반면에, 서른 두 명의 환자들은 정확하게 설명했다. 그들은 일반적으로 몰랐을 것이라고 여겨졌던 시각적인 세부사항들에 대해서도 정확하게 말했던 것이다.[173]

또 다른 연구는 의사 핀 반 롬멜Pirn van Lommel과 영국의 의학 잡지인 「랜셋지」The Lancet에 소개된 기사들이다. 이 연구는 삼백사십 사명의 임사체험 환자들의 진동수와 특징에 대해서 기록했다. 이 환자들은 열 개의 독일 병원에서 여러 시간에 걸쳐서 심장마비에 걸렸다가 성공적으로 의식을 회복한 사람들이다.[174] 그 환자들 가운데 한 사람이 병원으로 후송되었을 때, 그는 이미 혼수상태에 빠져 있었다. 다음은 관상 질환 집중치료 병동이 기록한 내용이다.

밤에 구급차로 치아노제로 인해 혼수상태에 빠진 마흔네 살의 남자가 관상 질환 집중치료 병동으로 후송됐다. 그는 대략 한 시간 정도 전에 목초지에서 지나가는 사람들에 의해서 발견됐다. 우리가 그 환자를 옮기기 위해 나갔을 때 그의 입의 틀니가 밖으로 나와 있었다. 나는 위쪽의 틀니를 벗겨서 "의학용 수레"crash cart에 놓았다. 그 사이에 우리는 심폐소생술을 시행했다. 대략 한 시간이 지난 후 그 환자의 심장박동과 혈압이 회복됐다. 하지만 그 환자는 여전히 혼수상태 가운데 혈액에 산소를 공급받고 있었다. 그는 인공호흡을 위해서 중환자실로 옮겨졌다. 일주일이 지난 후에 나는 그 환자를 다시 만났는데, 그는 그때까지 심장병 환자들이 있는 곳에 누워있었다. 그에게 약을 나눠주는 순간, 그가 나를 보면서 말했다. "아, 저 간호사가 내 의치가 있는 곳을 알고 있습니다." 나는 매우 놀랐다. 잠시 후 그는 이 일에 대해서 설명하기 시작했다. "그래요. 당신은 내가 병원으로 후송됐을 때 그 자리에 있었어요. 당신이 내 입에서 의치를 빼서 다른 의학용 수레 위에 놓았죠. 수레 위에 많은 병들이 있었고 수레 밑에 미닫이 서랍이 있었는데, 그 서랍 안에 당신이 내 의치를 넣어 두었어요." 나는 매우 놀랐다. 이유는 그 남자가 깊은 혼수상태에 빠진 상태에서 심폐소생술 과정에 있었던 당시의 일을 기억하고 있었기 때문이다. 내가 그에게 이후에 벌어진 일들에 대해서 묻자, 침대에 혼수상태로 누워있는 것처럼 보였는데도, 그는 의사들과 간호사들이 심폐소생술 때문에 바빴던 것을 알고 있었다. 또한 그는 자신의 의식이 회복됐던 작은 방과 거기에 자기처럼 누워있었던 환자들의 용모에 대해서도 정확하고 상세하게 설명했다. 그 상황을 목격할 당시, 그는 우리가 심폐소생술을 그만둬서 자기가 죽게 되는 것이 아닌지를 매우 두려워했다고 한다. 열악한 의료조건 때문에 우리는 그 환자의 회복에 대해서 부정적이었다. 그 환자는 필사적으로 우리에게 자기가 여전히 살아있기 때문에 심폐소생술을 계속해야 한다는 것을 밝히려고 했다고 나에게 말했다. 그는 그 경험으로 인해서 깊은 감동을 받았으며 더 이상 죽음을 두려워하지 않는다고 말했다. 사주 후에 그는 건강이 회복돼서 병원을 떠났다.[175]

의학 관찰 하에 일어난 일로서 이 이야기들은 사실인 것으로 밝혀졌다. 임사체험연구논문에는 이와 유사한 수백 건의 이야기들이 있다. 실제로 유체이탈체험들은 자주 보고되는 임사체험의 특징이다. 삼백사십 사명의 환자들에 관한 롬멜의 연구에서, 육십 이명이 임사체험자로 기록됐다. 그리고 육십 이명 가운데 이십 사 퍼센트가 유체이탈체험을 했다고 기록하고 있다.[176]

과거에 죽은 사랑했던 사람들을 보는 것

유체이탈 경험 동안에 임사 체험자들은 자신들이 알지 못했거나 알고 있었던 죽은 친척들을 만난다. 이것이 임사체험의 또 다른 주요한 특징에 해당된다. 다음은 아트워터P. M. H. Atwater의 「새로운 아이들과 임사체험」에 나온 이야기들을 요약한 것이다.

미시간주 태생의 린Lynn은 열세 살 때 심장절개 수술을 받았다. 수술 시 문제들이 발생하면서 그녀는 몸에서 벗어나는 경험을 했다. 그녀가 수술실 밖 대기실에 들어갔는데, 거기서 그는 자신의 아버지가 울고 있는 것을 봤다. 아버지는 여느 때와 매우 달라 보였다. 곧 그녀는 터널 속으로 빨려 들어가서 커다란 빛을 보았다. 거기서 빛의 존재를 만났는데, 빛의 존재가 그녀를 향해서 아직은 죽을 시간이 안 됐으며 해야 할 일이 있다고 말했다. 그녀는 또한 거기서 자기가 예전에 만난 적이 없었던 한 남자를 만났다. 그는 그녀에게 자기가 프랭클린 아저씨라고 말했다. 그는 린에게 도로시 숙모에게 자기는 괜찮으며 "아기도 자기와 함께 있다고 말하라고 했다. 프랭클린 삼촌은 숙모 도로시를 계속 사랑하며 그녀가 살아있어서 기쁘다고 말했다. 계속해서 도로시 숙모의 때가 됐을 때 자기가 그녀에게 갈 것이라고 말했다."[177] 본래의 상태로 회복된 후에 린은 자신의 경험을 가족들에게 말했다. 가족들은 매우 충격적인 반응을 보이면서 당황스러워했다. 그녀의 숙모 도로시는 여러 해 전에 프랭클린과 결혼해서 임신을 했었다. 하지만 프랭클린은 2차 세계대전의 전쟁터로 떠나고 나서 이탈리아 땅에서 전사했다. 도로시는 너무 놀란 나머지 유산을 했다. 일 년 후에 도로시는 조지와 결혼했다. 조지는 프랭클린과 결혼하기 전에 도로시가 사귄 사람이었다. 조지는 앞으로 프랭클린의 이름을 거론하지 않아야 하고, 그에 관한 어떤 설명도 하지 말아 달라고 강력하게 요구했다. 따라서 도로시와 프랭클린의 관계가 임사체험 중 프랭클린을 만나기 전까지, 조카딸인 린에게 알려지지 않은 것이었다.

린의 임사체험을 통해서 아이들의 죽음에 대해서 풍부한 경험을 했던 조사자는 엘리자베스 퀴블러 로스Elizabeth Kubler-Ross이다. 그녀의 직업은 죽음을 조사하는 정신의학이었다. 엘리자베스는 죽음에 관한 주제와 관련해서 여러 책들을 출판했는데, 그 가운데 하나가 「죽음과 죽음의 순간」On Death and Dying이라는 제목의 책이었다.[178] 그 책에서 엘리자베스는 죽음을 다음과 같이 몇 단계로 설명한다. '부인', '분노', '협상', '낙담', '수락'이다. 이 책 1판에서 퀴블러 로스는 사후세계에 관한 믿음을 '부인'의 형태로, 즉 자신의 죽음을 수락하지 않는 방식이라고 여겼다. 하지만 그녀는 아이들의 임사체험을 조사하고 난 후에 자신의 생각을 완전히 바꿨다. 이후에 출판한 「죽음과 죽음의 순간」에서 엘리자베스는 다음과 같이 말한다.

나는 전 세계에 있는 수천 명의 임사체험 환자들을 연구했다. ... 생명을 위협하는 사건이 일어나기 전까지, 그 사람들 가운데 상당수가 질병이 없었다. 그런데 그들은 갑작스럽게 예기치 않은 심장마비를 경험했다. ... 유체 이탈 체험의 공통

분모는 물리적 몸에서 빠져나가는 것을 그들이 전적으로 인식한다는 것이다. ... 그들은 자신들이 처음에 쓰러졌던 곳의 광경에 대해서 알고 있다. 사건이 일어나는 광경, 병원 응급실, 집에서 침대에 누워있는 광경 등. ... 그들은 자신들을 구조하기 위해서 사람들이 차에서 내린 후 집에 도착하는 광경, 불을 진압하는 광경, 구급차가 도착하는 광경 등, 사건이 일어나는 광경을 매우 자세하게 설명한다. 심지어 그들은 부서진 차 안에서 심하게 훼손된 자신들의 몸을 구출하기 위해서 사용된 토치램프들의 개수까지 정확하게 설명한다. 우리는 수년 동안 빛을 인식하지 못했던 눈먼 환자들을 연구함으로써 이런 사실들을 확인했다. 놀라운 것은 그들이 사람들이 입고 있었던 옷의 색깔과 디자인 그리고 보석까지도 설명했다는 것이다. ... 어떻게 볼 수 있었는가를 질문 받았을 때, 그들은 다음과 같이 말했다. "그것은 당신이 눈을 감은 상태에서 꿈을 꾸는 것과 비슷한 것입니다." 그들이 말한 세 번째 경우는 사랑하는 사람들-여기에는 가장 가까운 친척들이 포함되는데, 그들보다 먼저 죽은 사람들이었다-이 곁에 있다는 것을 인식하는 것이었다. ... 비판적이고 의심쩍은 조사자들이 그러한 인식들이 사실이라는 것을 어떻게 밝힐 수 있었을까? 우리는 사랑하는 사람의 죽음을 알지 못했던 사람들로부터, 그리고 사고 이후 죽은 사람이 곁에 있음을 인식했던 사람들로부터 자료를 모으기 시작했다. 그 사람들은 '돌아갈 수 있는 문'에 있었던 사람들이었다.

그녀는 다음과 같은 또 다른 사례들을 제시했다.

한 소년이 "그래요. 이제 모든 것이 괜찮습니다. 엄마와 피터가 나를 기다리고 있습니다"라고 대답했다. 만족스럽지 못한 미소를 띠면서, 그 소년은 우리가 죽음이라고 부르는 과도기에서 혼수상태로 빠져들었다. 나는 그의 어머니가 사고현장에서 죽었지만 피터는 아직 죽지 않았다는 것을 알고 있었다. 그 소년은 불이 난 차에서 구출되지 못했기 때문에 심하게 화상을 입은 상태였고, 그런 상태에서 병원의 화상 환자치료실로 가고 있었다. 자료를 모으고 있었기 때문에, 나는 그 소년에 관한 정보를 받은 후에 피터를 찾기로 결심했다. 그러나 그렇게 할 필요가 없었다. 이유는 내가 간호원실에 들어갔을 때 다른 병원에서 나에게 전화로 피터가 몇 분 전에 죽었다고 말해줬기 때문이다. 캘리포니아에서 오스트리아의 시드니까지, 나는 시간을 두면서 천천히 은밀하게 자료를 수집했다. 백인 아이들과 흑인 아이들, 원주민들, 에스키모, 남미 사람들, 리비아의 청소년들, 정확하게 불과 몇 초 앞서서 자기보다 먼저 죽은 사람이 자기를 기다리고 있다고 말하는 고아들 등. … 우리는 그 아이들 중 어느 누구에게도 친척들이 최근에 죽었다는 것을 말하지 않았다. 이것이 우연의 일치일까? 지금까지 나의 동료 몇 사람이 주장하는 것처럼 '산소 부족'oxygen deprivation의 결과나 '합리적이고 과학적인' 상식들을 가지고 이러한 현상들을 설명하는 과학자들이나 통계학자들이 있었지만, 그 누구도 나를 납득시킬 수 없었다.[179]

과거에 죽었던 사랑하는 사람들을 보는 것이 임사체험에서는 흔한 일이다. 롬멜의 연구에 나오는 환자들 가운데 임사체험 환자들 삼십 이 퍼센트가 과거에 죽었던 사랑하는 사람들을 보았던 것으로 보고되었다.[180]

임사체험으로 인해서 사람들이 어떻게 변화되는가?

임사체험에서 가장 자주 나타나는 결과들 가운데 하나가 태도와 생활 방식에 있어서의 근본적인 변화이다. 임사체험 환자들은 전형적으로 물질에 대해서는 덜 관심을 갖게 되고, 덜 이기적이게 되며, 덜 경쟁적으로 변한다. 그리고 사람들에 대해서는 더 이타적으로 변하며 영적인 것들에 대해서 더 많은 관심을 갖는다. 위에서 언급했던 비비씨 방송사를 통해서 방영된 고든 알렌Gordon Allen의 이야기가 여기에 속한다. 알렌은 시애

틀에서 크게 성공했지만 무자비한 금융업자였다. 폐렴으로 병원으로 후송된 후에 그는 임사체험을 경험했다. 그는 자신의 몸으로부터 분리됐고 빛으로 나아갔다. 거기서 그는 심오한 사랑의 느낌을 체험했는데, 전적으로 무조건적인 그 어떤 느낌이 그를 압도했던 것이다. 그는 마치 옛 친구나 형제를 만나는 듯이 자신을 환영해 주는 '고결한 영적 존재'를 만났다. 알렌은 모든 것에는 목적이 있다는 것과 '발생한 모든 일들마다 저마다의 목적이 있다는 것'을 깨달았다. 그 경험 후에 그는 깨달은 바를 실천해서, 자신의 조직기술과 재능들을 단지 돈을 버는 것이 아니라 더 커다란 목적을 위해서 썼다. 이전까지 알렌은 자신의 삶의 목적을 완수하는 것과는 무관한 삶을 살았다. 그런데 이제 그는 방송에서 "의식을 갖게 되는 순간 내 삶이 바뀠습니다"라고 두 번 말하면서, 자신의 마음이 사랑의 불 위에 놓여져 있는 것 같다고 주장했다. 그는 그 느낌에서 벗어나지 못했다. 이제 그는 업계를 떠나서 다른 직업을 찾기로 결심했다. 먼저 그는 예전의 직업에서 떠나기 전에 자신이 직업상 알고 있었던 많은 사람들을 만나서 그들에게 사과했다. 알렌은 다음과 같이 말했다. "나는 그들에게 전화해서 그들에게 했던 일들에 대해서 용서를 구하고 싶었습니다." 그는 덧붙여 말했다. "만약 당신이 전화 상에서 나의 낙담한 목소리를 다시 듣기를 원한다면, 기꺼이 그렇게 하겠습니다." 알렌은 현재 작은 아파트에 살고 있으며 허름한 차를 타고 다니면서 상담가로 일한다. 그는 과거 자신의 부유했던 시절과 현재의 자신을 비교하는 것이 로마 교황의 예배당과 작은 방을 비교하는 것과 비슷하다고 말한다.

내가 가르치는 학생이 나에게 이와 유사한 이야기를 전해주었다. 하지만 이 이야기는 그렇게 극적인 면을 갖고 있지 않다. 그의 아버지는 미네소타 주의 경찰관이었다. 비상근무 시 직장 상사가 자신을 호출했을 때는 언제든지, 그의 아버지는 경찰서에 가서 일하곤 했었다. 그는 늘 아내에게 상사로부터 전화가 오면 자기를 깨워 달라고 말했다. 어느 밤에 심각한 심장마비가 일어났기 때문에 그는 병원으로 후송됐다. 의료팀은 그를 소생시키지 못했다. 따라서 의료팀은 남편을 깨어나게 만드는 마지막 소망의 말을 하도록 하기 위해서 그의 아내를 응급실로 불렀다. 아내가 죽어가는 남편을 다급하게 불렀다. "마이크! 마이크!" 그녀는 자기가 남편을 얼마나 사랑하는지를 말하면서 남편을 향해서 죽지 말라고, 자기를 혼자 내버려 두지 말라고 애원했다. 하지만 반응이 없었다. 그 순간에 그녀가 남편을 향해서 소리쳤다. "마이크, 상사로부터 전화가 왔어요!" 그러자 마이크가 반응을 보였다. 그가 의식을 되찾았던 것이다. 나중에 그는 아내에게 누군가 자기를 부르는 소리를 들었는데, 그 음성이 매우 아름다워서 그곳을 떠나고 싶지 않았다고 말했다. 하지만 경찰로서 상사에 대한 의무감이 자기를 돌아가도록 만들었다고 했다. 이후에 그의 삶은 변했다. 그는 과거에 악의를 품었던 사람들과 평온하게 화해했다. 이제 그는 나무로 된 잔디 장식을 만들면서 시간을 보낸다. 그는 이윤을 위해서 그 잔디 장식을 팔 수 있지만, 그렇게 하지 않고 거저 사람들에게 나눠준다. 그는 오 년 후에 심장마비로 죽었는데, 아내와 함께 지냈던 마지막 오 년의 세월이 가장 행복한 시간이었다고 말했다. 정신과 의사이자 임사체험 연구자인 부루스 그레이슨Bruce Greyson은 이렇게 변화된 삶이 임사 체험자들에게 있어서 일반적인 현상이라고 말한다.[181]

비기독교인들도 임사체험을 하는가?

임사체험은 기독교인들과 비기독교인들 모두에게 해당된다. 모든 종교적·문화적 배경을 가진 사람들로부터, 심지어는 무신론자들로부터도 임사체험의 경험들이 보고된다. 그중에서 특히 하워드 스톰Howard Storm은 우리에게 주목할 만한 이야기를 전해준다. 스톰은 북부 켄터키대학의 영화예술과 교수였다. 서른여덟 살의 스톰은 야망을 품고 있었고 예술가로서 명성을 얻기 원했다. 그는 종교와 종교적인 사람들을 무기력하게 여기면서 경멸했다. 다음은 그의 말이다. "종교인들은 자신들의 평범함을 정당화하기 위해서 환상에 사로잡혀 살아가는 사람들이다."[182] 그는 다음과 같은 신념을 갖고 있었다. "치열하게 다투는 세상에 태어났다면, 패배자가 되기보다 승리자가 되어야 한다. … 예술가로서의 나의 직업은 내가 원하는 것을 얻는 방법일 뿐이다. … 예술가로서 영원한 명성을 얻고 싶다. … 나는 죽음 이후의 삶을 신뢰하지 않는다. 죽는다는 것은 전등의 스위치를 내리는 것과 같다."[183] 1985년 학생들과 함께 파리로 여행을 가던 중에 스톰은 고통으로 주저앉았고 파리의 병원으로 옮겨졌다. 십이지장에 구멍이 났기 때문에 위산이 복부로 흘러 들어갔던 것이다. 그는 즉시 수술을 받아야 하는 상황이었다.(보통 이런 상황에서 사람들은 약 다섯 시간 정도의 기대수명을 가진다고 한다.) 하지만 그때가 주말(1985년 6월 1일)이었기 때문에 병원에는 당번 중인 의사가 한 명 밖에는 없었다. 의사가 도착하기 전까지 스톰은 아홉 시간 이상을 심한 고통 속에서 병원 침대에 누워있었다. 그때 그는 유체이탈체험을 했다.

그는 자신이 옆 침대에 서서 자신의 몸을 바라보고 있는 것을 발견했다. "꿈을 꾸는 것인가라고 생각했지만, 꿈은 아니었습니다. 나는 지금까지의 생애 가운데서 내가 느꼈던 것보다 더 정신이 초롱초롱하고 더 의식이 뚜렷하며 더 생생하다고 생각했습니다. 나의 모든 의식상태들은 매우 생생했습니다. … 그런 명료함과 정확함으로 세상을 바라본 적이 없었습니다."[184] 그는 아내 비버리를 향해 소리쳤지만, 그녀는 그의 목소리를 듣지 못했다. 오히려 "그녀는 옆 침대의 의자에 굳은 채로 앉아 있었습니다.

나는 아내에게 소리치면서 화를 냈지만, 그녀는 나를 무시했습니다. 아내를 향해서 큰소리로 고함을 지르거나 저주를 퍼부었지만, 아내는 반응을 보이지 않았습니다."[185] 스톰은 병원 입원실 밖에서 자기를 부르는 소리들을 들었다. 그것이 무엇인지 알지 못했는데도, 그는 그 소리들을 따라갔다. 그가 가는 길에는 점점 더 두터운 구름과 짙은 어두움이 배어 있었는데, 거기에 깊은 무시간성이 존재하고 있었다. 스톰은 점점 더 무서웠고 지쳤으며 추워서 어찌할 바를 몰랐다. 그는 그러한 무서운 존재들이 계략을 써서 자기들을 따라가도록 자신을 돕겠다고 약속했음을 알아차렸다. 스톰이 거절하니까 그 무서운 존재들이 돌아와서 그의 몸을 잡아 뜯으면서 공격했다.

공포감에 질려서 나는 그것들에게 끌려가서 그것들의 기쁨이 가능한 한 오래 지속되도록 산 채로 천천히 잡아먹히게 될 것이라고 생각했습니다. 그 피조물들은 한때는 인간이었습니다. 내가 그 존재들을 설명할 수 있는 최고의 방법은 동정심이라고는 전혀 없는 최악의 사람을 생각하는 것입니다. 간단히 말하자면 그 존재들은 통제할 수 없는 잔인함으로 똘똘 뭉친 폭도들과 같았습니다.[186]

이십 년이 지났음에도 불구하고 스톰은 그때의 경험을 편안한 마음으로 설명할 수가 없다. "나는 그때 일어났던 모든 일들을 설명할 수 없습니다. … 사실상 그때 일어났던 일들이 너무 섬뜩하고 충격적이어서 나는 그때의 일들을 생각해 낼 수가 없습니다. 그 충격들을 가라앉히기까지 여러 해가 걸렸습니다."[187]

유체이탈체험이라는 극한의 상황 속에서 스톰은 먼저 자신의 삶을 돌아보며 기도하기 시작했다. 어떻게 기도해야 하는지를 몰랐기 때문에, 그는 시편 23편의 "하나님, 미국을 축복하옵소서"라는 기도문과 주기도문을 가지고 서툴게 기도했다. 기도했을 때 악한 존재가 스톰을 저주하면서 물러갔다. 자신의 기도대로 스톰은 멀리 있는 별과 같은 빛이 자기에게 다가오는 것을 보았다. 이내 그 빛이 스톰 위에 임했고, 그를 뒤덮었다. 그 빛은 살아있는 완전한 사랑의 존재였다. "나를 뒤덮고 있는 빛나는 사랑스러운 그 존재가 친밀하게 나를 대했습니다. 그는 내가 나 자신을 아는 것보다 나에 대해서 더 잘 알고 있었습니다. 그는 지식과 지혜였습니다."[188] 스톰은 자신의 과거의 삶을 돌아보는 고통스러운 경험을 했다. 그러면서 그는 자신의 행동들 뿐 아니라 자신의 행동이 다른 사람들에게 끼친 결과들까지, 다른 사람이 자기의 행동을 보고 어떻게 생각했는지에 대해서까지 보게 됐다. 스톰은 예수라고 생각되는 빛의 존재를 향해서, 천사들에 관해 자신이 가졌던 많은 의구심들에 대해서, 예컨대 왜 하나님께서 전쟁을 허용하시는지, 사람들이 죽을 때 그들에게 무슨 일이 일어나는지를 질문했다. 그런 후에 스톰은 응급수술을 하기 위해서 의사들이 도착하기 직전에 파리의 병원 입원실에 여전히 누워있는 자신의 몸으로 돌아가서 의식을 차리게 되었다. 그는 간신히 수술을 성공적으로 마친 후에 미국에 있는 집으로 돌아갔다. 거기서 그는 생사를 알 수 없는 상태로 오주 동안 더 병원에 입원했다가 결국 건강이 회복됐다. 그러나 그의 이야기를 믿는 사람은 거의 없었다.(로마가톨릭의 수녀만이 스톰의 얘기를 믿었는데, 스톰은 그녀가 자기를 위해서 십 삼년 동안 기도해 왔다는 것을 알게 됐다.) 현재 스톰은 미국 그리스도 회중 교회에 출석하고 있다. 또한 학교의 한 부서의 의장으로 십 삼년 동안 봉사하면서 영화예술과 교수 일을 계속해 오고 있다. 그의 작품들이 과거와는 달리 기독교적으로 변했기 때문에 화랑들로부터 거절당해서 더 이상 팔리지 않았다. 하나님과 그리스도께 헌신하기를 원했기 때문에 스톰은 교수자리를 사임하고 신학대학에 가서 수년 동안 공부하다가 오하이오주 신시내티에 있는 미국 그리스도 교회의 목사가 되었다. 거기서 지금까지 목사직을 감당하고 있다. 그의 삶은 완전히 변했는데, 그 변화의 이야기가 그가 쓴 책에 자세하게 기록되어 있다.

임사체험과 관련해서 발생하는 빈번한 문제는 상대적으로 좋지 않은 임사체험이 존재하지 않는가 하는 것이다. 스톰은 이에 대해 다음과 같이 답변한다.

수년간 많은 사람들이 나와 함께 임사체험에 대해서 나눴습니다. 그러한 체험들 가운데 많은 것들이 좋지 않은 임사체험에 관한 것이었습니다. 그러한 사람들 대부분이 자신들의 체험들에 대해서 말하려고 할 때 사람들로부터 부끄러움과 비웃음당하는 것을 염려하면서 나에게 자기들이 경험한 것들을 다른 사람과 솔직하게 나누지 않았다고 말했습니다. 나에게 자신들의 좋지 않은 체험들에 대해서 말했던 사람들의 숫자에 근거해서 볼 때, 그러한 체험들이 평범한 것처럼 보입니다. 그러한 체험들에 대해서 귀 기울여 들을 사람도 별로 있을 것 같지 않다고 생각됩니다.[189]

임사체험에 관한 역사 속에서의 유사한 일들

임사체험과 관련해서 발생하는 또 다른 문제가 있다. 그것은 그런 체험들이 새롭게 발생한 것인지 아니면 이미 역사 속에서 그런 체험들이 발생한 적이 있는지에 관한 것이다. 사실상 세계의 종교 전통들과 문학 작품들은 죽은 자들의 세계와 살아있는 자들의 만남을 풍성하게 다루고 있다.[190] 죽은 자들의 땅으로 떠나는 여행은 영웅들을 다루는 서사시에 등장하는 주요 테마이다. 「길가메시 서사시」에서 고대 우르크의 전설적인 통치자였던 길가메시는 지하세계로 여행을 떠나면서 불멸을 찾아 나섰다.

그는 여러 신들로부터 불멸을 부여받은 유일한 인간인 우트나피쉬팀과 대화하기 위해서 길을 나섰던 것이다.[191] 호머의 「오딧세이」 11장에서 오디세우스는 죽은 자들의 땅을 방문해서 예언자 테이레시아스의 죽은 망령과 대화를 나눴다. 테이레시아스는 오디세우스에게 이타카로 가는 여행에 있어서 견뎌야 하는 미래의 고난들에 대해서 말해주었다. 버질의 서사시에 나오는 영웅 아에네우스도 지하세계로 여행을 떠났다. 거기서 아에네우스는 사악한 자들의 심판과 의로운 자들의 축복받은 과수원과 그의 미래의 후손들의 번성과 아직 태어나지 않은 영혼들, 그리고 로마의 미래를 보았다.(버질의 서사시 6장) 중세 시기의 단테의 대서사시 「신곡」은 단테가 지옥과 연옥과 천국, 다시 말해서 죽은 자들의 영역을 여행하는 것을 다루는 허구적인 이야기이다. 마지막으로 현대의 톨킨J. R. R. Tolkien의 소설 「반지의 제왕」을 보게 되면, 우리는 「반지의 제왕」에서 영웅 아라곤이 사악한 사우론의 군대들과의 싸움에서 자기를 도와줄 군대를 보강하기 위해서 죽은 자들의 땅으로 여행을 떠나는 것을 보게 된다. 이런 서사시들에서 죽은 자들의 땅으로 여행을 하는 것은 어려운 일로서, 위험을 동반한 모험이며 끔찍한 일에 해당된다. 하지만 그 여행은 결과적으로 영웅에게 통찰력과 지혜와 생명과 승리를 가져다준다. 죽은 자들의 영역에로의 여행은 그 여행을 떠나는 사람들에게 삶의 궁극적인 목적과 의미를 깨닫게 한다. 이에 대해 캐롤 잘레스키Carol Zaleski는 다음과 같이 말한다. "(서양과 동양의) 전통들은 죽음을 여행으로 간주하는데, 그 여행의 최종목표는 인간 실체의 회복이다. 더욱이 그 전통들은 죽음에 관한 인식이 지혜를 위해서 전제조건이 된다는 것과, 또한 잘 죽고자 한다면 도덕적으로, 영적으로, 준비될 필요가 있다는 것에 의견을 같이 한다."[192]

고대 문학작품의 몇몇 이야기들도 실제적인 임사체험을 담고 있다.[193] 생생할 정도의 죽음에 가까운 체험 이야기가 비드Bede의 「교회 역사」에 등장한다. 드리델름Dryhthelm이라는 이름의 노섬브리아 사람이 밤이 되기 전에 죽었다. 하지만 새벽에 그가 깨어남으로 '시신' 주변에서 통곡하던 사람들을 놀라게 해서 그의 아내를 제외한 모든 사람이 도망을 쳤다. 드리델름은 죽은 자들의 세계에서의 자신의 경험담을 아내에게 전해주었다. 그는 빛나는 용모의 한 남자에 의해서 한편에는 불꽃이 있고 다른 편에는 얼음과 우박이 있는 거대한 계곡으로 안내를 받았다. 거기에는 인간 영혼들이 이리 저리 뒤치락거리면서 치명적인 열기와 몹시 추운 냉기를 견디고 있었다. 다음으로 그는 어두운 곳으로 가서 무시무시한 불꽃 구덩이를 보았다. 거기에 불꽃들과 같은 인간 영혼들이 있어서 이리 저리 뒤치락거리다가 구덩이 속으로 빨려 들어갔다. 거기서 드리델름은 거대한 성벽의 정상으로 옮겨졌다. 그 위에서 그는 초원을 보았는데, 거기에 하얀 옷을 입은 수많은 사람들이 있었다. 그곳을 지나자 매우 아름다운 빛의 영역이 있었다. 그런데 드리델름은 그 곳에 들어갈 수가 없었다. 이러한 경험으로 인해서 매우 충격을 받았기 때문에 드리델름은 자신의 모든 재산을 가족과 가난한 사람들에게 나눠주고 멜로즈 수도원에 들어갔다. 거기서 그는 기도와 극심한 고행(하루에 한번 얼음물로 목욕하기 등)으로 남은 여생을 보냈다. 비드는 불가사의한 이 남자의 이야기가 영적 죽음으로부터 사람들을 일깨우려는 목적을 갖는다고 논평한다.[194]

고대와 중세의 문학작품에 이러한 이야기들이 수없이 많이 등장한다. 예를 들면 교황 그레고리 1세는 「대화」Dialogues 4장에서 죽었다가 거의 기적적으로 회복돼서 죽은 자들과 지옥과 천국을 보았다고 말하는 몇 명의 사람들을 소개한다. 이러한 이야기들은 이 시대의 임사체험과 여러 면에서 유사하다고 할 수 있다. '죽은 자들'은 자신들의 몸을 떠나서 자신들을 지옥이나 천국으로 안내하는 빛의 존재나 안내자를 만난다. 지옥과 천국에서 죽은 자들은 심판 장면을 목격한다. 죽은 자들은 죽음과 다른 세계에로의 여행을 통해서 '자신들의 삶의 진정한 목표'와 '진정한 선행' 그리고 '우주의 영적 구조'를 이해하게 되는데, 이러한 것들은 지상적인 삶에서는 명백하게 드러나지 않는 것들이다. 하지만 임사체험과 관련된 고대와 중세의 이야기를 현대의 이야기와 비교할 때 다른 점도 있다. 카롤 잘레스키Carol Zaleski는 그 차이점을 다음과 같이 말한다. "가장 두드러진 차이는 20세기의 임사체험 이야기에는 사후의 심판이 없다는 것이다. 지옥도 없고 연옥도 없고 죽음의 순간에 잘못을 깨닫게 하는 고통이나 숨길 수 없는 고통도 없다."[195] 잘레스키는 이러한 차이점을 통해서 임사체험과 임사체험을 다루는 문학작품이 여러 문화적 전망들에 따라서 각각 다르게 만들어졌음을 알 수 있다고 생각한다.[196]

나는 임사체험이 여러 문화적 전망들에 따라서 각각 다르게 다루어졌다는 것에 동의한다. 하지만 한편으로 나는 이 시대의 임사체험에 있어서 사후심판에 관한 기록들의 결핍이 그런 부정적인 경험들이 부족해서라기보다는, 하워드 스톰이 주목하듯이 사람들이 그런 부정적인 경험들에 대해서 말하기를 꺼려하기 때문이라고 생각한다. 실제로 심장병 전문의인 마우리스 롤링스Maurice Rawlings라는 연구원은 이 시대의 임사체험과 관련해서 지옥의 경험들과 관련해서 많은 이야기들이 존재하지만, 임사체험 연구원이 환자들이 회복되자마자 또는 환자들이 그러한 부정적인 경험의 기억들로 인해서 억압당할 때 그들과 인터뷰하기 때문에 지옥의 경험들이 다루어지지 않고 있음에 주목했다. 나아가서 임사체험 경험자들은 자신들의 삶에서 일어났던 모든 사건들을 회고하면서, 그 여러 행실들이 부끄럽게 생각되는 격렬한 심판을 경험한다.[197] (나는 이러한 '심판'을 사람들이 죽음 시에 겪는 개인적인 심판이나 역사의 마지막에 겪는 보편적인 심판과 같다고 생각하지 않는다. 개인적인 심판과 보편적인 심판은 모두 최종적인 심판이다.(8장을 보라.) 하지만 사람들이 임사체험 동안에 받는 심판은 최종적인 것이 아니다. 단지 이러한 심판은 임사 체험자들이 죽음으로부터 소생한 후에 그들의 삶의 과정을 변화시킬 수 있을 뿐이다. 따라서 나는 임사체험 동안에 받는 '심판들'을 최종적인 심판에 관한 예기들 또는 예비적인 조사들이라고 생각한다.)

다른 문화권에서의 임사체험

임사체험에 대한 설명과 표상이 문화에 따라 각각 다르게 전해지기 때문에 사람들이 임사체험을 자신들의 문화적 견지에서 설명한다는 것은 사실이다. 예컨대 카리스 오시스Karlis Osis와 에렌더 하랄드손Erlendur Haraldsson은 인도에서의 임사체험에서 체험 중에 만난 존재들이 힌두교의 신들로 여겨지고 있음을 발견했다.[198] 하지만 그럼에도 불구하고 이 문화에서 저 문화에 이르기까지, 또 모든 역사에 걸쳐서 그러한 경험들의 논지들과 구조들 속에 현저한 유사성이 발견된다. 즉 몸을 떠나는 경험, 어두운 터널을 여행하는 것, 말을 통해서가 아니라 사고의 전송을 통해서 의사소통하는 빛의 존재를 만나는 것 등, 현저한 유사성이 있다는 것이다. 임사체험 후에 그들은 자신들이 살아온 삶의 장면(삶에 대한 반성)과 강렬한 기쁨과 사랑의 장면들을 목격하기도 하지만, 동시에 또한 지옥과 같은 장면들과 심판을 목격하기도 한다. 또한 그들은 자신의 몸으로 돌아갈 것을 선택하기도 하고 뒤로 보내지기도 한다. 또한 회복된 후에 그들의 삶은 현저하게 바뀌었다. 즉 임사체험으로부터 회복된 후에 그들이 영적인 일들에는 더 관심을 갖는 반면에 세속적인 것들에 대해서는 덜 관심을 갖게 되고, 이타적인 것에 더 관심을 갖는 반면에 이기적인 것에 덜 관심을 갖게 된다는 것이다. 다음은 티벳의 소갈 린포케Sogal Rinpoche가 전해주는 이야기이다.

서양에서는 거의 알려지지 않았지만 티벳 사람들이 잘 알고 있는 특이한 현상은 데록délok이다. 티벳에서 데록은 '죽음에서 돌아온 사람'을 의미한다. 전통적으로 데록들déloks은 외관상 분명히 질병의 결과로 인해서 죽은 사람들로서, 그들은 '중유'(中有, 티벳 불교에서 말하는 몸의 죽음과 환생 사이의 상태)로 여행하는 자신들을 발견한다. 그들은 지옥의 영역들을 방문한다. 거기서 그들은 죽은 자들의 심판과 지옥의 고통을 목격한다. 이따금씩 그들은 낙원들과 부처의 영역들로 가기도 한다. 거기서 그들은 자신들을 보호해주고 발생하는 일들을 설명해 주는 신과 동행하기도 한다. 일주일이 지난 후에 데록은 살아있는 자들을 위해서 죽음의 신이 전해주는 메시지를 갖고 다시 몸으로 돌아와서, 살아있는 자들에게 영적인 것들을 실천하고 삶에 유익한 길을 걷도록 촉구한다.[199]

이를 통해서 우리는 티벳과 미국과 유럽의 임사체험의 논지들과 구조들이 모두 동일하다는 것을 알 수 있다. 다만 그 논지들과 구조들이 기독교적인 관점이 아니라 불교적인 관점에서 해석되고 있음을 보게 된다.

임사체험에 관한 여러 의문점들과 여러 반대 사안들

위에서 제기된 놀라운 경험들과 주장들에 대해서 여러 종류의 의문점들과 반대 사안들이 있다. 이번 장에서 우리는 가장 일반적인 의문점들과 반대 사안들을 다루도록 하겠으며, 광범위한 논의점들은 각주를 통해서 독자들에게 제공하도록 하겠다.[200] 첫 번째 의문점은 임사 체험자들이 실제로 죽은 사람들인가 하는 것이다. 이 문제는 죽음을 어떻게 정의하는가에 달려 있다. 의학적으로 죽음은 '생명의 징후 현상들의 부재' 또는

'임상적인 죽음'이라고 일컬어진다. 즉 맥박이 뛰지 않는 것, 호흡이 없는 것, 빛 앞에서 동공(瞳孔)이 반응하지 않는 것, 뇌의 활동을 측정할 수 없는 것 등이 이에 해당이 된다. 임사체험과 유체이탈체험의 여러 사례에 있어서 (예를 들면 앞에서 살펴 본 팜 레이놀즈의 경우) 생명의 징후 현상들은 발견되지 않는다. 하지만 분명히 임사체험으로 보고된 환자들은 소생할 가능성을 갖고 있다. 즉 그들의 뇌가 부패하지 않았고 극단적인 정신적 외상으로 인해서 파괴되지 않았다는 것이다. 따라서 그들은 우리가 일반적으로 '중간 상태'in-between state라고 부르는 상태, 즉 살아있는 것도 아니고 죽은 것도 아닌 상태에 있는 것이라 할 수 있다. 이것은 임사 체험자들의 설명들과도 일치한다. 그들은 몸속에 있었던 것이 아니다. 또한 그들은 자신들을 소생시키기 위해서 전기충격이 가해졌을 때 고통도 느끼지 못했다.

임사체험이 사기 또는 속임수일까? 임사체험 이야기들이 많은 언론의 관심이 됐다는 점에서 볼 때, 최근에 출판된 몇몇 임사체험 이야기들이 윤색된 것처럼 보이기도 한다. 하지만 임사체험의 경험들이 1970년대에 처음 등장했을 때 사람들은 두려워하거나 조롱하면서 임사체험에 대해서 논하지 않았다. 이유는 그러한 체험들이 지극히 개인적인 성격을 띠었기 때문이다. 무디Moody는 다음과 같이 말한다. "나는 나에게 삼십 년 전에 일어났던 사건들을 이야기하면서 정서적으로 성숙하고 안정적인 성인들(남자들과 여자들)이 주저앉아서 우는 것을 목격했습니다. ... 내가 보기에 그들의 이야기들이 꾸며낸 것에 불과하다는 생각은 말이 되지 않습니다."[201] 또한 많은 임사체험 조사자들(무디, 퀴블러 로스, 사봄과 다른 여러 사람들)이 처음에는 그 이야기들의 진실성에 대해서 매우 회의적이었다가, 나중에는 자신들이 환자들로부터 들었던 증거들로 인해서 그 이야기들을 수락하게 되었다는 점 또한 주목할 만하다.[202] 나아가서 우리가 봤듯이, 임사체험을 경험한 사람들의 삶 대부분이 죽은 사람들과의 만남 후에 극적으로 변화되었다. 마지막으로 임사체험 이야기들 속에는(유체이탈체험, 무조건적인 사랑의 경험, 죽은 친척들과의 만남 등) 매우 많은 유사성들이 존재한다. 유사성을 갖는 그러한 이야기들이 사실이 아니라면, 우리는 임사체험 조사자들과 경험자들이 전 세계적으로 음모를 꾸민 것이라고 생각할 수 밖에 없다. 하지만 조사자들과 경험자들 모두는 그러한 음모를 꾸며서 얻은 것이 하나도 없다. 오히려 그들은 많은 것을 잃었을 뿐이다. 즉 그들이 자신들의 직업상의 신뢰성을 잃었다는 것이다.

이러한 임사체험의 경험들이 환자들이 자신을 둘러싼 상황들(그들이 무의식 상태가 되기 이전의 상황과 그들의 무의식상태가 나타난 이후의 상황 모두)로부터 시각적이고 청각적인 암시들을 알아차린 것에 불과한 것인가? 이러한 설명은 팜 레이놀즈와 반 롬펠의 연구에 등장하는 다시 소생된 독일인처럼, 임사체험을 경험한 수많은 사람들이 수술실에서 자신들이 혼수상태에 있었을 때 일어났던 사건들을 말한다는 사실로 인해서 문제점이 드러난다. 또한 임사 체험자들은 자신들의 의식 범주 밖에서 일어났던 사건들을 진술하기도 하는데, 이러한 진술들이 나중에 이 사건과 무관한 별개의 증언자들로 인해서 사실임이 입증되기도 한다. 예컨대 의사 멜빈 모스Melvin Morse는 케티Katie의 사례를 소개한다. 케티는 일곱 살 소녀로서 연못에 빠져서 의식을 잃은 후에 병원으로 옮겨졌다. 케티는 나중에 의식을 회복한 후에 가족들이 집에서 했던 일들을 상세하게 진술했다. "케티는 가족들이 입고 있었던 옷들과 집에서 가족들이 자리하고 있었던 곳, 심지어는 엄마가 요리했던 음식을 상세하게 말함으로써 가족들을 놀라게 했습니다."[203] 퀴블러 로스는 어떻게 환자들이 무의식 상태에서 사고현장에서 있었던 일들을 상세하게 말할 수 있는지를 설명한다. 출생 때부터 앞을 못 보는 사람들이 임사체험 중에 겪은 유체이탈체험 시, 앞을 볼 수 있다는 몇 가지 증거가 처음으로 제시됐다.[204] 이처럼 시각적이고 청각적인 암시들을 알아차린 후에 자신들의 물리적 의식상태를 회복한다는 이론은 어떻게 환자들이 과거에 사랑했던 죽은 사람들(이들은 환자들이 알지 못한 채 죽은 사람들이거나 경우에 따라서는 존재하는지조차 몰랐던 사람들이다.)을 만나는가 하는 것을 설명하지 못한다. 마지막으로 만일 임사체험이 단지 무의식 상태가 되기 이전이나 이후에 발생한 사건들에 관해서 남아있는 기억들에 불과하다면, 임사체험 후에 환자들의 삶이 그렇게 극적으로 변화된 것을 어떻게 설명하겠는가?

위의 모든 이유들과 관련해서 볼 때 임사체험을 단순히 환영(幻影)들로 묵살할 수는 없다. 환영들은 상당히 변화가 많은 데에 비해서, 임사체험은 구조적인 유사성을 가지고 있다. 또한 우리는 '임사체험'과 '환영' 모두를 경험한 환자들이 두 사건들이 똑같지 않다고 말하는 것에 대해서도 주목해야 한다.

임사체험과 관련해서 다양한 의학적 설명들이 단계별로 있어왔다. 임사체험을 약물남용의 결과로 보는 것, 뇌 속의 산소결핍 때문으로 보는 것, 엔돌핀의 결핍 때문으로 보는 것, 뇌가 죽어가는 과정(소위 이것을 '죽어가는 뇌 가설'이라고 칭한다.)으로 보는 것 등이 그것이다. 이제 이것들을 순서별로 고찰하겠다.

초기에는 많은 사람들이 임사체험을 약물남용의 결과로 치부해 버렸다. 하지만 무디와 함께 많은 사람들은 대부분의 경우에 있어서 임사 체험자들이 약물을 투약하지 않은 사실에 주목했다.[205] 의사 멜빈 모스는 십 년 전에 심장마비를 경험했던 아이들을 인터뷰하면서 시애틀에서 연구를 했다. 그들 가운데 70%가 임사체험을 경험했다. 온전한 형태의 임사체험을 경험한 많은 환자들이 환각을 유발하는 약물치료를 전혀 받지 않았다.[206] 이러한 연구 결과와 다른 연구 결과를 보면서, 회의론자들은 대개 임사체험이 약물로 인해서 야기되었다고 말하는 것에서 벗어나서, 다른 설명들을 덧붙이려고 한다. 즉 그들이 뇌 속의 산소의 결핍이나 뇌의 산소결핍증 때문에 임사체험이 발생하는 것이라고 말한다는 것이다. 하지만 반 롬멜은 위에서 연구된 환자들(이들은 모두 심장마비를 경험한 사람들이다.)가운데 단지 12%만이 실제적으로 임사체험을 경험한 사실에 주목했다. 만일 뇌 산소결핍증이 임사체험의 원인이 된다면, 위의 환자들(그들 모두가 뇌로 흐르는 혈류의 중단으로 인해 괴로워했다.)가운데 더 많은 사람이 임사체험으로 보고되어야 한다. "뇌 산소결핍증과 같은 단순한 생리학적 설명이 임사체험의 원인이라면, 임상적으로 죽었다고 여겨지는 대부분의 환자들이 뇌 산소결핍증으로 보고되어야 한다."[207] 마지막으로 뇌 속의 산소결핍은 혼수상태에 있는 환자들이 어떻게 수술실에서 벌어지는 일들을, 또한 먼 거리에서 발생하는 일들을 설명할 수 있는가 하는 것을 명확하게 밝힐 수 없다. 또한 뇌 속의 산소결핍은 어떻게 환자들이 죽은 친척들(임사체험자들에게 있어서 이들은 죽은지 조차 몰랐던 사람들이다.)을 만날 수 있는지에 대해서도 설명할 수 없다.

그렇다면 임사체험이 엔돌핀 때문인가? B-엔돌핀은 뇌 속에서 발견되는 물질로서, 고통 시 극적인 안도감을 제공해 준다. 사붐은 「랜싯지」 Lancet의 한 아티클을 인용한다. 이 아티클은 난치성 고통을 겪고 있는 열네 명 암 환자들의 뇌척수액에 B-엔돌핀을 주입하는 것에 대해서 설명했다.[208] 환자들 모두가 일 분에서 오 분 정도 완전한 안도감을 느꼈던 반면에, 고통으로부터 벗어난 느낌은 이십 이 시간에서 칠십 삼 시간까지 지속됐다. 하지만 사붐이 지적하듯이, 이러한 사실은 임사체험에 관한 보고들에 모순된다. 고통의 경감은 단지 환자들이 유체이탈체험을 하는 동안(이것은 대략 2~3분 정도의 시간이다.)에만 지속되며, 환자들이 몸으로 돌아왔을 때에 다시 고통을 느끼게 된다. 만일 임사체험과 관련해서 무통증이 엔돌핀의 결과라면, 그 효과는 2~3분 이상 지속되어야 한다. 나아가서 B-엔돌핀을 투약한 환자들은 가벼운 접촉감을 계속해서 느낄 수 있다. 예컨대 그 환자들이 Ⅳ형 바늘이 삽입된 것과 같은 느낌을 계속해서 가질 수 있다는 것이다. 유체이탈체험 중에 의사가 Ⅳ형 바늘을 삽입한 것을 본 한 여자는 다음과 같이 말한다. "나는 의사들이 바늘을 몸 안에 집어넣었을 때, 아무 것도 느낄 수 없었음을 기억합니다. 이것은 이상한 현상입니다. 대부분 그러한 경우에 있어서 무언가를 느끼는 것이 당연한 것이기 때문입니다."[209] 유체이탈체험을 경험한 환자들은 자신들의 몸에서 벌어지는 일들에 대해서 아무 것도 느끼지 못한다. 심지어는 의사가 심폐소생을 위해서 가슴을 사정없이 내리칠 때 조차도 말이다. 이런 이유들로 인해서 엔돌핀은 임사체험에 관한 설명이 될 수 없다.

한편 몇몇 연구자들은 임사체험을 단순히 뇌가 죽기 시작할 때 나타나는 생리학적 과정의 결과라고 여긴다. 영국의 심리학자 수잔 블랙모어Susan Blackmore가 이러한 과정들에 있어서 가장 상세한 설명을 제시한다.[210] 블랙모어에 따르면 임사체험이 발생할 때 중요한 문제가 제기된다. 그녀는 임사체험이 뇌가 여전히 제 기능을 발휘하는 동안에 발생하는 것이라고 생각하며, 또한 사람들에게 있어서 그러한 경험들(임사체험-옮긴이)이 혼수상태로부터 회복될 때 발생하는 자신들의 의식회복의 잔여물들이라고 생각한다. 하지만 이 모든 가설들은 어떻게 임사체험자들이 자신들의 뇌와 의식이 무활동 상태로 있는 동안에 벌어지는 사건들을 인식할 수 있는가 하는 것을 설명하지 못한다. 팜 레이놀즈의 사례가 여기에 해당된다. 따라서 중요한 문제는 임사체험을 경험한 사람들이 자신들의 의식과 뇌가 무활동 상태로 있는 동안에 벌어지는 사건들을 실제로 인식하는가 하는 것에 놓여져 있다.

마지막 문제는 자신들의 몸과 뇌와 정상적인 감각 경로들이 제 기능을 발휘하지 못하는데도, 임사체험자들이 인식하는 것이 어떻게 가능한가 하는 것이다. 내가 보기에 이 문제가 임사체험을 했다고 주장하는 사람들의 진술과 관련해서, 가장 강력한 반대 사안처럼 보인다. 어떻게 임사 체험자들이 눈을 사용하지 않고도 볼 수 있고, 귀를 사용하지 않고도 들을 수 있는 것인가? 이러한 문제가 제기될 때, 꿈을 꿀 때 보는 것과 같은 것이라고 말하는 이들이 있다. 하지만 이것은 올바른 답변이 아니다. 이유는 꿈을 꾸는 중에는 우리가 눈을 사용하는 것이 아니라, 여전히 계속해서 뇌를 사용하는 것이기 때문이다. 나는 이 반대 사안에 관한 답변을 제시할 수 없다고 생각한다. 어쨌든 중요한 것은 정신이 몸 밖에서도 제 기능을 감당할 수 있는 것처럼 보인다는 것이다. 반 롬멜은 의식이 뇌에서 발생하는 것이 아니라, 반대로 의식이 뇌로 보내진다는 이론을 제시한다. 윌리엄 제임스 역시 이런 생각을 가지고 있다. 즉 뇌가 의식의 근원이 아니며, 의식을 발생시키는 기관도 아니라는 것이다. 라디오가 전파를 수신하는 것과 마찬가지로, 뇌도 역시 의식을 받아들이는 기관에 불과하다. 나는 이 문제를 다음 장에서 영혼에 대해서 토론하면서 다룰 것이다. 이 문제와 관련해서 나는 뉴턴이 처음에 중력에 대해서 말하면서도, 중력을 설명하지 못했음을 지적하고 싶다. 어떻게 어떠한 하나의 힘이 빈 공간에서 작용할 수 있는가? 뉴턴은 이 질문에 대해서 답변하지 못했다. 또한 아인슈타인의 일반 상대성 이론이 나오기 전까지 이 질문에 관해서 적절한 답변이 없었다. 하지만 그럼에도 불구하고 뉴턴이 「자연 철학의 수학적 원리」Principi를 출판한 1683년 이후에, 중력이론은 사람들에 의해서 수용됐다. 힘이 빈 공간에서 어떻게 작용하는가에 대한 설명이 없었는데도, 중력이론이 사람들에 의해서 수락되었다는 것이다. 결국 이 문제는 1920년에 해결된다. 과학의 첫 번째 원리는 증거 앞에서 열려있는 것이지 증거를 거부하는 것이 아니다. 이유는 이론적인 패러다임을 억압하는 것이 타당하지 않기 때문이다. 과학은 증거 앞에서 열려있음으로써 진보하고 발전할 수 있다. 만일 현재의 설명구조에 적합하지 않다는 이유 때문에 증거가 거부된다면, 당연히 우리는 현재의 설명구조를 넘어서 진전을 이루지 못할 것이고, 따라서 과학 지식의 발전과정도 그 자리에 멈추게 될 것이다. 이렇게 하는 것은 과학자들이 수 세기에 걸쳐서 종교를 공개적으로 비난한 이유(종교가 모든 논쟁 사안들을 교의학적으로 바라보면서 종교에 위배되는 증거를 무시하는 오류를 범함으로써 진보를 이루지 못한 것)에 해당된다. 그런데 아쉽게도 종교가 오래토록 범해 온 오류를 과학이 똑같이 범하고 있다. 즉 오늘날의 여러 과학 분야에서 과거의 종교가 범한 오류와 똑같은 양상(연구자들이 단순히 임사체험과 유체이탈체험이 가진 급진적인 가능성을 향해 마음을 열지 않는 태도)이 발견된다는 것이다.

임사체험에 대한 평가

임사체험의 문제는 임사체험이 존재하는가의 문제가 아니다. 어느 누구도 이 점을 부인해서는 안 된다. 이와 달리 임사체험의 문제는 어떻게 임사체험이 설명될 수 있는가와 관련된다. 유물론, 또는 뇌 속 산소의 결핍과 엔돌핀과 죽어가는 뇌의 경험과 같은 자연주의적 원인들이 임사체험을 충분히 설명할 수 있는가? 유물론의 설명이 충분치 못하다고 할 때, 뇌가 활동하지 않는 상태에서 의식과 인식과 기억이 몸 밖에서도 잔존한다는 것을 어떻게 증명할 수 있을까? 이러한 질문들은 이 책에서의 우리의 탐구와 밀접한 관계가 있다. 어떤 현상에 관한 훌륭한 설명은 그 설명이 모든 증거들을 어떻게 잘 설명하는지에 따라서 평가받아야 한다. 일상적인 삶에서도 그렇듯이, 재판정에서도 수락될 수 없는 증거들을 남기는 설명은 형편없는 설명으로 치부될 수 밖에 없다.

과학적 설명들은 관측될 수 있고 테스트 될 수 있으며 측정될 수 있는 원인들에 국한된다. 관측될 수 없고 테스트 될 수 없으며 측정될 수 없는 원인, 즉 하나님이나 인간 영혼과 같은 '원인'은 과학적 설명의 대상이 아니다. 따라서 임사체험의 사례와 관련해서 유물론식의 접근방식은 과학적으로 문제점을 갖는다고 할 수 있다. 이유는 유물론의 설명들이 임사체험이 가진 모든 증거들을 설명하지 못하기 때문이다. 따라서 과학자들이 임사체험의 증거들과 관련해서 무언가 다른 설명에 의존해야 하기 때문이다. 과학자이기 때문에 그들은 임사체험이 말하는 육체에서 분리된 '영혼'을 가지고 이 문제에 접근할 수 없다. 이유는 임사체험에 근거한 설명이 경험적으로 증명될 수 있는 사안이 아니기 때문이다.

따라서 임사체험이 지닌 증거들을 평가함에 있어서 적어도 두 개의 녹특한 사안들이 존재함을 인정해야 한다. 첫째 반 롬멜이 행한 과학적 연구와 같은 몇 개의 과학적 연구들이 있음에도 불구하고,[211] 임사체험이 지닌 대부분의 이야기들은 입증될 수 없는 특성을 지님을 인정해야 한다. 임사체험에는 입증될 수 없는 엄청난 양의 증거가 존재하는데, 이것은 다음을 의미한다. "단지 몇 개의 과학적 연구를 언급하는 것을 통해서는 임사체험을 정당하게 평가할 수 없다." 그러므로 우리는 임사체험이 갖는 상당량의 이야기들을 섭렵하면서 그 신뢰성을 평가해야 한다. 둘째 임사체험에 해당되는 여러 현상들의 원인들이 자연과학의 범위 밖에 놓여져 있다는 특성을 지님을 인정해야 한다. 초과학적 원인들의 가능성을 인정하지 않는 사람은 그러한 초과학적 원인들이 몇 가지의 물질적 요인에 의해서 야기된 것이라고 결론지을 것이다. 그러한 설명이 명백하게 부자연스러워 보임에도 불구하고, 그들이 그러한 결론을 내린다는 것이다. 따라

서 그들에게 있어서 영혼과 같은 '선험적인' 인과요인은 우선적으로 배제
될 수 밖에 없을 것이다.

그러므로 결국 독자들은 임사체험의 현상을 해석하는 최상의 방법이
무엇인지를 결정해야 한다. 위에서 제시된 증거와 관련해서, 나는 다음과
같이 결론짓는 바이다. "유물론의 설명들은 임사체험이 제시하는 모든 증
거들을 설명하지 못한다." 뇌가 기능하지 않는 상태라 하더라도 인간의
정신과 인식과 기억이 몸 밖에 잔존할 수 있다는 결론과 관련해서, 유물
론과 자연주의의 설명들을 넘어서는 적어도 네 가지 유형의 증거가 강조
되어야 한다.

첫 번째 증거는 넓은 범주에 해당되는 것으로서, 유체이탈체험 속에 있
는 인간들이 여러 사건들, 즉 수술실과 다른 곳에서 벌어진 사건들(이 사건
들은 그들이 자연 감각들을 통해서는 알 수 없는 것들이다.)을 설명할 수 있다는 것이다. 위
에서 말한 팜 레이놀즈의 경우가 이에 관한 좋은 사례이다. 자신의 의식
의 회복과정을 설명하는 환자들에 관한 미하엘 사붐의 연구도 역시 이에
대한 좋은 사례에 해당된다. 임사체험 환자들이 자신들의 지각범위 밖에
서 발생하는 사건들을 설명할 수 있는 능력을 지녔음을 증언해 주는 광범
위한 문헌 자료들 속에도 이에 대한 매우 많은 사례들이 존재한다. 그러
한 환자들의 임사체험의 경험들은 유물론적 관점에 의해서는 결코 설명
될 수 없는 것들이다.

두 번째 증거는 임사체험을 한 고든 알렌과 같은 많은 사람들의 가치와
행동과 생활방식의 변화이다. 평범한 유물론 이론들을 가지고는 이러한
변화들을 적절하게 설명할 수 없다. 임사체험을 경험한 사람들은 거의 만
장일치로 임사체험 시의 경험들을 자신들이 이전에 경험했던 것보다 더

실제적이고 '객관적인 것'이라고 생각한다. 즉 그들이 변화의 삶을 살고 있다는 것이다.

세 번째 증거는 과거에 죽은 사랑했던 사람들을 만나는 현상으로서, 임사체험자들은 그 사람들이 죽었다는 것을 몰랐던 상태였다. 임사체험 문헌자료에 이와 관련된 많은 이야기들이 나오는 바, 유물론적 설명은 이러한 현상들을 설명하기에 적절치 못한 것처럼 보인다.

네 번째 증거는 모든 연령과 모든 계층과 모든 나라들의 남자와 여자들이 임사체험을 증명하는 순전하고 풍부한 증거를 가진다는 것으로서, 이러한 증거는 현재의 유물론의 설명들에 의해서 설명될 수 없는 사안들이다. 실제로 임사 체험자들 가운데 자신의 경험들을 단지 뇌 속의 산소결핍의 결과로, 엔돌핀의 결과로, 죽어가는 뇌 경험의 결과로 생각하는 사람은 아무도 없다. 수백 개의 임사체험 증언들과 이야기들을 읽을 때 두드러진 것은 체험자들의 개인적인 의식과 인식이 몸과 함께 죽는 것이 아니라는 사안에 대해서, 임사체험 환자들 사이에 거의 만장일치의 확신이 존재한다는 것이다. 더욱이 임사체험 시 나타나는 현상들이 상당히 많은 공통점을 갖기 때문에 거기에 관심을 갖는 사람은 죽은 친척들이나 친구들에 대해서 질문하면서 그 사람들과 관련된 몇 개의 전형들을 발견하게 될 수도 있다. 따라서 관심있는 독자들은 임사체험과 관련해서 자신들만의 연구를 할 수도 있을 것이다.

우리가 다루어야 하는 마지막 문제는 임사체험이 죽음과 사후세계에 관한 전통적인 기독교의 입장을 어느 정도까지 '확증해 주는가' 또는 어느 정도까지 '충돌을 일으키는가' 하는 것과 관련된다. 명백하게 '임사체험'과 '죽음과 사후세계에 관한 전통적인 기독교 입장' 사이에는 상당히 많은 유사성이 존재한다. 인간 의식이 몸과 별개로 무언가를 경험할 수 있다는 점, 임사 체험자들이 그리스도와 같은 빛의 존재와 완전한 사랑을 접한 점 등이 양자 사이에 존재하는 유사성이다. 실제로 하워드 스톰을 비롯한 수많은 임사 체험자들은 그 빛의 존재를 예수라고 생각한다. 물론 여기에 전통적 의미에서와 같은 심판 개념(요한계시록에서처럼 누군가의 행실들이 논해지는 것을 듣는 것과 인간 영혼들의 무게를 저울에 달아 보는 것 등)은 존재치 않는다. 하지만 사람들은 사후세계에서 자신들의 삶을 회고함으로써, 또한 다른 사람들에 대한 자신들의 행위의 결과들을 목격함으로써 깊은 의미의 심판을 당한다. 그러나 이 심판은 그들을 심판하는 빛의 존재로 말미암은 것은 아니다. 이 심판은 완전한 사랑이신 빛의 존재 안에서 그들 자신이 직접 의식하는 심판이다. 임사 체험자들은 종종 죽은 친척들과 친구들을 보기도 하는데, 이것은 사후세계에 관한 기독교의 가르침과도 관련이 된다. 또한 그 사람들은 천상의 아름다운 장면들을 목격하는 바, 이것도 역시 사후세계에 관한 기독교의 가르침들과 관련된다. 지옥의 광경들을 말하지 않는 것이 근본주의적 기독교 주석가들의 마음에 들지 않을 수도 있다. 하지만 지옥의 광경들은 문헌에서나 발견되는 것들이다. 이 점에 대해서 하워드 스톰의 증언은 매우 신랄하다. 마곳 그레이Margot Grey의 「죽음으로부터의 회귀」Return from Death에서처럼,[212] 심장병 전문의인 마우리스 롤링스도 역시 지옥에서의 수많은 경험들을 보고한다. 조지 리체George Ritchie의 책 「미래로부터의 회귀」Return from Tomorrow도 무시무시한 지옥의 광경들을 담고 있는데, 이러한 광경들은 성서적 표상들에서 동떨어진 것처럼 보인다.[213] 스톰과 롤링스는 사람들이 지옥의 경험들을 설명하기를 매우 꺼려하면서, 그 경험들을 간단하게 억누른다고 말한다. 우리의 문화에서 이것은 놀라운 일이 아니다. 즉 우리의 문화에서는 일반적으로 죄와 심판과 지옥의 실재가 의심받으면서 비웃음거리가 된다는 것이다. 이 점에 있어서 우리의 문화는 중세와 고대의 문화와는 현저하게 다르다고 할 수 있다. 즉 중세와 고대의 사람들은 오늘날과 달리 지옥의 실재와 최후의 심판을 믿었다는 것이다. 마지막으로 매우 중요한 것으로서, 임사체험에서 회복된 사람들은 영적 실체(하나님-옮긴이)에 대한 사랑과 지식이 실제로 삶 속에서 중요한 의미를 지닌다고 확신한다. 또한 그들은 물질적인 즐거움과 돈이 중요치 않다고 확신한다. 이것이야말로 정확히 예수가 가르친 바이다. 나는 이러한 경험들이 죽음과 사후세계에 관한 기독교의 가르침에 대해서 전적으로 심오하게 힘을 실어준다고 생각한다.

기독교인들(여기에는 복음주의적 성향의 기독교인들도 포함된다.)이 쓴 수많은 책들이 임사체험의 진정성을 강하게 주장하고 있다. 또한 그 책들이 임사체험이 기독교와 양립가능성이 있다고 보는 것도 주목할 만하다. 하워드 스톰의 책과 미하엘 사붐의 「빛과 죽음」도 그러한 책들 가운데 하나이다. 복음주의 철학자인 게리 하버마스Gary Habermas와 모어랜드J. P. Moreland는 「죽음을 넘어서」라는 책의 몇몇 장에서 임사체험을 설명하면서 임사체험이 영혼불멸에 관한 기독교의 가르침을 지지한다고 강력하게 주장한다.[214] 보수적 복음주의자인 마우리스 롤링스도 임사체험과 기독교의 양립가능성을 지지하는 몇 권의 책을 썼고,[215] 정신과 의사로서 1943년 포괄적인 임사체험의 광경들을 경험한 조지 리체도 임사체험 후에 기독교인이 되었다.[216]

임사체험이 문화에 따라서 각각 다르게 전해지기에 어느 정도는 그 문화적 기대들과 경험들을 반영하는 것이 사실이다. 하지만 이와는 다르게 여러 면에 있어서 임사체험 중의 경험들이 문화적 기대들을 반영하지 않는다는 것 역시 사실이다. 하워드 스톰의 지옥 경험은 기독교 문화에 관한 일반적인 신념(스톰이 귀신들과 마귀들과 화염에 휩싸인 구덩이를 보지 못하고 인간이 모든 사랑과 동정으로부터 벗어나서 증오와 잔인성의 화신으로 축소된 것)에서 나온 것이라 할 수 없다. 인간 영혼들을 지옥으로 내던지시는 성난 하나님이라는 '심판의 이미지'를 가진 문화권에서는 삶에 대한 반성을 기대할 수 없다. 물론 그것이 심판인 것은 분명하다. 그러나 그것은 문화적 고정관념들과 요한계시록에서 발견되는 성서의 이미지들과는 매우 다른 것이다. 나아가서 임사체험을 경험한 기독교인들도 예상과 다르게 빛의 존재를 예수 그리스도와 동일시한다. 이것은 기독교인들이 기대했던 것과는 다른 것으로서, 기독교인들에게 문제가 될 수 있는 사안이다.[217] 만일 임사체험이 단지 문화적이고 종교적인 기대들만을 반영하는 것이라면, 이 체험은 단지 임사 체험자들의 마음 속에서만 발생하는 것에 불과하다는 강력한 논증이 제시될 것이다. 그러나 임사체험은 그런 것이 아니다. 사람들은 임사체험을 문화적 견지에서 설명하려는 경향성을 지닌다. 하지만 임사체험이 단지 문화적 투영에 불과하다면, 임사체험이 지닌 수많은 요인들은 우리가 기대했던 것과 상당히 다른 것을 보게 된다. 이 문제는 임사체험의 진정성에 관한 논의와 관련되는 문제이다.

마지막 요지는 다음과 같다. 임사체험 조사와 관련해서 수많은 사람들이 환생을 믿는 것처럼 보인다. 즉 몇몇 임사체험 경험자들이 환생에 대해서 말한다는 것이다. 하지만 임사체험에 속한 다른 많은 이야기들은 오래 전에 사망한 죽은 친척들(이들 가운데는 40년 전에 죽은 사람들도 있었고 그 이전에 죽은 사람들도 있었다.)을 보았다고 증언한다.[218] 이것으로 인해서 환생이론, 특히 대승불교와 티벳불교에서 연유되어 나온 환생이론은 반박이 된다. 이유는 '중유'Bardo,中有상태, 즉 티벳 불교에서 말하는 죽음과 환생 사이의 상태는 단지 사십구일 동안만 지속되기 때문이다. 사붐과 리체와 롤링스와 하버마스와 모랜드와 여타의 다른 사람들은 임사체험과 환생 사이에 아무런 관련성이 없다고 생각한다. 따라서 나도 임사체험이 환생에 대한 믿음을 수반하지 않는다고 생각한다.

임사체험은 우리로 하여금 영혼의 본질과 영혼의 상태에 대해서 숙고하게 만든다. 우리가 현대 과학이 거부하는 '불멸하는 영혼 이론'을 지지하는 논증들을 제시할 수 있을까? 그럴 수 있다면 영혼의 본질은 무엇인가? 이런 문제들을 다음 장에서 다룰 것이다.

06

영혼에 대하여

의로운 자들의 영혼은 하나님의 손안에 있다.
의로운 자들의 영혼에 고통이 영원히 미치지 못하리로다.

-지혜서 3장 1절-

각각의 인간[219]이 불멸의 영혼과 썩지 않을 몸으로 구성되어 있다는 믿음은 교회의 전통적 가르침 가운데 하나이다. 아타나시우스 신조는 다음과 같이 말한다. "인간이 합리적인 영혼과 육체를 갖듯이, 그리스도는 하나님과 인간이다."[220] 웨스트민스터 신앙고백(1646년)도 다음과 같이 선언한다.

죽음 후에 인간의 몸은 흙으로 돌아가서 썩게 된다. 반면에 불멸의 실재를 가진 인간 영혼(인간 영혼은 죽는 것도 아니고 잠자는 것도 아니다.)은 즉시 영혼을 만드신 하나님께로 돌아간다. 거룩함 가운데 완전하게 만들어진 의인의 영혼은 가장 높은 천국으로 취해진다. 거기서 인간 영혼은 자신의 몸의 완성된 구속을 기다리면서 빛이요 영광이신 하나님의 얼굴을 본다. 반면에 사악한 자들의 영혼은 지옥으로 떨어진다.[221]

「가톨릭교회의 요리문답」Catechism of the Catholic Church은 다음과 같이 말한다. "교회는 모든 영혼이 하나님에 의해서 창조되었으며 불멸성을 지닌다고 가르친다. 죽음 시에 몸과 분리된다고 해서 영혼이 썩어 없어지는 것은 아니다. 영혼은 마지막 부활 시에 몸과 하나가 될 것이다."[222] 더욱이 영혼에 관한 믿음이 독실한 기독교인들 가운데 널리 퍼져 있다. 가톨릭 신자들은 죽은 자들(이들은 연옥에 있다고 여겨지는 사람들이다.)을 위해서 기도하고, 성인들(이들은 천국에 있다고 여겨지지만, 아직 부활에 이르지 못한 사람들이다.)에게도 기도한다. 정통주의 기독교인들도 역시 성인들에게 기도한다. 하지만 개신교도들과 복음주의 교도들은 연옥과 성인들을 향한 기도를 거부한다. 이 점에 있어서 루터를 따르고 있음에도 불구하고, 그들은 죽은 자들의 영혼이 몸의 죽음 후에도 살아있다는 보편적인 인식을 가지고 있다. 실제로 영혼을 믿지 않는 기독교인을 좀처럼 찾아 볼 수 없다. 더욱이 아프리카와 아메리카 원주민 전통들, 자아의 존재를 부정하는 것처럼 보이는 중국의 종교들, 그리고 힌두교와 불교와 같은 다양한 종교들 사이에서도 영혼에 대한 어느 정도의 믿음이 넓게 퍼져 있다.

반면에 학자들(특히 과학과 철학 분야의 학자들)은 영혼의 존재성에 대해서 대체적으로 거부하는 모습을 보인다. 이것을 보면서 다른 그 어느 영역보다도 대중문화와 학문영역 사이에 넓은 간격이 있음을 알게 된다. 예를 들면 철학의 기준을 다루고 있는 「스탠포드 철학백과」Stanford Encyclopedia of Philosophy에 '영혼, 고대의 이론'이라는 제목의 기입 사항이 있는 반면에 고대 그리스 시대 이후에는 영혼을 다루는 기재사항이 없다.[223] 심리철학 분야에 종사하는 철학자들도 '마음'에 관한 이론들을 다룰 뿐, 영혼에 관한 이론들을 다루지 않는다. 그들에게서 영혼은 시대에 뒤떨어진 이론으로 여겨진다. 따라서 그들에게 영혼은 단지 역사적 관심의 대상에 불과할 뿐이다. 최근에도 영혼을 지지하는 글을 쓴 사람들은 소수인 반면에, 수

많은 저술가들이 영혼의 존재를 부인하는 책들과 기사들을 출판했다. 이처럼 몸과 관련해서 심리철학의 영역과 밀접하게 관련된 무수히 많은 학문적인 문헌들이 존재한다.[224] 한편으로 영혼과 관련해서 상당량의 이견들이 존재하기도 한다. 따라서 이 짧은 장에서 영혼에 관한 모든 견해들과 입장들을 살펴보는 것은 불가능하다. 그러므로 6장에서는 성서와 기독교 전통에서의 영혼관과 신경과학의 도전과 임사체험의 증거를 간략하게 요약한 후에 영혼에 관한 대표적인 다섯 개의 입장을 제시하고 그것들의 강점들과 취약점들에 대해서 토론할 것이다. 그리고 이 장의 마지막에서는 영혼에 관한 전통적인 기독교의 입장, 즉 몸이 죽은 이후에도 영혼이 생존하면서 그 사람의 인격적 정체성이 중간상태를 거쳐서 인류 역사의 마지막 때에 일어날 부활로 옮겨진다는 전통적인 기독교적 입장의 정당함을 입증할 것이다.

성서와 기독교 전통에 있는 영혼에 관한 여러 견해들

우리는 이미 구약성서와 신약성서에 영혼에 관한 다양한 견해들이 있음을 살펴봤다. 특히 구약성서에서의 영혼관은 시간이 지나면서 발전되어 온 것이다. 첫 장에서 우리는 죽은 자의 망령이 지하세계(이 지하세계는 망령을 스올이라고 칭한다.)에 생존해 있음을 살펴봤다. 그 망령들은 유령처럼 생존해 있는 자들로서, 활력을 갖지는 못하지만 지하세계에서 인격적 정체성을 지닌 존재들이다. 후대의 유대 묵시문학에서 스올은 죽은 자들이 부활을 기다리고, 선한 자들이 상급을 받으며, 악한 자들이 처벌받는 '중간상태'로 간주되었다. 일반적으로 신약성서시대의 유대교에서 바리새인들과 에세네파는 영혼이 몸의 죽음 이후에도 살아있으며, 부활 시에 다시금 몸과 결합한다고 가르쳤다. 반면에 사두개인들은 부활과 영혼의 존재성을 부인했다.

신약성서에도 다양한 종류의 믿음이 있었지만, 그러나 영혼에 관한 개념들이 건강하게 발전해 나가지는 못했다. 하지만 신약성서에 사람의 인격적 정체성이 몸의 죽음 이후에도 생존할 수 있음을 가리키는 많은 구절들이 있는데, 그 중에서도 예수의 말씀이 가장 대표적인 구절이다. "몸은 죽여도 영혼은 능히 죽이지 못하는 자들을 두려워하지 말고 오직 몸과 영혼을 능히 지옥에 멸하실 수 있는 이를 두려워하라."(마 10:28) 이것이 하데스에서 고통받는 부자와 아브라함의 품에서 안식하는 나사로의 비유, 그리고 요한계시록 6장에서 정의를 외치는 죽은 순교자들의 영혼의 비유를 해석하는 가장 자연스러운 방법이다. 또한 이것은 십자가에서 죽어가는 강도에게 했던 예수의 약속을 해석하는 가장 자연스러운 방법이기도 하다. "내가 진실로 네게 이르노니 오늘 네가 나와 함께 낙원에 있으리라."(눅 23:43) 부활하신 예수가 예루살렘에서 제자들에게 나타났을 때(눅 24:37), 예수의 제자들은 자신들이 '유령' 혹은 '영'spirit을 보고 있다고 생각했다. "그들이 놀라고 무서워하여 그 보는 것을 영으로 생각하는지라." 대체적으로 영의 존재를 부인하는 조엘 그린Joel Green은 이것을 다음과 같이 논평했다. "부활하신 예수를 보는 제자들의 반응 속에서 이원론적인 인간학이 쉽게 발견된다. 즉 자신들의 상상의 범주 속에서 제자들은 '환영'인 '육신을 떠난 영'을 만났던 것이다."[225] 따라서 육신을 떠난 상태에서도 사람의 인격적 정체성이 존재할 수 있다는 견해가 신약성서시대에 만연되어 있었다는 사실이 예수의 제자들의 반응으로 인해서 명백해 졌다. 성서에는 우리가 '혼'psyche과 마찬가지로 '영'pneuma이 종종 몸의 죽음 이후에도 살아있는 사람의 영혼을 말한다는 것을 가리키는 많은 구절들이 있다.

스데반은 죽어가면서 다음과 같이 기도했다. "주 예수여 내 영혼을 받으시옵소서."(행 7:59) 바울서신에 있는 두 개의 구절도 역시 몸과 별개인 인격적 존재의 가능성에 대해서 말하고 있다.(2장을 보라.)[226] 따라서 다음과 같이 요약할 수 있다. "비록 그 본질적인 상태가 명백히 제시되지 않았음에도 불구하고,[227] 신약성서 속에 사람이 몸 밖에서도 '영혼' 또는 '영'으로 살 수 있다는 믿음이 널리 퍼져 있었다는 많은 증거들이 존재한다."

또한 기독교 전통 속에도 영혼에 관한 다양한 견해들이 있다. 터툴리안 같은 사상가들은 영혼이 파악하기 힘든 물질적 실체로 구성되었다고 생각했던 반면에, 대부분의 사상가들은 영혼을 비물질적인 것으로 생각했다. 오리겐과 아퀴나스는 영혼을 '몸을 구성하는 원리' 내지 '형상'이라고 여겼다. 하지만 분명한 것은 200년경 초부터 이미 영혼이 몸의 죽음 이후에도 살아서 부활을 기다린다는 믿음이 상당히 널리 퍼져 있었다는 것이다. 202년에 퍼페투아는 죽은 오빠 디노크레테스를 보았고 그를 위해서 기도했다. 이후에 퍼페투아는 평안해진 오빠의 모습을 보았다. 대략 2세기 말이나 3세기 초에 기록된 「디오그네투스에게 보내는 편지」Letter to Diognetus에 다음과 같은 내용이 기록되어 있다. "몸 속에 거하고 있지만 영혼은 몸이 아니다. ... 눈으로 볼 수 없는 영혼이 보이는 몸 안에 갇혀있는 것이다. ... 영혼은 몸으로 둘러싸여 있으면서 몸을 지탱한다."[228] 터툴리안과 아퀴나스 같은 여러 사상가들은 영혼을 인간 안에 있는 이성과 자유의지의 보좌라고 여겼다. 실제적으로 모든 사상가들은 몸의 죽음 이후에 영혼이 부활 때까지 그 사람의 정체성을 연장시킨다고 생각했다. 또한 초기에는 순교자들의 영혼이 사후세계에서 하나님의 충만한 임재를 누린다고 여겼다. 아퀴나스는 하나님께 복 받은 자들이 천국에서 하나님을 직접 본다고 주장했다.

이런 식으로 우리는 성서와 기독교 전통으로부터 영혼과 관련된 몇 가지 사안을 다음과 같이 정리할 수 있다.

1. 영혼은 의식의 보좌이다.
2. 영혼은 인격적 정체성의 보좌로서, 몸의 죽음 이후 인격적 정체성을 부활 가운데로 이동시킨다.
3. 영혼은 지성과 이성과 오성의 보좌이다.
4. 영혼은 자유의 자리이다.(예컨대 자유선택과 같은 것)
5. 영혼은 천국에서 하나님을 직접적으로 알 수 있다. 이것은 순교자들의 영혼이 천국에서 하나님을 본다는 주장을 통해서 명백하게 드러난다.

우리는 6장에서 영혼 신학을 발전시키면서 이 모든 사안들에 대해서 살펴볼 것이다.

실체로서의 영혼에 대한 여러 도전들

우리는 4장에서 사후세계에 관해서 많은 도전들이 있음을 살펴봤다. 영혼에 관한 가장 강력한 도전은 현대의 신경과학이다. 간단히 말해서 신경과학은 과거에 비물질적인 영혼에 대해서 설명되었던 모든 것이 이제부터는 그리고 앞으로도 신경과학을 가지고 설명될 수 있다고 주장한다. 인간의 정신 속에 있는 모든 경험이 뇌의 상태에 의존되기 때문에 만일 뇌가 죽는다면 경험하는 주체 역시도 살아남을 수 없다는 것이다. 따라서 모든 경험은 뇌의 상태들로 설명될 수 있는 바, 우리는 유령과도 같은 영혼에 대해서 신경 쓸 필요가 없다. 신경과학자들과 신경과학에 의해서 영향 받은 철학자들 모두 이렇게 주장한다. 인간 존재 안에 비물질적인 영혼이 없다고 주장하는 몇몇 기독교 물리학자들도 역시 이렇게 주장하면서 영혼의 존재를 부인한다. 그러나 그러면서도 그들은 마지막 때에 몸은 부활한다고 단언한다.[229] 다음은 이런 주장들에 관한 대표적인 진술들이다. 신경과학자 마이클 아비브Michael Arbib는 다음과 같이 말한다. "정신은 여러 특성들(자의식, 경이감, 감정, 이성 등)을 갖는데, 이러한 특성들이 정신을 물질적인 것 이상으로 만든다. ... 사람들이 종교적인 갈망을 갖는 것과 영혼의 감각을 갖는 것은 이런 맥락에서이다. 하지만 나는 이 모든 것들이 뇌의 물리적 특성들이라는 입장으로 설명될 수 있다고 생각한다."[230] 철학자 다니엘 데닛Daniel Dennett도 다음과 같이 말한다. "물리법칙들과 무관하다고 여겨지는 비물질적인 영혼이라는 관념은 자연과학의 발전으로 말미암아 그 신뢰성을 잃게 되었다."[231] 철학자 오웬 프라나간Owen Flanagan은 다음과 같이 말한다.

먼저 우리는 과거로부터 물려받은 철학에서 특정한 사실무근의 관념들을 제거함으로써 인간을 비신화화해야 한다. 영혼에 관한 신념을 버리는 것이 가장 우선적으로 요구된다. 사실상 과학의 가장 중요한 임무는 영혼으로부터 벗어나는 것이다. 이것은 '과학이 감당해야 하는 가장 중요한 수술'이다. 우리는 이것을 '첫 번째 수술'이라고 칭할 것이다. '영혼' 또는 '비물리적인 정신'과 같은 것은 존재치 않는다. ... 천사들과 신들이라는 존재도 없다. 따라서 인간은 당연히 천사들과 신들 사이에 놓여진 존재일 수 없다.[232]

기독교 철학자 낸시 머피Nancy Murphy는 다음과 같이 말한다. "우리가 계속해서 발생하는 복잡한 유기체들의 계층제도로 올라가는 것처럼, 물리적 이론으로 인해서 과거의 영혼에 관한 여타의 모든 가능성들이 비물질적 실재로서의 특성이 아니라 복잡한 유기체의 산물이라는 것이 증명될 것이다."[233] 이러한 것들이 전통적인 기독교의 영혼 교리에 대한 무서운 도전들이다. 이제 이러한 도전들에 대해서 답변하도록 하겠다.

임사체험

5장에서 우리는 임사체험에 대해서 살펴봤다. 임사체험 현상이 보여주는 증거는 신경과학에 해당되는 증거들과 정확히 정반대이다. 임사체험은 사람이 몸의 죽음 이후에도 완전한 의식상태로서 생존할 수 있음을 제시하는 반면에, 신경과학자들은 불가능하다고 말한다. 임사체험에 관한 나의 논증은 그 체험을 통해서 유체이탈체험의 가능성을 입증하려는 데에 있지 않고, 실제적으로 임사체험을 직접 경험한 사람의 증언을 가지고 그 체험의 결과를 제시하려는 데에 있다. 지금까지 수천 명의 사람들이 유체이탈체험을 했다고 증언해 왔다. 그들은 자신들의 몸 밖의 광경들에서부터 자신들 외부의 감각들에 이르기까지, 자신들의 소생 뿐 아니라 다른 사건들에 대해서도 인식할 수 있다고 주장한다. 몇몇 과학적 연구들도 역시 이러한 주장들을 지지해 주고 있다. 나는 또한 임사체험에 관한 보고들 대부분이 응용과학(주로 의학과 심리학)에 종사하는 사람으로부터 왔다는 점을 주목했다.

그러나 이 시대의 대부분의 과학적 증거로 말미암아 임사체험이 보여주는 증거는 상대적으로 무시되는 반면에, 신경과학의 도전은 사람들에 의해서 강하게 지지받고 있다. 따라서 단지 과학적 연구만이 증거로 수락될 수 있다고 말하면서, 이로 인해 유체이탈체험이 보여주는 증거는 당연히 거부당하는 셈이 된다. 이와 달리 증명이 될 만한 증거(이것은 법률과 역사와 같은 영역들에서 중요한 것으로 여겨진다.)를 포함시키는 것이 타당하다면, 우리는 임사체험으로부터 오는 증거까지도 진지하게 다뤄야 한다.

영혼에 관한 대표적인 다섯가지 입장들

이러한 여러 사안들을 고려할 때 우리가 영혼에 대해서 뭐라고 말할 수 있을까? 여기서 나는 대표적인 다섯가지 입장들을 제시할 것이다. 이 입장들은 영혼과 관련해서 우리가 다루는 범주에 적합하지 않은 것들이다. 불가피하게 등장하는 이러한 문제는, 특히 영혼과 같은 복잡한 영역에서 많이 발생한다. 그 범주들은 다음과 같다. 첫째로 '형이상학적 유물론'metaphysical materialism.(이것을 종종 환원론적 물리주의라고 칭하기도 한다.)이다. 둘째로 '비환원론적 물리주의' 또는 '창발적 일원론'emergent monism이다. 셋째로 '실체 이원론'substance dualism이다. 넷째로 '전일적 이원론 또는 창발적 이원론'이다. 다섯째로 '환생이론'이다. 많은 기독교인들이 두 번째와 세 번째와 네 번째 범주들에 속하며, 더러는 다섯 번째 범주에 속하는 기독교인들도 있다. 첫 번째 범주인 형이상학적 유물론은 기독교와 더불어서 대부분의 다른 종교들과도 양립할 수 없는데, 이유는 이 형이상학적 유물론이 물질을 단 하나의 유일한 실재로 보면서 영적 실체인 신을 존재하지 않는 것으로 보기 때문이다.

내가 다룰 마지막 입장은 나의 제안으로서, 영혼을 '관계성 속에 있는 주체'로 이해하는 것이다. 이것은 네 번째 범주인 전일적 이원론의 변형된 형태이다. 나는 '관계성 속에 있는 주체로서의 영혼 이해'를 성서적이면서 전통적인 기독교 입장들에 대한 종합으로 여긴다. 이것은 또한 신경과학과 임사체험의 결과물들까지를 포괄한다. 나의 제안은 대다수의 기독교인들의 입장과 매우 가깝다고 할 수 있다. 이유는 '관계성 속에 있는 주체로서의 영혼 이해'가 하나님에 의해서 창조된 영혼과 함께 몸의 죽음 이후에도 중간상태로 살아있는 영혼을 주장하기 때문이고, 또한 마지막 때의 죽은 자들의 부활에 대해서도 주장하기 때문이다. 이제 다섯 가지 범주들을 차례대로 살펴보자.

형이상학적 유물론 (또는 환원론적 물리주의)[234]

이 입장은 영혼들과 신들 그리고 영(靈)과 천사와 같은 것들은 존재하지 않고, 단지 물질적 존재만이 실존하기 때문에 결과적으로 순전한 물리적 과정들을 가지고 인간 안의 모든 것을 설명할 수 있다고 주장한다. 심지어 이들은 우리 인간이 가진 더 높은 수준의 상태들(이성, 윤리적 헌신들, 종교적인 경험들, 자유선택 등)이 단지 뇌의 과정들과 신경망들 속에 있는 분자들의 상호작용에 불과하다는 것이 임종 시에 드러나게 될 것이고 말한다. 생물학자이자 신경과학자인 프란시스 크릭Francis Crick은 이러한 견해를 다음과 같이 설득력 있게 요약한다. "다음과 같은 놀라운 이론이 있다. '당신'이 가지고 있는 기쁨과 슬픔, 기억과 야망, 인격적 정체성에 관한 인식과 자유의지는 사실상 단지 광범위하게 모여있는 신경세포들이 분자들과 상호작용을 일으키면서 발생한 결과에 불과하다."[235] 환원주의적 물리주의자 중에 크릭만큼 과격한 주장을 하는 사람이 없는데, 크릭이 말하는 자유선택에 대해서만큼은 그 정당성을 대부분의 물리주의자들도 인정한다. 보통 이러한 입장은 무신론과 맥을 같이 한다. 이 입장을 지지하는 사람은 하나님이나 영혼과 같은 여타의 다른 비물질적 존재를 부인한다. 이러한 입장의 장점은 과학적 설명을 고수하는 데에 있다. 이러한 입장은 전형적으로 오직 과학적 설명만이 지식을 만들어낼 수 있다고 주장하는데(이것은 과학주의라고 알려진 입장이다.), 그 내용은 매우 단순하다. "물질만이 존재한다. 우주 속에 있는 모든 것이 물질과 그 상호작용에 의해서 설명될 수 있다."

반면에 이러한 입장이 가진 취약점은 여타의 다른 가능성들을 배제시킨다는 것이다. 우선적으로 이 입장은 '감각질'qualia이라고 칭해지는 것을 설명하지 못한다. 감각질은 고통과 두려움과 의도들과 신념들과 정신적 이미지들과 정신적 사건들 그리고 의식과 같은 것으로서, 인간 마음 속에 존재하는 경험들을 말한다. 모든 사람들이 이러한 것들을 경험한다. 우리가 우선적으로 먼저, 또는 주로 경험하는 것은 우리 자신에 관한 의식과 정신적 상태들이다. 하지만 문제는 이러한 체험들을 직접 경험한 사람만이 자신의 체험들을 이해할 뿐, 다른 사람은 이 체험들을 이해할 수 없다는 것이다. 즉 다른 사람들이 내가 경험한 개인적인 체험들을 이해할 수 없다는 것이다. 환자의 뇌를 검사할 때, 신경과학자들은 그 사람의 뇌가 가지고 있는 고통과 두려움과 의도들과 신념들과 정신적 이미지들과 의식과 같은 것들을 발견할 수 없다. 간단한 예를 들어보자. 당신은 주차장에서 차를 찾고 있는 중이다. 당신의 마음 속에 이미 차의 모양이 각인되어 있지만, 당신은 차를 발견하지 못할 수도 있다. 하지만 그렇다고 해서 당신의 마음 속에 있는 차에 관한 이미지가 당신의 뇌 속에서 하나의 형상으로만 자리하는 것은 아니다. 단지 차의 이미지가 나타나는 화면이 자리하지 않을 뿐이고, 뇌 속의 양상이 자리하지 않을 뿐이다. 따라서 사람은 뇌로부터 분리된 채 무언가를 볼 수가 없다. 하지만 자동차에 대한 이미지는 어디에 존재하는가? 그것은 당신의 마음 속에 존재하는 것일 뿐, 뇌 속에 존재하는 것은 아니다. 비록 그 이미지가 뇌 속의 신경 상태와 상관이 있다손 치더라도, 그 이미지는 뇌가 아니라 마음 속에 존재한다는 것이다. 다른 예를 들어 보자. 색맹인 메리Mary는 유명한 신경과학자이다. 그녀는 색깔들을 구별하는 뇌 상태들에 대해서 신경학을 전공하면서 색깔에 대해서 알아야 하는 모든 것을 알게 됐지만, 단지 이것은 그녀의 경험에 국한될 뿐이다. 즉 그녀가 '빨간색'을 경험해서 안다는 것이 무엇인지를 알 수 없다는 것이다. 이것은 색깔에 관한 경험이 뇌 속의 신경망들의 상태로 축소될 수 없음을 말해 준다. 또한 이것은 마음이 뇌로 축소될 수 없음에 대해서도 말해 준다. 라이프니츠의 법칙은 두 가지가 동일할 때, 그 둘이 자신들에게 속한 모든 특성들을 공유한다고 말한다. 하지만 마음은 뇌로 나타나지 않는 상태들(이미지들, 신념들, 의도들, 의식 등)을 경험하는데, 따라서 마음이 가진 특성들은 뇌가 가진 특성들과는 다른 것이라 할 수 있다. 즉 마음이 뇌와 동일시되거나, 뇌로 환원될 수 없다는 것이다.

이것들 외에도 환원론적 물리주의reductive physicalism가 가지고 있는 또 다른 문제들이 있다. 기능(눈이나 마음이 각각의 기능을 감당하는 것)을 식별할 수 있을 뿐, 과학은 인간 삶이나 자연 속에 있는 고유한 목적을 식별할 수 없다. 따라서 환원론적 물리주의는 인간 삶이나 자연에서 목적들은 애초부터 없었다고 말한다. 단지 인간이 자신의 목적들을 만들어내는 것일 뿐, 자기 자신을 벗어난 객관적인 목적들이 없다는 것이다. 마지막으로 자유 선택의 문제가 남아 있다. 자유의지론적인 자유 선택은 인간이 여러 사안 중에서 '하나의 대안' 내지 '하나의 활동과정'을 선택할 수 있다고 말한다. 이것은 우리가 무언가를 행하는데 있어서 자유롭다는 것을 말하는 것이 아니다. 제프리 슈바르쯔Jeffrey Schwartz에 따르면, 가장 기본적인 자유는 우리의 의도를 바꿀 수 있는 자유이다.[236] 비록 완전히 활동 불능의 상태가 된다 하더라도, 우리는 여전히 우리의 의도와 사고방식을 바꿀 수 있는 자유를 갖고 있다. 슈바르쯔는 이러한 개념을 강박 장애를 위한 치료요법으로 발전시켰다. 그 치료요법은 환자들로 하여금 그들의 의도를 강박관념에서 다른 것으로 바꾸는 방식으로 이루어진다. 이렇게 단순하게 의도를 바꿈으로 인해서 새로운 신경 경로들이 형성되면서, 오래된 강박 경로들이 점차로 활동을 멈추게 된다. 바로 여기서 환원론적 물리주의가 진정한 자유의지론자들이 말하는 자유를 설명할 수 있는가 하는 문제가 제기된다. 그 자유가 어디서부터 오는 것인가? 인간의 자유 선택은 '의도'와 더불어서 '목적'을 수반한다. 즉 내가 이것을 하겠다고 선택하기도 하지만, 반대로 저것은 하지 않겠다고 선택하기도 한다는 것이다. 그러나 환원론적 물리주의 모델은 이러한 의도들과 목적들에 대해서 설명할 수 없다. 따라서 우리는 인간에게서 자유란 '양자의 불확정성' 내지 '임의성'과 같다고 말할 수 있다. 하지만 그럼에도 불구하고 자유는 무작위적이지 않다. 오웬 프라나간 같은 물리학자들조차도 자유가 무작위적이지 않다는 데에 동의한다.[237] 만일 내가 무작위적으로 행동한다면, 나는 내 마음대로 건물 한가운데를 향해서 달려들 수 있을 것이고, 집을 향해서 차를 몰고 돌진할 수 있을 것이다. 하지만 우리는 그러한 행위를 자유 선택이라고 말할 수 없다. 그것은 미친 행동이기 때문이다. 프라나간 같은 몇몇 물리주의자들은 자유 선택을 지지하는데, 그들이 지지하는 자유 선택은 '자유 의지적인 자유'가 아니라 소위 '양립가능한 자유'이다. 양립가능한 자유는 사실상 여러 대안들 중에서 선택하고 싶은 않은 무언가를 선택하도록 우리가 구속받지 않는다는 것을 말한다. 실제로 크릭Crick 같은 여러 환원론적 물리주의자들은 자유의지론적인 자유 선택을 믿지 않는다. 그들의 입장에 반대하면서 나는 다음과 같이 주장한다. "우리는 자유의지론적인 자유 선택을 부인할 수 있다. 하지만 우리가 자유 선택을 하지 않는 것처럼 행동하거나 살 수는 없다." 이처럼 여기에는 수행적인 모순이 존재한다.

환원론적 물리주의자들을 대항하는 여러 다른 논증들이 있지만, 지면 관계상 여기서 그것들을 다루지 않을 것이다. 다만 여기서 논한 논증들이 단지 밑그림들에 불과하다는 것만을 알고 넘어가도록 하자. 이제는 한 권의 책을 낼 정도로 물질주의와 환원론적 물리주의에 반하는 완전한 논증들이 점증적으로 누적되었다는 것만을 기억하도록 하자.[238] 그들의 입장이 무엇 때문에 위험한지, 또한 그들의 입장이 많은 사람들에게 설득력을 제공하지 못하는 이유에 대해서 독자들에게 제공할 수 있는 수많은 논증들이 있다. 그들의 입장은 인간에 속한 것들을 지나칠정도로 배제시킨다. 이런 이유로 인해서 몇몇 사상가들은 환원론적 물리주의에서 다른 입장으로 나아갔다. 다음 문단에서 그 입장을 설명하도록 하겠다.

창발적 일원론 또는 비환원론적 물리주의

무신론적 입장들을 포함해서 창발적 일원론 또는 비환원론적 물리주의라고 여겨지는 다양한 입장들이 있다.[239] 여기서 나는 그러한 입장들의 기독교적 형태에 대해서, 특히 낸시 머피Nancy Murphy가 지지하는 형태에 초점을 맞추겠다. 머피는 비환원론적 물리주의를 다음과 같이 규정한다. "인간은 물리적 유기체로서, 사회와 하나님과의 관계성 속에서 복잡한 여러 기능을 감당함으로 인해서 도덕률과 영성과 같은 '더 높은 상위의' 능력들을 갖게 된다."[240] 머피가 규정했듯이 비환원론적 물리주의는 곧 물리주의에 해당된다. 이 입장은 인간에게 있어서 비물질적인 영혼과 같은 비물리적 요소가 존재치 않는다고 주장한다. 인간은 전적으로 물리적 물질로만 구성되어 있다. 하지만 비환원론적 물리주의는 환원론적 물리주의와는 다르다. 이유는 비환원론적 물리주의가 모든 인간의 (정신적) 능력들이 물질로 환원된다는 것을 부인하기 때문이다. 인간은 의식과 합리성 그리고 도덕성과 영성 등과 같은 창발적 가능성들과 능력들을 소유하는데, 이것들은 뇌의 물리적 활동으로 환원될 수 없는 것들이다. 머피는 창발적 특성들을 다음과 같이 설명한다.

완전한 언어와 같은 창발적 특성들은 낮은 등급의 능력들에 의존된다. 하지만 그 특성들이 낮은 등급의 능력들의 견지에서만 설명되는 것은 아니다. 브라운 Warren Brown은 우리가 '정신'을 인간의 분리된 부분이 아니라 인격적 관계성을 위해서 필요한 능력의 창발적 속성을 가리키는데 사용한다고 말한다. 이 능력은 더 온전한 형태의 인식을 가능케 하는 신경학적 특징들로 환원될 수 없다.[241]

비환원론적 물리주의와 유사한 입장이 필립 크레이톤Philip Clayton이 말하는 창발적 일원론이다.[242] 머피처럼 크레이톤은 영혼의 존재를 거부하면서 인간은 단지 하나의 물리적 시스템으로 이루어져 있다고 주장한다. 하지만 인간 안에서 의식과 마음이 발생하는데, 이것들은 물리법칙들이나 물리적 설명들로 환원될 수 없다. 따라서 신경과학은 의식에 대해서 완전한 설명을 제시할 수 없다. 뇌의 창발적 특성인 '의식'은 3인칭적인 설명들보다는 1인칭적인 언어를 사용함으로써 올바르게 설명되고 이해될 수 있다. 특별히 크레이톤은 뇌와 뇌의 신경 경로들이 정신에 영향을 끼치기도 하고, 뇌의 창발적 특성인 정신 역시 뇌에 영향을 끼친다고 주장한다. "인과선causal line은 정신적 인과선(하나의 사고가 다른 사고에 영향을 끼치는 것)을 따라서 물리적 입력들과 주변 환경으로부터 정신적인 수준으로 상승하는 것처럼 보인다. 반면에 정신적 인과선은 다른 물리적 활동들에 영향을 끼치기 위해서, 또한 뇌 속의 새로운 기억들과 시냅스 연결을 형성하기 위해서, 그리고 새로운 언어적 행동들을 산출하기 위해서, 하강하는 것처럼 보이기도 한다."[243]

또한 창발적 일원론은 이안 바버Ian Barbour 같은 사상가들이 말하는 '과정 사상'과 유사하다. 창발적 일원론과 달리 과정 사상은 원자에서 유기체로 나아가는 모든 실재들entities에 '주체적인 극'subjective aspect과 '객체적인 극'objective aspect이 함께 존재한다고 주장한다. 따라서 바버는 과정 사상을 '양극적 일원론'dipolar monism이라고 칭한다.[244] 그는 다음과 같이 말한다. "의식과 정신이 새로운 특성들로 출현하는 바, 우리는 이 특성들이 높은 수준의 복잡성에서 발견된다는 것에 동의한다. … 그러나 과정사상가들은 통합된 실재들의 모든 수준에서 최소한도의 가장 기본적인 형태의 주체성이 잠재적으로가 아니라 실제적으로 존재한다고 주장하면서 창발적 일원론과 의견을 달리한다."[245] 따라서 비환원론적 물리주의와 창발적 일원론은 생물학, 심리학, 신경과학의 결과물들을 철학 그리고 기독교 신학과 통합하려고 한다. 머피의 견해에 따르면 신경과학과 비환원론적 물리주의는 결국 전통적 기독교가 영혼에 대해서 설명하려고 했던 모든 것, 즉 정신과 의식, 자유선택, 도덕관념, 하나님과의 인격적 관계성에 대해서 설명할 수 있다. 그러나 이런 입장은 영혼 개념을 불필요한 것으로 만든다. 이러한 입장들의 강점은 이들의 시도가 현대과학의 결과물들, 특히 '신경과학의 결과물들'과 '철학과 신학'을 완전히 통합한다는 데에 있다. 수많은 기독교 과학자들과 심리학자들 그리고 바렌 브라운Warren Brown과 말콤 지브스Malcolm Jeeves 같은 신경과학자들이 이러한 입장들의 변형된 형태를 지지하고 있다.[246]

하지만 철학적인 관점에서 볼 때, 특히 기독교적 관점에서 볼 때 이러한 견해는 수많은 취약점과 난제들을 갖는다. 머피는 자신의 책에서 이러한 견해가 갖는 취약점과 난제들 대부분을 언급했다.[247] 그가 언급한 것들이 매우 복잡한 경향을 띠기 때문에 여기서 나는 단지 그가 언급한 것들 가운데 몇 가지만을 인용하도록 하겠다. 먼저 나는 철학적인 도전에 대해서 논하도록 하겠다. 자유의지론적인 자유 선택이 뇌의 창발적 특성으로 설명될 수 있을까? 먼저 나는 우리에게 낯익은 자연 속에 있는 모든 특성들(또는 거의 모든 특성들)이 창발적 특성들인 것을 말하고 싶다. 화학적 특성들이 이에 해당되는 본보기들이다. 물을 수소와 산소의 혼합물과 다른 물로 만드는 것은 물의 창발적 특성들로서, 이러한 특성들은 '전체의 물 분자'와 관련된 것이지 '물 분자의 일부'와 관련된 것이 아니다. 이러한 창발적 특성들은 창발적 인과관계의 힘들을 갖는다. 예컨대 물이 물질을 분해한다는 것이다. 이런 것들을 가지고 자유의지론적인 자유 선택을 설명할 수 있을까? 우리가 물리적인 자연 속에서 관찰한 모든 창발적 특성들은 물리 법칙들과 화학 법칙들에 지배를 받는다. 하지만 자유의지론적인 자유 선택은 이것과는 현저하게 다르다. 만일 자유 선택이 물리 법칙들에 의해서 결정된다면, 자유의지론적인 의미에서 볼 때 이것은 자유라 할 수 없다. 추상적인 철학 담론에서와 같이 물리체계가 인과적으로 닫혀 있다면, 그것은 어떠한 사건이 이전의 물리적 원인들을 가지고 설명될 수 있음을 의미한다. 이와 달리 자유의지론적인 자유 선택은 물리법칙의 인과적 폐쇄성을 부인한다. 즉 자유 선택이 인과관계적 원인이 아니라는 것이다. 따라서 자유 선택은 뇌의 활동의 부산물이 아니다. 그러므로 나(다른 사람들도 마찬가지이다.)는 자유의지론적인 자유 선택이 환원론적 물리주의와 비환원론적 물리주의(또는 창발적 일원론) 모두에 의해 지지받을까 하는 것에 대해서 의구심을 갖는다.[248](나는 다음의 내용에서 자유 선택이 자연적인 창발적 특성이 아니라 하나님과 우리의 상호관계성에 기인하는 것임을 제시할 것이다.)

비환원론적 물리주의와 관련해서 기독교인들이 특별히 관심을 갖는 몇

몇 사안들이 있다. 첫 번째 사안은 명백한 것으로서, 영혼이 없다면 죽음과 부활(부활은 전통적으로 역사의 마지막 때에 발생한다고 여겨져 왔다.) 사이에 놓여진 인격적 정체성의 연속성을 우리가 어떻게 설명할 수 있는가 하는 것이다. 두 번째 사안은 이러한 입장이 정신을 갖기 위해서 우리에게 반드시 뇌가 있어야 함을 의미한다는 것이다. 이것은 천사들이 없을 수 있음을 의미하는 것처럼 보이는데, 이유는 천사들에게 뇌가 없기 때문에 당연히 정신도 없다고 볼 수 있기 때문이다. 나아가서 이것은 하나님에게 있어서도 마찬가지이다. 하나님도 뇌가 없는 분이시다. 따라서 비환원론적 물리주의의 설명을 가지고는 하나님을 알 수 없다. 세 번째 사안은 비환원론적 물리주의의 입장과 관련해서 대다수의 기독교인들(다른 유신론자들도 역시 그렇다.)이 전반적으로 신뢰하고 있는 것이다. 대다수의 기독교인들에게 이해되기 어려운 점은 개인의 영혼에 관한 믿음이 아니다. 이것보다는 하나님 존재와 부활을 믿는 것이 더 어려운 점이다. 내가 이해하기에 대부분의 기독교인들(거의 대다수의 가톨릭 신자들과 정통주의 신자들)은 항상 이 점에 대해서 생각해 왔다. 지금도 여전히 천사들과 성인들과 과거에 죽은 사랑했던 사람들이 거하는 초월적인 온전한 영적 세계(영적 영역)가 지금 현재 존재한다는 것과 이들(과거에 죽은 사랑했던 사람들-옮긴이)이 자신들이 기도할 때 언급 될 수 있다고 생각한다. 하지만 비환원론적 물리주의의 설명에 따르면 이들은 지금 현재 속에 존재하는 것이 아니라 단지 먼 미래에 다시금 부활하게 되는 것으로 여겨진다.(우리가 난제인 '즉각적인 부활'immediate resurrection을 수용하지 않는 한, 우리는 이 입장에 속하지 않는다. 7장에서 이에 대해 살펴볼 것이다.) 나는 이 점이 대다수의 기독교인들이 수용하기에 매우 어려운 난제라고 생각한다. 그리고 만일 이것이 기독교 교리가 된다면, 나는 대부분의 기독교인들이 비환원론적 물리주의자들 내지 창발적 일원론자들이 되는 것 보다도, 대다수의 개혁파 유대인들Reformed Jews처럼 사후세계를 전혀 믿지 않게 되는 점이 더 염려스럽다.

하나의 사례를 들어보자. 기독교인들은 전형적으로 천국에 있는 사람들이 하나님을 직접적으로 알 수 있다고, 즉 바울이 설명하듯이 얼굴과 얼굴을 맞대고 하나님을 볼 수 있다고 주장해 왔다.(고전 13:12) 하지만 머피는 하나님에 관한 우리의 지식이 뇌를 통해서 전달되는 것이라고 주장한다. 물리주의자들은 인간의 모든 경험들이 신경체계에 의해서 전달되는 것처럼, 종교경험도 역시 신경체계에 의해서 전달되는 것이라고 말한다.[249] 부활 상태도 역시 이러한 주장에 해당되는 것으로 본다. 즉 우리가 천국에서조차도 하나님을 직관을 통해서 직접적으로 알 수 없다는 것이다. 그렇게 된다면 우리는 영적인 하나님을 인식하기 위해서 영적인 수신장치가 필요할 것이다. 영혼이 감당하는 여러 기능 중 하나가 영적인 수신장치의 역할을 감당하는 것이 될 것이다. 만일 영혼이 그러한 기능을 갖지 못한다면, 우리는 부활에 있어서도 간접적으로만 하나님을 알게 될 뿐이다. 말하자면 우리가 개념들과 이미지들과 느낌들을 매개로 해서 간접적으로 하나님을 알게 된다는 것이다. 하지만 이것은 성서와 기독교 전통 모두가 말하는 기독교적 가르침에서 벗어난다. 일반적으로 기독교적 가르침이 축복받은 자들이 천국에서 하나님을 직접적으로 본다고 주장해 왔기 때문이다.[250]

마지막으로 비환원론적 물리주의 또는 창발적 일원론의 설명에서 볼 때, 정신은 뇌 밖에 존재할 수 없다. 이러한 관점에 따르면, 비환원론적 물리주의는 사람들이 종종 몸을 벗어난 상태에서 주변의 여러 사건들을 볼 수 있다고 말하는 여러 임사체험 보고들을 거짓된 것으로 여기게 된다.

실체 이원론

　실체 이원론은 인간이 '비물질적인 영혼'('비물질적인 영혼'은 '존재하는 실재'와 무관하다.)과 '물질적인 몸'으로 구성되어 있다고 믿는다. 물질적인 몸은 공간 안에서 확장되면서 자리를 차지할 수 있지만, 비물질적 존재인 영혼은 공간을 차지하지 않는다. 실체 이원론의 관점에서 볼 때 영혼은 생각하는 동시에 정신적이고 감정적이며 영적인 경험들을 체험한다. 또한 최근의 실체 이원론에 따르면 영혼은 몸의 죽음 이후에도 살아남는다. 실체 이원론은 플라톤과 그의 추종자들에 의해서 주장되며, 신플라톤주의에 영향을 받은 어거스틴과 어거스틴 전통에 있는 사람들에 의해서도 주장된다. 그리고 중세까지 대부분의 사상가들도 역시 실체 이원론적 관점을 갖고 있었다. 이러한 관점이 근대 시기에 데카르트의 철학과 견고하게 결합된다. 데카르트는 인간이 비물질적이고 비공간적인 특성을 갖는 '생각하는 실체'(또는 정신)와 공간 속에서 확장되는 '몸'으로 구성되어 있다고 결론짓는다. 보통 데카르트의 사상에 있어서 그러한 두 가지 실체('정신'(또는 마음)과 '몸')가 상호 간에 거의 상호작용을 하지 않는 것처럼 여겨지지만, 실상 데카르트는 정신과 몸이 밀접하게 상관된다고 주장했다. "자연 역시 나에게 고통과 배고픔과 갈증과 같은 느낌들을 가르쳐 준다. 따라서 나는 배 안에 거하는 선장처럼 '몸' 안에 거하면서 몸과 밀접하게 연결된다. 또한 나는 몸과 정신이 섞여져 있는 혼합체이자, 통일체와 같은 것으로 이루어져 있다고 생각한다."[251] 하지만 실체 이원론의 범위는 그것을 분류하는 사람에 의존하는데, 그 범위는 각 사람에 따라서 유동적이라 할 수 있다.(일반적으로 아퀴나스는 실체 이원론자로 여겨진다. 그러나 나는 아퀴나스를 전일적 이원론자로 여긴다.) 실체 이원론의 장점은 이 입장이 우리가 가진 일반적인 상식에 부합한다는 것으로서, 아마도 대부분의 기독교인들이 실체 이원론자들이 아닌가 생각된다. 이유는 우리 모두가 인간이 정신적 사건들(사고들, 의도들, 신념들 등)을 경험한다는 사실을 알고 있기 때문이고, 또한 몸 밖에 인간 의식이 존재할 수 있음을 믿고 있기 때문이다. 실체 이원론은 임사체험이 말하는 증언과도 일치한다. 저명한 몇 사람의 철학자들이 실체 이원론자들로서, 옥스퍼드의 저명한 철학자 리차드 스윈번Richard Swinburne이 그 중 한 사람이다.[252] 또한 신경과학자 윌더 펜필드Wilder Penfield와 존 엑클레스John Eccles 같은 몇몇 과학자들도 이 입장을 가지고 있다.[253]

하지만 이 입장은 최근에 격렬한 공격을 받고 있다. 이 입장이 과학과 철학에서 거의 지지를 받지 못하고 있다는 것이다. 이 입장은 '기계 속의 유령'ghost in the machine이라고 일컬어진다. 이 입장에 관한 주된 반대는 신경과학으로부터 왔다. "우리는 뇌신경학을 가지고 인간의 모든 경험들을 설명할 수 있다. 따라서 비물질적 특성을 갖는 정신을 얘기하는 것은 이제 불필요한 일이다." 또 다른 반대는 실체 이원론자들이 비물질적인 영혼이 어떻게 물질적인 몸에 영향을 끼치는가 하는 것과 물질적인 몸이 어떻게 비물질적인 영혼에 영향을 끼치는가 하는 것을 설명할 수 없다는 데에 있다. 만일 몸과 영혼이 같지 않다면, 그 둘이 상호 간에 영향을 끼치지 말아야 한다는 것이다.[254] 실체 이원론자들이 주장하듯이 이성이 영혼의 행위라 하더라도, 약물과 알코올처럼 뇌에 손상을 입히는 것들이 영혼의 사고하는 능력에까지 영향을 끼칠 수 없다. 실체 이원론자들은 이러한 공격에 다음과 같이 대꾸한다. "영혼과 뇌 사이에 상당한 정도의 상호작용이 있다. 영혼이 그 기능을 감당하기 위해서 뇌를 사용한다."(이것은 스윈번의 입장이다.) 하지만 그들은 어떻게 해서 이것이 그러한가 하는 것을 설명하지 못한다. 따라서 상당히 대중적으로 지지를 받고 있음에도 불구하고, 실체 이원론은 학문적인 영역에서 지지받지 못하고 있다.

전일적 이원론 또는 창발적 이원론

이 세상에서 인간이 정신적 특성을 갖는 실체로서, 몸의 죽음 후에도 영혼이 살아있다고 믿는 여러 사상가 그룹들이 이 입장에 속한다. 이제 이 입장에 속하는 몇몇 사상가들을 논하도록 하겠다.[255]

| 전일적 이원론 |

이 입장은 부활을 강조한다는 점에서 성서적 견해에 상당히 잘 들어맞는 것처럼 보인다. 이 입장은 '전인'whole person이 부활한다고 말하면서, 영혼이 몸의 죽음 이후에도 생존할 수 있다고 말한다. 존 쿠퍼John Cooper 는 성서 구절들을 포괄적으로 다룬 후에 이러한 입장을 '전일적 이원론' 이라고 칭했다.[256] 이 입장은 그 범주 상 토마스 아퀴나스의 견해와 일치 하는 것처럼 보인다. 아퀴나스는 비물질적인 영혼이 형상을 가진다고 주 장했다. 즉 영혼이 몸을 구성하는 원리이자 몸의 본질적인 원형이라는 것 이다. 결과적으로 아퀴나스에게서 몸과 영혼은 적어도 이 세상에서는 상 호통합된 실재이다. "인간을 단순히 영혼으로만 볼 수 없다. 인간은 영혼 과 몸으로 구성된 존재이다."[257] 그는 또한 영혼이 몸의 죽음 이후에도 생 존하지만, 이때의 생존이 몸이 없는 상태에서의 생존이기 때문에 결함을 갖는다고 주장했다. 하지만 아퀴나스가 영혼이 몸의 형상이라고 말할 때, 몸의 죽음 이후에 영혼은 어떤 방식으로 살아있게 되는 것일까? 이에 대 한 아퀴나스의 대답은 분명하지 않다. 그가 말하는 영혼은 하나님에 의해 서 존속 가능한 실체로 창조된 것으로서, 죽음 이후에도 계속해서 존속한 다. 비록 영혼이 온전한 기능을 위해서 몸을 필요로 하는 것이 맞지만, 몸 의 죽음 이후에도 영혼이 존속된다는 것이다. 따라서 아퀴나스의 견해에 따르면 하나님은 인간의 죽음 이후에도 영혼을 비물질적인 형태로 유지 하실 수 있다.(또한 그는 천사들도 비물질적인 존재로서, 하나님에 의해서 비물질적인 형상으로 존재하는 것이라고 주장한다.)

아퀴나스의 입장에서 실제적인 문제는 그가 영혼이 몸의 '형상'이라고 말하는 것이 정확히 무엇을 의미하는가이다. 아퀴나스는 자신의 입장을 아리스토텔레스 철학에 기초해서 전개하는데, 아리스토텔레스 철학은 실체를 '실제적인 형상'과 '물질'의 혼합물로 간주한다. 어떠한 물질을 보이는 바 그대로 있게 만드는 것은 형상이다. 이것을 조각상과 같은 인공 구조물을 놓고 생각해 보자. 조각상은 대리석의 형상으로서, 그 조각상을 하나의 조각상으로 만든 후에 그 조각상의 남은 조각은 건물을 짓는데 사용되거나 대리석 바닥의 조각이 되는 데에 사용된다. 에레오노레 스텀프 Eleonore Stump에 따르면, 아퀴나스에게서는 비인격적이면서도 동시에 감각적인 사물인 '온전한 형상'이 곧 그 사물을 구성하는 물질의 배열 또는 구성이다. 이런 방식으로 형상은 그 사물을 구성한다.[258] 따라서 분자의 형상은 분자를 구성하는 요소들의 '배열' 내지 '구성' 내지 '통합'이다. 영혼과 관련해서 아퀴나스는 영혼이 곧 살아있는 구성 원리라고 주장한다. 곧 영혼이 형상에 속하는 물질을 배열한다는 것이다. 따라서 스텀프는 영혼을 '물질을 배열하는 자존(自存)하는 형상'이라고 말한다.[259] 하지만 어떻게 영혼이 몸의 물질을 구성하는가 하는 것은 논하기에 매우 어려운 문제로서, 나는 이 문제를 다른 곳에서 다룰 것이다.[260] 여기서는 영혼이 몸의 '형상'이라는 의미를 고찰하는 것만 가지고도 충분할 것이다. 이것은 영혼이 '거의 무한대의 복잡하고 역동적인 정보'(이 정보가 형상을 만들어서 즉각적으로 살아있는 몸으로 전해준다.)라고 말하는 존 폴킹혼John Polkinghorne의 사상과 유사하다.[261] (하지만 정보 유형과 마찬가지로, 영혼은 주관적인 차원을 지닌다. 즉 영혼이 주체가 된다는 것이다.) 이러한 형태는 인간을 삶을 지속하는 과정 중에 있는 성숙한 존재로 여기게 만든다. 이런 점에서 볼 때 영혼도 몸을 통해서 성장하면서 몸에 직접적으로 통합된다고 할 수 있다. 하지만 아퀴나스와 로마가톨릭

교회의 가르침에 따르면 하나님이 영혼을 현존하도록 유지하시기 때문에 영혼은 몸 밖에서도 생존할 수 있다. 이렇게 보는 것이 일종의 '통전적 이원론'의 특징에 해당이 된다.

| 창발적 이원론 |

철학자 윌리엄 해스커William Hasker는 자신의 수많은 저작들을 통해서 (비환원론적 물리주의를 포함해서) '물질주의'와 (데카르트의) '이원론' 사이에서 자신이 '중간 방식'이라고 이름 붙인 견해를 제시했다.[262] 이것이 '창발적 이원론'이다. 해스커의 주된 논지는 정신과 영혼이 뇌로 출현하는데, 자아가 이 세상에서 진화한다는 것이다. 그는 다음과 같이 말한다. "인간의 정신은 뇌에 의해서 만들어진다. 즉 인간의 정신은 뇌로부터 분리된 요소가 아니라 뇌에 '덧붙여진' 요소이다."[263] 따라서 하나님이 영혼을 창조하신 것이 아니다. 인간의 '뇌'가 진화하듯이 '의식' 역시도 자연스럽게 진화한다. 이것은 인간과 동물 모두에 해당된다. 따라서 해스커의 철학은 데카르트의 이원론과 달리 동물들의 의식에 대해서도 쉽게 설명할 수 있다. 지금까지 논한 해스커의 입장은 '창발적 일원론' 또는 '비환원론적 물리주의' 또는 '이원론'이 가진 특성과 유사하다. 뇌가 진화하는 것처럼 정신도 진화한다는 것이다. 하지만 해스커는 창발적인 힘들이 진화한다고 말하는 것에 만족하지 않는다. 그가 볼 때 이렇게만 말하는 것은 충분하지 못하다. 여기서 나아가서 해스커는 '의식의 통일성'을 가지고 자신의 입장을 논증한다. 의식의 통일성은 '의식'이라는 우리의 경험이 통일성을 갖는데, 우리의 경험이 단순히 뇌의 여러 부분들 속에서 (산발적으로) 분포되어 있는 파편들의 모음이 아니라고 주장한다. "의식의 경험은 통일성을 갖는다. 따라서 의식을 분리된 파편들의 모음으로 분해시키는 것은 의식을 왜곡하는 것이다. 이런 점에서 볼 때 창발적 특성들이 존재한다고 말하는 것만 가지고는 충분치 못하다. 새로운 독특한 실재인 '창발적 실체'가 요구된다. 새로운 창발적 실체가 뇌와 신경체계가 지닌 물질적 구성요소들의 주요한 기능적 구성의 결과로 존재하게 되는 것이다."[264] 인간은 새로운 창발적 실체일 수 있다. 이 점을 설명하기 위해서 해스커는 '자기장'이라는 유비를 사용한다. 자기장은 자석에 의해서 만들어지는 것으로서, 자기장이 이미 약해진 자석의 힘을 연장시킨다. 해스커는 주장하기를 자석이 파괴돼서 없어졌어도 특정한 조건들이 주어진다면 자기장은 그대로 잔존한다. 이와 마찬가지로 뇌 역시 의식의 장인 '영혼의 장'soul field,(이것이 곧 '창발적 인격'emergent person에 해당된다.)을 만들어낼 수 있다. 또한 해스커는 인간들이 하나님의 기적적인 행위로 말미암아 몸의 죽음 이후에도 존재의 상태를 유지할 수 있는 실제적인 가능성이 존재하며, 부활할 수 있다고 말한다. 이러한 입장은 영국의 신학자 케이스 워드Keith Ward의 견해이기도 하다. 케이스 워드는 다음과 같이 '영혼의 창발적 가능성'을 주장한다. "번데기에서 나오는 나비처럼 영혼은 뇌가 가진 공간적인 특성들로부터 풀려져서 나올 수 있다. 따라서 영혼은 홀로 존재하거나 다른 물질의 형태로 존재하게 된다."[265]

창발적 이원론은 가톨릭 신학자 칼 라너Karl Rahner의 견해와 밀접한 상관성을 갖는 것처럼 보인다. 라너는 인간이 진화의 과정에서 사회적 관계성 속에서 존재론적으로 물질보다 더 위대한 존재로 발전했다는 이론을 제시했다. 즉 진화의 과정에서 인간이 자기를 초월하고 하나님을 아는 존재로 발전했다는 것이다.[266] 이 입장은 모든 신경과학의 증거들과 생물 진화의 증거들과 일치한다는 장점을 지닌다. 즉 이 입장이 하나님에 의해서 창조된 비물질적 영혼 개념을 요청하지 않는다는 것이다. 또한 이 입장은 동물의 의식에 대해서도 설명할 수 있다.(적어도 이론상으로는 가능하다.) 이 입장은 뇌와 정신이 점진적으로 진화해 나간다는 사실과도 일치한다. 우리는 아기들이 자유롭게 선택하고 추리할 수 있는 능력들을 태어나는 순간에 완전히 갖추는 것이라고 얘기하지 않는다. 뇌와 인간이 성숙해져 가듯이 그러한 능력들은 점진적으로 발전해 나가는 것이다. 또한 이 입장은 '죽음 이후 영혼의 생존'과 '부활'과 '죽음과 부활 사이에 놓여진 인격적 정체성의 연속성'을 인정한다.

물론 이 입장은 생물학적 진화에 따른 '창발'emergence,(임신한 이후에 뇌가 다소 덜 진화하게 되는 것)을 주장하는 취약점을 갖기도 한다. 또한 자유 선택과 추론에 해당되는 인과관계적 능력 뿐 아니라 각각의 개인과 같은 전적으로 새로운 실재가 출현하게 된다고 주장하는 것도 이 입장의 취약점이다. 이러한 입장들은 받아들이기에 어려운 점이다. 이 입장이 발달되지 않은 뇌(태아 또는 다운증후군을 가진 아기)를 가진 인간도 역시 온전한 인격체라는 것을 인정할 수 있을까?

환생이론

이 입장은 주로 힌두교와 불교에서 주장하는 이론이다. 서양의 많은 사람들, 특히 뉴에이지 사상에 영향을 받은 사람들도 환생을 주장하지만, 힌두교와 불교는 그 이상으로 환생이론을 주장한다. 고대 힌두교에서 '신비한 몸'과 개인의 영혼jiva과 궁극적인 자아atman는 자신의 업보karma에 따라서 이 생명체에서 저 생명체로 이동한다. 사악한 사람은 지옥에서 살아가고 탐욕스러운 사람은 '굶주린 망령'으로 살아간다. 또한 자신의 의식을 덜 고양된 상태로 가꾼 사람은 이 땅에 짐승으로 환생하기도 한다. 반면에 깊은 명상에 잠긴 채 타인을 사랑하는 사람은 신의 삶을 살거나 매우 안락한 상태의 삶을 살게 된다. 이 생애에서 저 생애로 방황하는 것 samsara에서 벗어나서moksha, 브라만Brahman이라고 알려진 궁극적 실재와 합일하는 것이 궁극적인 삶의 목적이다.[267]

불교도들은 영원하면서 변함이 없는 자아 개념을 거부한다. 이들은 힌두교의 환생이론과 유사한 이론을 가지고 있다.[268] 이들에 따르면 인간은 다섯 가지의 비인격적 덩어리들로 구성되어 있다. '물질', '감각', '인식', '정신적 구조', '의식'이 그것이다. 죽음과 관련해서 누군가의 의식은 그 사람의 업보에 따라서 또 다른 삶으로 재결성된다. 불교도들은 이 점에 있어서 자신들이 믿는 것이 힌두교도들과 매우 다르다고 주장한다. 예컨 대 불교도들은 환생하려는 '자아'가 존재한다는 것을 부인하면서, 인간과 관련된 모든 것이 비인격적이면서 계속해서 변하는 특성을 갖는다고 말한다. 그러나 불교가 말하는 '자아'와 '업보'와 '환생' 사이의 관계는 힌두교와 유사한 점을 갖는다. 석가모니는 궁극적인 문제들에 대해서 침묵했다. 단지 자유롭게 되는 것을 가르치려고 했을 뿐, 그는 '세속제'sammuti-sacca,世俗諦와 '승의제'paramattha-sacca,勝義諦를 구별했다.[269] 여기서 우리의 취지와 관련해서 불교와 힌두교의 전통 모두가 환생이론을 수용하고 있음에도 불구하고, 환생에 관한 양쪽의 이해가 다르다고 할 수 있겠다. 환생에 관한 현대 서양의 신념들은 고대의 힌두교와 불교의 신념들에 비했을 때 다소 차이가 있는 것처럼 보인다. 첫째로 현대의 환생이론은 전형적으로 희망이 지배적인 것처럼 보인다. 환생이 삶에 대한 또 다른 기회와 또 다른 경험을 배우는 것으로 인식된다는 것이다. 현대 서양에서 말하는 환생은 고대의 힌두교에서처럼 삶의 방황에서 벗어나는 것으로 인식되지 않는다. 둘째로 미국의 대다수의 사람들은 인간의 형태와 다른 형태로 환생한다는 것을 믿지 않는다.

환생이론은 여러 장점들을 갖는다. 이 이론은 대부분의 사람들이 자신들의 삶의 과정에서 영적으로 덜 성숙해진다는 사실에 대해서 설명할 수 있다. 또한 환생이론은 사람들이 기나긴 삶의 과정에서 영적인 초월을 얻어야 한다는 문제에 대해서도 대답할 수 있다. 게다가 인간의 삶 속에는 심각한 불평등이 존재한다. 어떤 사람들은 호화스럽게 사는 반면에 다른 사람들은 비참한 환경에서 태어나서 살다가 죽는 불평등이 인간 삶 속에 존재한다는 것이다. 그 이유가 무엇인가? 환생이론에 따르면 그 이유는 각각의 사람들이 과거 자신들의 업보에 따라서 응당 살아야 하는 삶을 살아가고 있기 때문이다. 반면에 환생이론이 가지고 있는 몇 가지 문제점들도 있다. 첫 번째 문제는 앞에서 논한 실체 이원론과 관련된 수많은 반대 사안들이 환생이론에도 똑같이 적용된다는 것이다. 두 번째 문제는 대부분의 사람들이 자신의 과거의 삶들을 돌아보지 않는다는 것으로서, 동방 문화권에서 살아가는 사람들조차도 자신들의 과거의 삶을 돌아보는 사람들은 거의 없다. 마지막으로 어떻게 똑같은 영혼이 어느 때는 동물이 됐다가 다른 때는 사람이 될 수 있는가 하는 것을 이해하기가 어렵다는 점이다. 이런 이유로 환생이론은 넓게 지지를 받지 못했다. 환생이론은 서양권과 학문적인 영역에서 지지받기 힘든 이론이다. 환생에 반대되는 전통적 기독교의 논증(이것은 플라톤과 피타고라스 학파의 논증으로 알려져 있다.)은 환생을 부활과 양립할 수 없는 것으로 본다. 특히 몸의 부활을 인간이 지상에서 가졌던 동일한 물질의 단순한 재결합으로 여겨진다는 점에서, 환생은 기독교의 부활과 양립할 수 없다.[270] 하지만 우리가 부활을 하나님이 선택하시는 새로운 창조가 생겨나는 것으로 여긴다면(이에 대해서는 7장을 보라.), 위의 문제는 간단하게 해결될 수도 있다. 하지만 환생이론과 달리 기독교는 우리가 여러 번의 삶이 아니라 단 한 번의 삶을 사는 것이라고 주장해 왔다. 히브리서 9장 27절은 환생이론을 반대하기 위해서 자주 인용되는 구절이다. "한번 죽는 것은 사람에게 정해진 것이요 그 후에는 심판이 있으리니..." 한편으로 환생과 가톨릭의 연옥 교리 사이에 몇몇 유사점들이 있는 것도 사실이다. 즉 두 이론 모두가 몸의 죽음 이후에도 인간이 성장한다는 가능성을 상정한다는 것이다. 칼 라너는 가톨릭의 연옥 개념이 긍정적인 면에서 '영혼의 변형 교리' 또는 '환생 교리'와 양립하기 위한 출발점이 될 수 있음을 조심스럽게 전망했다.[271] 하지만 가톨릭교회는 기독교적 믿음과 관련해서 우리의 삶이 단 한번 주어진 것임을 강하게 주장하면서, 환생이론을 이단적인 것이라고 규정했다.[272]

'관계성 속에 있는 주체'로서의 영혼 이해

이제 나는 영혼과 관련해서 나의 입장을 밝힐 것이다. 나의 입장은 성서적이고 전통적인 이해를 종합한 것이고, 신경과학의 결과물들을 통합한 것이며, 또한 임사체험의 증거물들을 통합한 것이다. 나는 이 세상에서 인간이 몸과 영혼의 통합된 일체성을 갖는다고 주장하는 동시에, 영혼이 몸의 죽음 이후에도 생존하면서 그 사람의 인격적 정체성을 부활의 상태로 옮길 수 있다고 주장한다. 즉 영혼이 부활한 몸과 하나가 된다는 것이다. 이 관점에 따르면 영혼은 개인적 의식(또는 인격적 정체성)의 주체로 규정되면서, 또한 정신과 의도와 기억과 이성과 자유 선택의 주체로도 규정된다. 여기서 주체가 된다는 것은 인격적이고 주체적 경험을 가질 수 있음을 말한다. 즉 영혼이 주체로서 현실 세계에서의 실제 사안을 직접 경험할 수 있다는 것이다. 하지만 주체인 영혼은 항상 '몸'과 사회 속에서의 '타자'와 물리적 '환경'과 '하나님'과 관련을 맺으면서 존재한다.[273] 나는 '통전적 이원론'의 맥락에서 영혼을 관계성 속의 주체로 규정한다. 영혼은 통전적 특성을 갖는데, 이유는 몸이라는 존재가 처해지는 모든 단계마다 영혼이 몸과 통합되기 때문이다.(여기서는 '몸의 성장'이라는 것이 어느 정도는 허용된다.) 따라서 영혼이 그 능력(예컨대 자유 선택과 같은 능력)을 실행한다고 할 때, 영혼은 뇌에 의존할 수 밖에 없다. 뇌와 뇌의 상태들이 정신과 영혼에 영향을 끼친다.[274] 이것은 현대 신경과학의 연구에 의해서 예리하게 제기된 사안이다. 한편으로 뇌의 어느 부분이 손상을 입게 된다면, 정신이 가지는 능력들 또한 손상을 입게 될 것이다. 예컨대 뇌가 입은 손상으로 인해서 그 사람이 가족의 얼굴들을 인식할 수 없게 될 수 있다는 것이다. 다른 한편으로 정신 또는 영혼, 사상들 또는 의도들에 의해서 취해진 자유 선택들이 뇌의 신경에 영향을 끼칠 수도 있다. 이 점에 있어서 나는 육체가 인과적으로 닫혀있다고 여기지 않는데, 즉 인간이 갖는 사상들과 자유 선택들이 뇌 속에서 신경들과 신경구조들을 활동하게끔 만들 수 있다고 여긴다. 그리고 나는 여기서 자유 선택(이 자유선택이 물질적 뇌 속에서 드러났다는 것은 인정되어야 한다.)이 과학의 도구들에 의해서 탐지될 수 있지만, 이것(자유 선택)이 물리적 원인이 아님을 주장하는 바이다.[275] 아퀴나스와 마찬가지로 나는 영혼을 '형상'으로, 즉 '몸을 형성하거나 조직하는 원리'로 간주한다. 이러한 관점에 따르면 영혼이 없다면 몸은 단순한 구성분자들로 분해될 것이다. 이런 맥락에서 나는 몸속에 있는 분자들의 '배열' 또는 '조직'이라는 방식보다, '형상'이라는 방식을 더 선호한다. 즉 내가 '형상'을 활동적인 것으로, 무언가를 형성하는 원리로, 일종의 통전적 원인으로 여긴다는 것이다. 하지만 이러한 입장은 현대 과학에 의해서 거의 지지받지 못하고 있다. 따라서 나는 이러한 입장을 고집하지 않을 것이다. 단지 존 폴킹혼이 제안했던 것처럼 영혼이 인간의 충만한 '정보적 원형'(이것은 지속되는 삶을 통해서 발전하는 것이다.)으로 여겨지는 것처럼, 나의 이론이 영혼을 몸의 형상으로 간주한다는 것으로도 충분하다고 여긴다.

영혼이 몸의 발육이 허용하는 범위까지 몸과 통합된다는 개념으로 인해서 잠재적인 문제가 발생한다. 즉 몸이 극소수의 세포들 또는 극소수의 수정된 접합체로 구성되어 있다고 할 때, 어떻게 영혼이 몸과 통합되는가 하는 문제가 생긴다는 것이다. 시간 안에서 발생하는 이러한 문제와 관련해서, 인간의 정신적인 의식과 자유 선택과 의도들에 있어서 핵심적인 역할을 수행하는 고도로 진보된 뇌는 존재하지 않는다. 이런 맥락에서 볼 때 나는 영혼을 뱃속의 태아가 성장할 것을 기다리는 보잘 것 없는 해부 실험용 인체모형이라고 생각하지 않는다. 이와 달리 나는 다음과 같이 생각한다. 난소가 수정될 때 새로운 인간이 만들어진다. 즉 난소의 수정으로 인해서 성인으로 성장할 잠재력을 갖는 새로운 인간이 만들어진다는 것이다. 뱃속에서 아기는 엄마와의 관계 속에서 성장하고, 출생 후에 다른 사람들과의 관계 속에서 성장하며, 하나님과의 관계 속에서도 성장한다. 아기가 하나님과의 관계 속에 있다는 점에 있어서 두 가지 방식이 존재한다. 첫째는 아기는 다른 모든 피조물들(수소 원자들, 분자들, 별들, 행성들, 소행성들, 바위들, 나무들 등)이 하나님과 관련되어 있는 것처럼 하나님과 관련된다는 점이다. 하나님이 이 모든 것들을 존재하도록 유지하신다. 둘째는 우리가 (하나님의) '선택'이라고 말하는 것이다. 하나님은 그 사람이 존재하게 되는 첫 순간부터, 새롭게 출현한 인간과의 인격적 관계성을 주도해 나가신다. 이러한 입장은 성경에 근거한 것으로서, 예레미야 1장 5절은 다음과 같이 말한다. "내가 너를 모태에 짓기 전에 너를 알았고 네가 배에서 나오기 전에 너를 성별하였다." 또한 에베소서 1장 4절도 다음과 같이 말한다. "창세 전에 그리스도 안에서 우리를 택하사 우리로 사랑 안에서 그 앞에 거룩하고 흠이 없게 하시려고…" 나는 이 말씀을 신뢰하는데, 이 말씀이 새롭게 출현하는 각각의 인간들에게 그대로 적용된다. 인간을 관계성과 자유 선택과 궁극적으로 하나님과 함께 있는 영생에 대한 잠재성을 지닌 '인간'으로, '생물학적 실재 이상'으로, 독특한 '영혼'(내지 인격체)으로 만드는 것이 하나님의 선택과 관련된다는 것이다.

내가 생각하는 바, 이것은 하나님께서 영혼을 '창조하신다'는 의미를 이해할 수 있는 하나의 방식이다. 하나님께서 영혼을 창조하실 때, 영혼은 몸과 분리된 것이 아니다. 즉 영혼이 몸으로 삽입되기를 기다리는 비본질적인 것이 아니라는 것이다. 하나님의 영혼 창조 행위는 하나님께서 새롭게 태어나는 인간을 당신과의 관계성 속에 있는 인격적 실체로 만드신다는 것을 의미한다. 노리스 크라케Norris Clarke 신부가 "존재한다는 것은 곧 관계성 속에서 주체가 되는 것"이라고 말했듯이, 영혼이 존재한다는 것도 역시 하나님과의 관계 속에서 주체가 됨을 의미한다.[276] 자신의 삶을 구현해 나가는 동안에, 그 사람은 무언가를 선택하면서 세상과의 관계들과 타자와의 관계들과 하나님과의 관계들을 발전시켜 나간다. 이런 점에서 볼 때 그 사람은 물리적 환경과 타자(他者)와 하나님과의 협력과 상호관계성 속에 있는 '공동-창조자'인 셈이다. 자신의 삶을 구현해 나간다는 것은 자신으로 하여금 하나님께 합당하거나 그렇지 않은 것을, 타자에게 합당하거나 그렇지 않은 것을, 그리고 자기 자신의 가장 깊은 본성에 합당하거나 그렇지 않은 것을 선택하도록 허용하는 것을 의미한다. 각각의 인간들이 하나님께 선택받았기 때문에 그들은 자신의 본질적인 목적을 발전시켜 나가야 한다. 예컨대 그들이 이 세상을 살아가면서 하나님과 타자를 알고 사랑하는 본질적인 목적과, 나아가서 사후세계와 부활이라는 본질적인 목적을 발전시켜 나가야 한다는 것이다. 물론 그들이 다른 목적들을 선택할 수도 있다. 하지만 내가 제시하는 이것들이 하나님과의 관계 속에서 주어진 본질적인 목적에 해당이 되기에, 그들은 내가 제시하는 것들을 수긍해야 한다.

나의 입장은 이원론에 속한다. 이유는 나의 이론에 따르면 영혼이 몸의 죽음 이후에도 살아있으면서 순전한 정신적 기능들을 감당하기 때문이다. 몸의 죽음 이후에도 살아남을 수 있는 이러한 능력은 물리적 특성이 아니라 하나님의 은총에 기인한다.[277] 오로지 하나님과의 관계로 말미암아 영혼은 죽음 이후에도 살아남을 수 있다. 나는 영혼을 '하나님의 선택'이라는 맥락에서 고찰하는데, 하나님과의 관계가 영혼에게 영원성이라는 특성을 부여한다고 여긴다. 일단 하나님이 인간과 인격적 관계를 맺기 시작하시면, 그 관계는 소멸되지 않은 채로 영원으로까지 지속이 된다. "하나님의 은사와 부르심에는 후회하심이 없느니라."(롬 11:29) 따라서 하나님의 선물인 영혼 불멸은 하나님과의 관계에 기인한다고 할 수 있다. 즉 영혼 불멸이 자연 속에서 진화하거나 새롭게 출현하는 특성이 아니라는 것이다.(진정 이러한 말은 누구도 하기 어려운 주장이다.) 어떻게 하나님이 영혼을 (특히 중간 상태에서) 존재하도록 유지하시는가 하는 것을 설명하는 것이 쉬운 일은 아니다. 폴킹혼은 영혼은 죽음 이후에도 존재하며 부활하기 전에는 하나님의 마음 속에서 정보적 방식으로 존재한다고 말한다. "인간이 갖고 있는 정보적 방식(영혼-옮긴이)이 죽음 이후에도 하나님의 기억 속에서 유지될 수 있다고 하는 것은 더할 나위 없이 명백한 희망에 해당된다."[278](여기서 나아가서) 나는 하나님께서 영혼을 당신의 마음 속에 개념이나 정보적 방식으로 존재하도록 하시는 것에서 나아가서, 중간상태에서도 영혼을 자신의 주체적인 삶을 계속해서 살아가는 실재적 실체로 존재하도록 하실 수 있다고 믿는다.[279] 하나님과의 인격적 관계성으로 인해서 영혼(인격)은 불멸성 외에도 동물들이 갖지 못하는 다른 능력들도 갖는다. 하나는 자유의지론적으로 자유롭게 선택할 수 있는 능력이다. 이 능력은 곧 여러 대안들 중에서 하나를 자유롭게 선택할 수 있는 능력을 말한다. 자유 선택을 이렇게 이해하는 것이 '외부적인 제약의 부재'라는 이해보다도 더 타당성을 지닌다. 곧 자유 선택에 관한 이러한 이해는 '내부적인 제약의 부재' 개념에 해당이 된다. 실제로 진정한 자유 선택은 체화된 인격과 뇌 속에서 발생하는바, 자유 선택을 물리적으로 발생한다고 봐서는 안 된다. 이유는 자유 선택이 물리적으로 발생한다고 할 때, 이 선택이 또한 물리 법칙들에 따라서 결정되거나 양자 세계에서의 결과들이 무작위성을 갖는 것처럼 자유 선택도 무작위적으로 결정된다고 볼 수 있기 때문이다. 이와 달리 자유 선택은 물리적으로도, 무작위적으로도 발생하지 않는다. 나는 진정으로 자유롭게 결정할 수 있는 능력(이것은 무작위적인 결정과는 다른 것이다.)이 자연으로부터 온다거나 진화한다고 말하는 것을 이해할 수 없다. 따라서 나는 자유롭게 선택할 수 있는 능력은 단지 완전한 자유이신 하나님과의 관계성으로부터 나온다고 주장하는 바이다.

하나님과의 관계성으로부터 오는 영혼이 가진 또 다른 능력은 하나님을 인격적으로, 그리고 직접적으로 아는 능력이다. 이것은 개념들을 통해서 하나님을 아는 능력과는 다른 것이고, 또한 하나님에 관한 느낌들과 이미지들을 소유하는 능력과도 다른 것이다. 이와 달리 이것은 하나님과의 인격적 관계성을 직접적으로 경험하는 것이다. 이러한 경험이 이 세상에서는 어느 정도로만 가능하지만, 내세에서는 이러한 경험을 충만히 가질 수 있다.(가톨릭에서는 이러한 경험을 지복직관(至福直觀)이라고 칭한다.) 반복하거니와 영혼이 가진 이러한 능력은 하나님과의 인격적 관계성으로부터 오는 것으로서, 따라서 영혼은 자아의식의 성장을 필요로 한다. 이런 점에서 볼 때 접합체zygote나 덜 자란 태아를 가지고 영혼이 가진 능력을 논할 수 없다. 영혼이 가진 능력은 '전인으로서의 능력'으로서, 이 능력은 죽음 이후에도 계속된다.

마지막으로 이러한 관점에서 볼 때 영혼은 '물질세계'와 '영적 세계'(영적 세계에서 하나님은 순전한 영으로 이해된다.)의 가교역할을 하는 다리이다. 만일 인간이 하나님과 관련을 맺을 수 있는 존재라면, 일종의 가교역할을 하는 원리가 반드시 존재해야 한다. 그렇지 않다면 순전한 영이신 '하나님'과 물질적 존재인 '인간' 사이의 간격을 매울 수 없게 될 것이다. 이런 이유로 인해서 칼 라너는 '영'과 '물질' 사이에 연속성이 있음을 주장했다. 라너의 생각에 따르면 물질은 '고형화된' 영이다.[280] 이것을 이해하는 또 다른 방식이 있는데, 그것은 만일 인간이 개념들과 이미지들과 느낌들을 통해서가 아니라 하나님을 직접적으로 알 수 있다면(이 '앎'은 비록 이 세상에서는 모호하지만 사후세계에서는 명백한 앎이다.)[281], 인간은 영의 세계와 관련을 맺으면서 영의 세계를 알아가기 위해서 일종의 수신기를 소유해야 할 것이다. 빛을 보기 위해서 인간에게 눈과 뇌가 있어야 하듯이(뇌가 신경 충격을 눈으로 보내서 볼 수 있는 이미지들을 갖게 한다.), 영적 세계를 인식하기 위해서 인간은 영적 수신기를 가져야 한다. 그렇지 않다면 우리에게 영적 차원은 불투명한 채로 남아있을 뿐이다. 이 영적 수신기가 바로 영혼이다. 따라서 영혼은 '물질'과 '영'spirit 모두와 관련을 맺을 능력을 갖는다. 이렇게 '영적으로 본다는 것'의 유비가 아퀴나스와 어거스틴의 저작들 속에서도 발견된다. 그 두 사람 모두가 마음을 밝혀주는 영적 조명에 대해 말하고 있는데, 영적 조명을 통해서 영적인 것들을 인식할 수 있게 된다는 것이다. 이 개념이 하나님을 얼굴과 얼굴을 맞대고 본다고 말하는(고전 13:12) 바울에게서도 발견되고, 구약성경의 모세에게서도 발견된다. "모세는 하나님이 대면하여 아셨던 자라."(신 34:10)

이것이 영혼에 관한 나의 제안으로서, 기독교 전통에서 단정적으로 언급되는 영혼의 특징들에 있어서 다음과 같이 말할 수 있다. 첫째로 영혼은 의식의 보좌이다. 둘째로 영혼은 인격적 정체성의 보좌로서, 죽음 이후 그 사람의 인격적 정체성을 부활 때까지 연장시킨다. 셋째로 영혼은 지성과 이성과 오성의 보좌이다. 넷째로 영혼은 자유(내지 자유 선택)의 보좌이다. 다섯째로 영혼은 하나님을 직접적으로 알 수 있는 능력을 지닌다.

이에 덧붙여서 나의 이론에는 다음의 두 가지 특성들이 보충된다. 여섯째로 이 세상에서 정신과 영혼은 몸과 뇌 속에서 통합된다. 따라서 뇌가 입는 손상이 마음과 영혼이 제 기능을 발휘하는 데 있어서 영향을 끼칠 수 있다. 마지막 일곱 번째로 영혼은 의식이 몸 밖에서도 존재할 수 있다고 말하는 임사 체험자들의 증언과 조화를 이룬다. 이유는 하나님과 인간 영혼이 영원한 관계를 맺음에 있어서 의식이 본질적인 것이기 때문으로서, 하나님께서 몸의 죽음 이후에도 영혼이 존재하게끔 유지시키신다는 것이다.

나의 이론에 대한 도전들이 있는데, 그 도전들은 다음과 같은 것들이다. 첫째로 과학의 입장에 서 있는 수많은 사람들이 뇌와 정신의 '빈틈없는 상관성'이 정신이 뇌 밖에서 존재할 수 없음을 입증한다고 단순하게 말하는 것이다. 하지만 빈틈없는 상관성은 정신이 뇌의 밖에 존재할 수 없음을 입증하지 못한다. 빈틈없는 상관성은 단지 체화된 정신이 뇌에 의존하면서 뇌를 통해서 드러난다는 것을 제시해 줄 뿐이다. 결론적으로 빈틈없는 상관성은 정신이 뇌의 밖에 존재할 수 없음을 가르쳐 주지 못한다고 할 수 있다. 둘째는 동물의 의식에 관한 것이다. 만일 더 진화된 동물들이 의식을 갖는다고 할 때, 그 동물들도 영혼을 갖는 것으로 봐야 하는가? 나는 더 진화된 동물들이 느낌을 가지면서 경험할 수 있다고 말하는 바이다. 그 동물들도 고통을 느낀다. 개들도 잠을 자면서 낑낑거리는 것을 보게 되는데, 이것을 통해서 우리는 개들이 잠을 자면서 꿈을 꾼다는 것을 알게 된다. 동물들의 의식이 어떻게 나타나는가 하는 것은 신비이다. 과정 철학자들과 신학자들은 모든 물질에도, 심지어는 원자와 같이 단순한 물질에도 '주체적 극'이 존재한다는 것(이 입장을 '범심론'panpsychism이라고 칭한다.)과 물질이 점점 복잡해지는 것처럼 인간 안에 나타나는 의식이 자의식을 갖게 된다는 것을 이론화했다.[282] 칼 라너가 말했듯이 우리가 물질과 영이 근본적으로 지속적이라는 것을 생각할 때, 과정 철학자들의 개념은 이치에 맞는 것이다. 따라서 더 진화된 동물들도 주관적인 경험들을 할 수 있는데, 영혼이 주관적인 경험의 주체라고 할 때 그 동물들도 영혼을 갖는다고 할 수 있다. 그 영혼이 그 동물의 몸의 죽음 이후에도 계속 유지되는가 하는 것은 하나님만이 아시는 일이다. 만일 하나님이 동물들의 영혼이 존재하는 것을 선택하셨다면, 동물들의 영혼은 자신들의 몸의 죽음 이후에도 생존할 수 있을 것이다. 하지만 이와 달리 나의 논증은 인간의 영혼에 제한된 것으로서, 인간 영혼이 특별한 능력(불멸성, 자유선택, 하나님을 직접적으로 알 수 있는 능력 등)을 가진다고 말하는 바이다. 즉 인간 영혼이 단순히 물리적 자연으로부터 스스로 진화하는 것이 아니라 하나님과의 관계성 속에 기인하는바, 그 영혼이 뇌(또는 몸)를 발전시키면서 사회적 관계성들까지 발전시킨다는 것이다. 따라서 우리는 그러한 영혼의 능력들이 자연 속에서의 하나님의 행위들을 통해서 함께 발전한다고 말할 수 있겠다.

기독교 전통은 영혼이 이 세상에서 구체화 됐으며, 부활 시 또다시 더욱더 구체화 될 것이라고 말한다. 다음 장에서는 어떻게 부활을 이해해야 하는지를 다루도록 하겠다.

07

부활

그리스도께서 만일 다시 살아나지 못하셨으면 우리가 전파하는 것도 헛것이요

또 너희 믿음도 헛것이며 (고전 15:14)

부활과 관련된 이 시대의 문제

우리는 2장에서 초대 기독교에서 예수의 부활[283]이 중요한 사건인 것을 살펴봤다. 예수의 부활이 예수가 메시아였고(막 8:29) 하나님의 아들이었다고(막 1:11) 믿는 제자들의 믿음의 정당함을 입증해 준다. 즉 예수의 부활이 죄와 사망에 대한 그리스도의 승리를 확증해 주고 하나님과 함께 있는 영생의 약속을 보증해 준다는 것이다. 예수의 부활은 제자들에 의해서 자신들도 역시 미래에 부활하게 됨으로써 하나님과 함께 있게 된다는 약속으로 해석이 됐다.(고전 15:14) 또한 기독교 전통에서 죽은 자들의 부활은 사후세계에 관한 중요한 희망에 속한 사안이었다.(3장) 이 모든 것을 봤을 때 우리는 오늘날 부활에 대한 믿음에 있어서 문제가 있을 수 없다고 말할 수 있다. 하지만 아쉽게도 오늘날 부활은 일반적으로 널리 의심받고 있다. 심지어는 일부 기독교인들도 부활을 의심하고 있다. 이유는 부활이 오늘날의 우주관과 자연법칙들과 일치하지 않기 때문이다. 이 문제는 다음과 같은 질문을 통해서 더 명확해진다. "부활한 예수의 몸이 지금 어디에 있는가?" 박식한 기독교인들 중에서 부활한 예수가 우리가 거하는 시공간의 우주 어딘가에 있다고 주장하는 사람은 없을 것이다. 하지만 만일 우리가 거하는 시공간의 우주가 온전한 실재인데도 부활한 예수가 우리의 시공간에 존재하는 것이 아니라면, 예수의 부활은 허구라고 말할 수밖에 없다. 이것이 부활과 관련된 이 시대의 문제이다. 이 문제를 먼저 언급해야 할 필요가 있다. 이유는 이 문제가 해결되기 전에는 성경이 전하는 어떤 내용들도 설득력을 갖지 못하기 때문이다. 우리는 예수의 부활과 관련된 사실을 하나씩 하나씩 열거할 수 있다. 하지만 만일 우리의 논증을 듣는 사람이 부활이 불가능하다는 것을 확신한다면, 고대의 구절들(성경-옮긴이)을 가지고 아무리 많은 논증을 제시하더라도 그 사람에게는 설득력이 없을 것이다. 이런 이유로 인해서 우리는 예수의 부활을 역사적 사건이라고 말하기 전에 먼저, 예수의 부활을 반박하는 사례에 대해서 살펴볼 필요가 있다.

부활을 반대하는 사례

부활을 반대하는 사례(이것은 예수의 부활과 마지막 때의 죽은 자의 부활 모두를 포괄한다.)는 다음과 같이 다섯 가지 관점으로 요약될 수 있다. 첫째로 우리가 오늘날 부활이 발생하는 것을 본 적이 없기 때문에 부활은 과거에도 일어나지 않았다는 것이다. 둘째로 부활이 자연법칙에, 특히 질량과 에너지의 보존법칙에 위배되기 때문에 부활은 실제로 일어난 것이 아니라는 것이다. 셋째로 어떤 사람도 부활한 예수의 몸이 현재 우리가 거하는 시공간의 우주에 있다고 주장할 수 없다. 우리가 거하는 우주 외 다른 우주가 존재할 수 없기 때문에 부활이 불가능하다는 입장이다. 넷째로 우리 우주의 먼 미래에까지 생명체가 존속한다고 주장할 수 없다. 여기에는 두 가지의 가능성이 있다. 첫 번째 가능성은 우주가 계속해서 팽창하고, 별들과 은하계들이 타버리게 됨으로써 우주가 열역학적 죽음heat death 상태에 이르게 될 것이라는 가능성이다. 두 번째 가능성은 우주가 수축할 것이고 모든 것이 분쇄되어서 특이점singularity이 될 것이라는 가능성이다. 어느 경우이든지 우주에 생명체가 살아남지 못할 것이라는 입장이다. 다섯째로 이 모든 것을 봤을 때 예수의 제자들이 부활 이야기를 지어냈을 가능성이 있고, 그들이 예수의 지속적인 임재를 깊게 주관적으로 경험했을 가능성이 있다는 것이다. 또한 제자들이 체험한 주관적인 경험으로 인해서, 그들이 예수가 죽은 자들로부터 물리적으로 부활했다고 여겼을 가능성이 있다는 입장이다.[284] 7장에서 나는 이러한 다섯 가지 사안들을 다룰 것이다. 그리고 나서 나는 예수의 부활에 관한 증거를 살펴볼 것이며, 계속해서 죽은 자들의 부활과 부활이 현대 기독교인들에게 끼치는 의미에 대해서 논할 것이다.

첫째로 우리가 오늘날 부활이 발생하는 것을 본 적이 없다는 입장이다. 이 입장은 죽은 사람들의 몸은 여전히 죽은 상태로 존속되기 때문에 부활은 과거에도 역시 일어난 것이 아니라고 말한다. 이러한 주장에 대해서 우리가 어떻게 대답해야 하는가? 먼저 우리가 과거에 일어난 진귀한 사건들을 믿는 데에 주저하지 않음을 생각해 보자. 오늘날 우리는 그러한 사건들을 목격하지 않았는데도, 그 사건들이 우리가 거하는 우주 속에서 발생할 수 있다고 생각한다. 예컨대 거대한 소행성이 육천오백 만 년 전에 지구와 충돌해서 공룡을 멸종시켰다[285]고 널리 믿어져 온 사건을 들 수 있다. 우리는 이것이 오늘날 실제로 일어나는 것을 보지 못했지만, 전혀 무리 없이 그 사건을 사실이라고 믿는다. 이유가 무엇인가? 첫째로 전문가들이 그 사건의 물리적 흔적들을 발견해 왔기 때문이고, 둘째로 그 사건이 우주에 관한 우리의 이해에 들어맞는 사건이기 때문이다. 우리는 소행성들이 존재하면서 태양 주위를 돌고 있는 것을 알고 있다. 따라서 그 소행성들 가운데 하나가 지구와 충돌할 수 있음을 어렵지 않게 신뢰할 수 있다. 따라서 이와 같은 것은 중요한 문제가 되지 않는다. 즉 우리가 오늘날 과거의 사건들과 유사한 사건들을 눈으로 목격하는가 하는 문제와 우주에 관한 우리의 이해 속에서 과거의 사건이 발생하는 것이 가능한 것처럼 보이는가 하는 문제가 중요하지 않다는 것이다. 따라서 문제의 초점은 진귀한 그 사건이 어떻게 해서 발생하게 되었는가 하는 것에 놓여져 있지 않다. 문제의 초점은 오늘날 그러한 사건이 발생할 수 있다는 우리의 사고가 적절한가 하는 것에 놓여져 있다. 이것이 우리를 두 번째 사안으로 나아가게 만든다.

둘째로 부활이 자연 법칙들에, 특히 질량과 에너지의 보존법칙에 위배되기 때문에 부활은 실제로 일어난 것이 아니라는 입장이다. 하지만 이 입장은 다음의 문제를 가져온다. 자연법칙들이 무엇인가? 그 법칙들이 우리가 일상적으로 관찰하는 모든 것들을 설명할 수 있는가? 그 법칙들이 앞으로 발생해야 하는 모든 것들에 대해서 정확히 얘기해 주고 있는가? 즉 자연법칙들이 사건들을 설명하는 데 있어서 기술적이고 규범적인 성격을 갖고 있는가 하는 것이다. 우리는 실험실에서의 실험들을 통해서 물질(에너지)의 양이 일정하다는 것을, 즉 고립된 시스템들 속에서 물질(에너지)의 양이 증가하거나 감소하지 않는다는 것을 알고 있다. 예를 들면 핵분열 과정 중에서 작은 양의 물질이 열로 전환되지만, 열에너지의 양이 잃어버린 물질에 상응하는 에너지로 정확하게 똑같이 방출되는 것이 아니다. 에너지가 열로 전환되는 물질에 상응한다는 것이 아인슈타인의 유명한 공식 속에 나타난다. "에너지 = 물질 × 빛의 속도^2". 하지만 우리가 공식화해 온 자연법칙들은 과거로부터 관찰된 것들에 기초해서 일반화한 것들이다. 따라서 자연법칙들은 자연 속에서 발생하는 모든 것들을 규정하는 데에 본질적인 어려움을 갖는다. 사실상 과학 역사 속에서 자연법칙들에 관한 우리의 가정들이 변해왔다는 것이다. 따라서 자연법칙들이 미래에도 변하지 않을 것이라고 생각하는 것은 순진한 발상이다. 우리는 과학 역사 속에서 많은 놀라운 일들을 발견하는데, 따라서 우리가 자연법칙들에 대해서 가지고 있는 생각들은 수정되어야 할 필요가 있다. 이유는 새로운 사실들(또는 새로운 이론들)이 계속해서 밝혀지기 때문이다. 예를 들면 물리학 법칙들이 극단적인 냉기와 같은 조건들에서 다르게 작용할 수 있다는 것을 물리학자들이 깨닫기 전에 초전도성superconductivity,超傳導性을 발견한 것은 당시로서는 설명할 수 없는 사안이었다. 또 다른 예는 양자론이다. '터널 효과'와 같은 양자론과 관련된 몇몇 이론들, 예를 들면 전자와 같은 입자가 납덩어리의 벽을 통과할 수 있다는 양자론의 이론은 당시에는 불가능한 이론처럼 보였다. 양자론이 발견되기 전까지만 해도, 그러한 이론(전자와 같은 입자가 납덩어리의 벽을 통과할 수 있다는 양자론의 이론)은 자연법칙들을 넘어서는 것이라고 생각되었다. 하지만 현재 그러한 이론은 전문가들에 의해서 쉽게 수용되면서 일상적으로 사용되고 있다. 이로 인해서 우리가 자연에 대해 모든 것을 알고 있는가 하는 문제와 자연법칙들에 관한 현재의 우리의 상정이 미래에 가서 변하지 않을 것인가 하는 문제가 생겨난다. 즉 우리가 현재 최종적으로 결정된 물리학 이론을 가졌다고 말할 수 없다는 것이다. 불과 팔십 년 전 양자물리학에서 혁명이 일어난 것처럼, 현재 일반적인 것으로 공식화된 자연법칙들도 미래에 가서는 충분히 바뀔 수 있는 여지를 갖는다. 즉 우리가 현재 자연에 존재하는 것들에 대해서 알고 있는 대부분의 것들 가운데서는 그대로 인정되어야 하는 것도 있지만, 이와 달리 물질과 자연에 대해서 우리가 현재 알고 있는 것들을 넘어서 새롭게 수정되어야 하는 것들도 있다는 것이다.

우리의 우주가 단지 더 큰 우주의 한 부분에 불과하다거나 일련의 유사한 우주들 혹은 많은 우주들 중에서 하나일 것이라고 말하는 물리학자들의 주장에는 상당한 정도의 사변이 내포되어 있다.[286] 끈 이론string theory은 10차원, 혹은 11차원의 우주가 있다고 가정한다. 하버드 대학의 물리학자 리사 랜달Lisa Randall은 우리의 우주가 볼 수 없는 더 높은 차원에 존재하는 수많은 우주들 가운데 하나의 우주로 존재한다는 것과 자연법칙들이 소위 다중 우주multiverse라는 다른 영역들에서는 매우 다를 수 있음을 이론화했다.[287] 이것이 사실이라면 우리는 폐쇄된 자연법칙들이 있는 폐쇄된 우주에 거주하는 것이 아니다. 또한 우리의 우주가 갖고 있는 숨겨진 더 높은 차원들이 특정한 시점에 가서 우리의 3차원의 시공간적 세계와 자연법칙들에도 영향을 미칠 수 있다. 일반적으로 이것을 '전후 사정과 관련된 인과성'이라고 칭한다. 작은 사건들이 항상 더 넓은 상황들 속에서 발생하는데, 그러한 상황들이 작은 사건들에 영향을 끼칠 수 있다는 것이다. 초전도성이 이러한 경우에 해당된다. 일상적인 온도에서 모든 전도체들은 전기의 흐름에 저항력을 갖는 반면에 매우 극단적인 냉온 상태에서 몇몇의 전도체들은 이러한 저항력을 상실한다. 즉 상황이 물리법칙들이 어떻게 작용되는가 하는 것에 영향을 미칠 수 있다는 것이다.

또 다른 예는 생물학의 자연선택 이론이다. 환경은 몇 가지 특징들을 가지고 여러 종들 속에서 다른 종들을 거슬러서 선택을 한다. 이때 환경 속의 급진적인 변화(예를 들면 소행성이 지구와 충돌함으로서 나타나는 변화)가 선택과정에서 다양한 변화들을 야기할 수 있다. 이로 인해 만일 우리의 우주가 더 많은 우주의 한 부분이라면, 우리가 일반적으로 공식화한 자연법칙들이 다른 상황들 속에서는 다르게 작용할 수 있음을 알게 된다.

나아가서 이렇게 자연법칙들의 위배와 관련된 문제는 기적과 관련해서도 문제를 가져오게 된다. 이 문제를 다른 책에서 길게 논했기 때문에, 여기서 나는 내가 논했던 바에 대해서 간략하게만 얘기할 것이다.[288] 데이비드 흄David Hume은 기적들이 자연법칙들에 대한 '위반'이라고 말했는데, 이것은 잘못된 설명이다. 만일 누군가가 발생할 것으로 여겨지는 기적들을 검토한다고 할 때, 그는 기적이 자연을 위반하는 것이 아니라 오히려 기적이 자연을 향상시키고 고양시킨다는 것을 알게 될 것이다. 요아친 드한트Joachine Dehant의 사례가 여기에 해당된다. 벨기에 태생의 그녀는 1878년 스물아홉 살의 나이로 기차로 루르드Lourdes,(프랑스 서남부의 도시)까지 순례했다. 그녀는 자신의 오른쪽 종아리에 있는 (12인치에서 6인치 정도의) 커다란 괴저병 상태의 궤양을 치유하기를 원했다. 이 궤양이 뼈를 관통해서 근육과 힘줄을 파괴하고 발을 절도록 만들었기 때문이다. 의사들이 20년 동안 치료해 왔는데도 상처는 낫지 않았다. 드한트가 오른쪽 발에 신발을 신고 걸어서 루르드에 도착하기까지 여러 해가 걸렸다. 루르드로 가는 그녀의 여정은 괴롭고 수치스러웠다. 그녀의 상처에서 나는 악취가 기차에 있는 다른 사람들을 역겹게 만들었던 것이다. 하지만 루르드에 있는 물웅덩이에서 두 번 목욕을 하자 그 상처가 곧 치유됐다. 근육과 힘줄과 피부가 회복됐고 흉터까지 사라졌다. 그녀가 치유된 것은 루르드에 있는 의사들에 의해서, 그녀와 함께 여행한 동료들에 의해서, 벨기에 구스베스Gesves에 있는 드한트의 고향 사람(이 사람은 드한트와 수년 동안 알고 지내왔다.)에 의해서, 그리고 구스베스에서 이십 년 가량 드한트를 치료해 온 의사들에 의해서, 마지막으로 드한트의 가족들에 의해서 사실로 확인됐다. 이후에 류벤에 있는 가톨릭대학교 교수들은 의사들과 함께 이 사건을 조사했고, 관련된 모든 증언들을 수집했다. 드한트는 치유받은 후에 거의 삼십 년 이상 건강하게 살았다.[289]

여기서의 우리의 관심은 드반트의 치유가 흉터 자국으로 마무리됐다는 점에 있다. 이것은 자연 치유의 과정들이 뒤따른 후에 치유의 과정이 상당히 가속화되었음을 가리킨다. 이로 인해 우리는 기적이 우리가 일상적으로 접하는 자연에서 발생하는 것들을 넘어설 수 있지만, 하나님의 은총에 의해서 향상된 자연의 능력들은 넘어서지 않음을 알게 된다. 인간을 포함해서 자연은 더 높은 권능(하나님-옮긴이)의 도움에 의해서 고양될 수 있는 능력을 지닌다. 바로 이것이 기적에 관한 전통적인 이해이다. 자연법칙들을 완전하다고 생각하면서 기적을 자연에 관한 '위배'라고 생각한 것은 과학적 혁명 이후였다. 하지만 자연법칙들을 하나님의 권능 위에 있는 것으로 절대화하는 것은 우상숭배의 죄를 범하는 것이다. 이러한 우상숭배로 인해서 우리가 자연을 하나님조차 영향을 끼칠 수 없는 절대적 대상으로 인식하게 된다는 것이다. 예수의 부활은 치료하는 기적과 유사하다. 예수의 몸이 변형돼서 더 지고한 상태로 올라갔지만 예수 자신의 본성은 침해당하지 않았다. 단지 몸이 변형되고 고양되었을 뿐이다.

셋째는 부활한 예수의 몸이 현재 어디에 있는가의 문제이다. 물질주의자들은 부활한 예수의 몸이 우리의 시공간적 우주에 존재하지 않는다면, 그 몸은 존재하는 것이 아니라고 말한다. 이것은 현재의 물질적인 우주보다 더 높은 상태의 우주가 존재치 않음을 가정한 데서 오는 주장이다. 이러한 가정이 예수의 부활을 믿을 수 없도록 만드는 요인이 된다. 과연 우리가 이러한 가정을 수락해야 하는 것인가? 우리의 우주가 보다 더 광범위한 우주, 즉 다양한 물질 법칙들과 물질 상태들을 가진 눈에 보이지 않는 다차원적 우주의 한 부분이라고 말할 수 없는 것인가? 이것이 인정된다면 우리는 '이 우주가 존재하는 것의 전부'라고 말할 수 없다. 또한 우리가 우주에 대해서 알고 있는 것을 넘어서는 실재 상태들이 존재한다는 것을 인정한다면, 예수의 부활은 충분한 가능성을 갖게 된다. (이것을 바울이 말한 '신령한 몸'(고전 15:44)이라는 개념과 비교해 보라. 우리는 이 개념을 2장에서 다루었다.)

넷째로 먼 미래에 우리의 우주가 사멸될 것이라는 입장이다. 최근에 나온 최상의 데이터는 우리의 우주가 팽창하고 있고, 앞으로도 계속해서 무한하게 팽창할 것이라고 말한다.[290] 십억 년이 지난 후 별들과 은하계들이 가지고 있는 연료들이 고갈되고 소진되며 찌그러지고 차가워질 것이다. 먼 미래의 우주는 차가워지고 어두워지며 텅 비게 되고 사멸하게 될 것이다. 이에 관한 양자택일의 시나리오가 있다. 하나는 중력이 궁극적으로 우주의 팽창을 극복하도록 만든다는 것이고, 다른 하나는 중력이 우주를 붕괴하도록 만든다는 것이다. 이러한 상태에서는 생명체도, 생명체를 유지할만한 행성들도 존재할 수 없다. 폴킹혼은 다음과 같이 말한다. "오늘날 우주에 속한 것들이 제아무리 풍부한 것처럼 보일지라도, 우주의 마지막은 무익한 것으로 귀결될 것이다."[291]

이 모든 것들은 우리가 자연스럽게 부활의 상태로 진화할 수 없음을 말해준다. 우리가 부활을 논함에 있어서 과학이 무가치하다는 것이다. 예수께서 먼저 죽음을 경험하심으로 부활의 상태가 시작되었고, 이것(부활의 상태-옮긴이)이 우리 모두에게 사실로 적용될 것이다. 또한 이것은 우리의 행성이나 전체 우주에 있어서도 사실로 적용될 것이다. 단지 죽음을 통해서만 우리는 부활에 이르게 될 수 있다. 하지만 이것이 부활이 실제로 발생할 수 없음을 의미하는 것은 아니다. 위에서 보았듯이 예수의 부활한 몸이 존재한다면, 그 몸은 우리의 현재의 우주에 속하는 물질과 우주와 시간과는 다른 형태로 존재해야 한다. 이것은 이미 예수의 부활에서 분명하게 드러난 것이다. 요한에 따르면 부활의 예수는 문이 닫혀진 방 안에 있는 제자들에게 나타났다.(요 20:26) 한편 누가에 따르면 부활의 예수는 제자들의 시야로부터 갑자기 사라졌다가(눅 24:31), 때가 되었을 때 하늘로 올라갔다.(눅 24:51) 만일 우리가 복음서 기사를 전적으로 신뢰할 수 있다면, 부활한 예수의 몸은 시공간을 초월한 세계에 존재한다고 봐야 한다. 아마도 추정컨대 이것이 죽은 자들의 일반적인 부활에 관한 사례에 해당이 된다고 말할 수 있겠다.

우리가 알고 있듯이 수많은 초대교회 사람들이 부활 상태를 이 땅에서 발생하는 것으로 생각했지만, 그들에게서 어떻게 부활이 이루어지는가 하는 것을 이해하기란 결코 쉬운 문제가 아니었다. 우리의 우주 속에서 모든 것은 궁극적으로 쇠하고 사멸된다. 우리의 우주가 죽음에 서명한 것과 같다는 것이다. 바울이 말했듯이 피조물은 썩어짐의 종노릇 상태에 있다.(롬 8:21) 이런 일이 발생했을 때 우리의 우주(여기에는 수십 억 년 전의 우주 또한 행성들을 포함된다.)에 속하는 자연법칙들은 다른 것으로 대체될 필요성을 갖는다. 몇몇 기독교인들도 이렇게 주장하는데, 예를 들면 과학과 신학의 대화의 선도자인 로버트 존 러셀Robert John Russell도 그리스도의 부활 속에서의 변형된 우주를 주장한다.[292] 내가 정확히 이해한 것이 맞다면 톰 라이트도 역시 여기에 해당이 된다.[293] 동방 신학 역시도 수 세기 동안 이렇게 주장해 왔다. 하지만 대부분의 기독교인들은 이것을 믿는 데에 어려움을 가질 것이다. 따라서 나는 죽음의 속박에서 해방된 피조물의 변형이라는 바울의 비전을 믿는다. 그때의 피조물은 변형된 것이어야 한다고 주장하는 바이다. 내가 이미 주장했듯이 정체성에 변화가 일어나는 것은 인간의 '형상'이지 '물질'이 아니다. 따라서 나는 부활 상태가 현재의 공간과 시간과 물질과 다른 상태라고, 즉 현재의 우리의 우주와 공통점을 가지면서도 더 고양된 상태라고 생각한다. 그리고 그 상태가 본질적으로 현재 피조 세계의 물질에 종속된 상태는 아닐 것이라고 생각한다.

다섯째로 예수의 부활이 사도들에 의해서 조작됐다는 것으로서, 부활은 예수에 대한 사도들의 이해로 인해 조작된 사건일 뿐이라는 입장이다. 그러한 사도들의 이해가 죽은 상태에 있는 예수를 전혀 변화시킬 수 없었다는 견해가 오늘날 널리 수용되고 있다. 우리는 이미 2장에서 이러한 견해가 루돌프 불트만Rudolph Bultmann의 견해에 속함을 살펴봤다. 불트만은 예수의 몸의 부활을 '신화'로 여겼다. 이유는 그가 자연 기적들의 가능성을 부인했기 때문이다. 따라서 그는 과거나 현재에 있었던 기적들에 관한 증거들에 대해서 조사하지 않았다. 단지 그는 현재의 우주에 관한 과학적 사고 속에서 볼 때 기적들이 일어나는 것이 불가능하다고만 여겼을 뿐이다. 하지만 사도들이 예수의 부활을 조작했다는 가정은 신약성서 본래의 증언과 일치하지 않는다. 복음서들과 바울은 예수의 부활이 몸의 부활이었다고 주장했다. 만일 사도들이 예수의 부활이 몸의 부활이 아니라고 생각했다면, 그들이 왜 사실대로 말하지 않았겠는가? 왜 사도들이 자기들이 거짓말처럼 여겼던 것을 옹호하면서 자신들의 죽음을 부활에 관련시켰겠는가? 예수의 부활을 신화로 가정하는 주된 이유는 보통 사람들이 불트만처럼 자연 기적들과 부활이 자연법칙들에 위배되기 때문에 일어날 수 없다고 확신하기 때문이다. 하지만 이것은 기적들에 관한 고대와 현대의 여러 증거들[294]을 무시하는 행위이다. 또한 이것은 최근 백 년 동안의 자연에 관한 우리의 이해에 따른 변화들로 말미암아, 자연에 관한 우리의 이해가 완전하다(이것은 순진한 발상일 뿐이다.)고 가정하는 오류에 불과하다.

예수의 부활에 관한 증거

궁극적으로 볼 때 예수의 부활에 관한 증거는 사도들과 제자들의 증언에 의존한다. 즉 제자들의 말이 아니라 그들의 변화된 삶에 의존한다는 것이다. 절망 가운데 흩어져 있는 동안에 예수의 제자들은 예수를 실패한 메시아로 여겼다. 실제로 예수가 십자가에 못 박히는 동안에 제자들은 여기저기에 흩어져 있었다. 하지만 예수의 부활과 성령의 도래 이후에(행 2장) 교육받지 못했던 평범한 사람들이었던(행 4:13) 예수의 제자들이 담대하고 용기있게 확신을 가지고 복음을 전하는 사람들로 변했다. 사도행전 2장과 3장에 소개된 베드로의 첫 번째 설교에 관한 누가의 해석은 우리에게 그의 설교 내용이 어땠는지를 보여준다. 베드로는 유대인 청중들을 향해서 회개하고 세례를 받으라고 외쳤다. 베드로가 결정적으로 주장한 것은 하나님이 예수를 죽은 자로부터 살리셨다는 것으로서, 이것이 십자가에 못 박히셨던 예수가 진정 '주님이요 메시아'(행 2:36)인 것을 입증한다는 것이다. 사도들과 예수의 제자들은 그러한 자신들의 믿음으로 인해서 투옥되었고 처형되었으며(행 8:1) 죽음에 이르렀다. 하지만 그들 가운데 어느 누구도 예수의 부활에 관한 자신들의 믿음을 부인한 사람은 없었다. 그들 가운데 어느 누구도 예수의 부활이 예수의 추종자들이 스승의 죽음에 실망함으로써 고안해 낸 음모이거나 결과물이라고 말한 사람은 없었다. 그들 모두가 하나님이 죽은 자들로부터 예수를 부활시키셨음을 확신했다. 또한 그들 모두가 자신들의 믿음에 기초해서 다른 사람들에게 예수의 부활을 믿도록 설득했다.

바울 또한 예수의 부활에 관한 최고의 증인이다. 바울은 처음에 기독교에 대해서 적대적이었지만 부활의 예수를 만난 후에 기독교로 회심을 했다. 따라서 예수의 부활에 관한 바울의 믿음은 첫 번째 사도들이 가졌던 바램의 성취와는 다르다고 할 수 있다. 즉 바울은 예수의 죽음 이후 몇 년이 지날 때까지 예수를 알지 못했다는 것이다. 바울은 본래 예수의 추종자가 아니었던 바, 본래 박식한 바리새인이었던 그는 새로운 운동(예수의 부활 운동-옮긴이)을 공격할 충분한 이유를 갖고 있었던 사람이다. 유대교의 관점에서 봤을 때 바울에게 예수의 추종자들에 의해서 시작된 새로운 운동이 이단적인 요소를 갖고 있다고 여겨졌다는 것이다. 하지만 바울은 자신의 편지(갈라디아서)에서 밝히고 있듯이 기독교로 회심을 했다. 나아가서 그는 종교적인 박해와 여러 번의 태형과 매질과 조난사고들(고후 11:24-27)과 시련들을 인내하면서 견뎠고, 결과적으로 기독교의 증인으로 순교했다.(유세비우스에 따르면 바울은 참수형에 처해졌다.) 우리가 2장에서 봤듯이 바울은 고린도교회의 교인들에게 보내는 첫 번째 편지(고전 15장)에서 예수의 부활의 진정성을 주장했다. 바울은 예수의 죽음 이후 몇 년이 지나지 않아서(이 시기는 바울이 부활의 예수를 만난 시기이기도 하다.), 사도들로부터 들었던 것을 고린도교회의 교인들에게 전해주었다. 즉 그리스도가 우리의 죄를 위해서 죽음으로 장사되었다는 것과 삼 일째 되는 날 부활했다는 것, 그리스도가 게바(베드로)에게와 사도들에게와 마지막에 바울 자신에게 나타난 것(고전 15:5-9)을 전해주었다는 것이다. 바울이 고린도교회에 편지를 쓸 당시는 50년대 초로서, 바울이 언급했듯이(고전 15:6) 예수의 부활을 목격했던 거의 모든 증인들이 여전히 살아있던 시기였다. 따라서 만일 바울이 예수의 부활에 대해서 거짓말을 하는 것이었다면, 증인들 대부분이 공개적으로 바울을 반박할 수 있었다. 하지만 증인들이 그렇게 했다는 기록은 어디에도 없다. 이로 인해 만일 베드로와 바울과 모든 사도들과 제자들이 예수의 부활 이야기를 만들어진 것으로 알았다면, 부활을 거짓으로 알았다면, 그들이 자신들의 믿음으로 말미암는 고문과 투옥과 고난들과 박해와 사망을 인내하며 참았다는 것은 믿기에 어려운 일이 된다.

예수의 부활에 관한 또 다른 증거가 있다. 예수의 부활을 처음으로 목격한 사람들은 여자들이었다.(특히 막달라 마리아) 하지만 고대 유대교에서 여자의 증언은 거의 신뢰할 만한 가치를 갖지 못했다. 그런데도 성서는 두여자의 증언을 한 남자의 증언과 동등하게 다룬다. 따라서 제자들이 예수의 부활 이야기를 조작했다면, 그들이 여자들을 첫 번째 증인들이라고 말하면서 자신들의 주장을 펼친다는 것이 쉽게 납득이 가지 않는다. 그렇게하는 것은 오늘날 아이들을 중요한 증인들로 놓고 자신들의 주장을 펼치는 것과 유사한 행위이기 때문이다. 어느 누구도 그렇게 하지는 않을 것이다. 또한 매우 이른 시기에 첫 번째 기독교인들은 하나님께 예배드리는안식일을 예수의 부활을 기념하기 위해서 토요일에서 일요일로 바꿨다. 관습이나 전통에 있어서 그렇게 급진적으로 예배드리는 요일을 바꾼 것으로 봤을 때, 그들이 심리적 사건 이상으로 여겨지는 것에 의해서 자극받았다고 볼 수 밖에 없다. 마지막으로 무덤이 빈 채로 발견되었다는 증언이 사복음서 모두에 나온다.[295] 유대교가 구체적 증거를 강조하는 것(이것이 배타적인 강조는 아니다.)과 마찬가지로, "죽은 자들로부터 부활했다는 것"은 죽은 자들로부터 몸이 부활했다는 것을 의미한다. 복음서들(특히 누가복음과 유한복음)은 예수의 부활이 몸의 부활이었다는 것을, 즉 부활한 것이 예수의 몸이었다는 것을 강조한다. 누가복음과 요한복음의 기사 속에서 예수는 실제로 제자들과 함께 음식을 먹었고 그들을 만졌다. 내가 말하고자하는 요지는 예수가 육체를 떠난 '영혼' 또는 '유령'이 아니었다는 것이다. 특별히 누가는 유난히 더 부활한 예수가 몸을 지녔음을 강조한다.(눅 24:39-43) 물론 빈 무덤이 예수의 부활을 스스로 증거해 주는 것은 아니다. 빈 무덤은 다른 기사들 속에서, 예를 들면 '예수의 시신이 도난당한 기사'와 '예수의 시신이 무덤 속에 있지 않은 기사들' 속에서 설명된다. 그렇기때문에 부활한 예수의 출현을 제자들과 연결시킬 때(이것은 복음서에 기록된 것이다.), 빈 무덤은 부활한 예수가 제자들에게 있어서 단지 주관적인 환상이나 변형된 의식이 아니었음을 가르쳐 준다. 즉 예수에게 무엇인가 새로운 일이 발생했다는 것으로서, 신약성서가 이것을 주장한다는 것이다.

오늘날 우리는 부활을 어떻게 이해해야 하는가?

부활에 관한 기독교의 희망은 예수의 부활에 근거한다. 따라서 나는 먼저 예수의 부활을 어떻게 이해해야 하는 것을 고찰한 후에 인간 역사의 종말 시 죽은 자들의 부활을 어떻게 이해해야 하는가 하는 것을 다루도록 하겠다.

예수의 부활을 기록하고 있는 복음서 기사들을 볼 때, 죽은 자들로부터 부활한 것은 분명히 예수 자신의 몸이었다. 예수가 몸으로 부활했다는 것은 빈 무덤에 의해서도, 또한 제자들이 예수를 보고 만진 것과 예수와 이야기한 것과 부활한 몸의 상처를 보았음을 기록하고 있는 누가와 요한의 증언에 의해서도 입증된다.(눅 24:40; 요 20:27) 그러나 예수의 부활은 단순히 소생(蘇生)은 아니었다. 예수는 문들이 닫힌 방에 있었던 제자들에게 나타났고, 엠마오까지 동행하면서 식사를 하던 도중에 두 제자의 시야로부터 사라졌는데(눅 24:31), 제자들은 그때 부활한 예수를 쉽게 알아보지 못했음이 분명하다. 즉 제자들이 엠마오까지 칠 마일을 예수와 함께 가는 동안에도 예수를 알아보지 못했다는 것이다.(눅 24장) 사도행전 1장에 따르면 예수는 제자들이 보는 가운데서 하늘로 올라갔다.(행 1:9) 이러한 신약성서의 기사들은 비록 예수가 제자들에게 몸으로 나타났지만, 우리의 시공간이라는 삼차원의 영역에 묶여져 있지 않았음을 가르쳐 준다. 아마도 우리는 부활한 예수를 더 높은 차원에 존재하는 분으로, 또는 우리의 우주와 접촉하거나 열려있는 우주(이것은 우리가 살고 있는 우주와 매우 유사한 우주를 말한다.)에 존재하는 분으로 생각할 수 있을 것이다. 하지만 이러한 생각들은 은유에 불과하다. 우리는 부활한 예수가 존재하는 시공간이 어떤 종류의 것인가 하는 것을 알 수 없다. 즉 부활한 예수가 존재하는 시공간이 우리의 시공간을 초월한다는 것이다. 또한 예수가 제자들에게 자유롭게 나타나거나 사라질 수 있었음을 통해서 생각해 볼 수 있듯이, 그곳(부활한 예수가 존재하는 시공간-옮긴이)은 부활한 예수에게 상당한 정도의 자유가 허락되는 곳이기도 하다. 부활체의 본질을 설명하려는 시도에 있어서 바울은 '부활체'와 죽게 되는 '물리적 몸'을 대조시키면서 부활체가 여전히 계속해서 '몸으로 존재하는 것인 동시에 변형된 것'이라고 말한다. "썩을 것으로 심고 썩지 않을 것으로 다시 살아나며 욕된 것으로 심고 영광스러운 것으로 다시 살아나며 약한 것으로 심고 강한 것으로 다시 살아나며 육의 몸sōma psychikon 으로 심고 신령한 몸sōma pneumatikon으로 다시 살아나나니 육의 몸이 있은 즉 또 영의 몸도 있느니라."(고전 15:42-44) '죽을 몸'과 '부활하게 될 몸' 사이에는 연속성과 불연속성이 함께 존재한다. 죽은 몸의 형상과 성분은 계속되면서도, 그 몸은 단연코 우리가 알고 있는 것을 넘어서는 무언가(하늘의 썩지 않는 것과 영화로운 것과 강한 것)로 변형된다. 바울은 새로운 식물로 성장해 가는 씨앗의 은유를 써가면서, 부활체가 물리적 몸과는 다른 육체(또는 물질)를 가진다고 말한다.(고전 15:36-41) 단연코 이것은 신비이다. 우리는 이런 유의 사건들을 경험하지 못한다. 이유는 예수의 부활이 유일무이한 사건이기 때문이다. 이것이 많은 사람들이 예수의 부활을 믿는 데에 어려움을 갖는 이유이다. 바울 당대의 사람들은 다양한 종류의 동물들에게 속하는 다양한 종류의 육체가 있는 것으로 여겼고(고전 15:39), 또한 해와 달과 별들에 속하는 다양한 종류의 '영광'이 있다고 여겼다. 하지만 오늘날 우리는 우주 속에 단지 한 종류의 물질(에너지)만이 있다는 것을 알고 있다. 이 물질

(에너지)은 여러 형태를 취할 수 있지만, 그러나 그 근본은 동일한 물질(에너지)로 이루어져 있다. 이것 역시 오늘날 사람들이 부활을 받아들이기에 어려운 점이다. 즉 고대 시대의 사람들도 부활을 받아들이기가 어려웠지만, 물질에 관한 과학적 지식으로 인해서 오늘날은 고대보다도 더 부활을 받아들이기에 어려움을 갖게 되었다는 것이다. 하지만 우리가 이미 살펴봤듯이 오늘날의 물리학자들은 근본적으로 다른 우주라는 복잡한 이론들(현재의 우주와는 다른 물질과 공간과 시간이 존재한다는 이론들)을 발전시키고 있다. 아마도 우리는 부활한 예수가 여러 다양한 우주 가운데 한 곳에 존재한다고 생각할 수 있을 것이다. 폴킹혼은 부활한 '새 피조물'이 다른 차원에 존재할 가능성에 대해서 다음과 같이 말한다.

> 수학자들은 옛 피조물이 거하는 시공간과 새 피조물이 거하는 시공간이 다른 차원(이것은 전적으로 신적으로 유지되는 세계이다.)에 속한다는 것을 쉽게 이해한다. 양자 사이에 나타나는 정보 전달을 필요로 하는 부활과 옛것에서 새것으로의 투영을 필요로 하는 물질의 구속이 이 세계에 포함되어 있다. 이러한 설명은 부활한 예수의 출현이 갖는 의미에 있어서 몇 가지 부분적인 통찰들을 제공해 준다. 비록 한정되어 있긴 하지만, 두 세계 사이에 놓여진 공통 사안으로 인해서 우리가 무언가를 알 수 있다는 것이다.[296]

폴킹혼이 말하고자 하는 것은 다양한 형태의 우주가 존재한다고 할 때, 부활한 예수가 우리의 우주와는 다른 상태의 우주 속에 존재할 수 있다는 것이다. 이러한 상태의 우주는 분명히 우리가 알고 있는 자연의 능력을 넘어선다. 그렇기 때문에 전통적인 언어 속에서 부활은 초자연적인 사건이라 칭해졌다. 하지만 '초자연적인'이라는 전통적인 언어는 오해의 여지를 가질 수 있다. 이유는 예수의 부활이 하나님의 권능에 속하는 것으로서, 자연이 자체의 힘으로 부활체들을 만들어 내지 못하기 때문이다. 또한 이것은 우리가 부활이 일어나는 것을 규칙적으로 목격하지 못하는 이유에도 해당이 된다. 즉 부활과 같은 사건들이 타자(他者, 하나님-옮긴이)의 도움 없이는 발생할 수 없는 사건으로서, 부활이 자연의 능력 범위 밖에 있다는 것이다. 하지만 동시에 예수의 부활한 몸은 과거에도 본질적으로 고양된 상태에 있었으며, 지금 현재에도 그렇다. 즉 부활체인 예수의 몸이 '평범한 몸'인 동시에 '부활한 몸'으로 변화되는 능력을 지녔다는 것이다. 부활체의 본질은 부활체가 하나님의 초자연적 권능으로 변형되었으며 새로운 능력을 지니게 되었다는 데에 있다. 우리는 이것을 '초자연적 본질'이라고 칭할 수 있다. 이러한 초자연적 본질은 그러한 변형에 열려있는 자연을 통해서도 발생하며, 또한 하나님의 초자연적 권능을 통해서도 발생한다. 즉 부활체가 지닌 본질이 '하나님의 은총에 의해서 초자연적으로 고양된 본질'이라는 것이다. 따라서 이러한 초자연적 본질은 '자연의 상태'와 '은총의 상태'(이것은 하나님의 은총으로 변화된 본질을 말한다.) 모두를 지닌다. 이것이 예수의 부활에 명백히 나타나는 연속성과 불연속성을 설명하는, 보다 정확한 방식이다. 이런 점에서 볼 때 예수의 부활은 치유의 기적과 같다고 할 수 있다. 치유의 기적 속에 '몸의 치유'라는 자연적 과정이 뒤따르지만, 그러나 그 치유 자체는 상당할 정도로 누군가(초월적 존재-옮긴이)의 능력을 덧입은 치유이기 때문에 그 치유가 상당히 가속화될 수 있다. 따라서 부활과 같은 기적들이 자연법칙들을 위반한다고 말할 수는 없다. 오히려 그러한 기적들은 자연법칙들이 새로운 차원으로 고양되었음을 나타내 주며, 또한 하나님의 은총에 의해서 부여받은 환경 속에서 작동되고 있음을 나타내 준다. 전기전달 법칙들이 현저하게 불가능해 보이는 방식 속에서, 즉 초전도성(超傳導性)이라는 온도가 매우 낮은 상태에서 전달되는 것처럼, 하나님의 은총에 의해서 변형된 자연환경 속에서는 자연법칙들(이 법칙들은 우리에게 매우 익숙한 것들이다.)이 현저하게 불가능해 보이는 방식 속에서도 작용할 수 있다는 것이다. 하나님이 예수의 무죄를 입증하셨던 것과 유사하게, 예수의 부활도 하나님의 계시를 통하는 것 외에는 달리 우리가 알 수 없는 사안이다. 하지만 우리는 예수의 부활을 자연 속에서 발생 가능한 상태들을 가지고 입증해야 하는 사안이라고 여길 수 있다. 나아가서 예수의 부활은 바울이 보증하듯이 우리의 부활에 대한 약속이기도 하고, 피조물의 변형의 가능성에 대한 약속이기도 하다.(롬 8:19-21)

죽은 자들의 부활

인간 역사의 마지막 때에 죽은 자들의 부활에 대해서 우리가 어떻게 말할 수 있겠는가? 먼저 생각해 볼 것은 초기의 기독교인들은 예수의 부활을 '표징'과 자신들의 부활에 대한 '약속'으로 이해했다는 것이다. 그들은 자신들도 곧 부활할 것이라고 기대했다.(당시 사람들은 죽은 자들의 부활이 마지막 때에 일어난다고 생각했다.) 바울은 다음과 같이 말한다. "그러나 이제 그리스도께서 죽은 자 가운데서 다시 살아나사 죽은 자들의 첫 열매가 되셨도다"(고전 15:20). 여기서 '첫 열매'는 더 많은 열매가 있을 수 있음을, 즉 예수의 부활에 뒤따르는 또 다른 부활이 있을 수 있음을 암시한다. 브라이언 델리Brian Daley는 다음과 같이 말한다. "사실상 모든 초기 기독교 저자들에게서 부활한 예수를 주로 고백하는 것은 예수의 제자들 역시 언젠가 부활에 참여하게 될 것이라는 희망을 가짐을 의미한다."[297]

우리는 3장에서 부활에 관한 초대교회의 사고가 역설적인 경향을 지님을 살펴봤다. 한편으로 아테나고라스와 터툴리안과 니사의 그레고리와 어거스틴 같은 사상가들은 이 세상에서 우리의 몸을 구성하고 있는 동일한 물질의 입자들이 마지막 때에 부활한 몸으로 다시 합쳐질 것이라고 주장했다. 다른 한편으로 오리겐과 같은 몇몇 사상가들은 물질이 항상 강물처럼 우리 몸속으로 흘러들어온다고 생각하면서 부활한 몸이 '영적인 몸'일 것이라고 주장했다. 오리겐은 물질을 영혼으로, 즉 몸의 형태를 지니면서 계속해서 부활로 나아가는 '형상'eidos으로 이해했다. 즉 오리겐이 부활한 몸에 속하는 물질을 지상의 몸의 한 부분으로서의 물질과 동일한 것으로 보지 않았다는 것이다. 또한 오리겐은 인간 영혼이 스스로의 힘으로 부활 때의 환경에 맞는 새로운 몸을 구성한다고 보았다.

우리가 바다 밑 물속에서 산다고 할 때 물고기와 같은 아가미와 물고기가 가진 여러 것들을 필요로 하듯이, 하늘나라와 더 높은 곳을 물려받을 사람들은 영적인 몸을 가져야 한다. 하지만 더 영화로운 상태에로의 변화가 발생한다 하더라도, 이전의 몸의 형상은 사라지지 않을 것이다. 변화산에서의 예수와 모세와 엘리야의 형상이 이전의 형상과 다르지 않았던 것처럼 말이다.[298]

어거스틴은 몸이 가진 이러한 양극단의 범주에 대해서 다음과 같이 말한다.

따라서 몸으로부터 취해진 것이 무엇이든지 간에, 살아있을 동안이든지 죽음 이후든지, 오래된 동물의 몸이 새로운 영적인 몸으로 변형돼서 부패하지 않음과 불멸성으로 옷을 덧입게 되는 것처럼 몸은 무덤에 남겨진 것과 함께 새로운 몸으로 회복될 것이다.[299]

우리의 몸이 환경과 더불어서 물질을 끊임없이 계속해서 교환한다는 이해 속에서 생각해 볼 때, 한때 우리 몸의 일부분이었던 물질의 모든 분자가 부활해서 변형될 것이라고 말하는 것은 이치에 맞지 않는다. 즉 오리겐이 옳았던 바, 몸이 흐르는 강물과 같다는 것이다. 하지만 그럼에도 불구하고 만일 우리가 우리 몸의 물질 중 어느 것도 부활로 옮겨질 수 없고 변형될 수 없다고 말한다면, 우리는 예수의 사례에 속하는 빈 무덤이 중요치 않다고 말하는 셈이 된다. 비록 예수의 몸이 무덤 속에 남았다손 치더라도, 그가 부활한 것이 자명한 사실이라는 것이다. 따라서 이러한 주장이 옳은 것처럼 보이지 않기 때문에 결국 우리는 부활이 어떻게 이뤄지는가에 대해서 확실하게 알 수 없다. 단지 '우리의 영혼이 하나님과의 은혜 넘치는 관계성으로 인해서 몸의 사망 후에도 살아남는다는 것', 또한 '우리의 몸이 부활하기에 적합한 변형된 물질과 공간과 시간의 상태 속에서 새로운 몸으로 덧입혀진다는 것'이 우리에게 중요하다. 그리고 이것은 우리 몸에 속한 물질이 이 세상과 저 세상 사이에 놓여진 '연속성'에 있어서 중요한 요인이 될 수 없음을 의미한다. 앞 장에서 살펴봤듯이 '연속성'이라는 중요한 요인은 근본적으로 몸의 형상인 영혼에 속하는 것이다. 이것과 매우 유사한 입장이 물리학자이면서 신학자인 폴킹혼에게서도 발견된다.

이것은 현재의 역사 너머에서 발생하는 하나님의 활동 속에서 하나님께서 인간이 존재하는 방식을 기억하시고 재구성하실 것이라는 사실에 관한 일관성 있는 믿음처럼 보인다. … 만일 인간이 몸과 정신적으로 통일성을 갖는다면, 부활이라는 신적 행위에 의해서 재구성된 인간은 영혼의 전달자로서의 역할을 감당하기 위해서 필요한 새로운 몸체를 가져야 한다. 그러한 몸에 속한 '물질'이 현재하는 이 세상의 육체와 동일한 물질일 수는 없다. … 이유는 이 세상에 속한 물질적인 몸이 본질적으로 사망에 종속되고 썩게 될 것이기 때문이다. 만일 부활의 삶이 궁극적으로 무익한 역사의 반복이 아니라 진정한 완성이라면, 다가올 그 세상에 속한 몸체들은 무언가 달라져야만 한다. 이유는 그 몸체들이 사망으로부터 영원히 구속받았기 때문이다. 과학은 단지 이 세상에 속한 물질에 대해서만을 알 뿐이다.

따라서 과학은 신학이 하나님께서 전적으로 새로운 무언가를 가져오신다고 믿는 것을 금지할 수 없다.[300]

한편 아퀴나스는 부활에 있어서 '영혼의 역할'이라는 주제를 흥미롭게 논증했다. 아퀴나스가 생각하는바, 영혼은 '몸의 형상' 내지 '몸을 구성하는 원리'이다. 이 세상에서 영혼은 몸이라는 물질을 완전히 통제하지 못하는데, 이로 인해서 우리는 나이를 먹고 죽게 된다. 하지만 다음 세상에서 의인의 영혼은 완전히 하나님과 하나가 될 것이다. 또한 의인의 영혼은 몸을 영적으로 영화롭게 만들 수 있는 권한을 부여받게 될 것이다.

모든 것의 첫 번째 원리(하나님-옮긴이)와의 일치됨으로 인해서 축복받은 영혼이 절정에 달한 숭고함과 권능으로 부활할 것이기 때문에 축복받은 영혼은 가장 완전한 정도에 속하는 '몸'이라는 실질적인 존재와 의사소통하게 될 것이다. 그 '몸'은 신적 활동으로 인해서 영혼과 하나가 된 몸이다. 따라서 몸이 완전히 영혼의 영향력 하에 있기 때문에 영혼은 몸을 '감지하기 힘든 것으로' 동시에 '영적인 것으로' 만들 것이다.[301]

부활과 기적 모두에 있어서 동일한 원리가 작용됨을 알 수 있다. 즉 신적 활동이 자연 속에서 작용하면서 자연에 권한을 주고 또한 자연을 향상시킨다는 것이다. 또한 죽은 자들의 부활은 하나의 공동체 속에 포함되는 사건이다. 비록 개별적으로 다르게 부활하겠지만, 우리가 축복받은 자들의 공동체 속으로 부활하게 된다는 것이다. 이 공동체는 천국의 일부분에 속한다.(우리는 이것을 9장에서 살펴볼 것이다.)

즉각적인 부활?

몇몇 신학자들이 '즉각적인 부활'이라는 개념을 제안해 왔는데, 이 입장은 사람이 죽자마자 즉시 부활한다고 주장한다. 예컨대 칼 라너는 다음과 같이 말한다. "만일 '몸'과 '영혼'을 지닌 단일하면서도 전적으로 완전한 인간이 사망 후에 즉시 살아난다는 견해를 주장하는 사람이 있다면, 그리고 육체의 부활과 보편적인 심판이 이 세상이라는 시간적인 역사의 '평행 선상에서' 발생한다는 견해를 주장하는 사람이 있다면, 또한 육체의 부활과 보편적인 심판으로 인해서 각 남자와 여자에 대한 세심한 심판이 일어난다는 견해를 주장하는 사람이 있다면, 그러한 견해들을 가진 사람이 잘못된 이단을 지지하는 것은 아니다."[302] 그렇다면 이 이론이 가진 장점들과 약점들은 무엇인가?

이 이론을 지지하는 사람들이 주장하는 장점은 즉각적인 부활이 영혼이 중간상태 속에서 몸으로부터 분리된 채로 살아있다는 문제점을 해결한다는 점이다. 따라서 이 이론은 실체 이원론과 전일적 이원론에서 벗어나게 되는데, 이유는 이 이론이 부활된 전인을 강조하기 때문이다. 또한 이 이론은 죽음과 부활 사이에 처한 인격적 정체성이 연속성을 가진다는 문제점도 해결한다. 이유는 사망한 즉시 부활이 뒤따르기 때문이다. 이 이론은 주로 몸과 분리된 영혼이라는 개념과 중간상태라는 개념이 지지될 수 없다고 말하는 사람들에게 있어서 매력적인 이론이다. 하지만 이 이론은 영혼에 관한 전통적인 이론들이 비난받는 이십 세기 중반까지만 해도 널리 보급된 이론은 아니었다.

반대로 이 이론의 약점들은 무엇인가? 첫째로 이 이론은 성경과 전통 모두에 의해서 거의 지지받지 못한다는 약점을 지닌다. 신약성서에 등장하는 거의 모든 증거들은 이것과 다른 것을, 즉 죽은 자들이 대환란의 시기가 지나간 후에 역사의 마지막 때인 마지막 날에 부활하게 될 것이라고 말한다.(막 13장) 또한 예수도 다음과 같이 말했다. "내 살을 먹고 내 피를 마시는 자는 영생을 가졌고 마지막 날에 내가 그를 다시 살리리니"(요 6:54) 라이트가 말하듯이, 유대교의 두 번째 성전 시대에는 "어느 누구도 마지막 날 이전에 이미 사람들이 부활했다거나 부활하게 될 것이라고 생각하지 않았다."[303] 혹시 신약성서에 나오는 다음의 두 구절이 즉각적인 부활을 지지하기 위해서 제시될 가능성이 있는 것처럼 보일지 모르겠다. 누가복음 16장에 나오는 '부자와 나사로 비유'와 누가복음 23장에 나오는 죽어가는 강도에게 한 예수의 말씀이 그것이다. "오늘 네가 나와 함께 낙원에 있으리라." 우리는 두 구절들을 모두 2장에서 다루었다. 그러나 우리는 누가복음 16장의 비유를 부활이 아직 일어나지 않은 말씀으로 봐야 한다. 이유는 부자의 형제들이 여전히 살아있었기 때문이다. 따라서 이 구절에 대한 가장 적절한 해석은 부자와 나사로가 비유 속에서 '중간 상태'(죽음과 부활 사이의 상태)에 있는 것으로 보는 것이다. 그리고 죽어가는 강도를 향한 예수의 언급도 분명히 강도가 죽어서 예수의 현존 속에 거하게 될 것임을 가리키는 것으로 봐야 한다. 즉 이 구절 속에 강도가 부활의 상태에 있게 될 것이라는 언급이 없다는 것이다. 더군다나 이십 세기 중반까지 기독교 전통은 이 이론('즉각적인 부활'-옮긴이)을 지지하지 않았다.[304] 한편 기독교 전통에서 볼 때도 이 이론은 '연옥' 이론과는 다르다고 할 수 있다. '연옥' 이론은 신약성서에 의해서는 거의 지지를 못 받지만, 후기 기독교 전통에서는 상당히 많은 지지를 받은 이론이다.

둘째로 우리가 전체 기독교 전통이 틀렸다는 것과 예수가 실제로 십자가에 달렸다가 죽임을 당한 후에 즉시 부활했다고 주장하지 않는 한, 우리는 예수가 죽임당한 후에 즉각적으로 부활했다고 얘기할 수 없다. 영혼이 몸이 죽음 이후에도 존속하면서 부활 속에서 새로운 물질성을 덧입는 '몸의 형상'이라고 할 때, 현재 우리의 몸에 속하는 물질이 부활한 몸에까지 계속해서 동일하게 지속된다고 말하는 것은 본질적으로 중요한 사안이 아니다. 그런데 즉각적인 부활 이론은 예수의 부활이 보여준 방식, 즉 지상에서의 예수의 몸이 부활해서 초월된 상태로 취해졌다는 것을 뒤엎어버린다. 즉각적인 부활 이론에서 볼 때 지상의 몸은 뒤에 남겨지고 새로운 부활의 몸이 그 자리를 취하게 된다. 따라서 두 몸, 즉 '죽은 몸'과 '새롭게 부활한 몸'이 있게 된다. 내가 생각하기에는 이것으로 인해서 이 이론은 신뢰성을 잃어버리게 된다. 우리 기독교인들이 자기들이 사랑했던 사람이 죽었을 때 장례식장에서 그 사람의 죽은 몸을 여전히 보고 있으면서, 그 사람이 몸으로 부활했다는 것을 어떻게 믿을 수 있겠는가?

만일 우리가 부활의 시기가 지상적인 시기와 상응하지 않는다고 말할 수 있다면, 또한 부활이 '물질'이 아니라 '부활로 옮겨지는 몸의 형상'이라고 말할 수 있다면, 이 이론이 효력을 가질 수도 있다. 하지만 나는 이 이론을 증명하는 부담이 그렇게 새로운 이론을 제안하는 사람들의 몫이라고 생각한다. 즉 그 사람들이 그 이론에 맞는 강력한 근거들을 제시해야 한다는 것이다. 이렇게 해야 하는 이유는 그 이론이 신약성서와 기독교 전통 속에서 거의 지지받지 못하고 있기 때문이다. 이 이론을 주장하기 위해서는 영혼이 몸의 죽음 이후에도 살아있다는 믿음을 버려야만 한다. 하지만 이와 달리 우리는 불멸하는 영혼을 믿을 수 있는 타당한 근거들을 가진다.(6장을 보라.) 그렇긴 하지만 나는 즉각적인 부활이 갖는 장점들을 판단하는 문제를 독자들에게 돌릴 것이다.

변형된 피조물

우리는 부활의 몸이 빈공간을 혼자 둥둥 떠다닌다고 생각해서는 안 된다. 이 세상에서는 (영혼보다) 몸이 본질적으로 더 커다란 환경의 일부분이었다. 만일 환경으로부터 단절된다면, 몸은 죽게 될 것이다. 따라서 부활된 환경이 존재하지 않는다면 부활의 몸을 갖는다는 것도 의미를 갖지 못하는 셈이 된다. 또한 우리는 부활이 다른 사람들을 포함하는 동시에 우리가 자연이라는 부르는 것과 유사한 것(부활된 환경)도 역시 포함한다고 생각해야 한다. 이런 이유로 인해서 바울은 다음과 같이 말한다. "피조물도 썩어짐의 종노릇한 데서 해방되어 하나님의 자녀들의 영광의 자유를 얻게 될 것이다."(롬 8:21) 요한계시록 기자도 다음과 같이 말한다. "또 내가 새 하늘과 새 땅을 보니 처음 하늘과 처음 땅이 없어졌고 바다도 다시 있지 않더라."(계 21:1) 즉 요한계시록이 새 예루살렘에 대해서 언급하고 있지만, 부활되고 변형된 땅을 더 많이 언급하고 있다는 것이다. 따라서 죽은 자들의 부활에 대해서 말할 때 우리가 '부활되고 영화스럽게 된 환경'이라는 국면을 의식해야 하겠지만, 그 세부 사안들에 대해서는 우리의 상상에 맡길 수밖에 없다. 씨 에스 루이스C. S. Lewis는 자신의 책 「천국과 지옥의 이혼」The Great Divorce에서 부활된 환경을 생생하게 설명한다. 천국은 '몸의 상태'이면서 동시에 '영혼의 상태'이다. 루이스는 지상에서보다 천국에서 인간 의식들이 더 예리할 것이라고 말한다. 또한 천국에서는 주변 환경들도 감동에 벅찰 정도로 아름답고 사실적일 것이다.[305] 이것과 유사하게 임사 체험자들은 그 세계가 이 땅의 세계보다 훨씬 더 아름답다고 말한다. 이것이 임사 체험자들이 지상적인 삶으로 돌아가기를 꺼리는 주요한 이유이다. 따라서 부활은 선한 면을 갖는 동시에 일시적인 모든 것, 또한 이 세상적인 모든 것이 사멸된 모든 것의 완성이고 성취일 것이다. 이 땅이 아름답지만, 그 아름다움은 일시적인 것으로서 고통과 죽음을 동반한다. 하지만 부활된 삶에는 고통과 죽음과 같은 것들이 존재치 않는다. 거기서 우리는 하나님과 타자와 더불어서 충만하고 아름다우며, 영광스러운 연합과 사랑을 이루는 삶을 경험할 것이다.

저주받은 사람들?

저주받은 사람들의 부활이 무엇인지를 질문하는 사람들이 있다. 기독교 전통은 저주받은 사람들도 부활해서 몸과 영혼 모두 고통을 받을 것이라고 주장한다. 이러한 '상실의 고통'(이것은 하나님을 보지 못하는 상실을 말한다.)에서 정의란 사람들이 몸으로 고통당하는 것이라고 말한다. 또한 전통적인 기독교 사상에 따르면 저주받은 사람들은 지옥의 불로 인해서 영원히 고통받게 된다. 하지만 현대인들에게서 이러한 표상은 잔인하면서도 이상한 처벌처럼 보인다. 분명히 하나님을 거부하도록 예정된 사람들이 하나님을 보는 것에서 제외된다는 표상은 충분히 이해할 만한 표상이다. 하지만 이러한 표상에 그들이 불로 인해서 영원히 고통받는다는 것을 덧붙이는 것은 하나님을 사랑의 하나님이 아니라, 잔인하면서도 복수심에 불타는 독재자로 만드는 것이다. 궁극적으로 하나님이 사랑이라면, 하나님은 저주받은 사람들조차도 사랑하기를 포기하지 않으실 것이다. 비록 그들이 하나님으로부터 단절되었다 하더라도, 하나님이 그들에 대한 사랑을 단념하지 않으신다는 것이다. 이 시대의 사람들은 전형적으로 지옥의 불을 잃어버린 영혼으로 말미암아 느끼게 되는, 유감스러움과 상실감과 절망감의 고통이라는 은유로 이해한다.(우리는 9장에서 이 문제를 다룰 것이다.)

심판과 구원

하지만 천국과 지옥의 문제를 다루기 전에 우리는 인간이 어떻게 천국 (또는 지옥)에 가게 되는가 하는 것을 다룰 필요가 있다. 왜 어떤 사람들은 구원받는 반면에 다른 사람들은 구원받지 못하는 것인가? 하나님께서 보시기에 인간을 정의롭고 의롭게 만드는 것은 무엇인가? 기독교의 가르침에 따르면 인간은 죽어서 천국이나 지옥에 바로 가지 않는다. 그리스도께서 먼저 우리를 심판해야 한다. '최후의 심판' 비유에서 예수는 모든 사람이 역사의 마지막 때에 어떻게 심판받게 되는가 하는 것을 언급했다.(마 25:31-46) 바울도 또한 다음과 같이 말했다. "이에 우리 모두가 반드시 그리스도의 심판대 앞에 나타나게 되어 각각 선악 간에 그 몸으로 행한 것을 따라 받으려 함이라."(고후 5:10) 여기서 다음과 같은 질문이 제기된다. 우리가 우리의 믿음에 대해서 심판받는 것인가? 아니면 우리가 행한 바에 대해서 심판받는 것인가? 아니면 양쪽 모두인가? 이 문제를 다음 장에서 다루도록 하자.

08

칭의와 심판

나더러 주여 주여 하는 자마다 다 천국에 들어갈 것이 아니요
다만 하늘에 계신 내 아버지의 뜻대로 행하는 자라야 들어가리라 (마 7:21)

(중요한 것은) 사랑으로써 역사하는 믿음뿐이니라 (갈 5:6)

칭의와 구원의 문제

우리가 하나님 앞에서 어떻게 의롭게 될 수 있는가? 하나님 앞에서 어떻게 의롭다고 칭함받을 수 있는가? 이것이 '칭의'라는 표상이 함의하는 문제이다. 만일 하나님께 의롭다고 인정받으면, 나는 천국에서 하나님과 함께 있게 되는 가치를 소유하는 셈이다. 하지만 반대로 의롭지 못하다면, 나는 하나님으로부터 버림받은 바 되어서 지옥에 떨어지게 될 것이다. 이처럼 칭의와 구원의 문제 속에는 많은 위태로운 점들이 내포되어 있다.[306]

마틴 루터는 칭의를 종교개혁의 주요한 신학적 쟁점이라고 생각했다. 그의 시대의 다른 사람들처럼 루터는 많은 사람들이 하나님 앞에서 올바르지 못하고 의롭지 못하기 때문에 지옥에 간다고 생각하면서 두려움에 떨었다. 이처럼 16세기 사람들에게서 지옥에 관한 공포가 상당히 큰 두려움의 대상이었는데, 이것은 루터에게도 마찬가지였다. 수도승이자 성서학자로서 루터는 이러한 두려움의 문제에서 벗어나고자 했지만, 그는 사소한 죄들 때문에도 괴로워했다. 따라서 그는 자주 하루에 두 번씩 자신의 죄를 고백했다. 금식하면서 기도했다. 성경을 읽었고 몸의 정욕을 억제했다. 또한 천국에 이를 공덕을 쌓기 위해서 '착한 일들'을 행하려고 노력했다. 하지만 그런 노력들이 부담이 됐던바, 그에게는 평안이 없었다. 왜 그랬을까? 그가 자신이 범한 죄를 고백하는 것을 망각했기 때문일까? 아니면 천국에 이르기 위해서 요구되는 몇 가지 일들을 감당하는 데에 실패했기 때문일까? 그렇지 않다. 그의 근심 이면에는 화를 내시면서 심판하시는 하나님, 엄격한 정의를 요구하시는 하나님에 대한 두려움이 있었다. 이것이 그에게 문제가 됐던 것이다.

당시 로마가톨릭교회는 루터가 염려하는 바들에 대해서 일련의 대답들을 가지고 있었다. 당시 신자들은 하나님과 그리스도와 교회의 가르침들을 신뢰했다. 신자들은 미사와 고해 성서와 교회의 성례전들에 충실하게 참여했다. 또한 신자들은 예수와 마리아와 여러 성인들에 헌신코자 기도했으며, 눈에 보이는 자비의 행위들과 금식과 성지순례와 자선 행위들을 수행하기도 했다. 하지만 루터는 교회가 그리스도의 은총의 선물을 충분히 강조하지 못한 채 사람들로 하여금 선한 행위들만을 감당할 것을 지나치게 강조한다고 생각했다. 특별히 그에게 문제가 됐던 것은 교황의 면죄부 발행이었다. 면죄부는 연옥에 있는 사람들이 과거에 범했던 용서받을 수 있는 가벼운 죄들에 가해지는 형벌을 사면받기 위해서 필요한 바, 이것은 일종의 교회에 내는 금전적인 기부였다. 그러나 바울서신을 읽으면서 루터는 인간이 선한 행실로 구원받는 것이 아니라 우리 자신의 의로움으로 구원받게 됨을 깨달았다. 즉 우리가 그리스도와 그리스도의 의로움에 관한 믿음으로 인해서 구원받는다는 것이다. 우리의 구세주 되시는 그리스도에 대한 믿음과 신뢰로 말미암아 하나님께서 그리스도의 의를 우리에게 전가시키신다. 우리가 의롭게 됨으로써 구원받는 것은 그리스도의 의로움으로 말미암은 것이지, 우리 자신의 의로움으로 말미암은 것이 아니다. 따라서 루터는 "오직 믿음으로 말미암아 사람은 충분한 가치를 지닐 정도로 의롭게 된다. 이것은 그리스도와 그리스도의 말씀을 통해서 드러난 하나님의 순전한 자비로 말미암은 것이라고" 주장했다.[307] 일반적으로 사람들에게 이러한 루터의 입장은 '전가된 의'imputed justification로 알려져 있다. 칼뱅주의와 같은 다른 개신교도들도 이러한 루터의 가르침을 따랐지만, 재세례파는 루터의 가르침을 거절했다. 트렌트 공의회를 통해서 가톨릭교회는 이러한 루터의 입장을 거절하면서 믿음만을 가지고는 의롭게 되기에 충분치 못하다고 주장했다. 즉 칭의에는 반드시 우리 마음에서 소망과 자비가 필연적으로 드러나야 한다고 주장했던 것이다.

만일 우리 주 예수 그리스도의 수난의 공로가 그 사람에게 전가되지 않는다면, 어느 누구도 의롭게 될 수 없다. 하지만 그럼에도 불구하고 죄인의 칭의는 거룩한 성령에 의해서 하나님의 사랑이 의롭게 된 그 사람의 마음속에 부어질 때 실제적으로 발생하게 되고 그 칭의가 지속된다. 결과적으로 그 사람이 칭의되는 과정에서 그리스도를 통해서 받은 죄의 용서가 그 사람에게 접목된다. 이 모든 것들은 믿음과 소망과 자비와 함께 동시에 주입된 것이다. 만일 소망과 자비가 믿음에 덧붙여지지 않는다면, 그 사람은 그리스도와 완전히 하나가 된 것이 아니다. 그렇게 되지 않는다면 그는 그리스도의 몸의 살아있는 구성원이 될 수 없다. 그러므로 행함이 없는 믿음은 죽은 믿음이요 무익한 믿음이 될 수 밖에 없다.[308]

트렌트 공의회는 칭의를 다음과 같이 정의한다. 첫째로 칭의는 죄의 용서이다. 둘째로 칭의는 신자의 마음 속에 믿음과 소망과 사랑이 주입되는 것이다. 트렌트 공의회는 "하나님의 사랑이 우리에게 주신 성령으로 말미암아 우리 마음에 부음 바 되었다"(롬 5:5)라고 말한 바울의 사상을 따른다. 이것이 '내적 칭의'를 가져오는데, 신자들이 실제로 하나님을 사랑하면서 하나님의 사랑에 참여하게 된다는 것이다. 그렇기 때문에 루터가 말하는 것처럼 이것을 단순히 '전가된 의'라고 말하는 것은 적절치 못하다. 또한 트렌트 공의회는 자비를 행하는 것과 같은 선한 행실들에서 비롯되는 공덕(功德)이 있다고 가르쳤다. 구원은 믿음으로 말미암아 우리에게 오는 선물인 동시에 또한 선한 행실들에 대한 보상이기도 하다.[309] 루터와 가톨릭 교회 사이의 이러한 논쟁(칭의론 논쟁-옮긴이)은 16세기 당시 가톨릭교회와 개신교회 사이의 분열로 말미암아 벌어진 여러 중요한 논쟁점들 가운데 하나이다.

많은 사람들이 칭의와 구원이 가진 전반적인 쟁점을 이해하는 것이 지루하고 어렵다고 여긴다. 만일 그 사람들이 칭의와 구원에 대해서 진지하게 고려한다면, 그들은 아마도 선하면서 동시에 최선을 다하는 사람은 천국에 간다고 말하게 될 것이다. 하지만 그러한 생각은 정확히 루터와 트렌트 공의회에 의해서 부인된다. 즉 선한 사람이 되는 것과 최선을 다하는 것만 갖고는 충분치 않다는 것이다. 하나님과 그리스도에 관한 믿음 없이 인간은 구원받을 수 없다. 이러한 주장이 이 시대의 사람들에게 엄격하게 보일 수 있겠지만, 그러나 우리가 우리의 노력을 통해서 구원받을 수 없다는 것과 구원을 위해서 우리에게 하나님과 그리스도의 은혜가 필요하다는 것은 여전히 계속 이어져 내려오는 기독교회의 주요한 가르침이다.[310] 신약성서는 지옥이 실제적인 가능성을 지닌다는 것과 천국에 들어가는 것이 어렵다는 것을 명백히 밝힌다. "멸망으로 인도하는 문은 크고 그 길이 넓어 그리로 들어가는 자가 많은 반면에, 생명으로 인도하는 문은 좁고 길이 협착하여 찾는 자가 적음이라."(마 7:13-14) 따라서 이러한 중대한 의미를 지니는 칭의의 문제는 우리 모두와 관련되는 중요한 사안이라 할 수 있다. 본질적으로 이 문제가 우리가 어떻게 천국에 들어갈 만한 가치를 지니는가 하는 사안과 관련된다는 것이다.

이 문제에 대해서 신약성서는 하나의 답변이 아니라 다양한 답변들을 제시한다. 이것이 칭의가 신학적으로 중요한 문제에 속하는 이유이다. 계속해서 우리는 칭의와 관련해서 주요한 신약성서의 입장들을 검토하면서 종합할 것이다. 그런 후에 심판에 관한 문제를 다룰 것이다.

마태복음: 마음의 청결함과 '보다 나은 의'

산상수훈(마 5-7장)에 "내가 율법이나 선지자를 폐하러 온 것이 아니라 완전하게 하려 왔다"(마 5:17)고 하신 예수의 말씀이 나온다. 여기서 '율법'은 십계명을 포함한 모세의 율법(토라)을 가리킨다. 하지만 예수는 여러 다양한 계명들(살인하지 말라, 간음하지 말라 등)을 다루면서, 그 계명들이 '외적인 행위'와 '마음의 내적 의도'들 모두에 적용된다고 주장했다. 살인하지 않는 것만 가지고는 충분치 못하다. 형제를 향해서 화를 내는 것도 우리에게 금지된다. 간음하지 않는 것만 가지고는 충분치 못하다. 음란하게 생각하는 것도 우리에게 금지된다. 이웃을 사랑하고 원수를 미워하는 것만을 가지고는 충분치 못하다. 원수조차도 사랑하는 것이, 나아가서 그들을 위해서 기도하는 것이 우리에게 요구된다.(마 5:21-48) 선한 행실들만을 가지고는 충분치 못하다. 선한 행실들과 더불어서 우리는 사악한 자들까지 사랑해야 하고 청결한 마음을 가져야 한다. "마음이 청결한 자는 복이 있나니 그들이 하나님을 볼 것임이요."(마 5:8) 그리고 용서하는 것도 중요하다. 만일 우리가 다른 사람들을 용서하면 우리의 아버지 하나님도 우리를 용서하실 것이다. 반대로 우리가 다른 사람들을 용서하지 않으면, 우리의 아버지 하나님도 우리를 용서하지 않으실 것이다.(마 6:14-15) 이처럼 마태복음에서 예수는 제자들을 향해서 '보다 나은 의'를 요구하셨다. 이것은 '외적인 행동으로 율법을 따르는 것'과 더불어 '마음의 내적인 의도들로도 율법을 따르는 것'을 가리킨다. 깨끗한 마음을 가진 자가 하나님을 보게 될 것이다. 예수가 언급했듯이 보다 나은 의는 사랑에서 절정에 달한다. "너희에게 이르노니 너희 원수를 사랑하며 너희를 박해하는 자를 위하여 기도하라."(마 5:44)

한편 마태복음이 칭의와 심판과 구원에 대해서만 언급하는 것은 아니다. 이러한 주제들을 다루는 가장 명백한 신약성서의 구절이 마태복음 거의 끝에 나오는 예수의 '최후의 심판' 비유이다.(마 25:31-46: 이 구절을 2장에서 모두 인용했다.) 거기서 예수는 인간 역사의 마지막 시기를 예견했다. 마지막 때에 예수는 모든 민족panta ta ethnē을 심판하기 위해서 이 땅에 왕으로 다시 올 것이다. 그때 의로운 자들은 천국에 들어가겠지만, 사악한 자들은 사탄과 마귀들을 위해서 예비된 영원한 불에 들어갈 것이다.(마 25:41) 이 비유에서는 가난한 자들과 불행한 자들에게 베푼 자비의 행동들이 심판의 기준이 된다. "내가 주릴 때에 너희가 먹을 것을 주었고 목마를 때에 마시게 하였고 나그네 되었을 때에 영접하였고 헐벗었을 때에 옷을 입혔고 병들었을 때에 돌보았고 옥(獄)에 갇혔을 때에 와서 보았느니라."(마 25:35-36) 이 말씀은 신약성서에 나온 구원에 관한 가장 명백한 구절로서, 여기에 '믿음'이라는 용어는 나오지 않는다. 구원받음에 있어서 그 판단의 기준을 그 사람의 행함에 두고 있다.[311] 이 구절을 해석함에 있어서 기독교인들은 '우리가 행함이 아니라 믿음으로 구원받았다고도 말할 수 없고, 다른 사람들에게 행한 자비의 행위들에 대해서 판단 받지 않을 것이라고도' 말할 수 없다. 예수가 마태복음 5장에서 분명히 언급했듯이 사랑의 법이 기독교인들을 하나로 묶어준다. 여기서의 사랑의 법은 '사랑하는 감정'을 의미하는 것이 아니라 사랑하려는 '마음의 의도'와 함께 사랑을 '행하는 것'을 가리킨다. 다시 말하면 예수가 언급했듯이 진정한 사랑이라면, 그 사랑이 행함으로 표현되어야 한다는 것이다. "나더러 주여 주여 하는 자마다 다 천국에 들어갈 것이 아니요 다만 하늘에 계신 내 아버지의 뜻대로 행하는 자라야 들어가리라."(마 7:21) 이러한 의미의 구절들이 누가복음과 바울서신과 야고보서에도 나온다.

누가복음-사도행전: 회개/회심

회개는 예수의 선포에서 핵심 사상이다. 마가는 예수의 메시지를 다음과 같이 요약한다. "때가 찼고 하나님의 나라가 가까이 왔으니 회개하고 metanoeite 복음을 믿으라 하시더라."(막 1:15) '회개한다'는 단어의 헬라어 동사는 '메타노인'metanoein으로서, 이것은 문자적으로 '마음과 사고방식과 태노를 바꾸는 것'을 가리킨다. 이것은 단지 특정한 죄 또는 특정한 행위를 회개한다는 것이 아니라 하나님을 향한 태도에 있어서의 근본적인 변화를 의미한다. 즉 다른 것에 우선순위를 두는 것이 아니라 하나님 나라에 우선순위를 두는 것을 말한다. 이것은 '나-중심'에서 '하나님-중심'으로의 변화이다. 따라서 명사 '메타노이아'metanoia는 '회심'과 더불어서 '회개'를 의미하는 것으로서, 이것이 누가복음과 함께 그 연속선상에 있는 사도행전에서도 중요한 주제가 된다. 예컨대 누가복음 13장에서 예수는 다음과 같이 말했다. "또 실로암에서 망대가 무너져 치어 죽은 열여덟 사람이 예루살렘에 거한 다른 모든 사람보다 죄가 더 있는 줄 아느냐? 너희에게 이르노니 아니라 너희도 만일 회개하지 아니하면 이와 같이 망하리라."(눅 13:4-5) 누가복음에 나오는 많은 이야기들과 비유들이 예수가 '메타노이아'에 대해서 언급한 의미가 무엇인가 하는 것을 잘 설명해 준다.

탕자의 비유가 여기에 속하는 본보기이다. 탕자는 유산을 요구했고 방탕한 삶을 살면서 재산을 탕진했다. 그래서 결국 낯선 나라에서 돼지를 먹이면서 살아가게 되었다.(이것은 유대인들에게 가장 굴욕적인 삶이다.) 결국 아들은 회개한 후에 아버지에게로 돌아와서 자기가 하늘과 아버지 앞에서 죄인이라고 고백한다.(눅 15:11-32) '메타노이아'의 의미를 분명하게 알 수 있는 또 다른 비유는 '잃어버린 양'의 비유이다. 예수는 이 비유를 "내가 너희에게 이르노니 이와 같이 죄인 한 사람이 회개하면 하늘에서는 회개할 것 없는 의인 아흔아홉으로 말미암아 기뻐하는 것보다 더하리라"(눅 15:7)고 하면서 끝마친다. 마지막으로 십자가상의 강도 이야기도 '메타노이아'의 의미를 알 수 있는 샘플이 된다. 그 강도는 회개하면서 예수에게 당신의 나라에 임할 때 자기를 기억해 달라고 요청했다. 이에 예수는 다음과 같이 대답했다. "진실로 너에게 이르노니 오늘 네가 나와 함께 낙원에 있으리라."(눅 23:43) 이처럼 '메타노이아'는 누가복음에 나오는 칭의와 구원의 의미를 알 수 있는 핵심 열쇠이다. 하지만 진정한 '메타노이아'의 의미는 탕자의 비유가 보여주듯이 '용어들' 속에서가 아니라 '행실들' 속에서 명확해진다.

바울서신: 믿음, 사랑 그리고 성령

최후의 만찬과 관련된 가장 초기의 기사가 바울이 고린도 교회 교인들에게 보낸 첫 번째 편지에서 발견된다.

내가 너희에게 전한 것은 주께 받은 것이니 곧 주 예수께서 잡히시던 밤에 떡을 가지사 축사하시고 떼어 이르시되 이것은 너희를 위하는 내 몸이니 이것을 행하여 나를 기념하라 하시고 식후에 또한 그와 같이 잔을 가지시고 이르시되 이 잔은 내 피로 세운 새 언약이니 이것을 행하여 마실 때마다 나를 기념하라 하셨으니(고전 11:23-25)

여기서 새 언약이란 무엇인가? 새 언약은 옛 언약과 어떻게 다른가? 모세의 율법을 통해서 만들어진 옛 언약은 하나님께서 모세를 통해서 계시하신 것이다. 모세의 율법(여기에 십계명이 포함되어 있다.)을 지킴으로써 유대인들은 하나님의 목전에서 의로워질 수 있었다. 하지만 어느 누구도 그 율법을 완전히 지킬 수가 없었기에 그들이 범한 죄들을 용서받기 위한 조항provision을 만들어야 했다. 용서는 제사장이 올려드리는 동물의 희생 봉헌을 통해서 이뤄진다. 하지만 이와 달리 새 언약에서는 예수 자신이 희생제물이다. 예수가 자기 자신을 희생제물로 드리는 대제사장이다.(히브리서) 그의 희생이 '단번에' 그리고 '영원히' 동물의 희생을 대신한다. 바로 여기에 '새 언약'과 '새 계약'이 있다. 즉 예수의 희생으로 말미암아 '의'righteousness가 발생한다는 것이다. 이 모든 사안들이 히브리서(아마도 히브리서는 바울이 쓰지 않은 듯 하다.)에 상세하게 기록되어 있다. 바울 서신들도 역시 히브리서와 같은 신학적 함의를 담고 있다. 바울에 따르면 모세의 율법은 선한 것으로서, 이 율법이 우리의 죄를 진단한다. 하지만 다른 한편 비유대교인들을 향해서 바울은 율법을 지킴으로써 구원받을 수 있는 사람은 없다고 주장한다. 이유는 온전하게 율법에 따라서 살 수 있는 사람이 없기 때문이고, 칭의란 오직 믿음으로 말미암아 발생하는 것이기 때문이다.(갈 3:11) 만일 우리가 한 가지 율법에 순종하지 못한다면, 그것은 모든 율법에 순종하지 못한 것과 같은 셈이다.(갈 3:10) 따라서 칭의, 의, 그리고 구원은 율법 밖에서 발견되어야 한다. 바울은 다음과 같이 말한다.

이제는 율법 외에 하나님의 한 의가 나타났으니 율법과 선지자들에게 증거를 받은 것이라 곧 예수 그리스도를 믿음으로 말미암아 모든 믿는 자에게 미치는 하나님의 의니 차별이 없느니라 모든 사람이 죄를 범하였으매 하나님의 영광에 이르지 못하더니 그리스도 예수 안에 있는 속량으로 말미암아 하나님의 은혜로 값 없이 의롭다 하심을 얻은 자 되었느니라 이 예수를 하나님이 그의 피로써 믿음으로 말미암는 화목제물로 세우셨으니(롬 3:21-24)

율법 외부에 나타난 하나님의 의란 곧 의로운 분이신 예수 안에 나타난 의를 말한다. 예수의 희생적인 죽음이 그를 믿는 모든 자에게 구원을 가져다 준다.[312] 따라서 우리는 믿음으로 말미암아 하나님의 은혜로 의롭게 된다. "너희가 그 은혜에 의해 믿음으로 말미암아 구원을 받았으니 이것은 너희에게서 난 것이 아니요 하나님의 선물이라 행위에서 난 것이 아니니 이는 누구든지 자랑하지 못하게 하려 함이라."(엡 2:8-9) 그리스도에 대한 믿음은 단지 말로만 고백하는 믿음을 말하는 것은 아니다. 이 믿음은 '믿음으로부터 나온 행함 있는 삶'을 포함한다. 이것을 바울은 '믿음의 순종'이라고 칭한다.(롬 16:26) 바울은 계속해서 믿음의 삶이 육체의 삶이 아니라(갈 5:16-26), 하나님이 주신 은혜들 안에서의 삶과 성령의 열매(특히 사랑의 열매. 고전 13:13)를 수반하는 삶이라고 말한다. 바울은 '오직 믿음으로만'이라는 표현을 쓰지 않는다. 바울에게서 믿음은 구세주이신 예수에 대한 믿음을 포함하며, 동시에 이것은 성령의 권능으로 말미암아 믿음으로부터 나온 삶을 포함한다. 우리는 성령을 받음으로써 하나님의 아들이 되고 딸이 된다. "무릇 하나님의 영으로 인도함을 받는 모든 사람이 곧 하나님의 아들이라."(롬 8:14) 또한 최고의 성령의 은사와 열매는 사랑이다. "가장 중요한 것은 사랑으로써 역사하는 믿음뿐이니라."(갈 5:6)

율법을 지키고 기도하고 금식하고 자비를 베풀고 착한 일들을 행하는 것만 가지고, 우리가 하나님 앞에서 의롭다 함을 받지 못하는 이유가 무엇인가? 첫째로 우리는 우리 죄를 보상할 정도의 착한 일들을 충분히 감당할 수 없기 때문이다. 둘째로 바울에 따르면 어느 누구도 죄로부터 전적으로 벗어날 수 없기 때문이다. "유대인이나 헬라인이나 모든 사람이 다 죄의 권능 아래에 있다. … 모든 사람이 죄를 범하였으매 하나님의 영광에 이르지 못하더니"(롬 3:9, 23) 셋째로 예수가 언급했듯이 율법은 또한 품지 말아야 하는 마음의 의도들에까지 손을 뻗치기 때문이다. 그래서 가장 중요한 첫째 되는 계명이 무엇인가 하고 질문받았을 때, 예수가 쉐마Shema를 인용했던 것이다. "이스라엘아 들으라 주 곧 우리 하나님은 유일한 주시라 네 마음을 다하고 목숨을 다하고 뜻을 다하고 힘을 다하여 주 너의 하나님을 사랑하라 하신 것이요 둘째는 이것이니 네 이웃을 네 자신과 같이 사랑하라 하신 것이라 이보다 더 큰 계명이 없느니라."(막 12:29-31) 그러나 누가 그러한 계명을 따라서 살 수 있겠는가? 전심을 다해서 하나님과 다른 사람들을 사랑하는 사람이 실제로 얼마나 되겠는가? 어느 누구도 이런 삶을 살 수 없다. 따라서 우리에게 중재자요 중보자가 필요하다. 중보자(예수 그리스도-옮긴이)의 행위로 말미암아 우리가 칭의를 얻는다는 것이다.

바울은 죄의 속박과 관련해서 두드러지게 명백한 은유를 사용하는데, 즉 '종'이라는 은유이다. 고대의 종들은 자신들이 번 돈이 주인의 것이 되어야 한다는 당시의 관행으로 인해서, 종으로부터 벗어나 자신의 길을 갈 수 있을 정도의 충분한 돈을 벌 수 없었다. 따라서 종으로부터 벗어날 수 있는 유일한 방법은 누군가가 그의 주인으로부터 그를 사서 그를 자유롭게 만드는 것 외에 다른 방법이 없었다. 이렇게 누군가로부터 '다시 사는 것'buying back이 곧 구속이 지닌 의미이다. 바울은 예수의 희생을 우리의 죗값을 지불함으로써 우리를 우리 자신의 힘으로는 벗어날 수 없는 죄의 종에서 벗어나게 한 사건이라고 말한다.

일반적으로 많은 사람들이 죄를 대수롭지 않게 여긴다. 아마 과거의 교회들도 죄의 의미를 지나칠 정도로 약화시켰고, 나아가서 사랑에 대해서도 거의 말하지 않았다. 하지만 죄는 우리를 하나님과 다른 사람들로부터 단절시킨다. 만일 당신이 거짓말하거나 속인다면, 결국 당신은 친구를 갖지 못하게 될 것이고 어느 누구도 당신을 신뢰하지 않게 될 것이다. 또한 죄에는 그 대가代價가 따른다. 죄가 우리를 이기심 가운데 가둔다. 죄가 우리의 믿음과 사랑을 망가뜨린다. 결국 우리는 고립됨으로써 하나님과 다른 사람들로부터 단절된다. 이러한 죄의 딜레마에 대해서 바울은 예수를 믿음으로써 우리가 죄를 용서받았으며, 동시에 하나님의 은혜와 사랑을 향해서 우리 자신을 개방한다고 말한다. 또한 이것이 우리를 바울이 말한 성령으로 인도한다. 바울은 성령을 하나님의 영이자 그리스도의 영이라고 말한다.(롬 8장) 성령이 우리에게 은사들을 주고, 우리가 가진 능력을 초월하는 열매들을 맺게 한다. 예컨대 하나님이 우리를 사랑하시는 것처럼 다른 사람들을 사랑해야 한다고 할 때, 우리가 어떻게 이 일을 감당할 수 있겠는가? 이러한 사랑은 우리의 능력 밖에 있는 것처럼 보인다. 또한 이러한 사랑은 결혼생활에서도 실제적으로 중요하다. 우리가 어떻게 평생토록 배우자를 사랑할 수 있겠는가? 낭만적인 사랑은 오래 지속되지 않는다. 결국 우리는 늙고 볼품없어지며 매력적이지 못한 상태가 될 수 밖에 없다. 실정이 이런데, 어떻게 우리가 다른 사람을 지속적으로 사랑할 수 있을까? 이에 관한 바울의 대답은 다음과 같다. 오래 지속되는 자기희생적인 사랑은 성령의 선물로서, 바울은 이것이 곧 하나님의 은혜의 선물이라고 말한다. 이 사랑은 인간의 능력을 초월하지만, 하나님의 능력을 초월하지는 않는다. 바울은 성령의 위대한 은사 세 가지를 '믿음'과 '소망'과 '사랑'이라고 말한다.(고전 13:13) 이러한 은사들은 그리스도처럼 되기 위해서, 또한 하나님 나라에 합당한 자가 되기 위해서 반드시 구비되어야 하는 덕목들이다. 사실상 이러한 덕목들이 우리를 인간으로 완성시키는 것이다. 하지만 우리는 단지 노력만으로는 이러한 덕목들을 실행할 수 없다. 이러한 덕목들은 성령의 은사들로서, 우리는 그러한 은사들을 받도록 기도해야 하고 그러한 은사들을 받기에 합당하도록 갖추어져야 한다. 이것이 예수로 말미암아 '우리 앞에 놓여진 불가능해 보이는 도전'(마음을 다해서 하나님을 사랑하고 이웃을 내 몸과 같이 사랑하라는 도전)에 대한 해법이다. 따라서 사랑은 성령의 첫 번째 열매에 해당이 된다.(갈 5:22) 바울이 로마서에서 말했듯이 "우리에게 주신 성령으로 말미암아 하나님의 사랑이 우리 마음에 부은 바 된 것이다."(롬 5:5)

바울에 따르면 믿음만을 가지고는 칭의가 오지 않는데, 즉 칭의에는 인간의 행함이 덧붙여져야 한다. 칭의는 사랑을 통해서 역사하는 믿음으로부터 오는 것으로서, 이것은 그리스도를 믿는 사람들에게 주시는 성령의 은사이다. "가장 중요한 것은 사랑으로써 역사하는 믿음이다. ... 너의 자유를 방종의 기회로 삼지 말고, 사랑으로 말미암아 서로 종노릇하라. 모든 율법이 '네 이웃 사랑하기를 네 자신 같이 하라' 하신 이 말씀 속에 요약되어 있다."(갈 5:6-14)

요한복음과 요한의 서신들

칭의라는 용어가 요한복음과 요한의 서신들에는 거의 나오지 않는다. 하지만 바울과 마찬가지로 요한도 믿음이 바울이 칭의라고 부르는 것으로 인도한다는 것을 말하고 있다. 예수를 믿고 신뢰함으로 인해서 우리가 하나님의 자녀가 된다는 것이다. "그리스도를 영접하는 모든 자에게, 그리스도의 이름을 믿는 모든 자에게, 하나님의 자녀가 되는 권세를 주셨다."(요 1:12) (영어에서 '믿는다'로 번역된 단어는 헬라어 동사 '피스튜인'pisteuein이다. 이것의 헬라어 명사형은 '피스티스'pistis이다.) 하지만 바울서신에서처럼 요한복음에서도 믿음은 '말로만 고백하는 믿음 이상'을, 즉 '단순한 믿음 이상'을 의미한다. 이 믿음은 사랑의 삶을 사는 것을 가리킨다. "하나님은 사랑이시라 사랑 안에 거하는 자는 하나님 안에 거하고 하나님도 그의 안에 거하느니라 … 누구든지 하나님을 사랑하노라 하고 그 형제를 미워하면 이는 거짓말하는 자니 보는 바 그 형제를 사랑하지 아니하는 자가 보지 못하는 바 하나님을 사랑할 수 없느니라."(요한 1서 4:16-20)

하나님에 대한 믿음의 마지막은 예수 그리스도와 하나님과의 연합이다. 많은 곳에서 요한은 이 연합을 하나님과 그리스도 안에 '거하는 것'menein이라고 말한다. 이러한 표상과 관련해서 가장 잘 알려진 것이 요한복음에서 예수를 '포도나무'로 간주하고, 제자들(과거의 제자들과 현재의 제자들 모두를 포함한다.)을 '가지'로 간주하는 표상이다. 여기서 예수는 서로 사랑하라고 명령한다. "아버지께서 나를 사랑하신 것 같이 나도 너희를 사랑하였으니 나의 사랑 안에 거하라 … 너희가 내 계명을 지키면 내 사랑 안에 거하리라."(요 15:9-10) 이 세상에서 하나님과 연합한다는 것은 곧 '사랑의 삶을 사는 것'을 의미한다. 이와 달리 다음 세상에서 하나님과 연합한다는 것은 '영생'zōē을 의미한다. 이 영생의 삶은 생물학적 삶bios을 넘어서는데, 이유는 영생이 곧 하나님과 함께 있는 불멸의 삶이기 때문이다. "하나님이 세상을 이처럼 사랑하사 독생자를 주셨으니 이는 그를 믿는 자마다 멸망하지 않고 영생을 얻게 하려 하심이라."(요 3:16) 요한복음에서 영생은 구원과 같다고 할 수 있다.

행함과 행위

'의'는 율법으로 말미암아 오는 것이 아니라 믿음으로부터 오는 것임을 강조하는 만큼, 바울은 또한 '행함'과 '행위'의 중요성을 강조한다. 의인이 믿음으로 말미암아 살 것이라고 말하는 로마서에서도 행함과 행위의 중요성이 강조가 된다. 하나님의 의로운 심판에 대해서 그는 다음과 같이 말한다. "하나님께서 각 사람에게 그 행한 대로 보응하시되 참고 선을 행하여 영광을 구하는 자에게 ... 하나님께서 영생을 주실 것이다. 반면에 자기를 추구하는 자들에게 ... 하나님의 진노와 분노가 있을 것이다."(롬 2:6-8). 나아가서 고린도후서에서 그는 다음과 같이 말한다. "이는 우리가 다 반드시 그리스도의 심판대 앞에 나타나게 되어 각각 선악 간에 그 몸으로 행한 것을 따라 받으려 함이라."(고후 5:10)

이외에도 행함과 행위로 말미암는 심판이라는 주제가 신약성서의 여러 곳에서 발견된다. 베드로전서에도 "외모로 보시지 않고 각 사람의 행위대로 심판하시는 이를 너희가 아버지라 부른즉 너희가 나그네로 있을 때를 두려움으로 지내라"(벧전 1:17)고 기록한다. 행함으로 말미암는 심판이라는 주제는 또한 요한계시록에도 등장한다. "또 내가 보니 죽은 자들이 큰 자나 작은 자나 그 보좌 앞에 서 있는데 책들이 펴 있고 또 다른 책이 펴졌더라 ... 죽은 자들이 자기 행위를 따라 책들에 기록된 대로 심판을 받으니 ... 또 사망과 음부도 그 가운데에서 죽은 자들을 내주매 각 사람이 자기의 행위대로 심판을 받고"(계 20:12-13) 또한 심판은 요한계시록의 또 다른 구절에도 나온다. "보라 내가 속히 오리니 내가 줄 상이 내게 있어 각 사람에게 그가 행한 대로 갚아 주리라 나는 알파와 오메가요 처음과 마지막이요 시작과 마침이라."(계 22:12-13) 마지막으로 야고보서도 역시 믿음과 행함의 관계를 명백하게 다루고 있다.

사람이 믿음이 있노라 하고 행함이 없다면 무슨 유익이 있으리요 그 믿음이 능히 자기를 구원하겠느냐 만일 형제나 자매가 헐벗고 일용할 양식이 없는데 너희 중에 누구든지 그에게 이르되 '평안히 가라, 덥게 하라, 배부르게 하라' 하며 그 몸에 쓸 것을 주지 아니하면 무슨 유익이 있으리요 이와 같이 행함이 없는 믿음은 그 자체가 죽은 것이니라 ... 귀신들도 믿고 떠느니라 ... 우리 조상 아브라함이 그 아들 이삭을 제단에 바칠 때에 행함으로 의롭다 하심을 받은 것이 아니냐 네가 보거니와 믿음이 그의 행함과 함께 일하고 행함으로 믿음이 온전하게 되었느니라 ... 이로 보건대 사람이 행함으로 의롭다 하심을 받고 믿음으로만은 아니니라(약 2:14-24)

야고보 사도는 자주 구원의 근거로서 '오직 믿음으로만'을 선포한 바울과 모순되는 것처럼 여겨져 왔다. 하지만 우리가 봤듯이 바울이 말한 '믿음'은 단순한 믿음 이상을 의미한다. 이 믿음은 성령의 능력과 사랑의 삶 속에서 살아가는 것으로서, 믿음으로 말미암는 활동적인 삶을 가리킨다. 신약 성서학자 리차드 헤이즈Rhchard Hays는 다음과 같이 강하게 논평했다. "야고보와 마찬가지로 바울은 믿음이 살아있는 순종 속에서 드러남을 끈질기게 강조했다. 흥미롭게도 바울은 '오직 믿음으로 말미암는 칭의'라는 표상을 사용하지 않았다.(오직 믿음sola fide은 종교개혁의 슬로건이지 바울의 것이 아니다.) 야고보 사도의 가르침이 바울이 열의를 가지고 모순적으로 진술했던 표상들(롬 3:8; 6:1-2)을 바로잡았다고 할 수 있다."[313]

모든 것을 감안할 때 성경은 믿음과 행함 모두를 강조한다고 할 수 있다. 스스로에게서 나오는 행함들 만을 가지고는 칭의를 이루기에 충분치 못하다. "모든 사람이 죄를 범하였으매 하나님의 영광에 이르지 못하더니"(롬 3:23) 행함이 없는 믿음은 죽은 믿음이다. 더군다나 살아있는 믿음과 사랑은 성령으로 말미암은 하나님의 은사들이다. 따라서 우리는 믿음과 사랑의 은사들을 받고 실행함에 있어서 협력해야 하는데, 이 협력이 곧 행함 속에 있는 믿음과 사랑의 표현인 셈이다. 그러므로 루터교 세계연맹과 가톨릭교회의 칭의교리에 관한 공동선언문은 다음과 같이 진술한다. "칭의받은 사람에게는 하나님의 은혜를 탕진하지 않고 그 은혜 가운데서 살아가야 할 책임이 있다. 선한 일을 행하라는 권고는 믿음을 실천하라는 권고이다."[314] 이 내용을 설명하는 또 다른 방식이 요한의 용어 속에 나온다. 믿음으로 우리가 그리스도 안에 '거하면서'menein, 사랑이신 그리스도의 뜻을 실천하도록 노력하자.

칭의

칭의란 무엇인가? 칭의는 그리스도 안에 있는 믿음으로 말미암는 죄의 용서이다. 칭의는 신자를 그 마음속에 부어진 하나님의 사랑으로 인해서 발생하는 '내적 변화'로 인도한다. 이 사랑agapē.(내적 변화-옮긴이)은 또한 성령의 은사이기도 하다.(로마서 5장 5절을 보라.) 사랑의 삶으로 나아가는 우리 삶의 변화가 곧 칭의가 의미하는 바이다. 우리는 우리의 삶에 임하는 성령의 현존으로 인해 칭의받는 것으로서, 성령의 첫 열매는 사랑이다. 즉 칭의는 성화로 완성되는 바, 칭의의 전 과정이 곧 구원에 해당된다. 우리는 이기적인 삶(이기적인 삶은 결국 지옥으로 끝난다.)으로부터 구원받는 것이고, 칭의받는 것이며(그리스도의 은혜로 인해서 우리 죄가 용서받는 것이다.), 성령의 현존과 은사들(특히 사랑의 은사)로 인해서 성화되어져 간다. 이 사랑이 우리 마음 속에 임한 하나님의 사랑으로서, 우리가 이 사랑을 실천함으로 하나님의 사랑 속에 참여하거나 '거하게 된다'. 또한 칭의는 사랑으로 끝난다. 오직 이 사랑으로 인해서만 우리가 하나님과 그리스도와 천국에 있는 축복받은 사람들과 관련을 맺게 된다. 요한 1서 저자는 다음과 같이 말한다. "사랑하는 자들아 우리가 서로 사랑하자 사랑은 하나님께 속한 것이니 사랑하는 자마다 하나님으로부터 나서 하나님을 알고 사랑하지 아니하는 자는 하나님을 알지 못하나니 이는 하나님은 사랑이심이라."(요한 1서 4:7-8) 사랑은 곧 예수의 두 개의 위대한 계명(하나님과 이웃을 사랑하는 것)을 완성한다.

심판

죽어서 하나님과 그리스도를 대면하면서 우리 삶을 결산할 시기가 되어야, 우리는 칭의의 진정한 의미가 의로움 가운데 있다는 것을 알게 될 것이다. 지금 우리는 가까이 임하는 하나님의 심판에 대해서도 충분히 듣지 못하고 있는 실정이다. 현재 우리에게는 '자부심'과 더불어서 '나 자신이 좋은 느낌을 갖는 것만'이 중요하다. 하지만 이것은 문화적인 망상에 불과한 것으로서, 위험한 것이다. 마지막 때에 우리 모두는 성경 본문이 언급하고 있듯이 하나님 앞에서 우리의 삶에 대해서 설명해야 할 것이다. 그러나 아쉽게도 하나님의 심판에 관한 믿음은 죄인들을 지옥에 내 던지시는, 노하시는 하나님이라는 이미지로 인해서 심각하게 왜곡되었다. 이러한 오해로 인해서 많은 사람들이 하나님의 심판이라는 개념을 거부한다. 하지만 심판이 단지 화를 내시는 하나님 앞에 서게 됨을 의미하는 것은 아니다. 심판은 있는 바 그대로 우리 자신과 우리의 삶 전체를 보는 것이다. 즉 심판은 진리 속으로 들어가는 것으로서, 이기심을 내려놓은 채 자기를 부인하고 자기 망상을 내려놓는 것이다. 바꿔 말하면 심판은 하나님의 사랑(이 사랑은 곧 진리이다.)이라는 상황 속에서 우리 자신을 보는 것이다. 우리 대부분에게서 이것은 기쁨이자 고통이 될 것이고, 자유이자 당황스러움이 될 것이다. 이유는 예수가 언급했듯이 하나님의 사랑을 접함으로써 사랑을 실천하는 일에 부족했던 우리 삶의 모든 진상들이 드러나는 반면에, 다른 한편으로 하나님의 사랑에 온전히 반응했던 우리 삶 속의 모든 진상들도 역시 드러날 것이기 때문이다.

하나님이 인간을 심판하신다는 표상에 관한 믿음이 구약성서와 신약성서 모두에서 발견된다. 하나님의 심판은 하나님의 정의의 결과이다. 따라서 심판을 부인하는 것은 하나님이 의로운 분이라는 것을 부인하는 것과 같은 처사이다. 우리는 앞에서 성경이 말하는 의의 중요성에 대해서 살펴봤다. '의'와 정반대는 '죄'로서, 죄가 인간을 하나님으로부터 단절시킨다. 구약성서에서 죄는 무엇보다도 하나님의 명령에 대한 불순종(이것이 에덴동산 이야기에서 발견된다.)이라고 여겨진다. 이후에 죄는 모세의 율법을 지키는 데에 실패하는 것으로 여겨졌고, 언약을 파기하는 것으로 여겨졌다.(신 28장) 산상수훈(마 5-7장)에서 예수는 마음의 나쁜 의도들을 죄에 포함시키기도 했다. 따라서 간음하지 않는 것만 가지고는 충분치 못하다. 이유는 다른 여인을 음흉하게 바라보는 것도 그 마음에 간음을 범하는 것이 되기 때문이다.(마 5:28) 하나님과 이웃을 향한 사랑이라는 예수의 율법에 대한 요약(마 22:36-40)을 통해서 우리는 죄가 곧 사랑하는 데에 실패하는 것임을 알게 준다. 이것은 또한 양과 염소의 비유에서도 명백히 드러나는데, 즉 그 비유에 궁핍한 자들을 돕지 않는 자들이 정죄받는 이야기가 나온다는 것이다.(마 25:31-46)

초기 구약성서는 하나님의 심판이 이 세상에서 일어난다고 생각했다. 고결한 자들은 상을 받았던 반면에, 악한 자들은 처벌을 받았다. 맹인으로 태어난 사람에 대해서 예수에게 질문했던 제자들의 모습에서 볼 수 있듯이, 이러한 믿음이 신약성서 시대에까지 이어진 것으로 보인다. "랍비

여, 이 사람이 맹인으로 난 것이 누구의 죄로 인함이니이까 자기니이까 그의 부모니이까?"(요 9:2) 하지만 마카비 전쟁 시대(기원전 167-164년 경)에 율법을 어기라는 명령을 거절함으로써 많은 유대인들이 순교를 당했을 때, 의로운 자들이 항상 이 세상에서 상을 받는 것은 아니라는 것과 악한 자들이 항상 처벌을 받는 것도 아니라는 것이 분명히 드러나게 되었다. 따라서 그리스도가 태어나기 이전의 마지막 세기 동안에 사후에 심판받는다는 믿음이 유대교에서 발전되었다가 신약성서 시대로까지 이어졌던 것이다.

예수는 '심판의 날'(마 10:15)과 지옥의 고통에 대해서 언급했다. 예수의 가르침에서 '심판'은 하나님 나라의 도래에 있어서 본질적인 의미를 갖는다. 이유는 하나님 나라가 갖는 중요한 성격이 이 땅에서의 하나님의 의로운 통치의 확립이며 사탄의 세력의 패배이기 때문이다. 하지만 궁극적으로 볼 때 심판 자체는 죽은 자들의 부활과 역사의 종말 시에 발생하는 예수의 재림과 관련된다.(마 25:31-46)

누가 인간을 심판할 것인가? 성부 하나님인가? 성자 예수님인가? 이 질문에 관한 답변들이 신약성서에서 발견된다. 신약성서의 유명한 구절은 이 땅에 재림하시는 그리스도가 심판자가 될 것이라고 한다.(마 25:31-46) 바울 또한 우리 모두가 그리스도의 심판대 앞에 서야 한다고 한다.(고후 5:10) 하지만 이와 달리 신약성서의 다른 구절들은 하나님을 심판자라고 말하기도 한다. 예수도 네가 다른 사람을 용서하면 아버지도 너를 용서하실 것이라고 말하면서(마 6:14), 이것(하나님이 심판자가 되신다는 것-옮긴이)을 언급했다. 또한 베드로도 "각 사람을 그 행위에 따라서 공평하게 심판하시는 하나님"(벧전 1:17)에 대해서 말한다. 바울도 '하나님의 심판'(롬 2:3)에 대해서 말하고, 예수도 요한복음에서 다음과 같이 말한다. "하나님이 그 아들을 세상에 보내신 것은 세상을 심판하려 하심이 아니요 그로 말미암아 세상이 구원을 받게 하려 하심이라."(요 3:17) 또한 예수는 다음과 같이 말한다. "나는 세상을 심판하러 온 것이 아니요 세상을 구원하려고 온 것이다."(요 12:47) 요한복음에서 세상을 심판하시는 이는 '예수'가 아니라 '심판자에 대해서 언급한 예수의 말씀'이다. "나를 저버리고 내 말을 받지 아니하는 자는 심판을 받을 것이다. 곧 마지막 날에 내가 한 말이 그를 심판할 것이다."(요 12:48) 마지막으로 바울도 예수가 "장래의 노하심에서 우리를 건지시는 분"(살전 1:10)이라고 말한다.

이처럼 신약성서의 여러 증언들은 서로 일치하지 않는다. 이 문제와 관련해서 우리가 말할 수 있는 최상의 표상은 하나님이 예수를 통해서 세상을 심판하신다는 표상이다. 이것은 여러 방식으로 이해될 수 있다. 만일 예수가 하나님의 사랑의 계시라면, 우리가 하나님께 심판받을 것이라는 표상은 완전한 인간이신 예수에 의해서 정해진 기준(내지 모델)과 비교되어야 한다.[315] 카디날 라찡거 Cardinal Ratzinger는 다음과 같이 말한다. "그리스도는 어느 누구에게도 영벌 perdition을 내리시지 않는다. 본질적으로 예수는 완전한 구원이시다. 예수 안에 있는 자는 이미 구원의 반열에 들어간 것이다. 영벌은 예수로 말미암은 것이 아니라 인간이 스스로 그리스도로부터 멀어지는 것으로 인해서 말미암은 것이다."[316] 판넨베르크 Wolfhart Pannenberg도 라찡거의 말에 동의하면서 예수의 말씀이 우리를 심판할 것이라고 결론짓는다.[317] 나는 예수가 우리를 정죄하는 것이 아니라, '예수의 말씀'과 함께 '예수가 삶 속에서 몸소 보여준 순종과 사랑의 모범'으로 인해서 우리가 심판받게 된다고 결론짓는 바이다. 우리는 예수가 살았던 삶과 똑같은 삶을 살도록 기대받지 않는다. 이유는 우리 각 사람에게 주신 자신만의 독특한 소명이 있기 때문이다. 여기서 우리는 랍비 아키바 Rabbi Akiba의 말을 기억할 필요가 있다. "하나님은 나에게 '왜 너는 모세처럼 하지 못하느냐'라고 묻지 않을 것이다. 반대로 하나님은 나에게 '왜 너는 아키바처럼 하지 못하는가'라고 물으실 것이다." 이것이 우리에게도 역시 해당이 된다. 우리 모두는 각자의 자리에서 하나님의 부르심을 얼마나 잘 이행했는가에 따라서 심판받게 될 것이다.

몇몇 성서적 이미지들이 사악한 자들을 지옥에 떨어뜨리는 격노하시는 하나님을 묘사하고 있는 것이 사실이지만(계 20:11-15), 하나님을 이렇게 이해하는 것은 우리를 심각한 오해에 빠뜨린다. 우리는 완전한 인간으로서 사랑 많으신 빛 되신 그리스도 안에서 증오의 하나님이 아니라, 사랑의 하나님께 심판받을 것이다. 그렇기 때문에 하나님이 사람들을 지옥에 빠뜨리시는 것이 아니라, 사람들 스스로가 하나님으로부터 단절되어 지옥에 빠지게 되는 것이다. 그들 스스로가 지옥에 있는 것을 더 좋아한다는 것이다. 곧 지옥은 죄(스스로 하나님과 단절되기를 원하는 죄-옮긴이)의 대가(代價)라 할 수 있다. 만일 우리가 거짓말하고 속이고 남의 것을 훔친다면, 그것은 다른 사람과 하나님으로부터 우리 자신을 단절시키는 죄가 된다. 즉 그러한 행위가 우리 자신을 고독한 삶을 살아가게끔 만든다는 것이다. 반대로 사랑 또한 그 대가를 지니는데, 사랑은 우리를 다른 사람과 하나님과의 교제 가운데로 인도한다. 또한 우리가 보게 될 천국이라는 것도 단지 '하나님과 사랑 가운데 교제하는 것'과 '하나님을 사랑하는 사람들과 교제하는 것' 외에 다른 무언가가 아니다. 따라서 '자기 사랑'은 우리를 '지옥'인 '자기고립'으로 인도하는 반면에, 하나님의 사랑은 우리를 '천국'인 '하나님과의 연합'으로 인도한다고 할 수 있다.

심판을 이해하는 또 다른 방식은 우리가 진리의 빛 가운데로 들어가는 것을 곧 심판으로 여기는 것이다. 그때 우리는 있는 그대로의 우리 자신의 모습을, 즉 모든 망상(그것이 선한 것이든지 나쁜 것이든지 상관없이)이 제거된 우리 자신의 모습을 보게 될 것이다. 하나님이 '사랑'이듯이, 하나님은 또한 '진리'이시기도 하다. 따라서 누구든 하나님과 함께 있게 될 사람은 진리 가운데 거해야 한다. 여기에 우리가 이 세상에서 소중히 여긴 '자기 망상'이 자리할 공간은 없다. 라찡거는 이것을 다음과 같이 정확하게 설명한다.

그때에는 가식과 허구가 사라지면서 은폐된 삶 역시도 종결될 것이다. 모든 인간이 진실하게 존재하게 될 것이다. 그때의 심판은 사망이 가지고 있는 가면이 제거됨을 의미할 것이다. 동시에 진리가 명백히 드러남을 의미할 것이다. … 사람이 되신 하나님, 그분은 우리를 위한 진리로서 그때 인간을 측량하실 것이다.[318]

그때 우리 삶에 대해서 심판을 받으면서, 우리는 심판이 의미하는 바가 무엇인가 하는 것을 알게 될 것이다. 종종 우리의 정당함이 입증되기도 할 것이다. 또한 우리가 덮어 버렸던 것들과 망각하고 있었던 것들이 노출되면서 우리가 크게 부끄러워하게 될 것이다.

기독교 전통은 점차적으로 죽음 후에 즉시 임하는 '개인의 심판'과 역사의 마지막에 모든 인간에게 임하는 '마지막(보편적인) 심판'을 구별했다. 이러한 평범한 구별이 의미하는 바는 다음과 같다. 죽음 이전에 하나님을 선택했거나 대적한 사람들, 이들 모두가 죽음 후에는 더 이상 자신들의 선택을 뒤엎을 수 없음을 의미한다. 즉 하나님을 선택한 사람들은 천국에 가고, 하나님을 대적하기로 선택한 사람들은 지옥에 간다는 것이다. 따라서 개인의 심판은 그 사람과 하나님과의 관계에 관심을 기울인다. 그런 다음에 나중 마지막 때에 보편적인 심판과 부활이 있을 것이고, 모든 인간이 심판받을 것이다. 보편적인 심판은 개인의 심판과 다른 성격을 가질 것이다. 그때의 심판(보편적인 심판-옮긴이)은 각 사람이 행했던 모든 것과 그것들이 끼쳐온 지속적인 효과가 어떤 것이었는가 하는 것을 드러내 줄 것이다. 따라서 우리 각 사람은 인류 전체의 드라마 속에서 우리가 어떤 역할을 감당했는가 하는 것을 보게 될 것이다. 즉 인류 전체의 드라마가 마지막 심판 시에 완성된다는 것이다.

하지만 우리 각 사람이 죽음 후에 즉시 천국에 가거나 지옥에 간다는 생각은 지나친 단순화의 오류이다. 성공회 사제인 폴킹혼은 우리 대부분이 전적으로 악한 것도 아니고, 전적으로 선한 것도 아니라는 점에 주목한다. 양과 염소의 비유를 놓고 볼 때, 우리 각자가 양 또는 염소에 속한다는 것이다. 따라서 그는 다음과 같이 말한다. "심판은 아마도 '판결'이라기보다는 '과정'일 것이다. 심판의 불은 아마도 우리 삶의 불순물들을 태워버려서 깨끗하게 만드는 불일 것이다. 심판은 아마도 우리 각 사람 속에 있는 양은 세워주는 반면에, 우리 속에 있는 염소는 축소시키는 행위일 것이다. 거기서 우리는 '연옥적인 심판'Purgatorial judgment 개념으로 나아가게 될 것이다."[319] 물론 연옥은 가톨릭적인 개념으로서, 루터교와 개신교에 의해서 거부되는 개념이다. 하지만 폴킹혼을 포함해서 제리 월스Jerry Walls[320]와 씨 에스 루이스[321] 같은 수많은 개신교 사상가들은 폴킹혼이 말한 것을 근거로 해서 연옥에 관한 정당한 논거들을 마련했다. 만일 예수가 "하늘에 계신 너희 아버지가 완전하듯이, 너희도 '완전하라'teleioi"(마 5:48)고 하신 당신의 말씀이 이루어지기를 의도한 것이라면, 또한 하나님의 충만한 임재 속으로 들어가기 위해서, 즉 천국에 들어가기 위해서 사랑 가운데 완전해야 하는 것이 우리에게 절대적으로 요청된다면, 우리 대부분은 천국에 전혀 이르지 못할 것이다. 또한 우리에게는 우리가 이 세상에서 시작한 과정을, 즉 자아를 죽이고 하나님의 사랑 가운데로 성장해 나가는 과정을 완성시킬 기회를 갖지 못했다. 루터는 '전가된 의'라는 개념을 이용해서 이 문제를 회피했지만 사실 성화와 관련된 문제는 언급하지 않았다. 즉 루터가 하나님의 임재 가운데로 들어가기 위해서 어떻게 우리가 거룩하게 되며, 하나님과 이웃에 대한 사랑 속에서 어떻게 완전하게 되는가 하는 것을 언급하지 않았다는 것이다.("너희는 거룩하라. 이유는 나 여호와 하나님이 거룩하기 때문이다". 레 19:2) 나도 동의하는 바, 폴킹혼은 대부분의 사람들이 이 세상의 마지막 때에 전적으로 하나님을 거절하지 않으며, (그렇기 때문에 그들이 지옥에 속하게 되는 것은 아니다) 동시에 그들이 하나님과 이웃을 사랑하는 데 완전치 못할 것이라고 말한다. (그렇기 때문에 그들이 천국의 충만함 속으로 즉시 들어갈 공로를 가진 것은 아니다.) 즉 우리 대부분이 '양쪽' 사이에 끼였다는 것이다.

따라서 내가 주장하는 바, 하나님과 이웃을 사랑하는 데에 있어서 불완전한 모습을 띠는 우리 대부분은 죽음 이후에 정화의 시간을 필요로 하고, 나아가서 하나님과 이웃에 대한 충만한 사랑으로 성장해 나갈 수 있는 시간을 필요로 할 것이다. 하지만 이와 반대로 어쩌면 하나님이 우리의 사랑을 즉각적으로 정화시키실 수도 있을 것이다. 따라서 그러한 상태 (우리의 사랑이 온전케 되는 상태-옮긴이)가 되기 위해서 우리에게 시간이 필요치 않을 수도 있다. 또한 이로 인해서 우리가 어떻게 성장하는가 하는 문제가 더 이상 의미를 갖지 못할 수도 있다. 하지만 이와 달리 보통 우리는 하나님의 충만한 사랑을 받아들이고 흡수함에 있어서 시간을 필요로 한다. 이렇게 우리가 죽을 때 완전히 가치있는 존재가 되는 것이 아니라면, 어떻게 우리가 천국에 들어갈 만한 가치 있는 사람이 되는 것일까? 천국과 지옥과 연옥을 다루는 다음 장에서 이 문제를 다루도록 하겠다.

09

천국과 연옥과 지옥

하나님이 자기를 사랑하는 자들을 위하여 예비하신 모든 것은

눈으로 보지 못하고 귀로 듣지 못하고 사람의 마음으로 생각하지도 못한 것이니라

(고전 2:9)

지옥을 상상하는 것은 비교적 쉬운 일이다. 증오와 절망과 이기심 속에서 전적으로 하나님과 다른 사람들로부터 스스로 단절된 사람들이 있는 상태가 곧 지옥이다. 우리는 이 세상에서도 이러한 삶들을 경험한다. 지옥과 비교했을 때 천국을 상상하는 것은 상대적으로 어려운 일이다. 천국은 정확하게 지옥의 정반대로서, 거기는 축복받은 사람들이 무한한 사랑을 향해서 활짝 열려 있다. '선'을 설명하는 데에 어려움이 있지만, 무한한 '선'을 설명하는 데에는 더 큰 어려움이 있다. 사도 바울에서 단테와 현대인들에 이르기까지 수많은 저자들은 천국이 가장 위대한 예술가가 상상하는 것을 능가한다고 고백해 왔다. 이렇게 고백해 온 이유는 천국이 애매하거나 비현실적이기 때문이 아니라, 천국이 무한한 실재로 존재하기 때문이다. 우리의 두 눈이 지나치게 밝은 빛에 노출될 때 앞을 못 보게 되듯이, 우리 마음의 눈도 초자연적인 은총으로 강화되지 않는다면 천국의 화려함을 볼 수 없다. 이런 이유 때문에 천국의 광경은 인간 언어로 표현되기가 매우 어렵다.

하지만 천국을 생각할 수 있는 방법이 최소한 두 가지는 존재한다. 첫 번째는 신 중심적인 것, 즉 하나님 중심적인 것이고, 두 번째는 인간 중심적인 것, 다시 말해 인간에게 초점을 맞추는 것이다.[322] 전자는 천국을 영원한 하나님에 대한 묵상이라고 여기는 반면에, 후자는 천국을 인간 바램의 성취라고 여긴다. 두 입장 모두가 성경과 기독교 전통에서 발견되는데, 천국을 상상하려는 우리의 시도에 있어서 두 입장 모두가 중요하다.

시편 16편 11절은 다음과 같이 말한다. "주의 앞에 충만한 기쁨이 있나니." 요한복음 14장 11절에서 예수는 당신이 하나님 아버지께로 돌아가서 제자들이 있을 곳을 예비해야 한다고 말한다. 천국의 삶인 '영생'은 사랑을 통해서 하나님을 온전히 알아가는 것을 의미한다. 요한계시록 21장에 나오는 천상의 예루살렘에 관한 환상은 예루살렘 도성에 성전도, 해도, 달도 없는 것으로 묘사된다. 이유는 하나님의 영광이 곧 그 도성의 빛이 되기 때문이다. 하나님은 천상의 도시에 충만하게 거하신다. 서양 전통에서는 천국과 관련해서 신 중심적인 이해가 지배적이었다. 이런 이유로 인해서 어거스틴은 다음과 같이 말했다. "하나님이 곧 우리 바램의 목표가 될 것이다. 우리는 천국에서 질리지 않는 사랑 가운데, 권태로움이 없는 찬양 가운데, 하나님을 끝없이 보게 될 것이다."[323] 토마스 아퀴나스도 이렇게 말했다. "천국은 직접적으로 하나님을 영원히 보는 것이다." 단테 또한 그의 「낙원」paradise의 마지막 편에서 천상에서 흰옷을 입고 영원한 사랑(이 사랑이 해와 다른 별들로 움직인다.)을 바라보는 성인들에 대해서 묘사했다.

이와 대조적으로 천국에 대한 인간 중심적인 이해는 천국을 인간 바램의 성취로 이해한다. 우리는 전적으로 성취된 우리의 바램들과 함께 아름다운 평화와 조화의 땅에서 성인들과 연합을 이룰 것이다. 따라서 천국은 지상낙원인 '동산'으로 묘사되는데, 맨 처음에 이 동산은 창세기에서 에덴동산으로 소개되었다. 그 낙원에는 다툼이 없다. 낙원은 하나님이 피조물들과 함께 계시는 곳이기 때문이다. 또한 낙원에는 인간과 자연 사이에 조화로움이 존재한다. 또한 천국은 천상의 도성으로, 즉 하나님과 다른 사람을 사랑하는 사람들의 '모임'으로 묘사된다. 그 모임의 사람들은 오직 하나님과 예수에게만 방향지어져 있다. 여기서 우리는 이러한 천국에 관한 이해를 상징적으로 바라봐야 한다. 즉 이러한 천국 이해를 우리의 바램들이 충족된 세계를 설명하려는 상상력이 풍부한 시도로 봐야 한다는 것이다. 하지만 우리는 우리의 모든 바램들이 천국에서 충족될 수 없음에 주목해야 한다. 만일 나에게 우선시 되는 바램이 있는데, 다른 사람들도 내가 가지고 있는 바램을 똑같이 가지고 있다면, 그러한 상황으로 인해서 그 바램들은 천국에서 충족될 수가 없을 것이다. 일반적으로 볼 때 '이기적인 바램들'은 천국과 어울리지 않는다. 하지만 '우리의 가장 깊은 내면의 바램들'(사랑, 이해, 아름다움, 자유, 선함, 거룩함 등)을 다른 사람들과 공유한다면, 천국에서의 이러한 바램들은 감소되는 것이 아니라 증가될 것이다. 이처럼 천국은 인간의 바램이 완전하게 성취된 상태로서, 이것은 곧 사랑의 연합 가운데 이뤄진 성취를 의미한다.

천국을 이해하는 두 가지의 접근 방안들을 검토해 보자. 천국을 '하나님을 보는 것'과 더불어서 '우리의 가장 깊은 내면의 바램들의 성취'라고 생각해 보라. 천국은 충만한 하나님의 임재이자 하나님과의 충만한 연합이지만, 아쉽게도 이러한 표상은 추상적인 한계를 갖는다. 그렇다면 천국이 구체적으로 의미하는 바가 무엇일까? 하나님을 묵상함으로써 갖게 되는 이러한 천국 개념은 무한한 사랑과 무한한 선하심과 무한한 아름다움과 무한한 진리와 무한한 자유이다. 이러한 것들은 하나님에 대해서 묵상하는 유비적 방식들로서, 모든 기독교 전통은 하나님에 관한 유비적 방식들을 가지고 있었다. 하지만 '유비'와 '은유'는 다른 것이다. 만일 우리가 시편에서와 같이 "하나님은 바위다"라고 말한다면, 이것은 은유에 해당이 된다. 하나님은 바위처럼 신뢰할만하고 확고부동하시지만, 그러나 하나님이 문자적 의미의 바위는 아니다. 반대로 만일 우리가 "하나님은 사랑이시다"(요한 1서 4:16)라고 말한다면, 이것은 문자적으로 하나님에 대한 올바른 이해에 해당이 된다. 우리는 인간의 삶에서 용어를 가져와서 그 용어를 제한된 의미로 인간의 한계를 벗어나 계신 무한하신 하나님께 적용시킨다. 이것이 유비이다. 이제 다음과 같은 각각의 유비(사랑, 선함, 아름다움, 진리, 자유의 유비)를 가지고 하나님과 천국에 대해 생각하도록 하겠다.

사랑이신 하나님

하나님이 충만한 사랑이라는 개념은 한 분 하나님이 세 위격들(성부, 성자, 성령)로 존재하신다는 기독교 전통으로부터 온 것이다. 세 위격으로 존재하시는 하나님은 '하나의 존재됨', '하나의 의식', '하나의 의지'를 공유하시면서 무한한 사랑의 통일성 속에서 협력하신다.[324] 따라서 천국은 삼위일체 하나님의 사랑에 참여하는 것이다. 곧 천국은 하나님과 사랑에 빠지는 것과 같다. 대부분의 인간은 자신의 삶 속에서 사랑에 빠진다. 하지만 사랑하는 누군가와 결혼한다 하더라도, 우리의 낭만적인 사랑의 행복은 영원히 지속되지 않는다. 이유는 우리가 사랑하는 사람이 완전하지 않기 때문이다. 하지만 인간과 달리 하나님은 무한한 사랑이시기에, 하나님의 사랑은 고갈되지 않는 무한한 사랑이다. 나아가서 하나님의 사랑에는 예수와 축복받은 모든 믿음의 동료들과 성인들의 그룹이 포함되어 있다. 그들과 교제하기 위해서 우리는 그들이 사랑한 것처럼 사랑해야 한다. 이것이 천국의 구성원이 됨에 있어서 우리가 우리 자신을 변화시켜야 하는 주요한 이유이다. 우리에게 있어서 이것은 사소한 보상을 받는 것처럼 무가치한 문제가 아니다. 또한 이것은 그 사람이 천국에 들어갈 만한 가치를 갖는지의 문제도 아니다. 이와 달리 이것은 천국에서의 존재됨과 천국의 언어와 천국의 가치에 해당되는, 이타적인 사랑을 상호간에 수용하거나 화답할 수 있는지에 관한 중요한 문제이다.

선하신 하나님

하나님은 무한히 선하시고 거룩하시다. 따라서 하나님의 임재 가운데로 들어가려는 사람은 스스로 선해야 하고 거룩해야 한다. "너희는 거룩하라 이는 나 너희의 주 하나님이 거룩함이니라."(레 19:2) '태도'와 '행위' 모두에 있어서, 죄성은 선하신 하나님으로부터, 또한 천국으로부터 그 사람을 단절시킨다. 하지만 이것이 하나님이 죄에 대해서 화를 내신다는 의미는 아니다.[325] 이것은 죄가 우리를 천국의 언어와 음악인 '사랑' 가운데로 온전히 들어갈 수 없도록 만든다는 의미이다. 죄의 본질은 이기심이다. 즉 선하신 하나님과 타자로부터 우리 자신의 지위를 확대하는 것으로 우리의 뜻을 돌이키는 것이 죄라는 것이다. 그런데 여기서 죄짓지 않을 능력이 우리에게 있는가 하는 중요한 문제가 대두된다. 어거스틴은 이 문제와 씨름했는데, 이것이 그의 「고백록」에 잘 나타나 있다. 성욕에 대한 애착과 명성에 대한 욕망을 놓고 수년간을 씨름 한 끝에 어거스틴은 스스로 그러한 악덕들을 극복할 수 없음을 깨달았다. 이것은 오직 하나님의 도우심과 능히 그러한 악덕들로부터 자유로우신 하나님의 은총에 의해서만 극복될 수 있는 문제이다. 이런 이유로 우리는 스스로 하나님의 거룩하심과 선하심에 도달할 수 없다. 이것들은 하나님의 선물로서, 하나님의 은총으로 우리에게 오는 것이다. 하나님의 은총이 곧 우리가 받은 하나님의 거룩하심이고 선하심이며 사랑이라는 것이다. 인간은 하나님의 거룩함을 향해서 자신을 개방하거나 닫아버림에 있어서 자유로운 존재이다. 이것은 일종의 라디오를 켜는 것과 같다. 라디오 주파수(이것을 하나님의 사랑이라고 간주하자.)는 항상 모든 곳에서 잡히지만, 그러나 자신의 라디오를 정확한 주파수에 맞추는 사람만이 음악을 들을 수 있고 즐길 수 있다. 그러나 이것은 단지 은유에 불과하다. 신학적으로 볼 때 우리가 하나님의 선하심이나 사랑에 참여하기 위해서 하나님처럼 되어야 한다는 것이 중요하다는 것이다. 만일 우리가 하나님처럼 되지 않는다면, 하나님의 사랑이 여전히 현존함에도 불구하고 우리는 그 사랑에서 분리될 것이다. 따라서 우리 내면 깊은 곳에 해당되는 본질적인 자유는 하나님의 은총을 향해서 우리 자신을 개방하고 그 은총에 참여하는 자유이거나, 반대로 그 은총에 대해서 우리 자신을 닫아버리는 자유라 할 수 있다.

아름다우신 하나님

하나님은 무한하신 아름다움으로서, 천국에서 하나님을 묵상하는 것은 무한하고 고갈되지 않는 아름다움에 관한 묵상이 될 것이다. 아름다움은 '동질성'이 아니라 '다양성'을 요청한다. 따라서 하나님의 아름다움을 이해하는 하나의 방식은 하나님을 무한한 다양성(이 다양성은 불협화음이 아니라 조화로움을 지닌 다양성이다.)의 근원으로 여기는 것이다. 아퀴나스는 현존하는 실재라는 '개념'(또는 '형상')과 존재할 가능성을 가진 모든 것들이 하나님의 마음에 개념으로 존재한다고 여겼다. 그런데 이것은 단지 유비일 뿐, 우리가 실제로 하나님의 마음을 이해할 수는 없다. 하지만 모든 성서와 기독교 전통이 강조하듯이 하나님이 진정 인격적인 분으로서 우리의 기도에 반응하는 분이라면, 하나님은 '존재하는 모든 것들'과 '존재할 가능성을 지닌 모든 것들'을 무한히 아셔야만 한다. 곧 창조는 하나님이 당신의 마음 속에 있는 '개념들'을 존재로 파생시키시는 것이라 할 수 있다.

따라서 하나님의 아름다움을 묵상한다는 것은 하나님이 사물의 모든 형상을 아신다는 것을 이해하는 것이라 할 수 있다. 이러한 앎에 관한 좀 더 분명한 이미지가 부활한 피조물로서, 우리는 이미 8장에서 이 문제를 다루었다. 신약성서는 부활이 인간만이 아니라 모든 피조물에 해당됨을 언급하는 몇 가지 입장을 소개한다.(롬 8:21; 계 21:1) 부활한 피조물은 변형된 물질성 속에서 피조물 본래의 모든 아름다움을 회복하게 될 것이다. 즉 부활한 피조물이 사멸성이나 부패성을 갖지 않는다는 것이다. 나아가서 '평행 우주'와 '다중 우주'에 관한 최근의 물리학 이론은 '우주 영역이 가지고 있는 다양한 가능성'에 대해서 열려있는데, 이것은 우리가 변형된 상태의 천국을 탐구할 가능성을 가질 수 있을 의미한다. 임사 체험자들은 과거에 종교적인 믿음을 갖지 않았지만, 그들은 자신들이 압도적인 사랑과 아름다움의 세계를 경험했다는 것을 일관성 있게 증언하고 있다.

진리되시며 이해하시는 하나님

하나님은 무한한 '진리'이고 '지식'이며 '이해'이시다. 위에서 하나님의 마음이라는 개념에 대해서 논한 것이 여기에 적용된다. 하나님의 임재로 이해된 천국은 무궁무진한 탐구와 발견 가능성을 지닌 '모험'이라는 전망을 갖는다. 그리고 이것이 하나님의 '무한성' 개념으로 이어진다. 만일 하나님이 무한한 지식과 진리라면, 만일 모든 가능한 실재의 형상이 하나님의 마음 속에 존재한다면, 하나님의 충만한 임재는 이러한 하나님의 무한한 지식과 진리가 하나님의 사랑에 참여하는 모든 자에게 열려있음을 의미하는 것이 될 것이다.

또한 하나님은 무한히 이해하신다. 위대한 가톨릭 신학자 버나드 로너간Bernard Ronergan이 말했듯이, "하나님은 이해하는데 있어서 제한받지 않으신다. 하나님은 아르키메데스의 유레카의 외침 속에서도 발견되는 영원한 기쁨이시다."[326] 따라서 하나님의 임재 가운데 거한다는 것은 이러한 하나님의 이해하심을 공유하는 것을 의미한다. 즉 유한한 마음을 가진 유한한 피조물임에도 불구하고, 우리가 하나님의 이해하심을 공유하려고 노력해야 한다는 것이다. 나아가서 이것은 천국에서 우리가 모든 것이 존재하는 이유를 알고, 또한 어떻게 모든 것이 궁극적으로 조화롭게 되는가 하는 것을 아는 것을 의미하기도 한다. 모든 것이 궁극적으로 의미가 통하는 곳이 천국이다. 거기서 우리는 전 생애에 해당되는 우리 자신의 삶의 모습을 보게 될 것이고, 또한 거기서 우리는 역사의 전체 그림에 들어맞게 될 것이다. 단테는 이러한 표상을 자신의 책 「신곡」 세 번째 판인 '낙원' 끝부분에서 웅장한 이미지로 기술했다. 즉 단테가 「신곡」에서 천국에서 순례자가 파악하는 것을 기술했다는 것이다. "여기저기 흩어진 낙엽에 내재되어 있는 사랑으로 인해서, 영원한 빛은 한 권의 책 속에 포함된 모든 내용을 이미 자신의 깊은 곳에 담고 있다."[327] 단테에게서 거대한 책 속에 모든 피조물들이 존재하는데, 이것들은 여기저기 흩어져 있는 낙엽들과 같은 것이다. 궁극적으로 그 낙엽들은 천국에서 하나로 모이게 될 것이다.

자유이신 하나님

하나님은 무한한 자유이시다. 따라서 유한한 피조물인 우리는 하나님의 충만한 자유를 경험할 수 없다. 우리는 항상 유한한 존재로서 제한적 특성을 지닐 것이고, 이 점은 천사들도 마찬가지일 것이다. 하지만 천국에서는 분명히 우리의 자유가 매우 크게 확장될 것이다. 지상에서 우리는 공간과 시간, 늙어가는 육체와 제한된 기억들과 능력들에 의해서 제한을 받는다. 정도에 있어서 우리 대부분은 여전히 계속되는 죄의 노예로서 자유롭지 못한 상태에 있다. 지상에서 우리가 갖는 자유는 협소한 선택의 범위에 예속되어 있는 것이 사실이다. 하지만 이미 살펴봤듯이 천국에 속한 모든 양상들은 우리의 자유를, 즉 무한한 사랑으로 향한 자유를, 무한한 아름다움의 자유를, 무한한 지식의 자유를, 무한한 탐구의 자유를 크게 확장시킬 것이다. 물론 천국에서도 우리는 여전히 유한한 피조물로서 존재하게 되겠지만, 거기서 우리는 변형된 몸과 공간과 시간 속에 존재하게 될 것이다.

하나님은 우리가 피조 세계에서 본 모든 다양성과 아름다움의 근원으로서, 천국에서 이러한 다양성과 아름다움은 지상에서의 우리의 경험 이상이 될 것이다. 이 세상에 속한 선한 것은 천국에서도 그대로 보존되면서 고양될 것이다. 또한 하나님이 무한하신 것과 같이 천국에도 발견해나가면서 누리게 될 무한한 다양성과 아름다움이 존재할 것이다. 이 모든 것은 지상의 피조물을 훨씬 능가하는 완전하신 하나님을 반영하는 것과 같다. 나는 천국을 무궁무진한 깊이와 아름다움을 지니신 하나님께로 나아가는 끝없는 여행이라고 본다. 따라서 천국에 관한 이러한 견해로 인해서 우리가 고찰해야 하는 여러 문제들이 생겨난다. 예컨대 천국에도 시간이 존재하는가, 천국에도 물질과 공간이 존재하는가, 천국에도 동물들이 존재하는가, 천국에 기독교인들만 있는 것인가, 천국에 성숙해지기 전에 죽은 유아들이 존재하는가 하는 문제들이 생겨난다는 것이다.

천국에서의 시간과 공간 그리고 영원성

현대 물리학에서 '시간'과 '공간'과 '물질'과 '에너지'는 모두 상호 연결되어 있다. 이 모든 것은 빅뱅Big Bang과 함께 발생한 사안이다. 따라서 우리는 물질이나 시간이 없는 공간을 생각할 수 없고, 또한 공간이나 시간이 없는 물질에 대해서도 생각할 수 없다. 이 세상에서의 인간 존재와 피조 세계와 동물들에게 있어서, 시간과 공간과 물질과 에너지는 고유한 가치를 지닌다. 이런 이유 때문에 우리가 시간과 공간이 없는 천국을 상상할 수 있는가 하는 문제가 야기된다. 보에티우스와 어거스틴과 아퀴나스로부터 나온 천국에 관한 전통적인 도식에 따르면, 천국에는 시간이 없는 것으로 이해되었다. 천국은 영원성을 지니는데, 이 영원성은 끝없이 계속되는 시간과는 다른 것이다. 천국의 영원성은 시간을 초월한 것으로서, 시간에 속한 모든 순간들(과거, 현재, 미래)은 영원한 현재 속에서 무시간적으로 현존한다. 어거스틴은 이것을 다음과 같이 산뜻하게 표현했다. "하나님의 연수는 곧 하루로서, 그 하루는 매일 찾아오는 것이 아니라 단지 현재하는 것이다. 이유는 하나님의 하루가 내일로 말미암아 오는 것도 아니고, 어제 이후에 오는 것도 아니기 때문이다. 따라서 하나님의 하루는 영원하다."[328] 천국에서 성인들은 하나님의 '시간' 안에서 새롭게 시작한다. 따라서 천국에 변화란 존재하지 않는다. 모든 것이 완성되었기 때문이다. 천국에서의 완전함이란 '변함없음'을 의미하는데, 이유는 변화가 교정되어야 하는 '존재의 결핍'과 함께 '경험의 결핍'을 의미하기 때문이다. 존재의 결핍과 경험의 결핍은 모두 불완전함에서 기인한다. 따라서 하나님에게 변화란 없다. 아퀴나스는 하나님에게 가능태란 존재치 않는다고 주장함으로써 이것을 설명한다. 하나님은 '순수한 현실태'pure Act로서, 하나님에게 변화란 있을 수 없다. 그렇다고 해서 이것이 하나님이 정적인 분이심을 의미하는 것은 아니다. 하나님은 정적인 분이 아니다. 하나님은 '순수한 현실태'이시다. 현대적인 은유를 사용하자면 하나님은 활동이시고 에너지이시다. 하지만 그렇다고 해서 이것이 하나님이 변화하신다는 의미는 아니다. 나아가서 천국이 하나님에 관한 영원한 묵상으로 여겨지기 때문에 천국은 변화가 없는 곳으로 여겨져야 한다. 그곳에 있는 이들의 모든 바램들이 하나님을 묵상하는 가운데 완전히 충족될 것이다. 아퀴나스에 따르면 하나님은 인간이 추구해야 하는 지고한 목적이시다.[329]

천국을 이렇게 '변화없음'으로 이해하는 견해는 수많은 현대 신학자들과 현대과학에 의해서 심각하게 도전받아 오고 있다. 우리는 과학적 지식에 기반해서 인간이 '변화'와 '과정' 없이 이 땅에 존재할 수 없다고 여긴다. 우리의 몸과 뇌도 우리가 살아있는 동안에만 존재한다. 모든 생물학적 과정이 멈춰진다면 우리는 죽게 될 것이다. 나아가서 모든 피조물이 '역동적인 관계망' 속에 존재하는데, 우리는 이러한 관계성 없이 피조물들을 생각할 수 없다. 관계망에 속하는 구성원들 사이에 의사소통이 항상 상호 전달되고, 이 관계망을 통해서 에너지가 항상 흐르게 된다. 이러한 표상이 우리를 살아있도록 만드는 단순한 물리적 과정들에서도(호흡하는 것, 먹는 것, 마시는 것, 움직이는 것, 의사소통하는 것, 우리의 환경을 바꿔 나가는 것) 명백하게 발견된다.

이러한 이해와 유사하게 신약성서의 구절들도 땅이 새롭게 되고 변형된다는 표상을 담고 있다. 요한계시록 21장 1절과 로마서 8장 19-21절이 이에 해당된다. "또 내가 새 하늘과 새 땅을 보니 처음 하늘과 처음 땅이 없어졌고…"(계 21:1) "피조물이 고대하는 바는 하나님의 아들들이 나타나는 것이니 피조물이 허무한 데 굴복하는 것은 자기 뜻이 아니요 오직 굴복하게 하시는 이로 말미암음이라 그 바라는 것은 피조물도 썩어짐의 종노릇한 데서 해방되어 하나님의 자녀들의 영광의 자유에 이르는 것이니라."(롬 8:19-21) 부활 시 피조 세계가 새로워질 것이라는 희망은 동방 교회 전통에서 고대 때부터 지금까지 이어져 내려온 것이고, 현대의 서방 신학자들도 역시 이러한 희망을 인정하고 있다. 부활되거나 변형된 환경이 없다면 부활체도 역시 없을 것이다. 변형된 환경이 곧 부활체가 존재하게 될 장소이다. 즉 거기서 새롭게 변형된 부활체들이 상호 간에 교류를 주고받는다는 것이다. 따라서 천국이 그러한 변형된 환경을 포함한다는 것은 논리적으로 볼 때 타당하다. 말하자면 천국은 우리에게 하나님(하나님의 아름다움과 사랑과 선하심과 진리와 자유 등)을 향한 끝없는 모험과 탐구라는 전망을 제공해 준다고 할 수 있겠다.

물론 우리가 진정한 천국을 전적으로 알 수는 없다. 천국에 관한 우리의 모든 지식은 단지 희미할 뿐이다. 즉 진정한 천국이 '영원한 발전의 과정이 존재해야 하는 천국에 관한 우리의 이해'와 '영원한 무시간적인 순간이 지속되어야 하는 천국에 관한 우리의 이해'를 넘어설 가능성을 가진다는 것이다. 하지만 천국에 영원한 발전의 과정과 무시간적 순간이 존재하며, 하나님에 참여하는 다양한 정도가 주어진다고 생각하는 것은 상상에 속하는 사안일 뿐, 이것이 실제적인 사안은 아니다. 따라서 천국을 지속적으로 배워나가기를 원하는 사람들은 계속해서 천국을 배워나가야 할 것이다. 또한 천국을 명상하고자 하는 사람들도 역시 계속해서 천국에 대해서 명상해야 할 것이다. 하지만 천국이 현재 이 땅의 모든 환경들과 똑

같다는 것을 주장하기 위해서, 이 세상에 속한 피조물만을 가지고 천국을 이해하려고 하는 태도는 타당하지 않다. 이렇게 하는 것은 이 세상과 관련해서도 타당하지 못한데, 이유는 이 세상의 어떠한 생명체(인간과 동물 등) 타자와 동일하지 않기 때문이다. 그렇다면 천국은 왜 이 세상과 달라야만 하는 것인가?

연옥

오랜 옛날부터 기독교인들은 죽은 자들을 위해서 기도해 왔다. 우리는 이미 암으로 인해서 얼굴이 추하게 됐다가, 수년 전에 죽은 자신의 오빠 디노크라테스를 위해서 기도하는 퍼페튜아(200년 경)의 이야기를 통해서 '죽은 자들을 위한 기도'라는 표상을 살펴봤었다.(3장을 보라.) 어거스틴도 역시 죽은 자들을 위해서 기도하는 것의 타당성을 인정했다. "하나님이 죄로 말미암아 받을 처벌 그 이상으로 죽은 자들을 자비롭게 대하시도록 하기 위해서, 거룩한 교회의 기도와 구원하는 희생 제사(성체성사)와 죽은 자들의 영혼을 위한 자비의 구제로 인해서 죽은 자들이 도움받는다는 것은 의심의 여지가 없는 명백한 사실이다."[330] 현재에 이르기까지 서방교회와 동방교회 모두에서 이러한 관행이 지속되어 왔다. 하지만 루터와 더불어서 대부분의 개신교도들은 죽은 자들을 위해서 기도하는 것을 거부했다. 루터의 거부는 오직 믿음으로만 구원받는다는 자신의 구원론에 그 근거를 두고 있다. 우리가 우리의 믿음에 의해서만 구원받는다고 할 때, 다른 사람들을 위한 기도가 구원을 위해서 무용지물이 된다는 것이다.

죽은 자들을 위해서 기도하는 것은 죽은 자들이 우리의 기도로 도움을 받을 수 있음을 암시한다. 이것은 죽은 자들이 벌써 지옥이나 천국에 가 있지 않음을 의미한다.(전통적으로는 사람이 죽어서 지옥이나 천국에 간다고 생각됐다.) 기독교 전통에 있어서 지옥이나 천국으로부터 나오는 출구란 당연히 존재치 않는 것으로 이해되었다. 따라서 만일 죽은 자들이 지옥이나 천국에 있다면, 그들은 우리의 기도로 말미암아 어떤 도움도 받을 수 없게 된다. 이 점에 있어서 죽은 자들을 위한 기도는 죽은 자들이 우리의 도움을 받을 수 있는 상태에 놓여져 있음을 상정한다. 또한 죽은 자들을 위해서 기도하는 관행으로부터 연옥교리가 발전되었다고 할 수 있다. 어거스틴의 작품에도 '정화상태'라는 개념이 등장한다. 즉 어거스틴이 연옥이라는 용어를 직접 사용하지는 않았지만, 정화상태라는 개념은 사용했다는 것이다. 그는 다음과 같이 말한다. "그러나 죽음 후에 일시적인 처벌을 참고 견디는 모든 인간이 최후의 심판 후에 뒤따르는 영원한 처벌에 놓여지는 것은 아니다. 내가 이미 말했듯이 어떤 사람들은 이 세상에서 용서받지 못한 것들을 다음 세상에서 용서받게 될 것이다. 따라서 그들은 다음 세상에서의 영원한 처벌로 인해서 고통받지 않을 것이다."[331] 이것은 연옥에 관한 개념의 초기발전단계를 의미하는 동시에 이 개념이 여전히 제한되어 있음을 의미한다. 즉 일반적으로 연옥이 '처벌의 상태'로 생각되었다는 것이다. 로마가톨릭교회에서는 연옥을 이 세상에서 행해지지 않은 참회로 말미암아 처벌받게 된 죄들을 속죄하는 상태로 이해했지만, 이와 달리 동방정교회에서는 연옥을 거룩함 가운데서 성장하는 상태로 이해했다.

루터가 면죄부와 연옥을 거절했다는 것은 이미 잘 알려진 사실이다. 면죄부를 판매하는 행위는 가톨릭교회에서 발전되어온 관행이다. 면죄부는 교황의 권위로 인한 '사면'을 의미했는데, 사람들은 이 면죄부를 살 수 있었다. 그들은 면죄부를 연옥에서 받는 죄의 심판에 대해서 돈을 지불하는 것으로 이해했다. 이러한 관행이 루터 당대에 심각하게 오용되었다. 따라서 루터는 면죄부 판매와 더불어서 연옥에 관한 믿음과 죽은 자들을 위해서 기도하는 것까지 거부했다. 즉 루터가 우리는 오직 믿음과 하나님의 은총으로 구원받는다고 하면서 죽은 자들을 위해서 중보기도할 필요성이 없다고 보았다는 것이다. 또한 루터는 연옥 교리에 대해서도 반박했는데, 이유는 그가 연옥 개념이 성서에서 발견되지 않았다고 단정했기 때문이다. 이처럼 루터에 따르면 연옥은 허구에 불과했다.

루터와 달리 로마가톨릭은 계속해서 연옥의 실재를 인정해 왔다. 하지만 요즘에 연옥은 용서받을 수 있는 죄들로 인한 처벌에 대해서 기도하는 상태로 소개된다기보다는, 죽음 후에 성장과 정화의 상태로 소개되는 경향성을 갖는다.[332] 나는 연옥이 가진 양쪽의 의미를 모두 인정한다. 하지만 여기서는 연옥을 '죽음 이후 사랑의 정화'로 이해하는 것에 초점을 맞추도록 하겠다. 따라서 나는 연옥에 관한 반대 사안들에 대해서 대응할 것이다. 이제 내가 연옥교리를 올바르게 생각하는 이유들 몇 가지를 설명하도록 하겠다.

첫 번째로 연옥을 풍자하는 많은 것들이 연옥에 대해서 오해의 여지를 갖게 만든다고 할 수 있다. 중세에 연옥에 불(문자적 의미의 불)이 있는가와 관련해서 많은 논쟁이 있었지만, 연옥에 불이 있다는 것에 동의하는 사람은 거의 없었다. 연옥에 있는 사람들은 '물리적인 몸'을 갖고 있지 않다. 따라서 '물리적 불'이라는 개념이 중세 사람들에게는 영향을 끼치지 못했다. 즉 물리적 불이 비물질적인 상태 속에서는 존재할 수 없다고 여겨졌던 것이다. 두 번째로 연옥은 '제3의 상태'third state로 여겨지게 되었다. '제3의 상태'란 전적으로 죄에 대한 형벌로 인해 고통받는 것을 의미하거나, 또는 그 형벌의 대가를 받는 것을 의미한다. 하지만 중세에 이러한 표상은 전적으로 사실로 여겨지지는 않았다. 누구보다도 연옥을 많이 다뤘던 단테는 「신곡」에서 연옥을 '고통받는 상태'와 함께 '기대하고 기뻐하는 상태'로 묘사한다. 그러나 가톨릭 사상이 공식적으로 연옥을 '제3의 상태'로 수용한 것은 아니다. 오히려 연옥은 천국의 일부분으로, 말하자면 '천국의 대기실'로 여겨졌다. 연옥에 있는 모든 사람들은 궁극적으로 천국에 가게 된다. 어느 누구도 지옥의 나락으로 떨어지지 않는다. 연옥은 천국의 충만함을 위한 예비 단계로서, 바로 이것이 연옥이 기쁨 가운데서 기대되는 이유이다.

한편 연옥이 성서에서 발견되지 않는다고 말하는 것은 내가 보기에는 심각한 도전이다. 물론 신약성서에 연옥이라는 용어가 등장하지 않는 것은 분명한 사실이지만, 신약성서에는 죽음 이후 죄의 용서를 언급하는 몇몇 구절들이 있는 것도 사실이기 때문이다. 마태복음 12장 32절이 여기에 해당되는 가장 명쾌한 구절이다. "누구든지 말로 성령을 거역하면 이 세상과 오는 세상에서도 사하심을 얻지 못하리라." 죽음 이후 죄의 용서를 간접적으로 나타내는 구절이 산상수훈에서도 발견된다. 지옥의 위험과 관련해서 예수는 다음과 같이 말했다. "너를 고발하는 자와 함께 길에 있을 때에 급히 사화하라 그 고발하는 자가 너를 재판관에게 내어주고 재판관이 옥리에게 내어주어 옥에 가둘까 염려하라 진실로 네게 이르노니 네가 한 푼이라도 남김이 없이 다 갚기 전에는 결코 거기서 나오지 못하리라."(마 5:25-26) 왜 여기에 연옥에 관한 분명한 언급이 없는 것일까? 내가 생각하는 이유는 다음과 같다. 첫 세대의 기독교인들은 부활을 마지막 때가 그들에게 임했음을 나타내는 분명한 징표로 여겼다. 바울도 역시 주님께서 돌아오실 것과 자신의 당대에 보편적인 부활이 일어나게 된다고 생각했다. "그 후에 우리 살아남은 자들도 그들과 함께 구름 속으로 끌어 올려 공중에서 주를 영접하게 하시리니 그리하여 우리가 항상 주와 함께 있으니라."(살전 4:17) 이처럼 당시는 어느 누구도 죽음과 부활 사이에 긴 기간이 자리한다고 생각하지 않았다. 이것은 예수의 말씀에서도 분명히 드러난다. "너희가 이스라엘의 모든 동네를 다 다니지 못하여서 인자가 오리라."(마 10:23) 이 구절은 마태복음과 그 독자들이 자신들의 당대에 예수의 재림이 이뤄질 것을 기대하고 있었음을 가르쳐 준다. 실제로 예수조차도 마지막 때가 임박한 것으로 믿었다고 여겨지지만, 나는 이것을 미결문제로 남겨놓을 것이다.[333] 어쨌든 신약성서에 임박한 심판에 관한 많은 표상들이 있는 반면에, 중간상태에 관한 표상은 거의 없는 것이 사실이다. 이것을 통해서 우리는 부활과 심판이 곧 임한다고 할 때, 당시 신앙인들이 그 기간을 매우 짧은 기간으로 여겼음을 알게 된다.

하지만 기독교인들이 믿는 모든 것이 신약성서에서 분명하게 발견된다고 생각하는 것은 타당치 못하다. 예를 들면 삼위일체 교리는 성서에 명백하게 나타나지 않는다. 마태복음의 말미에 나오는 세례 정식(마 28:19) 정도만이 삼위일체 교리에 관한 흔적이 되는 정도이다. 하지만 이 구절에서도 아버지와 아들과 성령을 하나라고 말하고 있지는 않다. 삼위일체에 관한 믿음은 신학자들 사이에서 논해진 것을 종합한 오래된 신학적인 발전의 결과물이다. 즉 성서에 삼위일체라는 표상이 명백하게 등장하지 않는다는 것이다. 나아가서 노예제도에 관한 기독교인들의 태도가 또 다른 사례에 해당이 된다. 신약성서의 몇몇 구절들은 명백하게 노예제도를 승인한다. 예컨대 에베소서 6장 5절은 다음과 같이 기록하고 있다. "종들아 두려워하고 떨며 성실한 마음으로 육체의 상전에게 순종하기를 그리스도께 하듯 하라." 이와 유사한 말씀이 디모데전서 6장에도 나온다. 하지만 신약성서의 가르침과 달리 오늘날 노예제도를 지지하는 기독교 신학자들은 없다. 왜 그런가? 이유는 노예제도가 모든 인간이 하나님의 형상으로 만들어진 동등한 하나님의 자녀라는 일반적인 성서의 원칙과 양립할 수 없기 때문이다. 이런 이유로 인해서 노예제도에 관한 금지가 신약성서에서 명백하게 발견되지 않음에도 불구하고, 노예제도는 성서의 원칙과 명백하게 모순된다고 할 수 있다. 이러한 노예제도에 관한 현대의 기독교인들의 입장은 각 시대에 따라서 달라질 수 있는 조건적인 승인이 아니다. 본질적인 성서의 가르침이라고 간주되어온 오랜 신학적 발전의 결과이다. 이를 볼 때 성서가 연옥을 명백하게 언급하지 않는다는 것이 연옥에 관한 기독교인들의 믿음에 있어서 결정적인 영향을 끼치지 못한다고 말할 수 있다.

그렇다면 연옥을 믿어야 하는 근거들이 있는가? 중요한 근거가 있는데, 그것은 하나님의 충만한 임재 가운데로 나아가기 위해서 우리가 하나님이 사랑하시는 것처럼 사랑해야 한다는 것이다. 그런데 우리는 하나님이 사랑하시는 것처럼 사랑하지 못한다. 그렇기 때문에 우리의 사랑은 자기중심성에서 하나님과 타자에 대한 중심성으로 정화되어야 한다. 로마가톨릭과 동방정교회와 감리교 전통에서는 이것을 '성화'라고 한다. 성화는 이 세상에서 시작된 것으로, 매우 적은 수의 사람들만이 죽음 시에 하나님과 이웃을 사랑하는데 완전해질 수 있다. 바울조차도 이 세상에서 자신이 여전히 완성으로 나아가기 위해서 분투한다고 말했다. "내가 이미 얻었다 함도 아니요 온전히 이루었다 함도 아니라 오직 내가 그리스도 예수께 잡힌바 된 그것을 잡으려고 달려가노라."(빌 3:12) 이와 달리 하나님에 대한 초보적인 믿음을 가진 채로 죽는 수 많은 사람들이 있다. 즉 그들이 성화에 이르지 못한 채 죽는다는 것이다. 만일 우리가 하나님의 충만한 임재 가운데로 나아가는데 있어서 어느 누구도 성화될 필요가 없다고 할 때, 이에 대한 몇 가지 견해가 있다. 첫째로 죽을 때 성화되지 못했기 때문에 천국에 가지 못한다는 견해이다. 둘째로 사람들이 죽을 때 즉시 성화될 수 있다는 견해이다. 셋째로 사람들은 죽음 후에 점진적으로 자신들의 사랑 가운데서 성화되는 과정에 있다고 보는 견해이다. 오늘날 많은 사람들은 첫 번째 사안을 수락하지 않으며, 나 역시도 그렇다. 대부분의 개신교도들은 두 번째 사안을 수락하는데, 그들은 사람들이 죽음 이후 즉시 성화된다고 생각한다. 하지만 이것은 이치에 닿지 않는다. 하나님의 권능 외에 우리를 갑자기 변화시키는 것이 있을 수 있다고 말할 수 없기 때문이다. 이와 달리 하나님의 은총을 받아들이고 그 영향에 머무르면서 변화되기 위해서 우리에게는 시간이 필요하다. 우리 삶의 모든 것이 이러한 사실을 가르쳐 준다. 우리가 알고 있는 갑작스러운 변화들도 오랜 심리적인 준비 기간을 필요로 하는 것이 사실이다. 따라서 죽을 때 우리에게 예수가 요청한 완전함이 없다면(마 5:48절을 보라.), 죽음 이후 사랑의 정화로 성장해 가기 위해서 우리에게는 사적인 시공간이 요구된다고 할 수 있다.

이처럼 연옥은 심원한 희망의 교리이다. 만일 연옥의 존재를 믿지 않았다면, 나는 지금까지 지내온 거의 모든 사람이 천국에 이르는 것이 불가능하다고 생각한다. 이유는 '즉각적인 완전함'이라는 개념을 믿을 수 없기 때문이다. 즉 이 세상에서나 다음 세상에서나, 즉각적인 완전함이라는 개념이 우리가 하나님께로 나아가는 성장의 길이 될 수 없다는 것이다. 제리 발스Jerry Walls는 다음과 같이 말한다. "본질적으로 우리 인간은 일시적인 존재이다. 따라서 우리에게서 전적으로 도덕적이고 영적인 변화란 중대한 시간적 과정 없이는 발생할 수 없다."[334] 가톨릭 신학자 칼 라너는 인간이 자신 안에 깊이 내재되어 있는 태도나 습관들을 포함해서, 그 성격 또한 다양한 수준을 갖는다고 말한다. 따라서 회심 시 하나님께로 방향을 전환하겠다는 마음의 결정이 그 사람의 성격의 본질까지를 변화시킬 수 있는 것은 사실이다. 하지만 그럼에도 불구하고 삶 가운데 회심의 은총이 그 사람의 인격성의 모든 수준들까지로 확장되기 위해서는, 또한 그 사람 안에 깊이 내재되어 있는 태도나 습관들을 변화시키기 위해서는 여전히 많은 시간이 필요한 것이 사실이다. 아마도 이러한 과정은 죽음 이후 연옥에서도 계속될 것이다.[335] 영국의 신학자 존 힉John Hick도 역시 연옥 개념을 수긍한다. "불가피하게 우리는 연옥을 이 세상과 인간의 궁극적인 상태(저 세상-옮긴이) 사이에 놓여진 시간 개념으로 봐야 한다. '이 세상의 마지막 시 그 사람의 불완전함'과 '그가 참여해야 하는 천국에서의 완전한 상태' 사이에 놓여진 간격은 반드시 메워져야 한다. 연옥은 이 간격을 메우기 위해서 로마가톨릭 신학에 의해서 주어진 이름이다."[336]

연옥을 고찰하는 또 다른 방법을 폴킹혼이 제시해 준다. 연옥을 긴 심판의 과정으로 생각하면서(8장을 보라.), 폴킹혼은 연옥에서 하나님과 다른 사람들을 사랑하지 못한 우리 자신의 모든 부족한 점(우리의 이기적인 점들)이 정화된다고 여긴다.[337] 이러한 과정 속에서 우리는 '애초에 하나님이 의도하신 인간상'(이것은 전적으로 우리 자신을 사랑하는 상태인 동시에 전적으로 하나님과 다른 사람들을 사랑하는 상태를 말한다.)으로 갖춰져 가게 되는데, 이 인간상은 하나님께서 처음에 우리 인간을 만드시면서 바라신 것이다. 물론 이러한 과정은 고난을 수반하게 될 것이다. 하지만 그럼에도 불구하고 이러한 과정에는 기쁨이 넘칠 것이다. 이유는 우리가 진정한 자아로 회복되어져 가는 과정 중에 있을 것이기 때문이고, 또한 우리가 천국의 완전한 기쁨에 참여할 것이기 때문이다. 진정한 고난 속에서의 이러한 기쁨이 단테의 「신곡」이 얘기하는 연옥의 특징에 해당이 된다.

한편 죽은 자들을 위한 기도의 중요성은 자살로 인한 죽음의 사례(事例)와 약물과다복용으로 인한 죽음과 살인과 같은 비극적인 죽음의 사례에 적용될 수 있다. 교회가 자살한 사람을 기독교 묘지에 매장하는 것을 허용하지 않았던 시기가 있었다. 이유는 자살이 하나님으로부터 단절된 살인에 해당되는 대죄mortal sin로 간주되었기 때문이다.(햄릿의 제 5막 1장을 보라.)

그러나 이 시대에 교회는 우울증과 고난에 관한 두려움과 고통 또는 고문 때문에 자살하는 행위에 대해서 그 책임이 감소될 수 있음을 인정한다.[338] 우리는 자살한 사람들이 죽으면서 자신들의 모든 문제들을 뒤에 남겨놓는다고 생각하지 말아야 한다. 어느 여자가 레이몬드 무디Raymond Moody와의 인터뷰에서 다음과 같이 말했다. "만일 당신이 이 땅에 고통스러운 영혼을 남겨 둔다면, 당신은 저 세상에서도 역시 고통스러운 영혼이 될 것입니다."[339] 또한 무디는 아내의 죽음으로 인해서 스스로에게 총을 겨눴지만, 결국 회복된 한 남자의 사례를 소개한다. 그 남자는 다음과 같이 말했다. "나는 아내가 있는 곳에 가지 못했습니다. 나는 무시무시한 곳에 갔었습니다. … 나는 이내 내가 범한 잘못에 대해서 생각하게 되었습니다. … 나는 내가 해서는 안 되는 짓을 범했다고 생각했습니다."[340] 따라서 자신들의 문제들을 해결하고 하나님의 충만한 사랑 가운데로 들어가기 위해서는, 그 누구보다 더 자살한 사람들에게 '변화된 상태'가 필요하다. 자살한 사람들이 마술적으로 변화되어서 천국으로 들어간다고 주장하는 것은 매우 순진한 발상이다. 또한 이와 달리 그들이 자동적으로 지옥에 간다고 말하는 것 역시도 잔인한 발상이다. 그렇기 때문에 그들 대다수가 죽음 후에도 '중간상태'(여기서는 하나님의 사랑으로 들어감에 있어서 필요한 고통스러운 변화 속에 있을 수 있도록 하기 위해서, 우리의 기도로 자살한 이들을 도울 수 있다.) 속에 계속 존재한다고 보는 것이 타당성을 갖는다.[341] 이것은 비극적인 조건에서 죽은 사람들과 약물남용과 살인 그리고 전쟁으로 죽은 사람들에게 있어서도 마찬가지이다.

지옥

무한할 정도로 다양하면서 인간의 언어로 묘사할 수 있는 영역을 초월해 있는 천국과는 달리, 지옥은 황량하면서도 단순한 곳이다. 실제로 지옥은 인간이 경험할 수 있는 가장 단순한 실체일 수 있다. 이유는 지옥이 곧 '허무'이자 하나님으로부터의 '격리'이기 때문이다. 물론 하나님은 지옥에도 현존하신다. 이렇게 말할 수 있는 이유는 하나님이 모든 곳에 현존하시는 분이기 때문이다. 하지만 지옥에 있는 사람들은 하나님을 거절했기 때문에 하나님의 현존으로부터 단절된다. 즉 그들은 자신들의 선택 때문에 지옥에 있는 것으로서, 그들 스스로가 천국에 있을 것을 원하지 않았다는 것이다. 이런 점에서 볼 때 천국은 그들 스스로 하나님을 선택하는 것을 의미한다. 반면에 지옥은 하나님으로부터 단절된 상태이고, 다른 사람들로부터 단절된 상태이다. 지옥에는 사랑이 없다. 천국이 '충만한 사랑'이라면, 지옥은 '사랑의 부재'이다. 만일 지옥에 사랑이 있다면, 거기에도 구원 가능성이 있는 셈이 된다. 이유는 "사랑agape이 하나님으로부터 말미암는 것이기 때문이다. 사랑하는 모든 사람은 하나님으로부터 나서 하나님을 안다."(요한 1서 4:7) 그러므로 지옥은 하나님과 이웃으로부터 고립된 상태로서, 천국의 정반대라 할 수 있다.

우리는 이미 예수가 지옥을 여러 방식으로 언급했음을 살펴봤다. 산상수훈(마 5-7장)에서 예수는 게헨나의 가능성에 대해서 말했다. 게헨나는 예루살렘 밖에 있는 쓰레기장을 가리키는 명칭으로서, 그곳에서 쓰레기가 계속해서 소각되었다. 그러다가 신약성서 시대에 와서야 게헨나가 지옥을 상징하는 명칭이 되었다. 마태복음 25장에서 예수는 '마귀와 그 사자들을 위하여 예비된 영원한 불'과 '영벌'(永罰)에 대해서 말했다.(마 25:41, 46) 마가복음에서도 예수는 '꺼지지 않는 불'에 대해서 언급했다.(막 9:43) 이

밖에 다른 곳에서 예수는 "바깥 어두운 데, 거기서 울면서 이를 갈게 될 것이라"고 말했다.(마 8:12; cf 13:50; 22:13; 24:51)

기독교 전통은 현대에 이르기까지 거의 만장일치로 지옥의 실체를 인정해 왔다. 이러한 믿음은 가톨릭과 동방정교회와 개혁주의 교회에 의해서 의심되지 않고 수용되어 왔다. 하지만 그럼에도 불구하고 오늘날 기독교인들을 포함한 많은 사람들이 지옥의 실체를 의심한다. 지옥이 잔인하면서도 정상적이지 못한 처벌처럼 보이는 바, 하나님의 사랑과 양립할 수 없는 것처럼 보인다는 것이다. 전통 신학자인 발타잘Hans Urs von Balthasa 같은 사람도 이 문제에 대해서 의구심을 가졌다.[342] 많은 기독교인들이 지옥에 가게 될 가능성에 대해서 별로 걱정을 하지 않는 것처럼 보이는데, 한편으로 볼 때 이것은 좋은 것일 수 있다. 이유는 중세 기독교와 종교개혁 입장의 기독교가 지옥에 관한 두려움에 사로잡혀 있었기 때문이다. 하지만 다른 한편으로 지옥이 실제로 존재한다고 할 때, 사람들에게 지옥이 실재한다고 경종을 울리는 것은 그 무엇보다도 중요한 사안이 될 수 있다. 이것이 공관복음에서 보여지는 바, 예수 자신이 직접 행한 일이기도 하다.(예컨대 마태복음 25:31-46을 보라.)

지옥에 관한 논증[343]은 첫째로 '하나님의 정의'에 기초한 것이고, 둘째로 '인간의 자유선택'에 기초한 것이다. 하나님이 정의로우시다면, 선한 사람들은 상을 받아야 하고 악한 사람들은 처벌을 받아야 한다. 이 세상과 다음 세상 모두가 그러해야 한다. 예수 시대의 유대인들은 하나님이 이 세상에서 선한 사람들에게는 상을 주시는 반면에, 악한 자들에게는 벌을 주신다고 여겼다. 하지만 오늘날 이렇게 생각하는 사람은 거의 없다. 즉 사악한 자들은 번성하는 반면에 선한 자들이 고통받는 경우들이 매우 많다는 것이고, 선하지만 좋지 못하게 죽음을 맞는 사람들 또한 무수히 많다는 것이다. 따라서 하나님이 정의로우시다면 죽음 후에 보상이 반드시 따라야 하는데, 이러한 논증은 매우 설득력을 갖는다. 우리는 스탈린, 히틀러, 폴 폿Pol Pot 같은 냉혹한 사람들이 자신들이 행한 범죄들에서 벗어나서 영원히 처벌을 면하게 된다는 것이 터무니없는 주장인 것을 잘 알고 있다. 따라서 그런 냉혹한 사람들이 자신들이 행한 범죄에서 벗어난다고 말하는 것은 곧 하나님이 계시지 않는다고 말하는 것과 똑같은 처사이다.

또한 지옥과 관련해서 인간의 자유에 기초한 논증이 있다. 우리의 자유는 하나님이 주신 선물이다. 하지만 이 자유는 우리가 하나님을 향해서 대항하는 것을 선택하거나, 반대로 하나님을 사랑하는 것을 선택할 수 있음을 의미한다. 만일 우리가 그런 선택들을 자유롭게 할 수 없다면, 진정한 의미에서 볼 때 우리에게 자유 선택이 주어진 것이라고 할 수 없다. 물론 이 세상에서는 우리의 자유가 제한되어 있는 것이 사실이다. 범죄 천지인 빈민가에서 성장한 사람은 죄악의 삶을 살도록 유혹받을 것이다. 어쩌면 하나님은 심판 때에 그런 유혹들에 대해서 고려하실 수도 있다. 즉 하나님께서 그 사람이 처한 '죄의 상태' 또는 '무죄의 상태'를 고려하셔서 심판하실 수 있다는 것이다. 하지만 인간의 자유가 여러 유혹들로 인해서 제한되고 억압되어 있다 하더라도, 이것이 우리가 전혀 자유를 갖지 못한다는 것을 의미하는 것은 아니다. 아마도 우리는 하나님이 우리에게 지나치게 많은 자유와 함께 그에 상응해서 지나치게 많은 책임감을 주셨다고 불평할 수도 있을 것이다. 하지만 그런 불평은 어린아이가 하는 유치한 불평과 같은 것으로서, 그것은 마치 자유로 말미암아 갖는 책임감으로부터 벗어나기 위해서 아이들이 되고 심지어는 동물들이 되는 것이 더 낫다고 말하는 것과 같다. 어쨌든 대부분의 기독교 전통은 인간이 하나님을 사랑하거나 대항할 수 있는, 선택의 자유를 가지고 있다고 주장해 왔다.

오직 칼뱅과 루터만이 이런 주장에서 벗어나 있다. 칼뱅이 하나님의 저항할 수 없는 은총을 주장하면서, 인간이 구원에 이르기 위해서 필요한 자유를 갖지 못한다고 주장했다는 것이다. 그런데 본래 이러한 칼뱅의 주장은 본래 하나님이 어떤 사람은 천국에 보내시고 어떤 사람은 지옥에 보내기로 예정하셨다는 것을 말하기 위한 것이었다. 하지만 본래의 의도와 무관하게 칼뱅의 주장은 칼뱅주의 교회 내에서 수 세기 동안 지지를 받았다. 그러나 오늘날 칼뱅이 말한 이 교리를 지지하는 사람들은 거의 없다. 그 이유는 다음과 같다. 하나님이 몇몇 사람들을 지옥에 보내기로 예정하셨다면, 그때의 하나님은 더이상 '선하신 분'이 아니라 변덕스러운 폭군이 될 수 밖에 없기 때문이다.

사실상 다른 많은 기독교 교리들과 마찬가지로 지옥 교리 역시 심각하게 오해를 받아왔다. 지옥을 풍자하는 만화에서조차도 지옥이 왜곡되는 것을 볼 수 있다. 지옥을 풍자하는 만화에 보면 성난 하나님이 죄인들을 지옥으로 내쫓으시는 분으로 묘사되고, 또 거기서 죄인들이 영원히 불타는 것으로 묘사된다는 것이다. 하지만 이와 달리 실제적으로 가톨릭교회와 수많은 다른 교회들은 하나님을 사랑하거나 대항할 수 있는 자신의 자유 선택으로 인해서, 그 사람이 지옥에 있을 수 있다고 가르쳐 왔다.[344] 누군가의 최악의 이기심에 기초한 선택은 곧 그가 지옥을 선택했음을 의미한다. 이유는 이기심은 곧 사랑에 대한 부정이 되기 때문으로서, 사랑은 다른 사람에 대한 자기부정을 요구하기 때문이다. 이처럼 지옥은 '하나님의 격노'가 아니라 '인간의 자유'에 기인한다.

기독교 미술은 보통 지옥을 불타는 곳으로, 마귀들이 있는 곳으로, 또한 갈증과 물리적 고통이 포함된 괴로움을 가진 곳으로 묘사해 왔다. 「지옥의 불」Inferno에서 단테는 지옥을 모든 감각 기관들(고약한 냄새, 불, 펄펄 끓는

송진 속에 있는 죄인들, 가장 낮에 곳에 위치한 지옥 구덩이, 영원히 차가운 곳 등)에 고통이 가해진 상태로 묘사했다. 하지만 단테의 지옥 묘사에 있어서 '지옥이 물리적인 곳인가' 하는 문제가 대두된다. 대부분의 기독교 전통은 죽은 자들이 부활해서 천국으로 가거나 지옥으로 갈 것이라고 주장해 왔다. 또한 마태복음에도 보면 예수 자신도 "마귀와 그 사자들을 위하여 예비된 영원한 불"에 대해서 언급했다.(마 25: 41) 이렇듯 물리적 특징들(불, 고통 등)을 지닌 지옥상은 부활 때문일 가능성이 있다. 그런데 이 입장을 반대하는 강력한 논증들이 있다. 현대인들에게 지옥이 잔인하면서도 정상적이지 못한 처벌처럼 보이는 것, 이것을 하나님과 사랑하는 사람들로부터의 단절이 그 사람에게 충분한 처벌이 된다고 볼 수 있는 것인가? 우리가 지옥에다 영원한 '불'을 덧붙여야 하는 것인가? 대부분의 현대인들에게서 '지옥에서의 영원한 불'이라는 표상은 하나님의 사랑과 선하심에 있어서 문제를 가져오게 된다. 즉 이 표상이 잔혹한 진노와 복수의 하나님 상을 갖게 만든다는 것이다. 하지만 그러한 하나님은 기독교의 하나님이 아니다.

사랑의 하나님(하나님은 결국 지옥에 있는 사람들조차도 사랑하실 것이다.)과 교제하는 문제에 있어서, 지옥에 있는 사람들이 자신들의 선택으로 인해서 하나님으로부터 단절되었다고 보는 것이 더 정확한 이해처럼 보인다. 즉 그들이 하나님과 화해하기를 원치 않았다고 보는 것이 더 정확한 이해처럼 보인다는 것이다. 지옥의 불은 후회의 상심들과 세속적인 욕구들을 잃어버린 데서 오는 '실망감에 대한 은유'이다. 돈과 권력과 명성과 성욕과 같은 그들의 욕구들이 지옥에서는 전혀 충족될 수 없다. 나아가서 지옥은 이 땅의 아름다움이 제거된 곳이기도 하다. 가톨릭 전통에서는 이러한 지옥상을 '상실의 고통'이라고 명명하는데, 이 '상실의 고통'은 '감각의 고통'(불의 의미지)과는 구별되는 이미지이다. 흥미롭게도 '상실의 고통'이라는 개념의 다른 형태를 임사체험에서 접하게 된다. 레이몬드 무디는 「삶 이후의 삶」Life after Life이라는 책을 썼는데, 이 책은 수많은 '상실의 고통'이라는 주제를 다루고 있다. 또는 무디는 이 책의 후편으로 「삶 이후의 삶에 대한 반성」Reflections on Life after Life이라는 책을 쓰기도 했다. 그 책에서 무디는 심판과 관련된 질문들에 대해서 대답한다. 그는 보고된 자신의 연구 주제들이 사실이라고 하면서, 거기서 사람들이 '삶을 검토하면서' 자신들이 살아 생전에 행했던 것들을 볼 뿐 아니라 그러한 행위들이 끼친 결과들도 보게 된다고 말한다. 무디는 그 사람들이 무수히 많은 개인적인 비극들과 자신들의 행동들로 야기된 죽음들을 보았는데, 이 모든 것들이 본인들 앞에 생생하게 묘사되었다고 기록한다. "그 어떤 상상을 하더라도 지옥을 이것보다 더 끔찍하고 견딜 수 없는 곳으로 생각할 수는 없을 것이다."[345]

그렇다면 지옥의 영원성이란 무엇인가? 예수는 '영원한'aiōnos 불을 언급함과 동시에 저주받은 자들이 '영원한'aiōnos 심판에 처해진다고 말했다.(마 25:46) 이로 인해 기독교 전통은 지옥과 지옥에서의 고통들이 영원하다고 믿게 되었다. '영원하다는 것'은 두 가지를 의미할 수 있다. '영원히 지속되는 시간'과 '초월적인 시간'으로서, 이로써 모든 시간이 '하나의 무시간적인 순간' 속에 존재하게 된다. 하지만 후자('초월적인 시간'-옮긴이)만이 사랑의 하나님과 하나님의 생명에 참여하는 사람들에게 속한 것으로서, 이것은 지옥에 있는 사람들에게는 해당이 되지 않는다. (따라서 사람들이 '영원히 지속되는 시간'을 지옥에 속하는 것으로 이해하게 되었다.-옮긴이) 이런 이유 때문에 지옥이 영원한 고통으로 묘사되어 왔던 것이다. 나아가서 지옥의 영원성 개념은 하나님의 선하심과 관련해서도 여러 문제들을 야기시킨다. 어떤 신학자들은 하나님이 무한한 분이시기 때문에 하나님을 대항하는 모든 죄도 무한한 가치를 지닌다고 주장한다. 따라서 그러한 죄는 무한한 처벌을 받을 수 밖에 없다고 말한다. 하지만 오늘날 많은 기독교인들은 그러한 주장들이 설득력이 없음을 알고 있다. 무엇 때문에 인간을 창조하신 선하신 하나님께서 인간을 지옥에 가도록 예정하셨겠는가? 무엇 때문에 하나님께서 저주받은 사람들이 계속해서 그 상태에 존재하도록 하시겠는가? 그들에게 영원한 고통을 허용하는 것보다, 차라리 그들을 멸절시키는 것이 더 자비롭지 않겠는가? 궁극적으로 볼 때 하나님이 그들의 자유 선택을 간과하시면서 그들이 구원받도록 만드실 수는 없는 것인가? 이러한 질문들은 다른 어떤 종교도 영원한 지옥을 말하지 않는다는 점으로 인해서 가치를 지니지 못하게 된다. 힌두교와 불교의 관점에서 볼 때 지옥에 있는 사람들은 최후에 자신들의 나쁜 업보를 고갈시켜서 더 높은 영역으로 다시금 태어나게 된다. 어느 누구도 지옥에 영원히 머무르지 않는다. 이슬람 신학자들도 하나님께서 지옥에 있는 사람들에게 계속되는 처벌을 받게 하는 것이 아니라, 지옥을 축소하시면서 지옥에 있는 사람들을 없애실 것이라고 여긴다. 이들과 달리 (정통 유대교와 몇몇 이슬람 학자들과 더불어서) 단지 기독교만이 영원한 지옥에 대해서 말할 뿐이다.

이 문제와 관련해서 서로 상반되는 두 개의 논증들이 있다. 첫째로 마태복음 25장 31-46절에서 예수는 지옥에 대해서 언급하면서 지옥의 형벌이 영원하다고 말한다. 만일 지옥에 있는 사람들이 자신들의 선택으로 말미암아 거기에 있는 것이라면, 그들에게 자신들의 마음을 바꾸도록 만드는 것이 무엇인지를 우리가 물을 수 있을 것이다. 실제로 그들이 자신들의 마음을 바꿀 수 있는 것인가? 둘째로 영원한 형벌은 무가치해 보이며, '사랑이신 하나님' 표상과 관련해서 모순적인 것처럼 보인다는 점이다. 나아가서 영원한 지옥은 결국 실체에 있어서 양립불가능한 이원론을 가져 오게 된다. 즉 '영원한 지옥'이라는 표상이 '하나님과 성도들의 연합과 구속함을 받은 피조물' 대 '저주받은 사람들이 거하는 지옥의 블랙홀'이라는 양립불가능한 이원론을 도출해 낸다는 것이다. 마지막으로 강력한 질문이 남아 있는데, 천국에 있는 사람들은 지옥에 있는 사랑하는 사람들을 계속해서 사랑하고 그리워할 수 없는 것인가 하는 문제가 제기된다. 만일 그렇다면 천국에서 느끼는 그들의 행복이 완전하다고 말할 수 없을 것이다. 이에 관한 하나의 가능한 답변은 '보편주의'로서, 보편주의 교리는 모든 사람이 궁극적으로 구원받을 것이라고 말한다. 존 힉은 다음과 같이 강력하게 논증한다.

하나님께서 우리를 당신과 교제하도록 만드셨다는 믿음과 하나님께서 당신의 창조적 권능으로 우리를 그러한 (교제의) 완성에 이르도록 하실 수 있다는 믿음, 이 믿음은 전통적인 신학적 언어로 표현하자면 모든 인간이 '구원받게 된다'는 믿음을 가져온다. ... 이 믿음 안에서 우리는 하나님의 사랑이 현존하는 실체요 영원한 실체가 된다고 주장한다. 장래를 볼 때 이것이 하나님의 사랑의 우주적 승리에 대한 믿음이 된다. 그때 하나님은 '모든 것 안에 모든 것'이 되실 것이고 모든 피조물이 그의 나라가 될 것이다.[346]

따라서 보편주의는 하나님께서 어떻게 해서든지 당신을 거절한 사람들을 구원하신다고 주장한다. 하나님의 은총이 죽음 이후에 그 사람들의 의지(하나님을 거부하겠다는 그들의 의지-옮긴이)를 변화시키실 수 있다는 것이다.(이것은 존 힉의 입장이다.) 이러한 입장을 지지해 주는 몇 개의 성서 구절들이 있는데, 그중에서 가장 주된 것은 디모데전서 2장 3-4절이다. "우리의 구원자이신 하나님은 모든 사람이 구원을 받으며 진리를 아는 데에 이르기를 원하시느니라." 다른 곳에서 바울도 다음과 같이 말한다. "아담 안에서 모든 사람이 죽은 것 같이 그리스도 안에서 모든 사람이 삶을 얻으리라." 한편으로 바울은 멸망에 처해질 사람들에 대해서도 말하고 있다. "만일 당신의 진노를 보이신 하나님이 멸하기로 준비된 진노의 대상들을 오래 참으심으로 관용하시고..."(롬 9:22) "주 예수께서 하나님을 알지 못하는 사람들과 우리 주 예수의 복음에 복종하지 않는 자들에게 형벌을 내리시리니 이런 자들은 영원한 멸망의 형벌을 받으리로다."(살후 1:7-9) 이 구절처럼 지옥과 지옥의 형벌을 영원한 것으로 묘사하는 구절들이 매우 많다. 예를 들면 마가복음 9장 48절에서 예수는 지옥을 "구더기도 죽지 않고 불도 꺼지지 않는 곳"이라고 언급한다.(마 5:22, 29; 10:28; 13:41-42; 25:31-46; 요 3:36) 또한 기독교 전통에서도 보편주의는 거의 지지받지 못하는데, 모든 사람이 마지막에 구원받는다는 니사의 그레고리Gregory of Nyssa의 주장은 기독교 전통에 의해서 수락되지를 못했다. 따라서 보편주의가 관철되기 위해서는 성서의 증언을 능가하는 설득력 있는 논증들이 제시되어야 한다. 그러면서 보편주의는 기독교 전통과 보편적 일치를 이뤄야 하는 과제를 갖는다.

또 다른 가능성은 '멸절주의'Annihilationism로서, 멸절주의는 하나님께서 궁극적으로 지옥에 있는 사람들을 멸하신다는 입장이다. 멸절주의는 성서에 있어서나 기독교 전통에 있어서나 거의 지지를 못 받았다. 하지만 오늘날 많은 사람들은 멸절주의를 지지한다. 이유는 멸절주의로 인해서 하나님의 사랑이 더 가치있는 것처럼 보이기 때문이다. 즉 멸절주의로 인해서 하나님이 피조물들에게 영원한 고통을 영원히 허락하시는 분이 아닌 것이 증명된다는 것이다. 한편 제리 발스Jerry Walls는 보편주의와 멸절주의에 반대되는 흥미로운 논증을 제시하는데, 그는 지옥에 있는 사람들은 하나님과 함께 있을 것을 스스로 선택하지 않은 것이라고 주장한다. "악한 것을 선택한 사람은 모든 수준의 욕망들과 관련해서 끊임없이 계속해서 악한 것을 원하는 사람이다."[347] 그는 씨 에스 루이스의 책 「천국과 지옥의 이혼」The Great Divorce에 나오는 내용들을 인용했는데, 그 책에서 루이스는 독자에게 자신들의 독선을 고집스럽게 쥐고 있음으로 인해서 천국 대신에 지옥을 선택한 사람들을 소개한다.[348] 하나님은 우리에게 자유를 주시고 그 자유를 무시하지 않으시는 분이다. 나는 발스의 주장에 동의하지만, 보편주의와 멸절주의와 관련된 설득력 있는 논증들도 역시 무시하지 않는다. 따라서 나는 독자들이 결정하도록 그 논증들을 소개만 한 것이다.

공식적인 로마가톨릭의 입장은 지옥을 영원한 것으로 본다.[349] 많은 복음주의 교회들과 동방정교회도 이 입장을 가지고 있다. 하지만 몇몇 교회 교부들과 현대 신학자들은 모든 사람이 결국에는 구원받는다는 희망을 가져 왔다. 이에 대해서 동방교회 신학자이자 주교인 티모시 웨어Timothy Ware는 다음과 같이 말한다. "모든 사람이 구원받아야 한다고 말하는 것은 이교도적인 것이다. 이유는 이렇게 말하는 것이 인간의 자유의지를 부인하는 것이기 때문이다. 하지만 그럼에도 불구하고 모든 사람이 구원받기를 희망하는 것은 타당성을 갖는다."[350] 분명히 하나님은 우리의 사랑 이상으로 지옥에 있는 사람들까지도 계속해서 사랑하실 것이다. 따라서 우리는 모든 사람의 구원을 희망할 수 있다. 하지만 우리는 최종적인 하나님의 뜻이 무엇인지에 대해서 결론짓지 말아야 한다. 이유는 오직 하나님만이 천국과 지옥의 충만한 신비를 이해하실 수 있기 때문이다.

지옥의 가능성은 순전한 의미에서 '잘 죽는 것이 무엇인가' 하는 문제를 가져온다. 최소한도로 볼 때 선한 죽음은 그 죽음이 상당히 고통스러운 죽음이라 할지라도, '천국' 또는 천국의 반대 편에 있는 '연옥'으로 인도하는 죽음이라 할 수 있다. 반면에 비록 그 죽음이 고통스럽지 않다 하더라도, 하나님과 하나님의 축복에의 단절로 가는 죽임은 나쁜 죽음이다. 우리는 마지막 장에서 '잘 죽는 것이 무엇인가' 하는 문제를 다룰 것이다.

10

잘 죽는 것

내가 확신하노니 사망이나 생명이나 천사들이나 권세자들이나

현재 일이나 장래 일이나 능력이나 높음이나 깊음이나 다른 어떤 피조물이라도

우리를 우리 주 그리스도 예수 안에 있는 하나님의 사랑에서 끊을 수 없으리라

(롬 8:38-39)

죽음은 곧 재난으로서, 죽음은 우리 삶에서 가장 큰 재난이라고 할 수 있다. 죽음이 곧 물리적인 최대의 재난이라는 것을 우리는 예수와 순교자들과 우리가 알고 있던 많은 사람들의 죽음으로 인해서 알게 된다. 나는 어머니가 임종을 맞을 때를 기억한다. 임종 시 어머니는 목의 통증으로 인해서 머리를 들 힘이 없었기 때문에 나에게 머리를 들어들라고 부탁했다. 나는 그때 어머니가 보여준 연약한 모습을 기억하고 싶지 않다. 죽음은 또한 감정적인 재난으로서, 종종 죽어가는 사람들에게 노여움과 우울증과 외로움과 절망과 자기비하가 나타나는 것을 보게 된다. 또한 죽음은 우리의 믿음을 시험하는 영적인 재난이기도 하다. 우리는 하나님께서 진정 죽음을 거쳐서 아름다운 사후세계로 우리를 이끄신다는 것을 신뢰하고 있는가? 아니면 죽음을 직면함에 있어서 절망에 빠지는가?

죽음에 고난이 포함되어 있다고 생각하기 때문에 많은 사람들이 고통과 염려와 오랜 쇠약해짐 없이 빠르고 갑작스럽게 죽는 것을 최고의 죽음이라고 생각한다. 하지만 일반적으로 기독교 전통은 빠르고 갑작스럽게 죽는 죽음이 선한 죽음에 해당되지 않는다고 주장했다. 이라 비옥Ira Byock도 자신의 책 「잘 죽는 것」 Dying Well에서 이것과 유사한 주장을 한다.

건강한 사람들에게는 갑작스런 죽음이 매력적이겠지만, 사실상 그러한 죽음으로 인해서 해결되지 못한 여러 가지 것들이 남게 된다. 그러한 죽음은 가족들이 받아들이기에 매우 힘든 죽음이다. 하지만 갑작스럽게 죽는 쉬운 죽음과 반대로, 질병으로 인해서 천천히 죽어가는 것은 삶의 관계에 있어서 가장 중요한 일들을 끝 맺을 수 있는 소중한 기회를 제공해 준다. ... 이러한 죽음은 우리에게 예전의 배우자나 부모, 또는 다 자란 이후 소원해진 아이들과의 껄끄러운 관계들을 해소할 수 있는 기회를 제공해 준다. 두 사람의 이야기(임종시 주고 받는 이야기-옮긴이)가 잘 마무리 될 때 이전에 있었던 모든 사건들에 따뜻한 빛이 비추어진다. 이렇게 삶의 마지막 순간에 관계성을 회복하는 것이 한 가족을 아름답게 바꿀 수 있다.[351]

갑작스러운 죽음은 가족이나 친구들이 받아들이기에 최악의 죽음일 수 있다. 이유는 죽어가는 사람이 작별 인사를 할 기회를, 용서하고 용서받을 수 있는 기회를, 화해할 기회를, 자신이 해왔던 일들에 대해서 정리할 기회를 갖지 못하기 때문이다. 더군다나 그 사람에게는 하나님과 화해할 시간도 주어지지 않는다. 따라서 그 사람은 이 세상의 삶의 문제를 뒤에 남기고 준비되지 않은 채로 다음 세상에 들어가게 된다. 나는 학생들에게 죽음이 졸업과 같다고 말한다. 만일 당신이 졸업을 잘 준비했다면, 당신은 행복한 작별 인사를 하면서 대학에 진학하게 될 것이고, 그로 인해서 당신 삶에 있어서 대학 생활이라는 새로운 국면을 기쁨 가운데 맞게 될 것이다. 하지만 만일 당신이 졸업을 잘 준비하지 않았다면, 그것은 잊을 수 없는 실패가 될 것이다. 죽음은 우리의 여행길에 있어서 어느 한 국면의 마지막이자, 또 다른 국면의 시작이다. 죽음은 우리의 삶에서 가장 중요한 순간이다. 기독교와 다른 종교들(여러 종교 중에서 특히 불교가 죽음의 순간을 중요하게 여긴다.) 모두 죽음을 이렇게 이해한다. 타 종교는 만일 우리가 영적으로 준비가 되어서 깨끗한 마음을 가진 채 죽는다면, 우리는 죽음 이후 올바른 깨달음을 얻게 될 것이다. 하지만 이와 달리 만일 우리가 두려워하면서, 준비되지 않은 채로, 화를 내면서, 낙담하면서, 절망하면서 죽는다면, 우리는 아마도 최악의 상태로 환생하게 될 것이라고 말한다. 따라서 죽음에 관한 기독교와 불교와 다른 종교들의 전망에서 볼 때, 죽음을 맞는 최악의 방법 중 하나는 죽음에 대해 전혀 생각하지 않는 것이고, 죽음을 준비하지 않는 것이며, 오히려 죽음을 부인하는 태도를 갖는 것이라 할 수 있다.

이와 달리 기독교 믿음은 죽음의 시련과 관련해서 우리에게 두 가지의 중요한 도움을 제공해 준다. 첫 번째 도움은 하나님과 예수 그리스도의 사랑으로서, 이 사랑으로 인해서 우리는 죽음의 시련을 통과할 수 있다. 바울이 보장하듯이 사랑의 하나님은 죽음에서조차도 우리를 버리시는 분이 아니다. 예수는 우리와 함께 고난을 받으신 분fellow sufferer으로서, 그분은 몸소 죽음을 당했지만 다시금 살아나셨다. 이 점에서 볼 때 죽음에로의 여행을 떠남에 있어서 예수는 우리의 위로자와 안내자와 중재자가 되신다. 두 번째로 또 하나의 커다란 도움은 우리를 기다리는 천국이 있음을 희망하는 것이고, 그 천국을 바라보는 것이다. 하지만 이러한 도움들이 우리에게 유익이 되도록 만들기 위해서, 우리는 기도 중에 하나님과 깊은 관계를 발전시킬 필요가 있다. 만일 우리가 그렇게 하지 않는다면, 하나님이 천국에서 우리와 함께 계시긴 하겠지만, 우리는 거기서 하나님의 사랑의 위로를 듣지도 못하고 누리지도 못하고, 오직 무시를 당할 수도 있을 것이다. 우리가 천국이나 사후세계의 실재성을 확신하지 못한다면, 죽음 시 천국에 대한 소망이 우리에게는 아무런 위로가 되지 못할 것이다. 따라서 이러한 두 도움들이 누군가의 죽음 시 효과적인 것이 되기 위해서, 그 사람은 기도하면서 하나님과의 인격적 관계를 발전시킬 필요가 있다.

선한 죽음

선한 죽음이 무엇인가? 자신의 책 「잘 죽는 것」의 마지막 장에서, 비옥 Byock은 평범한 여인인 모 릴리Mo Riley가 경험한 놀라운 이야기를 소개한다. 릴리는 죽어가면서 "사랑하는 어머니와 세상 속에서 살아가는 사람들을 고귀한 아름다움과 영성을 지닌 존재로 변화시켰다." 릴리(이 이름은 익명이다.)는 부모로서 한 가정에서 여섯 아이들을 양육했다. 육십 오세의 나이에 그녀는 뇌의 맨 아랫부분에 치명적인 암이 자리하고 있다는 진단을 받았다. 하지만 하나님과 사후세계에 관한 깊은 믿음으로 인해서, 그녀는 은혜롭고 아름답게 이 세상에서 저 세상으로 갈 수 있었다. 비옥은 다음과 같이 말한다.

내가 만난 그 사람은 죽어가면서 세상적인 관심과 관계들에서 자연스럽게 천상적이고 영적인 상태로 바뀐 것처럼 보였습니다. 그런 사람들은 죽음이라는 힘든 작업을 완수할 수 있는 기술들을 얻기 위해서, 자신들에게 속한 관계들과 견해들에 있어서 일찍부터 열심히 노력해 온 사람들이라 할 수 있습니다. 따라서 죽어가는 그들의 모습은 상당히 평안해 보였습니다. 그들은 기꺼이 영적인 영역들 내에서 성장하는 것에 삶의 초점을 맞추었던 것입니다. 성장해 가는 것, 나이를 먹는 것, 점점 더 누군가를 사랑하는 것 등, 이것이 모 릴리의 삶이었습니다. 그녀의 죽음은 일상적인 기쁨들과 부담들을 떨쳐버리는 데서 오는 축복에 관한 전형적인 사례입니다. 결국 그녀는 이 세상적인 삶으로부터 벗어나서 다른 영역(사후세계-옮긴이)으로 기꺼이 떠났습니다.[352]

릴리는 초기 방사선치료를 수락했지만, 이내 더 이상의 방사선치료나 화학요법을 받지 않기로 결심했다. 그녀는 자신이 죽어간다는 것과 죽음의 시간이 다가온다는 것을 알았던 것이다. "나는 작별인사를 했습니다.

나는 정돈된 삶을 살면서 아이들을 돌봤습니다. 나는 죽음을 맞을 준비를 했습니다."[353] 분명히 릴리는 죽어가면서 일상적인 물리적 어려움들(나약함, 고통, 의학용 도관catheter 등)을 겪었을 것이다. 약을 먹고 고통을 줄여나가면서, 그녀는 상냥하게 가족들의 안부를 물었다. 상태가 악화되어 갔지만, 그녀는 더욱 평정심을 유지하면서 "세상적인 것들에 관한 애착에서 마음을 돌려 초월적인 것으로 초점을 맞췄다."[354] 그녀는 죽음으로 가는 여행에 있어서 기도의 도움을 받았다. 비옥은 말한다. "그녀의 믿음과 종교적인 확신이 두려움 없이 미지의 세계를 향해서 나아갈 수 있는 신뢰의 기초를 제공했습니다. 그 결과 그녀는 상실의 고통으로부터 벗어날 수 있었습니다."[355] 결국 릴리는 자신이 살아온 삶으로부터 떠났다. 그녀는 전 생애를 통해서 건강한 삶을 살면서 가족 그리고 친구들과 좋은 관계를 쌓았고 하나님과의 관계도 깊어져 갔다. 그녀가 죽었을 때 그녀의 삶은 평온해 보였다. 그녀의 죽음의 과정은 이 세상적인 것에 관한 애착과 가족들과 친구들로부터의 해방으로서, 그 과정이 초월적인 영역에로의 여행을 완성시켰던 것이다. 비옥은 다음과 같이 결론지었다. "릴리는 내가 시금까지 알고 지내 온 그 어떤 사람보다 더 완전한 사람이었습니다. 그 완전함이 그녀가 죽어갈 때 그녀로 하여금 자신으로부터 벗어날 수 있는 자유를 주었고 순전한 마음을 갖도록 만들었습니다."[356]

선한 죽음을 이해하는 또 하나의 방법은 선한 죽음을 나쁜 죽음과 비교하는 것이다. 나쁜 죽음이란 무엇인가? 계속되는 고통이 수반된 죽음이 곧 나쁜 죽음에 해당이 된다. 나쁜 죽음은 고립된 죽음으로서, 친구들과 가족들로부터 그 사람을 단절시킨다.(병원에서 이런 일이 일어날 수 있다.) 또한 나쁜 죽음은 삶에 대한 희망과 꿈이 결여된 죽음이며, 두려움 가운데 아무 희망 없이 우울증 속에서 죽어가는 죽음이다. 나아가서 우리 대부분은 정서적으로 쇠퇴하는 상태와 어린아이 같이 의존하는 상태 속에서 죽어가는 것을 부적절한 죽음이라고 생각한다. 따라서 나쁜 죽음의 반대는 친구들과 가족들에 둘러 쌓여서 고통 없이, 두려움 없이, 우울해 하지 않고, 절망하지 않으면서 죽는 죽음일 것이다. 이런 죽음이야말로 건강한 죽음이라 할 수 있다. 하지만 오랜 시간동안 기독교인들 사이에서 선한 죽음으로 인정돼 온 몇몇 죽음은 건강한 죽음의 유형에 속하지 않았었다. 순교자들의 죽음은 어떠한가? 우리는 3장에서 순교자의 죽음에 해당하는 퍼피튜아의 죽음을 다루었다. 그녀의 죽음은 끔찍한 고문과 고통이 수반된 죽음이었다. 그녀는 이십 대 초반의 나이에 죽었기 때문에 자신의 어린 아이를 아버지가 양육하도록 넘겨주어야 했다. 그녀가 죽을 때 그녀 주변에 몇몇 신앙 동료들을 뒤로한 채, 이내 그녀는 로마의 원형극장에서 적대적이고 피에 굶주린 군중들과 마주치게 됐다. 오늘날의 기준으로 볼 때, 우리는 그녀가 끔찍한 죽음을 맞았다고 말해야만 한다. 하지만 3세기 이래의 기독교 전통은 그녀의 죽음을 영웅적인 믿음의 본보기와 그리스도를 본받는 믿음의 본보기로 인정해 왔다. 그녀는 자신이 죽음에 다가가는 것을 사탄과의 싸움으로 여기면서, 그 싸움에서 결국 승리를 했던 것이다. 또한 첫 번째의 기독교 순교자 스데반과 같은 유명한 순교 이야기들도 많이 있다. 스데반은 유대교 공의회를 향해서 설교하다가 돌에 맞아 죽었다.(사도행전 7장을 보라.) 퍼피튜아처럼 스데반은 물리적인 고통 속에서 적대적인 군중들 앞에서 굴욕적인 죽음을 맞았다. 하지만 죽음 전에 스데반은 예수가 하나님 우편에 서 있는 환상을 보다가, 이내 곧 돌에 맞아 죽었다. 그렇기 때문에 비록 스데반이 사람을 죽이려고 달려드는 군중들의 손에 고통스럽게 죽었다 할지라도, 교회는 그의 죽음을 죽어가면서 보여준 영웅적인 증언의 본보기로 인정해 왔던 것이다.

마지막으로 고통스럽고 괴롭고 치욕스럽고 고독하고 끔찍한 죽임을 당한 예수의 죽음을 논하고자 한다. 예수의 죽음이 선한 죽음이었는가? '그렇다'라고 말하는 것이 쉽지 않지만, 그렇다고 해서 '아니다'라고 말하기도 쉽지 않다. 십자가 형벌은 가능한 한 최고의 고통과 굴욕을 주기 위해서 고안된 것으로서, 실제로 십자가 형벌은 이러한 목적들을 충분히 충족시켰다. 또한 십자가 형벌은 최악의 공개적인 굴욕이기도 했다. 이런 이유로 예수는 자신의 대부분의 제자들에 의해서 버림받은 채로 죽음을 맞았던 것이다. 따라서 대부분의 사람들이 가진 선한 죽음의 기준에 따르면, 우리는 예수의 죽음이 끔찍한 죽음이었다고 말해야만 한다. 하지만 초기 기독교인들은 예수의 죽음을 죄 많은 인간을 하나님과 화해시키고 사망과 사탄의 권능을 패배시킨 승리로 해석했다. 이렇게 생각할 때 예수의 죽음은 곧 승리였던 바, 우리는 그 승리를 그의 고난과 겸비보다 더 중요한 것으로 여긴다.

여러 순교자들의 사례와 예수의 죽음을 통해서, 나는 기독교적 관점에서 볼 때 선한 죽음에 있어서 본질적으로 중요한 것은 하나님 안에서 죽는 것이라고 결론짓는 바이다. 분명히 고통 없이 죽는 것은 좋은 것이다. 꿈을 이룬 채 나이가 들어서 죽은 것도 좋은 것이다. 또한 가족과 사랑하는 사람들과 화해하면서 오래된 갈등을 회복하는 것과 그러면서 서로 용서하는 것 또한 중요한 일이다. 예수는 "만일 너희가 다른 사람의 잘못을 용서하지 않으면, 너희 아버지께서도 너희의 잘못을 용서하시지 않을 것"이라고 말했다.(마 6:15) 하지만 순교자들과 예수의 죽음에서 볼 수 있듯이, 어린 나이에 죽거나, 고통 가운데 죽거나, 원수들로 둘러 쌓인 채 죽거나 하는 문제보다 중요한 것이 있다. 즉 자신의 삶 가운데 하나님의 뜻을 이루면서 하나님과 화해한 채 죽는 것이 본질적으로 더 중요하다는 것이다.

아쉽게도 오늘날 많은 사람들이 순교자로 칭함을 받지 못하는데, 오늘날 사람들은 순교자라는 개념을 매우 극단적으로 여기는 것 같다. 하지만 중요한 것은 하나님 안에서 죽는 것만으로도 선한 죽음을 위해서 충분하다는 것이다. 하나님 안에서 죽는 것 외에 다른 것들은 결국 우리에게 해를 끼친다. 바울이 이 점을 로마서 8장에서 훌륭하게 진술했다. "내가 확신하노니 사망이나 생명이나 천사들이나 권세자들이나 현재 일이나 장래 일이나 능력이나 높음이나 깊음이나 다른 어떤 피조물이라도 우리를 우리 주 예수 그리스도 예수 안에 있는 하나님의 사랑에서 끊을 수 없으리라."(롬 8:38-39) 그렇다면 우리는 죽음을 믿음과 신뢰 가운데 우리 자신을 온전히 하나님께 굴복시키는 순간으로 이해되어야 한다. 죽음이 분명히 우리 삶에 있어서 최고의 시련이기도 하지만, 반대로 죽음이 최고의 기회이기도 하다는 것이다. 죽음의 영향권 속으로 들어가면서 우리는 본질적으로 더 중요한 것들을 쉽게 발견하게 된다.(이것이 「모리와 함께 한 화요일」 Tuesdays with Morrie이 말하고자 하는 내용이다.) 돈은 우리를 죽음으로부터 벗어나게 할 수 없다. 즉 우리가 가지고 있는 소유물이나 명성, 가족 또는 친구들이 우리를 죽음으로부터 벗어나게 해주지 못한다는 것이다. 결국 중요한 것은 사랑이다. 우리를 위한 하나님의 사랑, 하나님을 위한 우리의 사랑, 우리 자신과 다른 사람들과의 상호 간의 사랑이 중요하다는 것이다.

한편 죽음은 하나님에 대한 최종적인 거부가 될 수 있다. 모름지기 성경이 말하는 최악의 죽음은 가룟 유다의 죽음일 것이다. 가룟 유다는 친구들과 인간적인 위안으로부터 버림받고 죄에 압도당해서 하나님으로부터 단절된 채 자살했다.(비록 우리가 분명히 알 수는 없지만 그의 죽음은 최악의 죽음으로 여겨진다.) 죽음 시 우리는 최후의 선택의 순간을 맞게 된다. 그 순간에 우리가 하나님을 신뢰할 것인지 그렇지 않을 것인지를 결정하게 된다는 것이다. [357]

죽음을 준비하는 것

그렇다면 우리는 죽음을 어떻게 준비해야 하는가? 로버트 벨라민Robert Bellamine은 자신의 책 「잘 죽는 기술」The Art of Dying Well.(1620)에서 잘 죽기 위한 첫 번째 원칙이 잘 사는 것이라고 말한다. "잘 사는 사람이 잘 죽을 것이다."[358] 벨라민이 말하는 잘 사는 삶이란 세상적인 것들에 관한 애착을 버리고 믿음과 소망과 사랑을 실천하는 것, 금식하면서 기도하는 것, 가난한 자들에게 관대하게 나눠주는 것, 성만찬에 참여하는 것을 가리킨다. 이런 일들을 실천하기 위해서는 시간이 필요하다. 우리는 전 생애에 걸쳐서 이런 일들을 증진시켜 나가야 한다. 즉 이렇게 하는 것이 좋은 의사와 음악가와 운동선수와 학자가 되기 위한 훈련과도 같은 것으로서, 깊은 믿음과 소망과 사랑을 익히기 위해서는 집중하는 것과 매일 연습하는 것 그리고 끊임없는 인내가 요구된다는 것이다. 하지만 우리가 이러한 일을 할 필요가 없다고 하면서, 우리에게 필요한 것은 단지 구세주이신 예수 그리스도를 믿는 것이라고 대꾸할 사람도 있을 것이다. 예수 그리스도를 믿는 믿음으로 인해서 우리가 구원받는 동시에 모든 것이 잘 된다는 것이다. 나도 역시 우리가 그리스도와 하나님에 대한 믿음을 가져야 한다고 생각한다. 하지만 이미 말했듯이 믿음의 삶이 단지 '입으로 행하는 봉사'와 '지적인 믿음'만을 의미하는 것은 아니다. 믿음의 삶은 우리의 믿음을 매일 매일의 실천으로 이어지도록 만드는 것으로서, 이것은 '피상적인 믿음 이상'이다. 야고보는 다음과 같이 말한다. "우리 조상 아브라함이 그 아들 이삭을 제단에 바칠 때에 행함으로 의롭다 하심을 받은 것이 아니냐 네가 보거니와 믿음이 그의 행함과 함께 일하고 행함으로 믿음이 온전하게 되었느니라."(약 2:21-22) 디모데후서 기자도 다음과 같이 말한다. "나는 선한 싸움을 싸우고 나의 달려갈 길을 마치고 믿음을 지켰으니"(딤후 4:7) 또한 예수도 우리 각 사람이 자기 십자가를 매일 매일 져야 한다고 강조

했다.(눅 9:23) 이렇듯 믿음은 사랑과 사랑의 행위로 인해서 완성된다. 루터

(루터는 오직 믿음으로만 구원받음을 강조한 대사도였다.)조차도 믿음으로 의롭다 하심을

받은 기독교인이 이웃을 향해서 봉사의 직무를 행해야 한다고 주장했다.

"그러므로 사람은 자신의 모든 행위 속에서 자기가 행하는 모든 일들을

통해서 다른 사람들에게 봉사하고 그들에게 유익을 끼쳐야 한다. ... 그는

가난한 자들과 이웃의 이익을 생각해야 한다. ... 이것이 진정한 기독교인

의 삶이다. 믿음은 사랑을 통해서 움직이는 바(갈 5:60), 따라서 믿음은 가

장 자유로운 봉사의 행위 속에서 표출되고 기쁘게 행해져야 한다."[359]

그렇다면 임종 시의 회심은 어떤 의미를 지니는가? 우리가 죽음을 목

전에 둔 상태에서는 회개할 수 없고 구원받을 수 없는 것인가? 이 질문

에 관한 고전적인 성서적 표상은 '선한 강도'이다. 그 강도는 예수 옆에

서 십자가에 매달린 채 마지막 순간에 회개하면서 예수에게 당신의 나라

가 임할 때 자기를 기억해 달라고 요청했다. 이에 예수가 다음과 같이 대

답했다. "내가 진실로 네게 이르노니 오늘 네가 나와 함께 낙원에 있으니

라."(눅 23:43) 이 이야기는 누가복음에서만 등장하는데, 분명히 이것은 누

가 자신의 창작품이다. 마가복음은 이 이야기를 다르게 진술한다. "예수

와 함께 십자가에 못 박힌 자들도 예수를 욕하더라."(막 15:32) 하지만 그럼

에도 불구하고 이 구절(눅23:43-옮긴이)은 영감된 성서의 말씀으로서, 우리는

삶의 마지막 순간에 회개하고 구원받는 것이 가능하다고 말해야 한다. 이

주장과 관련해서 몇 가지 중요한 사안이 있다. 첫째로 그러한 변화(회심의

변화-옮긴이)에는 보통 오랜 준비가 선행되어야 한다. 즉 비록 그 사람의 의

식이 온전치 않은 상태일지라도 오랜 준비가 있어야 한다는 것이다. 현대

심리학도 오랜 반성의 기간을 거친 후에 중요한 결정을 하게 된다고 말한

다. 둘째로 진정한 임종 시의 회심은 매우 드문 경우에 속하는 것이다. 거

의 대부분의 사람들이 자기들이 살아온 대로 죽음을 맞게 된다는 것이다.

셋째로 누군가가 죽음에 임박해서 회개한다는 것은 일종의 모험으로서, 그것은 습관의 힘을 묵살하는 것과 같다. 선한 덕목들이나 나쁜 악덕들은 오랜 시간을 거쳐 습관화된 것으로서, 이것들이 한순간에 묵살되지 않는다는 것이다. 마지막으로 복음서가 말하는 회개metanoia는 완전한 태도의 변화를, 즉 '자기 중심'에서 '하나님 중심'으로의 변화를 의미한다. 따라서 삶의 마지막 순간에 두려움으로부터 벗어나서 그리스도께로 '회심한' 사람들에 대해서는, 그 회심이 얼마나 깊고 진실된 회심인가 하는 것을 의심할 필요가 있다. 요약하자면 분명히 우리는 사람들이 죽음을 앞두고 회개하는 것이 가능하다고 생각할 수 있다. 하지만 동시에 우리는 자신의 삶을 정리하면서 죽음을 준비하는 것을 마지막 순간으로 연기하는 것이 매우 위험하다는 것에 대해서도 알아야 하겠다.

우리가 죽음 이후에 사람이 자신의 마음을 바꿀 수 없다고 확신할 수 있을까? 기독교는 전통적으로 죽음 이후 회개의 가능성이 없다고 가르쳐 왔다. 하지만 나는 이렇게 단정짓는 것에 반대한다. 우리가 5장의 하워드 스톰Howard Storm의 사례에서 봤듯이, 그는 혼수상태 가운데 육체를 벗어난 상태에서 죽음이 가까웠을 때 먼저 자신의 삶을 돌아보면서 기도하기 시작했다. 그가 육체를 벗어난 상태에서 회개하면서 기도했지만, 만일 의식을 회복하지 못하고 죽었다면 어떻게 되는 것인가? 언뜻 보기에 그는 무신론자로 죽은 것처럼 보이지만, 하지만 죽어가면서 그는 회개를 했다. 따라서 나는 우리가 죽음 이후 그 사람에게 무슨 일이 일어나는지에 대해서 정확히 결론내릴 수 없다고 생각한다. 가톨릭교회와 동방정교회는 몇몇 사람들을 성인으로 선포하는 반면에, 지옥에 있는 사람이 누구인지(유다조차도 여기에 포함시키지 않는다.)에 대해서는 분명히 밝히지 않는다.

만일 죽음의 순간이 무언가를 결정하는 데 있어서 매우 중요한 시간이라면, 하나님과 함께 있거나 하나님을 대항할 것을 분명하게 결정하지 못한 채 갑작스럽게 죽은 사람들은 무엇인가? 내가 보기에 우리는 이 문제를 분명하게 알 수 없는 것처럼 보인다. 나는 죽음을 지나 사후세계로 들어간 이후에 그 사람의 의식이 명료해져서, 거기서 예전과 달리 하나님과 그리스도의 사랑 안에서 성장할 것을 선택할 수 있다고 예상한다. 또한 나는 이 세상에서 이해할 수 없었던 일들을 사후세계에서 깨닫게 될 것이라고 예상한다. 거기서도 존재하는 모든 것의 수여자giver이자 유지자sustainer이시고, 삶의 목표가 되시는 분은 하나님이시다. 거기서도 우리는 예수 그리스도를 통해서 하나님의 사랑과 교제 가운데로 들어가게 된다. 이것이 사실이라면, 비록 사후세계라 할지라도 인간은 하나님의 사랑 가운데 계속해서 성장할 수 있는 가능성을 지닌다고 할 수 있겠다.

이러한 담론은 성장하기 전에 죽은 유아들과 아이들에게도 똑같이 적용될 수 있다. 따라서 그들이 하나님에 의해서 거부된다고 생각할 하등의 이유는 없다. 이 세상에서의 삶 가운데 그들은 성숙으로 나아갈 수 있는 기회를 갖지 못했을 뿐이다. 이렇게 유아들과 아이들의 구원이 타당성을 지니게 되는 것이 하나님께로 나아가는 정화와 성장의 과정이 죽음 이후에도 가능하다고 하는 중간상태가 갖는 강점 가운데 하나이다. 그러므로 우리는 어거스틴이 생각했던 것처럼 그 아이들이 지옥에 떨어지는 것으로, 또한 그 아이들이 하나님의 결정 없이 즉시 완전해져서 성자가 된다고 생각할 필요가 없다. 오히려 우리는 그 아이들이 중간상태를 거쳐서 계속해서 하나님께로 여행하는 것으로 생각해야 한다. 이 세상에서 겪는 모든 고난과 역경에도 불구하고 우리가 성장해 나가듯이, 그렇게 그 아이들도 거기에서 사랑 가운데 성장해 나간다는 것이다.

자살은 어떤가? 나는 자살 문제를 9장에서 다뤘다. 그렇기 때문에 여기서 나는 간략하게 자살한 사람들이 죽어서 우리의 기도가 필요한 사람들과 똑같은 어려움에 처하게 된다는 것에 대해서만 언급할 뿐 그 이상은 다루지 않겠다.

죽음으로의 여행

죽음에 대한 준비는 긴 여행을 위한 준비와 비슷하다. 우리가 집과 재산을 팔고 친구들과 친척들을 남겨놓은 채 알지 못하는 먼 땅으로 떠난다고 가정해 보자. 그 여행 자체는 세 가지 요소를 지닌다. '출발'과 '여행 자체' 그리고 '도착'이다. 이 세 가지 요소를 차례대로 고찰하면서 이런 질문을 던져보자. 죽음에로의 여행을 위해서 우리에게 필요한 것이 무엇인가? 출발을 위해서는 우리의 손에서 소유물들을 놓는 것이 요구된다. 선한 죽음으로 가는데 있어서 가장 큰 장애물 중 하나는 우리가 이 세상에 속한 것들에, 즉 돈과 재산과 우리의 자아와 가족과 친구들 같은 것에 지나치게 애착을 갖는 것이다. 이것들에 대한 애착이 쥐고 있던 것을 놓고 출발하지 못하도록 우리를 가로막는다. 비옥의 책에 젊은 엄마의 이야기가 나온다. 그녀는 아이들과 가족을 놓을 수가 없었다. 따라서 그녀는 모든 고통을 인내하면서 암과 싸워 죽음을 연장시켰지만, 결국 죽고 말았다. 그녀의 죽음 이후에도 그녀의 남편이 그 집에서 그녀의 존재를 느낄 정도로 가족들에 대한 그녀의 애착은 컸다. 즉 죽음 이후에도 그녀는 가족을 놓은 채 새롭게 출발할 수가 없었던 것이다.[360] 우리를 둘러싼 문화가 우리에게 더 많은 돈과 재산을 쌓을 것을 권하고, 그러한 소유물들이 곧 우리의 정체성에 있어서 중요한 것이 되기 때문에 그러한 소유물들을 손에서 놓기란 실상 매우 어려운 일이다. 많은 사람들이 자신들의 삶에서

이 문제를 온전하게 처리하지 못하고 있다. 하지만 죽음을 준비하는 것은 본질적으로 매우 중요한 일이다. 죽음을 올바르게 준비하지 않는다면, 우리는 여행을 떠나면서도 여전히 뒤를 돌아볼 수 있음을 알아야 한다.

여행을 떠나기 위해서 우리에게 필요한 것이 무엇인가? 우리는 소유물들을 가지고 여행을 떠날 수 없다. 불교도들은 우리가 죽음의 문을 통과하는데 있어서 바늘 하나조차도, 실오라기 하나조차도 취할 수 없다고 말한다. 단지 그때 우리가 취할 수 있는 것은 우리의 영혼과 마음뿐이다. 즉 우리의 기억들과 태도들, 믿음과 소망과 사랑, 그리고 하나님과 예수와의 관계만이 죽음의 관문을 통과할 수 있다는 것이다. 믿음과 소망과 사랑은 소위 말하는 신학적인 덕목들이다. 이것들은 하나님이 주신 선물(이것들은 하나님의 은총에 기인한다.)이지만, 그러나 동시에 이것들은 우리가 가꿔야 하는 덕목들이기도 하다. 하나님이 선물로 주신 덕목들을 어떻게 가꾸고 발전시켜야 하는가? 믿음은 곧 하나님을 신뢰하는 것으로서, 우리는 믿음 없이 하나님을 볼 수 없다.(히 11장) 소망은 하나님 안에 근거해 있는 것으로서, 소망이 없다면 장래 이뤄질 일들을 볼 수가 없다. 사랑은 하나님과 이웃에 대한 사랑을 의미한다. 이러한 하나님의 선물들을 가꾸는 전통적인 방식은 다음과 같다. 그러한 선물들을 달라고 하나님께 기도하는 것이다. 성서를 읽으면서 연구하는 것이다. 거룩한 사람들(믿음과 소망과 사랑의 삶을 산 사람들)이 쓴 책들을 읽는 것이다. 또한 그러한 은사들을 가진 사람들, 다시 말해서 기독교 공동체에 속한 사람들과 교제하는 것이다. 이러한 것들이 하나님이 주신 선물을 가꾸기 위해서 구세대 기독교인들이 일반적으로 행하는 실천사항이었다. 하지만 이러한 것들이 오늘날의 기독교인들에게, 특히 여러 각종 매체에 의해서 크게 영향을 받고 있는 젊은 기독교인들에게 딱 들어맞지는 않는다. 이러한 방식으로는 믿음과 소망과 사랑을 깊게 발전시킬 수 없다. 이것이 우리가 여러 시간을 거쳐서 죽음을 준비해야 하는 이유이다.

　우리는 죽음 시 직면하게 될 심판을 세관 본부customs station로 생각할 수 있다. 세관 본부의 허락 없이 다른 나라에 들어갈 수 있겠는가? 믿음과 소망과 사랑 중, 특히 사랑이 다른 나라에 들어가기 위한 여권旅券이 될 것이다. 또한 많은 기독교인들(특히 가톨릭 신자들)은 지상에서의 우리의 행실들이 우리가 받게 될 심판의 요인이 될 것이라고 믿는다.(마 25:31-46) 여행을 위해서는 또한 사랑이 필요하다. 이유는 천국이 사랑의 영역이기 때문이다. 바울은 '사랑에는 끝이 없다'고 말한다.(고전 13:8) 천국에서 믿음은 종결될 것이다. 이유는 천국에서는 우리가 하나님을 직접적으로 알 수 있기 때문이다. 또한 천국에서는 소망도 종결될 것이다. 이유는 하나님의 임재 속에서 우리의 소망이 성취될 것이기 때문이다. 하지만 사랑은 천국의 유통화폐이다. 사랑이 우리가 천국에서 하나님과 관계를 맺을 유일한 방식이라는 것이다. 또한 사랑은 천국에서 우리의 동료가 될 축복받은 사람들과 관련을 맺을 방식이기도 하다. 나이가서 천국이 무한히신 하나님께로 나아가는 끝없는 모험이자 탐험이라면, 니사의 그레고리가 말하듯이 하나님을 알아가는 우리의 지식 역시 계속될 것이다. 따라서 천국에는 '사랑'과 '지식'만이 있게 될 것이다. 하지만 결국 이것들은 하나가 될 것이다. 천국에서 추구되는 지식은 '개념적인 지식'이 아니라 사랑하는 사람들이 서로 사랑을 나누는 것과 같은 '직관적인 지식'이다. 또한 천국에서의 사랑에는 사랑하는 자들에 관한 지식이 동반될 것이다. 바울은 다음과 같이 말한다. "그때에는 주께서 나를 아신 것 같이 내가 온전히 알리라."(고전 13:12) 마지막으로 천국에 아름다움이라는 가치도 역시 존재하게 될 것이다. 이것은 특히 임사체험 보고로부터 알게 된 사안이다. 임사 체험자들은 그 무엇보다도 근사한 아름다움의 영역을 보았다고 말한다. 그들은 이 영역이 인간의 상상을 초월한다고 말한다.

물론 천국은 신비이다. 천국에 우리가 알 수 없는 많은 것들이 있는 것이 사실이고, 우리는 천국에 도착한 후에야 그것들을 발견하게 될 것이다. 하지만 우리가 천국과 사후세계에 대해서 아무것도 알지 못한다고 말할 수는 없다. 우리는 천국에서 우리 자신이 사랑의 연합 가운데 하나님과 더불어 성인들과 함께 있게 된다는 것을 알고 있다. 기독교인들과 교회는 늘 이 희망을 품어왔다. 현재의 우리에게 있어서, 이것은 이 땅에서 기쁨 가운데 살 수 있도록 만드는 그 어떤 희망보다도, 더 위대한 희망이라 할 수 있다.

미주

01 Jim McDermott, "Christ and Secular Sweden: An Interview with Klaus Dietz about the Swedish Chruch," *America*, December 24-31, 2007, 16.

02 Carl Sagan, *Cosmos* (New York: Ballantine Books, 1985), 1.

03 아인슈타인도 역시 하나님 존재를 믿었던 바, 그는 하나님을 "구세대에 속하는 존재"로 여겼다. 아인슈타인이 믿는 하나님은 인격적인 기도에 답변하는 분이 아니다.

04 John Hick, *The Fifth Dimension* (1999; Oxford: OneWorld, repr., 2004), 14.

05 나는 이러한 도전을 나의 이전 책 「신성한 우주」에서 길게 다뤘다. cf) *The Sacred Cosmos* (Grand Rapids: Brazos, 2003).

06 Hans Urs von Balthasar, *Dare We Hope That All Men Be Saved?* (San Francisco: Ignatius, 1988).

07 N. T. Wright, *The Resurrection of the Son of God* (Minneapolis: Fortress, 2003).

08 중간기 작품들의 입문서와 주석과 관련해서는 다음의 책을 참조하라. James Charlesworth, ed., The Old Testament Psedepigrapha, 2 vols. (New York: Doubleday, 1983-85). cf) 구약성서의 표준적 입문서와 관련해서는 다음의 책을 참조하라. Lawrence Boadt, *Reading the Old Testament* (Mahwah, NY: Paulist Press, 1984).

09 '죽은 자들이 체류하는 장소로서의 지하세계'가 구약성서에서 여러 번 언급된다. 루이스(Theodore Lewis)는 다음과 같이 말한다. "구약성서에 죽은 자들의 체류를 나타내기 위해 여러 용어들이 사용된다. 이 용어들이 상호간에 병행해서 사용되기도 한다. 이 용어들 중에 가장 일반적인 것이 스올이다. 스올과 '죽음'을 뜻하는 'mawet'이 죽음의 영역을 말하기 위해 구약성서에서 사용된다. ..." 지하세계에 관한 히브리적 개념은 이집트와 메소포타미아의 개념과 유사성을 갖는다. "이집트와 메소포타미아의 작품에서 발견되는 지하세계에 관한 정교한 설명들과 비교해 볼 때, 우리는 스올을 자세하게 묘사해 주는 세부 사안들을 거의 갖고 있지 않다. ... 우리는 이집트인들이 지하세계에서 죽은 자들을 위한 '안내서들'을 갖고 있음을 생각해 볼 수 있다. 이 안내서들이 죽은 자들을 가지각색의 문들과 동굴들로 인도한다. 지하세계에로의 이슈타르(Ishtar)의 하강과 관련된 메소포타미아의 이야기는 '돌아올 수 없는 땅'으로 여행하는 사람들을 설명해 준다. 이 땅은 '빛이 없는' 장소로서, 거기서는 먼지가 자양물이고 진흙이 음식이다." 이와 관련해서 다음의 책을 참조하라. Theodore Lewis, "Dead, Abode of," in *The Anchor Bible Dictionary*, ed. David Noel Friedman, 6

vols. (New York: Doubleday, 1992), 2:101-102. 지하세계를 나타내는 여러 단어들이 있듯이, 죽은 자들을 나타내는 데에도 여러 개의 단어들이 있다. "죽은 자들의 영역에서 생명(metim)은 죽은 자들의 망령인 '르바임'(rephaim)으로 불리워진다. (예컨대 사 26:14, 19; 시 88:11[10]절을 보라). 오래 전에 죽은 사람들을 나타내는 '케메테 올람'(kemete olam, 시 143:3; 애 3:6)은 죽은 자들의 영역을 특징화시킨 그림자 같은 존재를 의미한다." (Heinz-Josef Fabry, K.-J. Illman, and Helmer Ringgren, "מות mût," in *Theological Dictionary of the Old Testament*, ed. G. Johannes Botterweck et al., 15 vols. [Grand Rapids: Eerdmans, 1974-2006], 8:204-5). 이처럼 구약성서에 "지하세계"와 "죽은 자들"을 나타내는 여러 단어들이 있다. 그 단어들은 자주 병행해서 사용되며, 동일한 의미들을 나타낸다. 또한 이집트어와 메소포타미아어와 그리스어에 개별적으로 사용된 그 병행구들은 지하세계와 동일한 의미를 갖는다. 지하세계와 죽음과 사후세계에 관한 고대 이스라엘 개념의 바람직한 표명과 관련해서 다음을 참조하라. Helmer Ringgren, *Israelite Religion* (Philadelphia: Fortress, 1966), 239-247.

10 Robert Gundry, Sōma in *Biblical Theology with Emphasis on Pauline Anthropology* (Cambridge: Cambridge University Press, 1976), 121.

11 새로 나온 예루살렘 성경은 히브리어 네페쉬(nephesh)를 "영혼"으로 번역하고 있다.

12 Gundry, *Sōma in Biblical Theology*, 121.

13 Bill T. Arnold는 이 구절을 "이원론적으로" 해석하는 것에 문제를 제기하면서, 이 구절에서 사무엘이 물리적 몸으로 소생된 것 같다고 말한다. 하지만 이러한 물리적 몸의 소생은 "예수의 몸의 부활"과는 다르다고 할 수 있다. 또한 이것은 소생이 아니다. 그 이유는 사무엘이 라마(Ramah)에 매장되어 있었기 때문이다. 사울이 방문한 엔돌의 무당이 있던 곳은 라마에서 대략 35마일 정도 떨어져 있었다. 또한 무당들은 죽은 자들을 소생시키지 못했다. 단지 그들은 죽은 자들의 영과 접촉했을 뿐이다. 마지막으로 그 구절은 여자가 "내가 한 영(elohim)이 땅에서 올라오는 것을 보았다"고 말한 것을 언급하고 있다(삼상 28:13 RSV). 이것은 소생된 몸이 아니라 영혼을 가리키는 듯하다. Arnold도 죽은 자들에 관한 히브리적 사유가 헬라적 사유처럼 이원론적이지 않고 통전적이라고 말하는 바, 나는 그의 지적에 동의한다. 이와 관련해서 다음을 참조하라. Bill T. Arnold "Soul-Searching Questions about 1 Samuel 28," in *What about the Soul? Neuroscience and Christian Antoropology*, ed. Joel Green (Nashville: Abingdon, 2004), 75-83.

14 Mark S. Smith는 르바임(rephaim)에 대해 다음과 같이 말한다. "잠언서에 나오는 르바임에 관한 언급들은 이것들이 지하세계에 거하는 죽은 자들인 것을 가르쳐 준다. 잠언 2장 18절에서 잠언 기자는 '어리석은 자의 집이 사망으로 또는 르바임으로 기울어진다'고 말한다. 잠언 9장 18절에 따르면 어리석은 자는 르바임이 지하세계에 속하는 것임을 알지 못한다." 한편 잠언 21장 16절은 르바임을 '모임'으로 묘사한다. Smith는 르바임에 관한 이스라엘 언어의 의미가 우가릿어의 구절들과 퓨닉 라틴어의 구절들과 병행구를 이룬다고 말한다. 이와 관련해서 다음을 참조하라. Mark S. Smith, "Rephaim", in *The Anchor Bible Dictionary*, 5:675.

15 Homer, *The Odyssey* 4, trans. Robert Fitzgerald (Garden City, NY: Doubleday, 1961), 97-212. 오디세이의 모든 인용구들은 이 번역판에서 가져온 것들이다.

16 이 구절들과 구약성서의 인간에 관한 세심한 분석과 관련해서 다음을 참조하라. John W. Cooper, *Body, Soul, and Life Everlasting* (1989; Grand Rapids: Eerdmans, repr., 2000), 33-72. Gundry, *Sōma in Biblical Theology*, 117-134.

17 N. T. Wright, *The Resurrection of the Son of God* (Minneapolis: Fortress, 2003), 99.

18 같은 책, p. 102.

19 Wright는 기원전 500년 경의 그리스의 꽃병 그림에서 영혼을 죽은 전사의 몸을 떠돌아다니는 작은 인간으로 묘사하고 있는 것에 주목한다. 같은 책, p. 48.

20 Wright, *The Resurrection*, 113.

21 같은 책, p. 125.

22 같은 책, p. 164.

23 예컨대 이와 관련해서 다음을 참조하라. Brian Edgar, "Biblical Anthropology and the Intermediate State: Part 1," *Evangelical Quarterly* 74, no. 2 (2002): 109-121. 또한 다음을 참조하라. Joel Green, Body, *Soul, and Human Life: The Nature of Humanity in the Bible* (Grand Rapids: Baker Academic, 2008), esp. chaps. 1 and 5. 구약성서의 중간상태와 관련해서 Green은 다음과 같이 말한다. "스올에 거하는 사람들에 대해 말하는 본문들에서, 우리는 인간 존재(이것은 영혼 또는 영 또는 다른 것일 수 있다)의 본질적인 부분이 죽음 이후에도 살아있다는 언급을 발견하지 못한다. ... 르바임을 살아있는 존재나 '인격적 존재'로 간주하는 기타 다른 본문들에서도 이러한 언급이 발견되지 않는다"(154-156). ... 위에서 인용한 구절

들 가운데, 특히 이사야 14장은 스올에 거하는 죽은 르바임이 새롭게 선출된 바벨론 왕에게 인사하기 위해 깨어나는 것으로 묘사한다. 또한 Green이 자신의 책에서 묵살하고 있는 사무엘상 28장을 보게 되면, 거기서의 심판이 그 본문들에 적절치 못한 것을 알 수 있다. 나아가서 만일 그린이 옳다면, 죽은 자들에 관한 고대 히브리인들의 개념은 전적으로 이웃 나라들(이집트, 메소포타미아, 그리스 등)과 달랐던 것이 된다. 이들 나라들은 죽은 자들이 지하세계에서 계속 존재하는 것이라고 여겼다(각주 2번을 보라). 그러므로 죽은 자들에 관한 고대 히브리인들의 개념은 이웃 나라들의 개념과 완전히 다른 것이 아니라 유사했다고 할 수 있다. John Cooper는 다음과 같이 말한다. "살아있는 자와 죽은 자 사이에 연속성이 존재한다. ... 즉 죽은 사무엘은 여전히 사무엘일 뿐, 사무엘과 다른 그 누군가는 아니다. ... 죽은 사무엘은 플라톤적 개념의 '영혼'이나 데카르트적 개념의 '정신'이 아니라, '망령' 또는 '영혼'이다. 플라톤과 데카르트에게 있어서 영혼은 비물질적이고 비공간적인 것이다. 따라서 영혼은 인간의 감각으로 인식될 수 없다. 이와는 달리 죽은 사무엘은 시각적인 외형을 갖고 있었기 때문에 그 형태를 인식할 수 있었다." (Cooper, *Body, Soul, and Life Everlasting*, 58-59). Helmer Ringgren도 이사야 14장을 주석하면서 다음과 같이 말한다. "우리는 죽은 자들이 희미한 망령들로 살아있으면서도, 그들이 지상적인 위풍당당함을 갖고 있음을 발견하게 된다." (Ringgren, Israelite Religion, 245). 이와 유사하게 Walther Eichrodt도 다음과 같이 말한다. "이스라엘은 전적으로 죽은 사람의 그림자 같은 형태가 그 자신으로부터 분리돼서 벌거벗은 존재로 이어지면서 계속 존속한다는 원시적 형태의 믿음을 갖고 있었다. ... 따라서 살아있는 인간의 어느 한 부분이 생존해 있는 것이 아니라, 전인으로서의 그림자 같은 형태가 생존해 있는 것이다." (Walther Eichrodt, *The Theology of the Old Testament*, vol. 2, trans. J. A. Baker [Philadelphia: Westminster, 1967], 214). 이 점과 관련해서 나는 그린보다는 아이히로트와 쿠퍼와 린그린과 로버트 건드리와 톰 라이트를 따른다. 인용된 본문들에 기초해서, 독자는 옳은 것을 선택할 수 있을 것이다.

24 이와 관련해서 다음을 참조하라. Oscar Cullmann, *Immortality of the Soul, or Resurrection of the Dead?* (London: Epworth Press, 1958).

25 Wright, *The Resurrection*, 129.

26 James Barr, *The Garden of Eden and the Hope of Immortality* (Minneapolis: Fortress, 1993), 99.

27 Ringgren, *Israelite Religion*, 242.

28 Cooper, *Body, Soul, and Life Everlasting*, 70.

29 「솔로몬의 지혜서」는 히브리 성서와 개신교 성서에 포함되지 않았다. 히브리 성서와 신약성서의 정경화 작업은 복잡한 과정 속에서 이루어졌다. 초대교회는 「70인역」(헬라어로 번역된 히브리 성서)을 성서로 사용했다. 「70인역」은 후기 히브리 저작들을 포함하고 있는 바, 이것들 가운데 「솔로몬의 지혜서」같이 헬라어로 기록된 저작들이 있었다. 하지만 대략적으로 70년 예루살렘의 멸망 이후 히브리 성서의 정경화 작업이 이루어졌을 때, 대부분의 후기 저작들과 헬라어로 쓰인 저작들이 성서에서 제외됐다. 루터는 자신의 성서에서 히브리 정경을 따랐기 때문에, 가톨릭교회의 성서에 포함된 많은 구약성서의 책들이 루터의 성서에서 빠지게 됐다. 즉 루터가 「시락서」Sirach와 「마카비 상하서」와 「솔로몬의 지혜서」를 빼버렸던 것이다. 「솔로몬의 지혜서」에 대한 배경과 주석과 관련해서 다음을 참조하라. "Solomon, Wisdom of," in *The Anchor Bible Dictionary*, 6:120-127.

30 이와 관련해서 플라톤의 유명한 대화편 Phaedo를 참조하라. "파이돈은 소크라테스의 죽음을 기술하고 있다. 소크라테스는 죽음의 목전에서도 울지 않았는데, 그 이유는 죽음 이후에 육체의 감옥을 떠나 더 나은 곳으로 간다고 생각했기 때문이다."

31 N. T. Wright, *The New Testament and the People of God* (Minneapolis: Fortress, 1992), 329-331. 또한 다음을 참조하라. Wright, *Resurrection*, 164-175.

32 일차자료들과 관련해서 다음을 참조하라. Charlesworth, *Old Testament Pseudepigrapha*. 「에녹 1서」와 「바룩 2서」와 「에스라 4서」 그리고 「모세의 승천기」가 특히 더 중요한 일차자료들에 해당된다. 이차자료와 관련해서 다음을 참조하라. J. J. Collins, *The Apocalyptic Imagination* (1984; Grand Rapids: Eerdmans, repr., 1998); Paul Hanson, *Old Testament Apocalyptic* (Nashville: Abingdon, 1987); Christopher Rowland, *The Open Heaven: A Study of Apocalyptic in Judaism and Early Christianity* (New York: Crossroad, 1982): D. S. Russell, *The Message and Method of Jewish Apocalyptic* (Philadelphia: Westminster, 1964). 또한 다음을 참조하라. "Apocalypses and Apocalypticism," in *The Anchor Bible Dictionary*, 1:279-292. 영화와 대중매체로 묵시문학을 연구하려면 다음을 참조하라. John Martens, *The End of the World* (Winnipeg: J. Gordon Schillingford, 2003).

33 C. K. Barrett, "New Testament Eschatology," *Scottish Journal of Theology* 6,

no. 2 (June 1953): 138, cited in Rowland, *Open Heaven*, 2-3.

34　Rowland, *Open Heaven*, 1-5, 23-29. The Anchor Bible Dictionary는 묵시문학을 "이야기 구조를 가진 혁명적인 문학 장르로 규정함에 있어서 Collins를 따른다. 묵시문학에서 계시는 '저 세상적인 존재'로부터 '인간 수령인'에게 전해지는 것으로서, 초월적인 실재를 드러내 준다. 한편으로 종말론적인 구원을 드러낸다는 점에 있어서 계시는 '현세적이기도' 하고, 다른 한편으로 또 다른 초자연적인 세상을 다룬다는 점에 있어서 계시는 '공간적이기도' 하다." (J. J. Collins, ed., *Apocalypse: The Morphology of a Genre*, Semeia 14 [Missoula, MT: Scholars Press, 1979], 9, quoted in "Apocalypses and Apocalypticism," 279).

35　D. S. Russell, "Life after Death," chap. 14 in *The Method and Message of Jewish Apocalytic*, 200 BC-AD 100 (Philadelphia: Westminster, 1964).

36　같은 책, p. 357-360.

37　같은 책, p. 360.

38　같은 책, p. 361.

39　같은 책, p. 360-361.

40　같은 책, p. 365.

41　같은 책, p. 377.

42　같은 책, p. 380.

43　같은 책, p. 381.

44　Josephus, *The Antiquities of the Jews* 18.1.4, in *Josephus: The Complete Works*, trans. William Whiston, new updated ed. (Peabody, MA: Hendrickson, 1987), 477. 또한 사도행전 23장 6-10절을 참조하라. Wright, *Resurrection*, 134; John Meier, *A Marginal Jew: Rethinking Historical Jesus*, vol. 3, *Companions and Competitors* (New York: Doubleday 2001), 387-487.

45　Josephus, *The Antiquities* 18.1.3, in Whiston, *Josephus*, 477.

46　Wright, *Resurrection*, 181-189. 또한 다음을 참조하라. Josephus, *Antiquities* 18.1.5; Josephus, *The Wars of the Jews* 2.7.

47　이와 관련해서 요 11장 23절에서 예수가 "네 오라비가 다시 살아날 것이라"고 말한 것을 들은 이후에 마르다가 보인 반응을 보라. 마르다는 "마지막 날 부활 때에 그가 다시 살아날 줄을 아나이다"(24절)라고 말했다. 이로 인해 그 당시의 평범한 유대인들이 부

활에 관해 일반적인 사고를 하고 있었음을 알게 된다.

48 Wright, *Resurrection*, 129-130.

49 같은 책, p. 205.

50 같은 책.

51 John P. Meier, *A Marginal Jew: Rethinking the Historical Jesus*, vol. 2, *Mentor, Message, and Miracles* (New York: Doubleday, 1994), 331.

52 같은 책.

53 강경한 어조의 이 구절은 여러 주석학적 문제들을 내포하고 있다. 이 구절은 단지 마태복음에서만 발견된다. 몇 몇의 학자들은 이 구절이 지상의 예수가 말한 것이 아니라 마태 공동체의 삽입이라고 주장한다. 그러나 예수가 이 비유를 말했는가 하는 것과 상관없이, 이 구절은 여전히 성령의 권위 하에 영감된 하나님의 말씀으로 우리에게 전해진다.

54 John Meier는 포괄적으로 하나님 나라가 종말론적이면서도 현재적이라고 주장한다. 이와 관련해서 다음을 참조하라. Meier, *Marginal Jew*, 2:289-454.

55 하나님 나라의 초월적 차원이 다음과 같은 예수의 언급에서 명백하게 보여진다. "너희에게 이르노니 동 서로부터 많은 사람이 이르러 아브라함과 이삭과 야곱과 함께 천국에 앉으려니와 그 나라의 본 자손들은 바깥 어두운 데로 쫓겨나 거기서 울며 이를 갈게 되리라" (마 8:11-12). 하나님 나라에서 사람들이 오래 전에 죽은 조상들을 만난다는 사실은 그 나라가 단순히 이 세상적인 나라가 아니라 초월적인 나라로서, 죽은 자들을 포함하고 있음을 가르쳐 준다.

56 유대교에서 동물의 희생 제사가 사라졌다. 그 이유는 예루살렘 성전이 70년에 파괴된 이후에 다시 지어지지 않았기 때문이다.

57 이에 대한 고전적인 연구와 관련해서 다음을 참조하라. Gustaf Aulen, *Christus Victor* (New York: Macmillan, 1969).

58 N. T. Wright, *The Resurrection of the Son of God* (Minneapolis: Fortress, 2003), 205.

59 바울서신들은 대략 51년에서 58년에 쓰여졌다. 가장 초기의 복음서인 마가복음은 68년에서 73년에 쓰여졌다. 일반적으로 마태복음과 누가복음은 대략 85년 경에 쓰여졌고, 요한복음은 80년에서 110년 사이에 쓰여졌다.

60 Wright, *Resurrection*, 477-478.

61 이와 관련해서 다음을 참조하라. Pheme Perkins, *Resurrection* (Garden City, NY: Doubleday, 1984), 17-22.

62 요한복음 21장은 일반적으로 본래의 복음서 판 이후 다른 저자에 의해 덧붙여진 에필로그로 간주된다.

63 N. T. Wright, *Surprised by Hope* (New York: HarperCollins, 2008), 111, 115.

64 Wright, *Resurrection*, 129-130.

65 이 구절들과 다른 구절들에 관한 보다 광범위한 토론과 관련해서 다음을 참조하라. John W. Cooper, *Body, Soul, and Life Everlasting* (1989; repr., Grand Rapids: Eerdmans, 2000).

66 Joel Green, *Body, Soul, and Human Life: The Nature of Humanity in the Bible* (Grand Rapids: Baker Academic, 2008), 159-163. 비록 이 비유와 관련해서 여러 번 문제를 제기했음에도 불구하고, Green은 이 비유에 관한 자신의 입장을 분명하게 밝히지 않았다. 그는 자신의 책 거의 끝 부분에서 다음과 같이 말한다. "현대의 유대교 저작 속에 있는 중간상태에 관한 다양한 언급들과 관련해서, 우리는 누가의 비유와 병행하는 개념들이 발견되는 것으로 인해 놀라지 말아야 한다. 하지만 중간상태로 표현되는 다양한 방식들을 보면(일시성과 공간성 뿐 아니라 이 세상에서의 인간 존재의 본성과 관련해서), 우리가 만일 예수가 이 비유 속에서 이 세상과 다음 세상의 때와 장소에 있는 육신을 떠난 존재에 대해 말하는 것이라고 생각한다면, 그것은 무분별한 행동이 될 것이다"(p. 163). 이후에 그는 다음과 같이 말한다. "진정 누가복음 본문과 가장 가까운 병행구들이 현대의 유대교 저작 속에서 발견되는 것이 사실이다. 유대교 저작에서 죽은 자들은 시간도, 무언가를 기다리는 공간도 경험하지 않은 채, 죽음 이후 즉시 영원한 보상을 받는다"(p. 165). 이것은 죽은 자들의 몸이 땅에 남아 있음에도 불구하고, 그들이 죽음 이후 즉시 소생됨을 말하는 것처럼 보인다. 나는 이 견해를 7장에서 다룰 것이다.

67 같은 책, p. 166.

68 같은 책, p. 163.

69 Green은 이 구절이 중간상태와 관련이 있다고 하지만, 낙원과 관련해서 더 일반적인 사용은 의로운 자들이 하나님과 함께 있는 마지막 때와 관련된다고 말한다 (Body, Soul, and Human Life, 163-165를 참조하라). John Cooper는 예수의 약속이 죽어가는 강도가 그 날에 낙원에서 예수와 함께 있게 될 것임을 의미한다고 여긴다.(*Body, Soul, and Life Everlasting*, 127-129를 참조하라.)

70 Robert Gundry는 다음과 같이 말한다. "신구약 중간기와 신약성서 시기의 유대교 저작을 살펴볼 때, 우리는 매우 분명하고 광범위한 인간학적 이원론을 발견하게 된다. 따라서 후기 유대교에서 이원론은 규범적인 개념으로 정당하게 묘사된다고 할 수 있다" (*Sōma in Biblical Theology with Emphasis on Pauline Anthropology* [Cambridge: Cambridge University Press, 1976], 87).

71 이와 관련해서 다음을 참조하라. Ben Meyer, "Did Paul's View of the Resurrection of the Dead Undergo Development?" in *Critical Realism and the New Testament* (Allison Park, PA: Pickwick, 1989), 99-128, esp. 115.

72 James Barr, *The Garden of Eden and the Hope of Immortality* (Minneapolis: Fortress, 1992), 114.

73 이 주제에 관한 보다 자세한 논증과 관련해서 다음을 참조하라. Cooper, *Body, Soul, and Life Everlasting*.

74 N. T. Wright, *Jesus and the Victory of God* (Minneapolis: Fortress, 1996), 345.

75 Meier, *Marginal Jew*, 2:331-332 and elsewhere.

76 계시록에 관한 좋은 주석과 관련해서 다음을 참조하라. Catherine Cory, *The Book of Revelation* (Collegeville, MN: Liturgical Press, 2006).

77 Gregory of Nyssa, *The Life of Moses* 2.239, trans. Abraham Malherbe and Everett Ferguson, Classics of Spirituality (New York: Paulist Press, 1978), 116.

78 영어로 된 교부들의 저작들과 관련해서 다음을 참조하라. *The Ante-Nicene Fathers*, ed. A. Roberts and James Donaldson (10 vols.; hereafter ANF); *The Nicene and Post Nicene Fathers*, first series, ed. Philip Schaff (14 vols.; hereafter NPNF 1); and *The Nicene and Post Nicene Fathers*, second series, ed. Philip Schaff and Henry Wace (14 vols.; hereafter NPNF 2). 이 시리즈는 애초에 1885-1890년에 기독교문서선교회에 의해 출판됐다가, 이후에 Hendrickson 출판사 (Peabody, MA, 1995)에서 38권으로 다시 출판됐다.

79 퍼피튜아의 순교와 관련해서 다음을 참조하라. The Passion of SS. *Perpetua and Felicity*, MM, trans. W. H. Sherwing (London: Sheed and Ward, 1931; repr., San Francisco: Ignatius Press, 2002).

80 폴리갑의 순교와 관련해서 다음을 참조하라. *The Martyrdom of Polycarp* 14.2, in Cyril Richardson, *Early Christian Fathers* (1970; repr., New York: Macmillan, 1979), 154.

81 Eusubius, *History of the Church* 6.42, trans. G. A. Williamson, rev. ed. (London: Penguin Books, 1989), 214. 이 인용구절과 관련해서 나는 나의 동료 Dr. Michael Hollerich의 도움을 받았다. *History of the Church*에 관한 모든 참고문헌들은 이 번역판에 속한다.

82 이 부분과 그 다음 부분에 대해, 나는 Fr. Brian E. Daley의 해석에 의존하고 있다. 나는 Daley의 책 *The Hope of the Early Church* (New York: Cambridge University Press, 1991; repr., Peabody, MA: Hendrickson, 2003) 안에 초기 그리스도교 교부의 종말론에 관한 최고의 길잡이가 소개되어 있음을 발견했다. 또한 나는 Dr. Michael Hollerich에게 도움받았음을 인정한다. 그는 본서의 3장을 재검토하면서 유용한 도움을 주었다.

83 Justin Martyr, *2 Apology* 12; ANF 1:197.

84 Justin Martyr, *Dialogue with Trypho* 4; ANF 1: 197.

85 같은 책, p. 5; *ANF* 1:197.

86 Justin Martyr, *1 Apology* 19; *ANF* 1:169.

87 Eusebius, *History of the Church* 6.37. 나는 이 참고문헌과 관련해서 Dr. Michael Hollerich에게 빚을 졌다.

88 Tertullian, *A Treatise on the Soul*, esp. chaps. 55-58; *ANF* 3:231-235.

89 Tertullian, *On the Resurrection of the Flesh*; *ANF* 3:545-594.

90 Tertullian, *Against Marcion* 3.24; cited in Daley, Hope, 36.

91 이 표현은 오리겐의 사상에 관한 최고의 단행본 제목이다. 이것과 관련해서 다음을 참조하라. Henri Crouzel, *Origen: The Life and Thought of the First Great Theologian*, trans, A. S. Worrall (San Francisco: Harper & Row, 1989).

92 다음을 참조하라. Crouzel, *Origen*, 169-179.

93 Origen, *On First Principles* 1.pref.5.

94 '연속성'과 '변형'을 설명하는 오리겐의 세 가지 방식과 관련해서 다음을 참조하라. Crouzel, *Origen*, 253-255. 보편적인 몸의 부활과 관련해서 다음을 참조하라. Crouzel, *Origen*, 248-257.

95 Daley, *Hope*, 60.

96 같은책, p. 55.

97 "-같다"라고 쓴 이유는 오리겐의 수많은 저작들이 분실되었기 때문이다. 오리겐의 저작들은 다른 저자들이 오리겐을 인용한 것에 기초해서 다시금 재건되고 있다. 그렇기 때문에 우리는 그 당시 오리겐의 사상에 대해 분명하게 알 수 없다.

98 다음을 참조하라. Origen, Fragment on Psalm 1:5, in Methodius, *De Resurrectione* 1.22-23; cited in Caroline Walker Bynum, *The Resurrection of the Body in Western Christianity, 200-1336* (New York: Columbia University Press, 1995), 64.

99 Origen, Fragment on Psalm, trans. in Jon f. Dechow, *Dogma and Mysticism in Early Christianity: Epiphanius of Syria and the Legacy of Origen* (Macon, GA: Mercer University Press, 1988), 374-375; cited in Bynum, *Resurrection of the Body, 65*.

100 다음을 참조하라. Daley, *Hope*, 61-64.

101 물질을 몸의 연속성의 원리로 보는 한 사람의 현대 철학자는 Peter van Inwagen이다. 그는 죽음의 순간에 하나님께서 시신을 대기소로 옮기신다고 주장한다. 대기소에 있는 시신을 하나님께서 궁극적으로 부활 시에 소생시키실 것이다. 동시에 하나님은 옮겨진 시신을 대체할 수 있는 또 다른 시신을 만드신다. 이것과 관련해서 다음을 참조하라. Peter van Inwagen, "The Possibility of Resurrection," in *Immortality*, ed. Paul Edwards (New York: Macmillan, 1992), 242-246. Kevin Corcoran은 Peter van Inwagen과 다르면서도 상관있는 입장을 지지한다. 죽음 시 몸이 분열되는 순간에 몸에 속한 모든 "단일체들"(예컨대 분자들이나 분자들보다 더 단순한 것들)과 관련해서, 두 개의 몸이 만들어진다. 하나는 시신이고 다른 하나는 중간상태 속에서 또는 부활 속에서 생존해 있다. 이 입장과 관련해서 다음을 참조하라. Kevin Corcoran, "Physical Persons and Postmortem Survival without Temporal Gaps," in *Soul, Body, and Survival: Essays on the Metaphysics of Human Persons, ed. Kevin Corcoran* (Ithaca, NY: Cornell University Press, 2001), 201-217.

102 폴킹혼은 다음과 같이 말한다. "나는 영혼이 거의 무한히 복잡하고 역동적인 정보의 방식을 취한다고 생각한다. 어떤 순간에 영혼은 나의 활기찬 몸의 물질로 옮겨 다니면서 이 땅에서 육체로 있는 동안에 나의 몸을 구성하는 모든 요소들의 변화들을 계속해서 발전시킨다. 이러한 심신(心神)의 통일성이 죽음 시 몸이 썩으면서 분해될 것이다.

하지만 나는 내가 생각하는 이러한 방식을 하나님께서 기억하실 것이라고 믿는 바, 이 것은 매우 일관성 있는 희망에 속한다. 그리고 당신이 선택하는 새로운 환경 속에서 나 를 재구성하시는 순간에, 하나님에 의해 그 생성이 이루어 질 것이다. 이것은 곧 하나 님의 종말론적 부활의 행위에 속할 것이다" (John Polkinghorne, *The Faith of a Physicist* [Princeton, NJ: Princeton University Press, 1994], 163).

103 Bynum, *Resurrection of the Body*, 66.

104 Gregory of Nyssa, *On the Soul and Resurrection; NPNF* 2 5:438.

105 Gregory of Nyssa, *The Life of Moses 2.239*, p. 116.

106 Daley, *Hope*, 87-88.

107 Gregory of Nyssa, *On the Soul and Resurrection; NPNF* 2 5:453.

108 Augustine, *Enchiridion* 48; English translation in *Basic Writings of Augustine*, ed. Whitney J. Oates, 2 vols. (New York: Random House, 1948), 1:686.

109 Augustine, *City of God* 8.2; trans. R. W. Dyson, *Augustine: The City of God against the Pagans* (New York: Cambridge University Press, 1998), 541.

110 Augustine, *City of God* 13.8; Dyson, *Augustine*, 549.

111 Augustine, *City of God* 21.13; Dyson, *Augustine*, 1072.

112 Augustine, *Sermo* 172.2; cited in Daley, *Hope*, 138. 또한 다음을 참조하라. Augustine, *Enchiridion* 110; in Whitney, *Basic Writings*, 1:723.

113 Augustine, *Enchiridion* 89; in Whitney, *Basic Writings*, 1:710.

114 Augustine, *City of God* 22.21; Dyson, *Augustine*, 1152.

115 Augustine, *City of God* 22.21; Dyson, *Augustine*, 1153.

116 Augustine, *City of God* 20.14; Dyson, *Augustine*, 999.

117 Augustine, *City of God* 20.16; Dyson, *Augustine*, 1002.

118 아퀴나스 사상 입문서와 관련해서 다음을 참조하라. Etienne Gilson, *The Christian Philosophy of St. Thomas* (New York: Random House, 1956); or Brian Davies, *The Thought of Thomas Aquinas* (Oxford: Clarendon, 1992).

119 Gilson, *St. Thomas*, 187.

120 Cyril Vollert, SJ, trans., *Light of Faith: The Compendium of Theology*

by Saint Thomas Aquinas (1947; repr., Manchester, NH: Sophia Institute, 1993), 180.

121 아퀴나스의 "형상"의 의미가 무엇인가 하는 것과 관련해서 여러 다양한 견해들이 있지만, 특히 그에게 있어서 형상은 영혼과 관련된다. Eleonore Stump는 다음과 같이 주장한다. "일반적으로 실질적인 물질적 형상은 물질적 상태에 해당된다. 이것은 물질을 다양한 형태나 그 물질에 속하는 것들을 다양한 종류들로 만든다. 또한 물질에 인과적 특성을 제공한다." (*Aquinas* [New York: Routledge, 2003], 197). 하지만 영혼은 물질을 배열할 수 있는 힘을 갖는다. "아퀴나스는 영혼을 몸의 활동이라고 불렀다. 영혼은 실제적으로 살아있는 인간의 몸에 속하는 방식으로 물질을 배열한다." (같은책, p. 202). 그러나 정확하게 말해서 어떻게 영혼이 물질을 배열하는가 하는 것은 분명히 드러나지 않는다. Stump의 입장에 대한 비판서로 다음을 참조하라. William Hasker, *The Emergent Self* (Ithaca, NY: Cornell University Press, 1999), 167-170. 또한 다음을 참조하라. Davies, *Thought of Thomas Aquinas*, 46-49, 126-128, 218-219.

122 Vollert, *Light of Faith*, 74.

123 아퀴나스에게 있어서 지성이란 우리가 현재 직관이라고 부르는 것을 포함한다. 다시 말해서 아퀴나스에게 있어서 지성은 곧 직접적 인식의 능력에 해당된다. 지성은 이성과는 다르다. 지성은 광범위하게 추론할 수 있는 능력이다.

124 Thomas Aquinas, *Summa Contra Gentiles* 4.91. 10; trans. the Engligh Dominican Fathers (London: Burns, Oates, and Washbourne, 1929), 310; cited in Bynum, *Resurrection of the Body*, 267.

125 연옥에 관한 믿음의 기원을 역사적으로 연구하는 것과 관련해서 다음을 참조하라. Jacques Le Goff, *The Birth of Purgatory* (Chicago: University of Chicago Press, 1984).

126 같은책, p. 180.

127 Vollert, *Light of Faith*, 188-189.

128 Bynum의 *Resurrection of the Body*(p. 268)에서 인용함.

129 Bynum의 토론과 관련해서 다음을 참조하라. 같은 책, p. 266-271.

130 Vollert, *Light of Faith*, 190-191.

131 다음을 참조하라. Bynum, *Resurrection of the Body*, 271-278.

132 *The Smalcald Articles*, article 1, in *The Book of Concord: The Confessions of the Evangelical Lutheran Church*, trans. and ed. Theodore Tappert (Philadelphia: Fortress, 1959), 292.

133 *The Small Catechism*, article 2 (The Creed), third article; in Book of Concord, 345.

134 다음을 참조하라. Martin Luther, *On Christian Liberty* (Minneapolis: Fortress, 2003), 34-50.

135 *The Smalcald Ariticles*, article 2, in *Book of Concord*, 295.

136 *The Small Catechism*, article 3, in *Book of Concord*, 345.

137 Paul Althaus, *The Theology of Martin Luther*, trans. Robert Schultz (Philadelphia: Fortress, 1966), 414.

138 같은책, p. 417.

139 John Calvin, *Institutes of the Christian Religion* 3.9.1-2; trans. Henry Beveridge, 2 vols. (1845; repr., Grand Rapids: Eerdmans, 1989), 2:28-29.

140 Calvin, *Institutes*, 2:267.

141 다음을 참조하라. Terence Nichols, *The Sacred Cosmos* (Grand Rapids: Brazos, 2003), 23-48.

142 James S. Nairne, *Psychology: The Adaptive Mind*, 2nd ed. (Belmont, CA: Wardsworth, 2000), 4.

143 다음을 참조하라. Malcolm Jeeves, "Brain, Mind, and Behavior," in *Whatever Happened to the Soul?* ed. Warren Brown, Nancy Murphy, and H. Newton Malony (Minneapolis: Fortress, 1998), 73-98.

144 신경과학 내에서의 비물질주의적 견해와 관련해서 다음을 참조하라. Mario Beauregard and Denyse O'Leary, *The Spiritual Brain* (New York: HarperCollins, 2007); also, Jerry Schwartz, MD, and Sharon Begley, *The Mind and the Brain: Neuroplasticity and the Power of Mental Force* (New York: HarperCollins, 2002). 물질주의자들의 견해와 관련해서 다음을 참조하라. Francis Crick, *The Astonishing Hypothesis: The Scientific Search for the Soul* (New York: Charles Scribner's Sons, 1994). 기독교 물리주의자의 견해와 관련해서 다음을 참조하라. Malcolm Jeeves, ed., *From Cells to Souls-and Beyond:*

359

Changing Portraits of Human Nature (Grand Rapids: Eerdmans, 2004).

145 Michio Kaku, *Parallel Worlds: A Journey through Creation, Higher Dimensions, and the Future of the Cosmos* (New York: Doubleday, 2005).

146 John Polkinghorne은 자신의 여러 저작들에서 이렇게 주장한다. 이와 관련해서 다음을 참조하라. Polkinghorne's *The God of Hope and the End of the World* (New Haven: Yale University Press, 2002), 117-123. 또한 다음을 참조하라. Gregory Ganssle, ed., *God and Time: Four Views* (Downers Grove, IL: Inter Varsity, 2001); and Alan Padgett, *God, Eternity, and the Nature of Time* (New York: St. Martin's Press, 1992).

147 다음을 참조하라. George Francis Rayner Ellis, ed., *The Far-Future Universe: Eschatology from a Cosmic Perspective* (Philadelphia: Templeton Foundation Press), 2002.

148 Ian Barbour는 다음과 같이 말한다. "우주론자들은 우주가 무한하게 팽창해서, 나중에는 너무 차가워져서 생명체가 존속할 수 없을 것이라고 예상한다. 이 팽창은 매우 느리거나 매우 빠르게 진행될 수 있다. 그럴때 우주는 매우 뜨거워져서 붕괴될 것이므로 역시 생명체가 존속할 수 없다. 각각의 전망('냉각' 또는 '열')은 지구에서의 삶을 무상하고 의미없는 것으로 만드는 것처럼 보인다. 어쨌든 태양은 수백억년 이내에 스스로 타 버릴 것이다." (*Foreword to Cosmology: From Alpha to Omega*, by Robert John Russell [Minneapolis: Fortress, 2008], v).

149 다음을 참조하라. James Moore, "Geologist and the Interpreters of Genesis in the Nineteenth Century," in *God and Nature: Historical Essays on the Encounter between Christianity and Science*, ed. David Lindberg and Ronald Numbers (Berkeley: University of California Press, 1986), 334-335.

150 Rudolph Bultmann, *Jesus Christ and Mythology* (New York: Charles Scribner's Sons, 1958).

151 같은책, p. 12.

152 같은책, p. 14-16.

153 같은책, p. 37-38.

154 같은책, p. 31-32.

155 예컨대 다음을 참조하라. Francis Collins, *The Language of God* (New York:

Free Press, 2006). Collins는 인간게놈프로젝트의 수장이었다. 이 프로젝트는 인간 게놈을 연구하는 기관이었다. 하지만 동시에 Collins는 복음주의적 기독교인으로서, 진화에 관한 유신론적 해석을 주장하기도 했다. 또한 다음을 참조하라. Joan Roughgarden, *Evolution and Christian Faith* (Washington, DC: Island Press, 2006).

156　Charles Darwin, *The Origin of Species*, chap. 15 in *Darwin*, ed. R. Hutchins, Great Books of the Western World 49 (Chicago: Encyclopedia Britannica, Inc., 1952), 237.

157　다음을 참조하라. Andrew Wilton and Tim Barrringer, *American Sublime: Landscape Painting in the United States*, 1820-1880 (Princeton, NJ: Princeton University Press, 2002).

158　이 인용구의 첫 번째 행은 1789년 Lyrical Ballads에서 출판한 Wordsworth의 "Lines Written a Few Miles above Tintern Abbey"에서 인용한 것이다. "적자생존"은 Herbert Spencer가 자신의 책 Principles of Biology(1864, 1:444.)에 삽입한 용어이다. 마지막으로 "맹위를 떨치는 냉혹한 자연"이라는 표상은 Tennyson의 책 *Memoriam*(1850)에서 인용한 것이다.

159　Plato, *Symposium* 211-212; trans. Benjamin Jowett, *The Dialogue of Plato*, 2 vols. (1892; repr., New York: Random House, 1937), 1:334-345.

160　Augustine, *Confessions*, trans. Rex Warner (New York: New American Liberty, 1963), 154; italics in the original.

161　"사랑으로 말미암은 지식"에 대한 토론과 관련해서 다음을 참조하라. Bernard Lonergan, *Method in Theology* (New York: Herder and Herder, 1972), 115-118.

162　Nairne, *Psychology*, 4.

163　같은책, p. 11-12.

164　Jeffery Schwartz, MD, and Sharon Begley, *The Mind and the Brain: Neuroplasticity and the Power of Mental Force* (New York: HarperCollins, 2002), 8.

165　"내가 죽었던 날"이라는 BBC가 만든 DVD가 있다. 이 DVD는 교육용으로 제작된 것으로서, 이 DVD의 일부는 '인간과 과학 시리즈'를 담고 있다. 이 비디오를 국제임사체

험협회(IANDS)에서 구할 수 있다.

166 '임사체험'이라는 주제와 관련해서 엄청난 양의 자료가 있다. 1990년에 주석이 첨부된 저작이 Terry Basford에 의해 "임사체험"이라는 제목 하에 출판됐다. *Near Death Experiences: An Annotated Bibliography* (New York: Garland, 1990). 또한 임사체험에 대한 조사와 관련해서 다음을 참조하라. Gary Habermas and J. P. Moreland, *Beyond Death: Exploring the Evidence for Immortality* (Wheaton, IL: Crossway Books, 1998),

167 Raymond Moody, *Life after Life* (New York: Bantam, 1976), 61.

168 BBC가 제작한 DVD, "내가 죽었던 날"을 참조하라.

169 Dr. Michael Sabom이 제공하는 *Light and Death* (Grand Rapids: Zondervan, 1998), 37-47쪽에 '레이놀즈의 임사체험란'에 레이놀즈의 수술에 관한 상세한 의학용 기사가 수록되어 있다. "내가 죽었던 날"이라는 제목의 DVD 또한 팜 레이놀즈와 의사 사봄과 신경외과의사 스패틀러가 제공하는 많은 증언을 담고 있다. 스패틀러는 수술 당시의 상황을 상세하게 설명하고 있다.

170 Sabom, *Light and Death*, 41-46.

171 이것은 "내가 죽었던 날"이라는 DVD에서 인용한 것이다.

172 다음을 참조하라. Sabom, *Light and Death*, 13.

173 Michael Sabom, *Recollections of Death* (New York: Harper & Row, 1982), 81-115.

174 조사기간은 "각 병원에 따라 4개월 정도에서 거의 4년에 이르기까지, 다양했다. 과거에 심폐소생술을 시술받은 모든 환자들이 포함되었기 때문에, 조사기간에 변화가 있을 수 있다. 하지만 만일 이 조사가 적절하지 않았다고 생각했다면, 우리는 각 병원에서의 조사를 종결지었을 것이다." Dr. Pirn van Lommel, MD, Ruud van Wees, PhD, Vincent Meyers, PhD, Ingrid Elfferich, PhD, "Near Experience in Survivors of Cardiac Arrest: A Prospective Study in the Netherlands," The Lancet 358, no. 9298, December 15, 2001, 2039-45. Accessed on 5/7/2007 through Science Direct, at www.sciencedirect.com/science?_ob=ArticleURL&_udi=B6T1B-44PT371-F&user.

175 같은책.

176 같은책.

177　P. M. H. Atwater, *The New Children and Near-Death Experiences* (Rochester, VT: Bear & Co., 2003), 72-76.

178　Elizabeth Kubler-Ross, *On Death and Dying* (New York: Macmillan, 1969).

179　Elizabeth Kubler-Ross, *On Children and Death* (New York: Macmillan, 1983), 207-211.

180　Van Lommel, "Near Death Experience," 6.

181　Greyson은 BBC에서 제작한 "내가 죽었던 날"이라는 제목의 DVD에서 이렇게 말한다.

182　Howard Storm, *My Descent into Death* (New York: Doubleday, 2005), 22.

183　같은책, p. 22.

184　같은책, p. 10-12.

185　같은책, p. 2.

186　같은책, p. 17.

187　같은책, p. 18.

188　같은책, p. 25.

189　같은책, p. 95.

190　다음을 참조하라. Carol Zaleski, *Otherworld Journeys* (Oxford: Oxford University Press, 1987).

191　N. K. Sandars, trans., *The Epic of Gilgamesh* (1960; repr., Baltimore: Penguin Books, 1965).

192　Zaleski, *Otherworld Journeys*, 24.

193　고대의 문학작품에 나오는 임사체험 중, 가장 유명한 한 가운데 하나가 플라톤의 책 Republic에 나오는 군인 '엘'의 이야기이다.

194　다음을 참조하라. Bede's *Ecclesiastical History* 5.12, ed. Bertram Colgrave and R. A. B. Mynors (Oxford: Clarendon, 1969), 489.

195　Carol Zaleski, *The Life of the World to Come* (Oxford: Oxford University Press, 1996), 32.

196　같은책, p. 33.

197　다음을 참조하라. Raymond A. Moody, *Reflections on Life after Life* (New

York: Bantam Books, 1977), 29-40.

198 다음을 참조하라. Karlis Osis and Erlendur Haraldsson, *At the Hour of Our Death* (1977; repr., Norwalk, CT: Norwalk House, 1997).

199 Sogyal Rinpoche, "The Near Death Experience: A Staircase to Heaven?" in *The Near Death Experience: A Reader*, ed. Lee W. Bailey (New York: Routledge, 1996), 172.

200 Michael Sabom은 자신의 책 *Recollections of Death*에서 많은 의학적, 과학적 관심사들을 다룬다. Dr. Pirn van Rommel도 역시 "Near Death Experience"에서 의학적, 과학적 사항들을 다룬다. 임사체험에 관한 과학적, 신학적 관심사들을 길게 고찰하는 것이 Habermas와 Moreland의 *Beyond Death*에서도 발견된다.

201 Moody, *Life after Life*, 137.

202 무디의 책에 있는 교회의 토론모임을 접하면서 사봄은 "그것을 믿지 못하겠다"는 반응을 보였다. 심장병전문의로서, 사봄은 자신의 환자들로부터도, 자신의 동료 의사들로부터도 그런 이야기들을 듣지 못했던 것이다. 환자들과 그러한 경험들(사봄 자신이 꺼려했던 것)을 놓고 대화하면서, 그는 환자들의 경험들을 듣게 되었다. 환자들이 말한 이야기들은 *Life after Life*에서 설명된 방식과 일치했다. 그래서 사봄은 이 영역에 대해 연구하기로 결심했다. 이와 관련해서 다음을 참조하라. Sabom, *Light and Death*, 11-17.

203 Melvin Morse, *Closer to the Light* (New York: Ivy Books, 1990), 6.

204 Cf. Kubler-Ross's account. 또한 이와 관련해서 다음을 참조하라. Kenneth Ring and Sharon Cooper, *Mindsight: Near Death and Out-of-Body Experience in the Blind* (Palo Alto, CA: Williams James Center for Consciousness Studies, 1999).

205 Moody, *Life after Life*, 156-162.

206 Morse, *Closer to the Light*, 48.

207 Van Lommel, "Near Death Experience," 2

208 Sabom, *Recollections of Death*, 171-173. citing T. Oyama, T. Ji, and R. Yamaya, "Profound Analgesic Effects of B-Endorphin in Man," *The Lancet* 8160, January 19, 1980, 122-124.

209 Sabom, *Recollections of Death*, 172.

210 다음을 참조하라. Susan Blackmore, "Near Death Experience: In or Out of the Body?" in Bailey, *Near Death Experience*, 283-297. Blackmore는 BBC에서 제작한 비디오 "내가 죽었던 날"의 제작진과 인터뷰를 하기도 했다.

211 내가 보기에 사붐의 *Recollections of Death*는 최고의 과학적 연구에 해당된다. 앞으로 임사체험에 관한 과학적 연구는 더 일반적으로 행해지게 될 것이다. "랜셋 지"에 실린 반 롬멜의 "임사체험"이라는 조항이 이에 관한 하나의 사례에 속한다.

212 Maurice Rawlings, *Beyond Death's Door* (New York: Bantam Books, 1978), 1-8;85-103; Margot Grey, *Return from Death* (London: Arkana, 1985), 56-72.

213 George Ritchie, *Return from Tomorrow* (Old Tappan, NJ: Revell, 1978), 58-67.

214 Habermas and Moreland, *Beyond Death*.

215 Rawlings, *Beyond Death's Door*.

216 Ritchie, *Return from Tomorrow*.

217 예컨대 사붐은 이 존재가 사탄일 것이라고 생각하지만, 이러한 생각은 비성서적이다. 성서에서 사탄은 기만하는 존재로 일컬어진다. 하지만 성서에 사탄이 사랑을 가장한다는 언급은 등장하지 않는다. 실제로 '빛의 존재'를 만났던 사람들 중에서, 그 존재를 사탄으로 생각하는 사람은 어느 누구도 없었다. 빛의 존재는 예수와 마찬가지로 완전한 사랑의 화신이다. 바울에 따르면 사랑이 성령의 가장 중요한 은사이자 열매이다 (고전 13:13; 갈 5:22).

218 다음을 참조하라. Janis Amatuzio, *Forever Ours* (Navato, CA: New World Liberty, 2004), 47.

219 일상적인 의미에 덧붙여서 "인격"은 철학과 신학에 있어서 기술적인 용어이다. 기독교에서 천사들 그리고 인간들과 마찬가지로 삼위일체 하나님의 각 구성원들은 "인격들"이다. 내가 보기에 인간은 삶의 모든 단계에 있어서 하나의 인격으로 존재한다. 영혼은 이 세상에서 만들어졌다가 중간상태에서는 몸과 분리되고, 부활의 상태에서 다시 몸과 하나가 된다. 나는 이 세상에서 단지 영혼이 인격으로만 존재한다고 주장하지는 않는다. 인격은 체화된 영혼이다. 하지만 몸으로부터 분리된 영혼이 중간상태에서는 인격적 정체성의 전달자로 존재하기 때문에, 육체를 결여하고 있음에도 불구하고 영혼이 중간상태에서 하나의 인격으로 다른 누군가와 대화한다는 것은 이치에 맞는 것이다. (이 입장은 아퀴나스의 입장과는 다르다. 아퀴나스는 육체로부터 분리된 영

혼은 인격이 아니라고 주장했다. 그 이유는 그 때의 영혼이 육체를 결여하고 있기 때문이다). "인격"의 의미에 관한 탁월한 신학적 연구와 관련해서 다음을 참조하라. Philip Rolnick, *Person, Grace, and God* (Grand Rapids: Eerdmans, 2007).

220 *Taken from The Book of Concord*, ed. Theodore G. Tappert (Philadelphia: Fortress, 1959), 20.

221 Westminster Assembly, *The Westminster Confessions of Faith* (repr., Forgotten Books, 2007), 62. 개혁주의 장로교에서는 이러한 믿음의 고백이 필수적으로 요청된다.

222 *Catechism of the Catholic Church* (Mission Hills, CA: Benzinger, 1994), # 366, p. 93.

223 다음의 온라인 상에서 "스탠포드 철학 백과사전"의 목차를 참조하라. online at http://plato.stanford.edu/contents.html.

224 영혼의 존재를 주장하는 최신서들에 다음과 같은 책들이 있다. Joseph Ratzinger, *Eschatology: Death and Eternal Life*, trans. Michael Waldstein (Washington, DC: Catholic University of America Press, 1988); John Hick, *Death and Eternal Life* (1976; repr., Louisville: Westminster John Knox, 1994); J. P. Moreland and Scott B. Rae, *Body and Soul: Human Nature and Crisis in Ethics* (Downers Grove, IL: InterVasity, 2000); John W. Cooper, *Body, Soul, and Life Everlasting* (1989; repr., Grand Rapids: Eerdmans, 2000), Ric Machuga, *In Defense of the Soul* (Grand Rapids: Brazos, 2002); Keith Ward, *Defending the Soul* (Oxford: One World, 1992); Gary Habermas and J. P. Moreland, *Beyond Death: Exploring the Evidence for Immortality* (Wheaton: Crossway Books, 1998); 영혼의 존재를 반대하는 최신서들에 다음과 같이 책들이 있다. Owen Flanagan, The Problem of the Soul (New York: Basic Books, 2002); Warren Brown, Nancy Murphy, and H. Newton, *Whatever Happened to the Soul?* (Minneapolis: Fortress, 1998). 또한 다음을 참조하라. Joel B. Green and Stuart L. Palmer, *In Search of the Soul: Four Views of the Mind-Body Problem* (Downers Grove, IL: InterVasity, 2005); Joel Green, ed., *What about the Soul? Neuroscience and Christian Anthropology* (Nashville: Abingdon, 2004); Kevin Corcoran, ed., *Soul, Body, and Survival* (Ithaca, NY: Cornell University Press, 2001); Michael Horace Barnes, "Science and the Soul:

Keeping the Essentials," in *New Horizons in Theology*, ed. Terence Tilley, Annual Volume of the College Theology Society 50 (Maryknoll, NY: Orbis Books, 2004), 96-116.

225 Joel Green, *Body, Soul, and Human Life: The Nature of Humanity in the Bible* (Grand rapids: Baker Academic, 2008), 166.

226 Robert Gundry는 바울의 저작들에서 더 많은 구절들을 이끌어낸다. 이와 관련해서 다음을 참조하라. Robert Gundry, *sōma in Biblical Theology with Emphasis on Pauline Anthropology* (Cambridge: Cambridge University Press, 1976), 135-156.

227 신약성서 시대의 유대교가 인간론적 이원론을 갖고 있었음에 대한 많은 증거들과 관련해서, 같은책 87-110쪽을 참조하라.

228 Batt D. Ehrman, *After the New Testament: A Reader in Early Christianity* (New York: Oxford University Press, 1999), 74.

229 다음을 참조하라. Brown, Murphy, and Malony, *Whatever Happened to the Soul?*

230 Michael Arbib, "Towards a Neuroscience of the Person," in *Neuroscience and the Person*, ed. Robert John Russell, Nancy Murphy, Th대 C. Meyering, and Michael A. Arbib (Vatican City State· Vatican Observatory Publications; Berkeley: Center for Theology and the Natural Sciences, 1999), 81.

231 Daniel Dennett, *Freedom Evolves* (New York: Viking, 2003), 1.

232 Flanagan, *Problem of the Soul*, 3.

233 Nancy Murphy, *Bodies, Souls, or Spirited Bodies? Human Nature at the Intersection* (Cambridge: Cambridge University Press, 2006), 57.

234 그 역사적 관련성으로 인해 오늘날의 철학자들은 보통 "물질주의"라는 용어에서 벗어나서, "물리주의"라는 용어를 사용한다. 하지만 이것은 몇 몇의 기독교 저자들로 하여금 "비환원주의적 물리주의"를 옹호하도록 만든다. 따라서 "물리주의" 대신에 나는 "물질주의"와 "환원주의적 물리주의"를 사용하고자 한다. 하지만 이러한 용어들 역시 문제의 여지를 갖는다. 물질주의는 곤란스러운 역사적 관련성들을 가지며, 많은 형태의 환원주의-형이상학적 환원주의, 인과적 환원주의, 환원주의 이론 등-가 존재한다. 이 모든 것들은 환원주의적 물리주의자들에 의해 수락되지 않는다. "물리주의와 관련해서

다음을 참조하라. Daniel Stoljar, *the Stanford Encyclopedia of Philosophy*. at http://plato.stanford.edu/entries/physicalism.

235   Francis Crick, *The Astonishing Hypothesis: The Scientific Search for the Soul* (New York: Charles Scribner's Sons, 1994), 3.

236   Jeffery Schwartz, MD, and Sharon Begley, *The Mind and the Brain: Neuroplasticity and the Power of Mental Force* (New York: HarperCollins, 2002), 323-364.

237   Flanagan, *Problem of the Soul*, 128.

238   예컨대 다음을 참조하라. John Polkinghorne, *The Faith of a Physicist* (Princeton: NJ: Princeton University Press, 1994); John Haught, *Is Nature Enough?* (Cambridge: Cambridge University Press, 2006; Terrence Nichols, *The Sacred Cosmos* (Grand Rapids: Brazos, 2003).

239   "물리주의"에 관해 다음을 참조하라. Daniel Stoljar, *The Stanford Encyclopedia of Philosophy*. Stoljar는 비환원주의적 물리주의를 무신론적 입장이라고 여기면서, 기독교적 비환원주의적 물리주의의 입장을 자신의 책에서 소개하지 않는다.

240   Nancey Murphy, "Human Nature: Historical, Scientific, and Religious Issues," in Brown, Murphy, and Malony, *Whatever Happened to the Soul?* 25. 이 책은 기독교적 비환원주의적 물리주의에 관한 가장 좋은 입문서이다.

241   같은책, p. 27.

242   Philip Clayton, "Neuroscience, the Person, and God," in Russell, Murphy, Meyering, and Arbib, *Neuroscience and the Person*, 181-214.

243   같은책, p. 196.

244   Ian Barbour, *Nature, Human Nature, and God* (Minneapolis: Fortress, 2002), 94.

245   같은책, p. 99.

246   다음의 책에 있는 장들을 참조하라. Brown and Jeeves in Brown, Murphy, and Maloney, *Whatever Happened to the Soul?*; 또한 다음을 참조하라. Malcolm Jeeves, *From Cells to Souls-and Beyond: Changing Portraits of Human Nature* (Grand Rapids: Eerdmans, 2004).

247   Murphy는 자신의 책들에서 이러한 취약점들을 여러 번 언급한다. 다음을 참조하

라. Nancey Murphy, "Nonreductive Physicalism," in Green and Palmer, *In Search of the Soul*, esp. 131-138; and Nancey Murphy, *Bodies, Souls, or Spirited Bodies?* 111-147. 또한 Nancey Murphy의 입장에 대한 비판으로 다음을 참조하라. William Hasker, "On Behalf of Emergent Dualism," in Green and Palmer, *In Search of the Soul*, 143-146. Jaegwon Kim은 비환원주의적 물리주의를 안정적이지 못한 입장이라고 비판했다. 이 입장은 결국 물질주의나 (환원주의적) 물리주의로 환원된다. Kim은 다음과 같이 말한다. "물리주의에서 나오는 모든 입장들은 결국 동일한 입장으로, 즉 '정신의 비현실성'으로 수렴되는 것처럼 보인다." (Jaegwon Kim, *Mind in a Physical World* [Cambridge, MA; MIT Press, 2001), 119).

248 '의식'과 관련해서도 유사한 문제가 발생한다. 예컨대 철학자 John Searle는 창발주의를 둘로 구분한다. 첫 번째 입장은 '유동성'과 '투명성'과 같은 '창발적 특성'을 갖는 바, 이것은 특별히 문제될 것이 없다. 그러나 두 번째 입장은 창발성과 관련된 "위험한 개념"으로서, 이 입장은 뇌 속의 신경회로망을 갖고 설명될 수 없는 '인과적 힘들'을 갖는다. 다시 말하면 두 번째의 창발적 특성-의식, 자유선택-이 갖는 인과적 힘들이 물리법칙들을 초월한다는 것이다. Searle은 다음과 같이 설명한다. "만일 의식이 두 번째의 창발적 특성이라면, 의식은 신경세포들의 인과적 행위를 갖고 설명될 수 없는 것들을 야기시키게 된다. 이 입장은 의식이 뇌 속의 신경세포들의 행동으로 인해 나온다고 한다. 일단 한번 의식이 나오면, 그것은 그 자체로 생명체가 되는 것이다. 하지만 내가 보기에 의식은 첫 번째의 창발적 특성에 해당된다. 나는 의식이 두 번째의 창발적 특성이라고 생각하지 않는다" (John Searle, *The Rediscovery of the Mind* [Cambridge, MA: MIT Press, 1992], 112).

249 Murphy, "Nonreductive Physicalism," 132.

250 예컨대 아퀴나스는 하나님께 복 받은 자들이 천국에서 하나님의 본질을 직접적으로 본다고 주장했다. 이와 관련해서 다음을 참조하라. Thomas Aquinas, *Summa Theologica IaIIae*, question 3, article 8 (New York: Benzinger, 1947), 1:601-602.

251 René Descartes, Sixth Meditation, in *Discourse Method and Meditations*, trans. Laurence Lafleur (Indianapolis: Bobbs-Merrill, 1960), 134.

252 다음을 참조하라. Richard Swinburne, The Evolution of the Soul, rev. ed. (Oxford: Clarendon, 1997). 실체이원론에 대한 다른 진술과 관련해서 다음을 참조하라. Stewart Goetz, "Substance Dualism", in Green and Palmer, *In Search*

of the Soul, 33-74; John Foster, "A Brief Defense of the Cartesian View," in *Concoran, Soul, Body, and Survival*, 15-29; Moreland and Rae, Body and Soul.

253 다음을 참조하라. Wilder Penfield, *The Mystery of the Mind* (Princeton, NJ: Princeton University Press, 1975); Karl R. Popper and John C. Eccles, *The Self and Its Brain* (London: Routledge, 1990).

254 실체이원론에 대한 반대 사안들을 검토함에 있어서 다음을 참조하라. William Hasker, *The Emergent Self* (Ithaca, NY: Cornell University Press, 1999), 147-161.

255 또한 다음을 참조하라. Charles Taliaferro, *Consciousness and the Mind of God* (Cambridge: Cambridge University Press, 1994).

256 Cooper, *Body, Soul, and Life Everlasting*, 204-231.

257 Thomas Aquinas, *Summa Theologica*, part 1, question 75, article 4, response (New York: Benzinger, 1947), 1:366. 아퀴나스는 "신학대전"의 part 1에 있는 75-90의 질문들에서 영혼을 다룬다. 다음을 또한 참조하라. Thomas Aquinas, *Questions on the Soul*, trans. James H. Robb (Milwaukee: Marquette University Press, 1984). 최근의 비평과 관련해서 다음을 참조하라. Eleonore Stump, *Aquinas* (London and New York: Routledge, 2003), esp. chap. 6, pp. 191-216.

258 Stump, *Aquinas*, 194.

259 같은책, p. 200.

260 다음을 참조하라. Terence Nichols, "Aquinas's Concept of Substantial Form and Modern Science," *International Philosophical Quarterly* 36, no. 3 (1996): 303-318.

261 Polkinghorne, *Faith and A Physicist*, 163. 또한 다음을 참조하라. Polkinghorne, *The God of Hope and the End of the World* (New Haven, CT: Yale University Press, 2002), 103-107.

262 다음을 참조하라. Hasker, Emergent Self; 또한 다음을 참조하라. William Hasker, "Persons as Emergent Substances," in *Corcoran, Soul, Body, Survival*, 107-119; and Hasker, "On Behalf Emergent Dualism," 75-113.

263   Hasker, "Persons as Emergent Substances," 115.

264   같은책, p. 116.

265   Ward, *Defending the Soul*, 145; 또한 다음을 참조하라. Ward, *Religion and Human Nature* (New York: Oxford University Press, 1998), 145-147.

266   다음을 참조하라. Karl Rahner, *Hominisation* (New York: Herder and Herder, 1965); 또한 다음을 참조하라. Barnes, "Science and the Soul," 96-116.

267   환생을 포함해서 힌두교에 관한 간결한 설명을 위해 다음을 참조하라. Anantanand Rambachan, *The Hindu Vision* (Delhi: Motilal Banarsidass, 1992), esp. pp. 26-32. 환생에 대한 티벳불교의 견해와 관련해서 다음을 참조하라. Sogyal Rinpoche, *The Tibetan Book of Living and Dying* (San Francisco: HarperSanFrancisco, 1992). 환생이론들의 조사를 위해 다음을 참조하라. Hick, *Death and Eternal Life*, 297-396. 나는 이러한 힌두교와 불교의 자료들을 제공해 준 나의 동료 Peter Feldmeier에게 감사한다.

268   다음을 참조하라. Hick, *Death and Eternal Life*, 332-362.

269   두 개의 고전적 텍스트 속에서, 석가모니는 자신의 가르침과 궁극적 실체의 관계성에 대해 설명한다. '중부경전'(Majjhima Nikāya) 63장에서, 석가모니는 철학적인 질문들에 관한 도론이 영적 진보를 어떻게 방해하는지를 설명하면서, 자신의 가르침은 단지 열반의 경지에 이르기 위함이라고 말한다. '중부경전' 22장에서, 그는 자신의 가르침을 확고하게 하는 두 가지의 이미지들을 제공한다. 여기서 '법'(dharma)은 독사와 같은 것으로서, 올바르게 이해될 필요가 있다. 하지만 동시에 '법'은 뗏목과 같은 것으로서, 뗏목을 타야 건너편에 있는 강가(열반)에 이를 수 있다. '중부경전'의 추가적인 장(MN 72)에서, 석가모니는 자신의 죽음 이후에 적용하지 말아야 하는 여타의 다른 가르침들(철학적인 것 포함)을 전한다. 불교도들은 사유(atakkāvacara)를 통해 궁극적인 진리들에 접근할 수 없다고 여긴다. 즉 궁극적 진리들이 개념상의 영역을 초월한다고 여기는 바, 이것은 석가모니에게 있어서도 마찬가지이다.

270   이와 관련해서 다음의 조항을 참조하라. "Metempsychosis" in *The Oxford Dictionary of the Christian Chruch*, ed. F. L. Cross, 3rd ed. (Oxford: Oxford University Press, 1997), 9:556.

271   Karl Rahner, *Fountations of Christian Faith* (New York: Crossroad, 1982), 442.

272   다음의 조항을 참조하라. J. E. Royce on "Metempsychosis," in *The New*

Catholic Encyclopedia, 2nd ed., 15 vols. (Detroit/New York: Thomson/Gale, 2003), 9:556.

273 W. Norris Clarke는 "존재하는 것이 곧 관계성 속에서의 실체"라고 말한다. '관계성 속의 주체로서의 영혼'이라는 나의 생각은 Clarke의 통찰로부터 온 것이다. Clarke는 고대와 중세의 철학자들이 '실체'에만 초점을 맞췄을 뿐, '관계성'을 무시했다고 주장한다. 이와는 반대로 근대 철학자들은 관계성에 초점을 맞췄다. 하지만 존재하는 모든 것은 '실체'이면서 동시에 우주 속에 있는 다른 존재들과의 '관계의 망' 속에 존재한다. 이와 관련해서 다음을 참조하라. W. Norris Clarke, "To BE Is to Be Substance-in-Relation," in *Explorations in Metaphysics* (Notre Dame: University of Notre Dame Press, 1994), 102-22.

274 나는 정신과 영혼을 동일시하지 않는다. 영혼은 정신을 포함한다. 또한 영혼은 다른 능력들-예를 들면 '몸의 유기적 구조의 원리'와 '정신과 물질의 다리 역할을 하는 것' 등-을 수반한다. 이러한 능력들은 정신에 기인하는 것이 아니다.

275 다음을 참조하라. Hasker's chapter "Why the Physical Isn't Closed," in *Emergent Self*, 58-80.

276 '영혼이 생성되는 시기'와 관련해서 나는 공개적으로 나의 입장을 밝히고 싶지 않다. 즉 영혼이 '임신의 순간'에 만들어지는 것인지, 아니면 '그 이후'인지에 대해 말하고 싶지 않다는 것이다. 나는 양쪽 모두의 가능성을 인정한다. 하지만 영혼이 임신 시 즉시 생성되는 것이라고 주장함에 있어서 몇 가지 문제점이 제기된다. 첫째 수정된 난자들은 일란성 쌍둥이로 나눠질 수 있거나, 또는 종종 두 개의 수정된 난자들은 임신 이후 14일 이내에 하나로 합쳐질 수 있다. 따라서 만일 우리가 영혼이 임신 시에 만들어지는 것이라고 주장한다면, 위 사실로 인해 명백한 문제가 발생하게 된다. 둘째 3분의 1 또는 그 이상의 수정된 난자들이 자발적으로 낙태된다. 그 난자들 대부분으로 인해 염색체 문제가 야기된다. 즉 그것들이 아기가 성장하는 것을 불가능하도록 만든다는 것이다. (Medline Plus, www.nlm.nih.gov/medlineplus/ency/article/001488.htm;thanks to Jeffery Wittung for this reference). 나는 우리가 그 낙태된 난자들 모두가 영혼을 가져야 한다고 주장하는 것에 의구심을 갖는다. 한편, 신앙교리와 관련해서 로마가톨릭교회는 '영혼이 생성되는 시기'에 대해 공개적인 입장 표명을 하지 않는다. 로마가톨릭교회는 임신의 순간 이후부터 인간이 하나의 인격체로 취급받아야 하며, 존중받아야 한다고 주장한다. (이와 관련해서 다음을 참조하라. "Instruction Dignitas Personae on Certain Bioethical Question," section 4, June 20, 2008, www.vatican.va/roman_curia/congregations/

cfaith/documents/rc_con_cfaith_doc_20). 나는 이 점에 대해 CDF에 동의한다. '영혼생성의 지체됨'에 관한 논증과 관련해서 다음을 참조하라. Joseph Donceel, SJ, "Immediate Animation and Delayed Hominization," *Theological Studies* 31, no. 1 (1970): 76-105. 임신 시 '배아'가 인격체라는 논증과 관련해서 다음을 참조하라. Rose Koch-Hershenov, "Totipotency, Twinning, and Ensoulment at Fertilization," Journal of Medicine and Philosophy 31 (2006): 139-164. 또한 다음을 참조하라. Mark Johnson, "Delayed Hominization: Reflections on Some Catholic Claims for Delayed Hominization," *Theological Studies* 56, no. 4 (1995): 745-763.

277 아퀴나스는 영혼이 불멸한다고 주장한다. 그에 따르면 영혼은 하나님으로부터 주어진 불멸성을 갖는다. 이 불멸성은 오늘날의 과학자들이 이해하는 것처럼, 물리적 자연의 힘에 의해 주어진 것이 아니다. 따라서 이 점과 관련해서 우리가 자연을 어떻게 이해하는가가 문제가 된다.

278 Polkinghorne, *God of Hope*, 107.

279 폴킹혼은 자기의 부모님들을 위해 매일 기도한다고 하면서, "영혼이 단지 하나님의 마음 속에서만 '존재한다는 것'을 매우 수동적인 이해라고 토로한다." 따라서 나는 나의 생각과 폴킹혼의 생각이 거의 유사하다고 믿는 바이다. 폴킹혼이 영혼이 부활을 기다리는 동안에 정화될 수 있다고 쓴 다음 구절을 주목하라. "우리는 하나님의 사랑이 경이로우면서도 강력한 신적 은총을 통해 일하신다고 생각할 수 있다. 하나님의 사랑이 고결함을 지킨 채 부활을 기다리는 영혼을 정화시키시고 변화시키신다." (*God of Hope*, 111).

280 라너는 다음과 같이 말했다. "아퀴나스의 철학에 있어서, '유한한 영'이 물질에 적극성을 부여하는 동일한 실체의 '제한'으로 여겨진다고 말하는 것처럼 보인다. 또한 아퀴나스의 철학에 있어서, 물질은 '고형화된' 영과 존재와 활동과 마찬가지로, 단지 제한된 것이라고 말하는 것처럼 보인다." (Rahner, *Hominisation*, 57).

281 교회의 신비주의적 전통 속에, 가장 지고한 형태의 명상적인 지식(하나님에 대한 사랑)은 '이미지'나 '사고'나 '느낌'으로 전해지지 않는다고 말하는 많은 주장들이 있다. 예컨대 니사의 그레고리는 다음과 같이 말했다. "하나님에 대한 명상은 보고 듣는 것에 좌우되지 않는다. 이 명상은 또한 그 어떤 습관적인 마음의 인식을 통해서도 파악되지 않는다" (*The Life of Moses* [New York: Paulist Press, 1978], 93). 십자가의 성 요한도 다음과 같이 말했다. "자신이 이해하고 경험하고 느끼고 상상한 그 어떤 것

도 배우지 않는다는 점에 서 볼 때, 영혼은 장님과 같다고 할 수 있다. 이 모든 것들(이 해, 경험, 느낌, 상상 등)은 단지 영혼을 곁길로 빗나가게 만들 뿐이다. ... 영혼은 오직 그 자신의 지식과 하나님에 대한 느낌과 경험에만 기댈 뿐이다. 하지만 그럼에도 불구 하고 이렇게 하는 것은 하나님의 존재하심 자체와 비교해 볼 때, 상당히 이질적인 것이 다. 이러한 길로 나아감에 있어서 영혼은 쉽게 길을 잘못 들어설 수 있다" (Ascent of Mount Carmel 2.4.2; in E. Allison Peers, *The Complete Works of Saint of the Cross*, 2 vols. [Westminster, MD: Newman Bookshop, 1946], 1:74-75).

282 다음을 참조하라. Ian Barbour, "Neuroscience, Artificial Intelligence, and Human Nature: Theological and Philosophical Reflections," in Russell, Murphy, Meyering, and Arbib, *Neuroscience and the Person*, 278-279.

283 예수의 부활을 다루는 저작들은 매우 방대하다. 최근의 저작들에 대한 개관과 관련 해서 다음을 참조하라. Gerald O'Collins, SJ, "The Resurrection: The State of the Question," in *The Resurrection*, ed. by Stephen Davis, Daniel Kendall, SJ, and Gerald O'Collins, SJ (Oxford: Oxford University Press, 1997). 또한 다 음을 참조하라. Ted Peters, Robert John Russell, and Michael Welker, eds., N. T. Wright, *The Resurrection of the Son of God* (Minneapolis: Fortress, 2003); N. T. Wright and John Dominic Crossan, *The Resurrection of Jesus: John Dominic Crossan and N. T. Wright in Dialogue* (Minneapolis: Fortress, 2006); Richard Swinburne, *The Resurrection of God Incarnate* (Oxford: Clarendon Press, 2003); Stephen Davis, *Risen Indeed: Making Sense of the Resurrection* (Grand Rapids: Eerdmans, 1993); Gerald O'Collins, SJ, *The Resurrection of Jesus Christ: Some Contemporary Issues* (Milwaukee: Marquette Christianity, 200-1336 (New York: Colombia University Press, 1995). 다음에 소개하는 자료도 매우 귀중한 저작이다. Raymond Brown, *The Virginal Conception and Bodily Resurrection of Jesus* (New York: Paulist Press, 1973).

284 예컨대 John Dominic Crossan은 예수의 부활을 "지속적인 임재로, 즉 과거 예수 의 공동체가 현재와 미래의 실존에 있어서 급진적으로 새롭고 초월적인 양태를 경험 한 것"으로 해석한다. (*The Historical Jesus* [New York: HarperCollins, 1992], 404).

285 다음을 참조하라. Walter Alvarez, *T Rex and the Crater of Doom* (New York: Vintage Books, 1997, 1998).

286 예컨대 다음을 참조하라. Michio Kaku, *Parallel Worlds: A Journey through Creation, Higher Dimensions, and the Future Cosmos* (New York: Doubleday, 2005).

287 Lisa Randall, *Warped Passages* (New York: HarperCollins, 2005).

288 Terence Nichols, *The Sacred Cosmos* (Grand Rapids: Brazos, 2003), 183-198, first published as "Miracles in Science and Theology," *Zygon* 37, no. 3 (2002): 703-715.

289 다음을 참조하라. Nichols, *The Sacred Cosmos*, 188.

290 다음을 참조하라. John D. Barrow, "The Far, Far Future," in *The Far Future Uinverse: Eschatology from a Cosmic Perspective*, ed. George Ellis (Philadelphia and London: Templeton Foundation Press, 2002), 23-40.

291 John Polkinghorne, *The God of Hope and End of the World* (New Haven: Yale University Press, 2002), 9.

292 Russell은 다음과 같이 말한다. "종말론은 예수의 몸의 부활에 기초해서 전체 우주의 변형을 수반한다. 따라서 모든 피조물이 하나님께로 취해져서 새로운 피조물이 될 것이다." (Robert John Russell, *Cosmology: From Alpha to Omega* (Minneapolis: Fortress, 2008], 293).

293 다음을 참조하라. N. T. Wright, *Simply Christian* (New York: HarperCollins, 2006), 217-237.

294 Nichols, *The Sacred Cosmos*, 183-198.

295 바울이 '빈 무덤'을 언급하지 않은 것은 사실이다. 하지만 N. T. Wright는 바울의 사상 속에 매장되었다가 죽은 자로부터 부활했다는 개념이 은연 중에 암시되고 있다고 주장한다.

296 Polkinghorne, *The God of Hope*, 121.

297 Brian Daley, "A Hope for Worms: Early Christian Hope," in Peters, Russell, and Welker, *Resurrection*, 136.

298 Origen, *Fragment on Psalms*; trans. in Jon F. Dechow, *Dogma and Mysticism in Early Christianity: Epiphanius of Syria and the Legacy of Origen* (Macon, GA: Mercer University Press, 1988), 374-375, cited in Bynum, *Resurrection of the Body*, 65.

299 Augustine, *City of God* 20.21; as cited in Daley, "Hope for Worms," 150.

300 John Polkinghorne, *Science and Theology: An Introduction* (Minnneapolis: Fortress, 1998), 115-116. 폴킹혼은 인간 존재의 전체적인 분자의 패턴이 생존할 것이라고 말한다. 이러한 "형태" 또는 "영혼"은 몸의 죽음 이후 하나님의 기억 속에서 살아 있다가, 부활 시 구체화된 인격체로 재구성될 것이다. 역시 다른 종류의 물질과 환경도 썩지 않고 불멸하게 될 것이다.

301 Cyril Vollert, SJ, trans, *Light of Faith: The Compendium of Theology by Saint Thomas Aquinas* (1947; repr., Manchester, NH: Sophia Institute, 1993), 189.

302 Karl Rahner, "The Intermediate State," in *Theological Investigations*, vol. 17 (New York: Crossroads, 1981), 115.

303 Wright, *Resurrection*, 205.

304 국제신학위원회[로마가톨릭교회 소속]는 다음과 같이 말한다. "전체 기독교 전승은 오늘날에 이르기까지 예외적으로 중요한 것들을 제외하고는, 종말론적 희망의 대상을 두 측면으로 본다. 첫째 인간의 죽음과 세계의 완성 사이에, 사람들의 의식적 요인[이것을 보통 '영혼'이라고 칭한다]이 지속된다고 여겨진다. 둘째 역사의 마지막에 발생할 주님의 재림 시에, '그리스도 안에 있는 사람들'은 축복의 부활을 할 것이라고 여겨진다.(고전 15:23)" ("Some Current Questions in Eschatology," *Irish Theological Quarterly* 58, no. 3 [1992]: 220-21).

305 다음을 참조하라. C. S. Lewis, *The Great Divorce* (1946; repr., New York: HarperCollins, 2001).

306 나는 하나님 앞에서 의롭게 되는 사건인 '칭의'와 관련해서 신학적 용례와 기준을 따를 것이다. 그리고 에큐메니칼적인 용례를 따르면서도, 또한 나는 '성화'와 '칭의'를 구별할 것이다. 성화는 성화되어지는 것을 의미하거나 성령의 내주하심으로 인해 거룩해지는 것을 의미한다. 하지만 칭의가 본래 성화를 의미하는 것은 아니다. 그리스도에 대한 믿음으로 말미암아 우리의 죄를 용서받게 될 때, 우리는 하나님 앞에서 의롭게 될 수 있다. 성령의 임재와 그 사람의 마음 속에 임하는 성령의 사랑의 은사(롬 5:5)를 통해 이뤄지는 성화는 칭의 이후에도 계속해서 이뤄지는 그 무엇이다. 루터는 단지 칭의에만 초점을 맞추는 경향을 갖는다. 이와는 달리 가톨릭, 동방정교회, 감리교와 성결교는 '칭의'와 '성화' 모두에 초점을 맞추며, 구원의 전 과정에 있어서 이것들(칭의, 성화)을 구분한다. 따라서 나는 구원을 '전체의 과정'이라고 여기는 바, 구원을 무지와 죄

에 대한 속박으로부터 자유롭게 된 이후에 하나님과의 연합으로 나아가는 것으로 이해한다. 구원은 칭의 이상을 의미한다. 그 이유는 하나님과의 연합으로 나아감에 있어서, '칭의' 뿐 아니라 '성화'도 역시 필수적인 요인에 해당되기 때문이다. "너희는 거룩할지어다. 나 너의 하나님이 거룩함이니라."(레 19:2)

307   Martin Luther, *On Christian Liberty* (Minneapolis: Fortress, 2003), 41. 이 책은 루터가 쓴 짧은 분량의 책이다. 이 책은 루터의 칭의교리와 관련해서 매우 좋은 표현들을 담고 있다.

308   Council of Trent, session 6, chap. 7, trans. Norman P. Tanner, *Decrees of the Ecumenical Councils*, vol. 2, *Trent to Vatican II* (Washington, DC: Georgetown University Press, 1990), 673-674.

309   Council of Trent, chap. 16, trans. Tanner, *Decrees of the Ecumenical Councils*, 2:677-678.

310   제 2차 바티칸공의회에 의해 발행된 교회 문서인 "교회헌장"(Lumen Gentium)은 이러한 입장을 수정하면서 그리스도 밖에 있는 사람들, 그리고 심지어는 하나님에 대한 명백한 믿음이 없는 사람들도 특정한 조건들 하에서 구원받을 수 있다고 말한다. "교회헌장"(Lumen Gentium) 16장을 참조하라.

311   이 구절과 관련해서 해석학적 문제가 있다. 첫 번째 문제는 예수가 실제로 이렇게 말했는가 하는 것이다. 이 구절은 오직 마태복음에서만 발견된다. 만일 이 구절이 예수의 가르침에 있어서 주요한 것이었다면, 왜 이 구절이 마가복음과 누가복음과 요한복음에는 없는 것인가? 아마도 역사적 예수는 이렇게 말하지 않았을지도 모른다. 하지만 만일 우리가 모든 기독교인들이 고백하듯이 신약성서가 성령으로 영감 받았다는 것을 믿는다면, 비록 이 구절이 역사적 예수가 직접 한 말이 아니라 할지라도, 이 구절은 우리에게 성령의 권위로 주어진 것으로 이해되어야 한다. 둘째 "모든 백성"(panta ta ethnē)이 의미하는 바가 무엇인가? 이것이 그리스도인들을 포함해서 이방인들(비기독교인들)까지를 포함하는 것인가? 이 문제와 관련해서 여러 견해들이 있을 수 있다. 하지만 나는 여기서 예수가 말한 모든 사람이 기독교인들에 해당된다고 생각한다.

312   다음을 참조하라. Richard B. Hays, "Justification," in *The Anchor Bible Dictionary*, 6 vols. (New York: Doubleday, 1992), 3:1129-1133.

313   같은책, p. 3:1132.

314   "Annex to the Official Common Statement," § D. in *Joint Declaration on the Doctrine of Justification* (Grand Rapids: Eerdmans, 2000), 45.

315 이 심판을 임사체험을 경험한 사람들이 체험한 "심판"과 비교해 보라. 거기서 그들은 완전한 사랑의 존재인 "빛의 존재"의 현존 안에서 재현된 자신들의 전체 생애를 보았다. 거기서 그들은 전적인 사랑인 빛의 존재 안에서 자신들이 행한 모든 것과 자신이 행한 것의 결과들을 보았다. 전형적으로 그들은 부끄러운 삶에서 돌이켰고 더 나은 삶을 살겠다고 결심했다. (이와 관련해서 다음을 참조하라. Raymond Moody, *Life after Life* (New York: Bantam Books, 1976). 임사체험이 가진 이러한 독특한 요인이 '개인의 심판' 또는 '마지막 심판'과 어떻게 관련되는 것인가? 임사체험과 마지막 심판과는 명백한 차이가 존재한다. 마지막 심판 때에 우리는 모든 인간 역사의 맥락 속에 놓여진 우리 자신의 삶을 보게 될 것이다. 따라서 임사체험은 개인의 심판에 관한 예기(foretaste)처럼 보인다. 임사체험은 사랑의 존재인 '빛의 존재' 앞에서의 자신의 양심에 따른 심판이다. 이미 봤듯이 우리는 우리 삶의 마지막 때에 단 한번만 심판받는 것이 아니라, 우리의 삶의 과정 속에서 주기적으로 심판을 받는다. 우리의 범죄에 대한 정당한 심판이 있을 때마다-'외부의 심판'과 '양심에 따른 심판' 모두를 포함해서-, 우리는 개인의 심판이 갖는 양상을 경험하는 것이다. 그리고 임사체험을 통해 자신들의 삶을 재고한 사람들도 역시 자신들의 삶의 마지막 때에 개인의 심판을 받게 될 것이다.

316 Joseph Ratzinger, *Eschatology: Death and Eternal Life* (Washington, DC: Catholic University of America Press, 1988), 205.

317 Wolfhart Pannenberg, *Systematic Theology*, 3 vols. (Grand Rapids: Eerdmans; Edinburgh, T&T Clark, 1998), 3:614.

318 Ratzinger, *Eschatology*, 206.

319 John Polkinghorne, *The God of Hope and End of the World* (New Haven: Yale University Press, 2002), 130.

320 다음을 참조하라. Jerry Walls, *Heaven: The Logic of Eternal Joy* (New York: Oxford University Press, 2002).

321 C. S. Lewis, *The Great Divorse* (1946; repr. New York: Harper Collins, 2001).

322 다음을 참조하라. Jerry Walls, *Heaven: The Logic of Eternal Joy* (New York: Oxford University Press, 2002), 7; Colleen McDannell and Bernhard Lang, *Heaven: A History* (New Haven, CT: Yale University Press, 1988).

323 Augustine, *The City of God* 22.30; cited in Walls, *Heaven*, 37.

324 삼위일체는 가장 깊은 기독교의 신비이다. 삼위일체와 관련된 입문서로 다음을 참조

하라. M. John Farrelly, *The Trinity* (Lanham, MD: Rowman and Littlefield, 2005).

325 하나님의 노(wrath)는 구약성서에서, 특히 시편과 예언서에서 일반적인 주제에 해당된다. 예컨대 시편을 보라. "여호와를 경외함으로 섬기고 그의 발에 입 맞추고 떨지어다. 그렇지 않으면 여호와께서 화를 내실 것이고 너희가 길에서 망할 것이다. 여호와의 진노하심이 급하기 때문이다." (시 2:11-12). 신약성서에서는 바울서신과 요한계시록을 제외하고는, 하나님의 노가 덜 언급된다. 신약성서에서는 '유비'와 '은유'의 차이점이 매우 두드러진다. 신약성서에서 하나님의 노는 은유이지, 유비가 아니다. 하나님의 노가 의미하는 바는 죄로 말미암은 하나님으로부터의 소외됨과, 그 소외됨의 파괴적인 결과에 놓여져 있다. 하지만 우리는 하나님을 본질적으로 화내시는 분이라고 말할 수 없다. 이와는 달리 우리는 하나님을 본질적으로 사랑이라고 말해야 한다. 삼위일체의 각 위격들은 '노'가 아니라 '사랑'을 통해 상호간에 관련된다. 바울이 하나님의 노에 대해 논할 때(롬 1:18-32), 그는 하나님의 노를 하나님이 자신들의 죄성의 결과를 죄인들에게 주시는 것이라고 말한다. "하나님이 그들을 그 상실한 마음대로 내버려 두사 합당하지 못한 일을 하게 하셨으니"(롬 1:28). 따라서 죄는 죄 자체에 대한 응보이다. Stephen Travis는 다음과 같이 말한다. "악은 '자기파괴'이고, 하나님의 노는 우상을 숭배하는 자들이 자기 파괴의 과정에 연루되도록 만드시는 하나님의 허용이다." ("Wrath of God[NT]," in *The Anchor Bible Dictionary*, ed. David Noel Freedman, 6 vols. [New York: Doubleday, 1992], 6:998}.

326 Bernard J. F. Lonergan, *Insight: A Study of Human Understanding* (New York: Harper&Row, 1978), 684. 여기서 Lonergan은 통찰력 있는 '행위' 또는 '이해'가 그 통찰과 이해를 더 조장하도록 이끈다고 주장한다. 이러한 주장은 폴킹혼의 저작 속에 담긴 두드러진 주제인 바, 폴킹혼이 Lonergan의 영향을 받았던 것이다. 폴킹혼은 다음과 같이 말한다. "나는 기독교인의 믿음이 과학의 시대에도 오류없이 정확하다고 생각한다. 그 이유는 기독교인의 믿음이 진리를 추구하기 때문이다. 과학도 진리를 추구하지만, 이 진리는 단지 하나의 구성요소로서의 진리일 뿐이다. 이것은 여러 면에 있어서 매우 변변찮은 구성요소라 할 수 있다" (John Polkinghorne, *Serious Talk* [Valley Forge, PA: Trinity Press International, 1995], 16).

327 Dante, *The Divine Comedy*, vol. 3, Paradise, canto 33, lines 85-87, trans. *Mark Musa* (New York: Penguin Books, 1986), 392.

328 Augustine, *Confessions* 11.13, trans. Rex Warner (New York: New American Library, 1963), 276.

329 예컨대 아퀴나스는 선하게 창조된 그 어떤 것도 행복을 위한 인간의 바램을 충족시킬 수 없다고 주장한다. 단지 하나님만이 그 바램을 충족시키실 수 있는데, 그 이유는 하나님의 모든 인간의 삶의 목표가 되시기 때문이다. (*Summa Theologia* 1.2, Q.2, a.8).

330 Augustine, *Sermo* 172.2; cited in Brian E. Daley, *The Hope of the Early Church* (New York: Cambridge University Press, 1991; repr., Peabody, MA: Hendrickson, 2003), 138. 또한 다음을 참조하라. Augustine, *Enchiridion* 110.

331 Augustine, *The City of God against the Pagans*, ed. and trans. R. W. Dyson (Cambridge: Cambridge University Press, 2002), 1072.

332 *The Catechism of the Catholic Church* § 1030은 "'마지막 정화' 또는 '연옥'"에 대해 다음과 같이 말한다. "하나님의 은총과 교제 가운데 죽은 사람들은, 비록 불완전하게 정화되었다 할지라도, 자신들의 영원한 구원에 대해 보장받는다. 하지만 죽음 이후에 그들은 천국의 영원한 기쁨에 본질적으로 요청되는 거룩함을 얻기 위해 정화의 과정을 겪어야 한다." (*Catechism of the Catholic Church*, [Mission Hills, CA: Benziger, 1994], 268). 다른 곳에서 *Catechism*은 '거룩함'을 '완전한 사랑'과 관련시킨다. "삶의 도상에 있는 모든 기독교인들은 기독교인으로서의 삶의 충만함으로 나아가도록, 또한 완전한 자비에로 나아가도록 요청받는다. 모든 이들이 거룩함에로 나아가도록 요청받는다" (*Catechism* §2013, p. 488). 또한 연옥과 관련해서 *Catechism* §1031은 대 그레고리를 인용하기도 한다. 대 그레고리는 상대적으로 덜 심각한 죄들이 다가올 시대에 사면 받을 것이라고 말했다. (*Catechism*, 269를 참조하라.).

333 이 문제에 우리가 어떻게 대답해야 하는가 하는 것은 첫째 우리가 역사적 예수가 마태복음 10장 23절의 말씀들을 실제로 했는가 하는 것에 달려 있고, 둘째 이 말씀들이 초대교회 저자들의 입술에서 나온 것인가 하는 것에 달려 있다.

334 Walls, *Heaven*, 54.

335 다음을 참조하라. Peter Phan, *Eternity in Time: A Study of Karl Rahner's Eschatology* (Selinsgorve, PA: Susquehana University Press, 1988), 124-125.

336 다음을 참조하라. John Hick, *Death and Eternal Life* (Louisville: Westminster John Knox, 1994), 202.

337 다음을 참조하라. John Polkinghorne, *The God of Hope and the End of the World* (New Haven, CT: Yale University Press, 2002), 130-132.

338 다음을 참조하라. *The Catechism of the Catholic Church* §2282.

339 Raymond Moody, *Life after Life* (New York: Bantam, 1975), 143.

340 같은책.

341 물론 연옥은 중간상태 속에 존재한다. 중간상태는 '죽음'과 인간 역사의 마지막 때인 '몸의 부활' 사이에 놓여진 상태이다. 하지만 우리가 성인들이 이미 부활했다(이것은 '즉각적인 부활'이라고 알려져 있다)고 여기지 않는다는 점에서 볼 때, 중간상태는 또한 천국에 있는 사람들-성인들-을 포함할 것이다. 또한 연옥은 지옥에 있는 사람들이 실제적으로 역사의 마지막 때에 부활한다는 점에서 볼 때, 지옥에 있는 사람들도 포함할 것이다. 아마도 임사체험 시 죽은 친척들이나 여타의 다른 무형의 존재들을 본 사람들은 중간상태에 있는 존재들을 본 것이라 할 수 있다. 연옥과 관련해서 하나님을 선택하거나 대적할 수 있는 의지력을 갖기 전에 유아(infancy)로 죽은 사람들이 어떻게 되는가 하는 어려운 문제가 있다. 전통적으로 세례받은 아이들은 그들이 의지적으로 하나님을 선택하지 않았음에도 불구하고 구원을 받는 것으로 이해됐던 반면에, 세례받지 않고 죽은 아기들은 '하나님' 또는 '천국'을 선택하지 않은 것으로 이해됐다. 그렇다면 이 아이들은 어떻게 되는 것인가? 가톨릭 신학은 이 아이들을 '림보'(limbo, 지옥의 변방)에 위치시켰다. '림보'는 천국도 아니고 지옥도 아닌 곳으로서, 일종의 자연스러운 행복의 상태이다. 하지만 이러한 가르침이 가톨릭 교권의 공식적인 입장은 아니다. *The Catechism of the Catholic Church*는 다음과 같이 말한다. "세례받지 않고 죽은 아이들과 관련해서, 교회는 그 아이들의 장례예식에서 행하는 것처럼, 단지 그 아이들을 하나님의 자비에 맡길 뿐이다" (*Catechism of the Catholic Church* §1261, p. 321; italics in original).

342 Hans Urs von Balthasar, *Dare We Hope That All Be Saved?* (San Francisco: Ignatius, 1988).

343 지옥에 관한 최고의 철학적 논증과 관련해서 다음을 참조하라. Jerry L. Walls, *Hell: The Logic of Damnation* (Notre Dame: University of Notre Dame Press, 1992).

344 *Catechism of the Catholic Church*는 지옥을 "하나님과의 연합으로부터의 '자기 배제'라고 말한다" (§1033, p. 269). 또한 *Catechism of the Catholic Church*은 "하나님이 지옥에 가도록 어느 누구도 예정하지 않으셨다고 말한다. 지옥은 본질적으로 하나님으로부터 돌아서고자 하는 것(대죄)으로서, 마지막까지 그 곳(지옥)에 있고자 하는 완고한 고집이다" (§1033, p. 270).

345 Raymond Moody, *Reflections on Life after Life* (New York: Bantam, 1977), 38-39.

346 Hick, *Death and Eternal Life*, 259.

347 Walls, Hell, 121.

348 다음을 참조하라. C. S. Lewis, *The Great Divorce* (1946; repr., New York: Harper Collins, 2001).

349 *Catechism of the Catholic Church* §1035, p. 270

350 Timothy Ware, *The Orthodox Church* (New York: Penguin Books, 1963), 267.

351 Ira Byock, *Dying Well* (New York: Riverhead Books, 1997), 53.

352 같은책, p. 218, 217.

353 같은책, p. 224.

354 같은책, p. 233.

355 같은책, p. 235.

356 같은책, p. 239.

357 이러한 최후의 선택과 관련해서 다음을 참조하라. Karl Rahner, "On Christian Dying," in *Theological Investigations*, vol. 7 (New York: Seabury, 1977), 285-293.

358 Robert Bellarmine, *The Art of Dying Well* (origianlly published in Latin in 1620; repr., Manchester, NH: Sophia Institute, 2005).

359 Martin Luther, *The Freedom of a Christian, in Three Treatises* (Philadelphia: Fortress, 1982), 302; text is from the American edition of Luther's Works, vol. 44 (Philadelphia: Fortress).

360 Byock, *Dying Well*, 193-216.

죽음과 죽음 이후

그리스도인의 위대한 희망, 죽음을 어떻게 대할 것인가?

초판 1쇄 인쇄 | 2024년 2월 26일
초판 1쇄 발행 | 2024년 3월 06일

지은이 | 테렌스 니콜스
옮긴이 | 김연수

발행인 | 강영란
펴낸곳 | 샘솟는기쁨
주소 | 서울시 충무로 3가 59-9 예림빌딩 402호
전화 | 대표 (02)517-2045
이메일 | atfeel@hanmail.net
홈페이지 | https//blog.naver.com/feelwithcom
페이스북 | https//www.facebook.com/publisherjoy
출판등록 | 2006년 7월 8일

ISBN 979-11-92794-34-1(03130)